Ad Fontes!

"본질로 돌아가라!"

Ad Fontes! "본질로 돌아가라!"

지은이	박상기
펴낸이	정덕주
발행일	2025. 9. 19
펴낸곳	한들출판사
	서울시 동대문구 한천로 58길 139
	등록 제2-1470호. 1992년
홈페이지	www.handl.co.kr
전자우편	handl2006@hanmail.net
전화	편집부 02-741-4069
	영업부 02-741-4070
FAX	02-741-4066
ISBN	978-89-8349-862-5

* 잘못된 책은 구입하신 곳에서 바꾸어 드립니다.
* 이 책의 내용을 무단 복사, 복제, 전제하는 것은 저작권법에 저촉됩니다.

Ad Fontes!
"본질로 돌아가라!"

박 상 기 칼럼

한들출판사

추천의 글

한국교회 더 나은 희망을 기대하며

정영택 목사(증경 총회장)

박상기 목사님의 『AD FONTES!』를 처음 접했을 때, 먼저 축하의 말을 전하기보다 마음 한편 깊은 울림과 먹먹함부터 느꼈습니다. 이 책은 단순한 신학적 제안이나 시대비판이 아니라, 삶으로 드러나는 진짜 신앙을 향한 간절한 호소였기 때문입니다.

신앙은 말이 아니라 삶으로 증명된다고 믿습니다. 기독교 신앙은 이론보다 실천이 중심이어야 합니다. 그런데 안타깝게도 한국교회는 어느 순간부터 말만 많은 종교로 변해버렸습니다. '선한 영향력'을 세상 속에서 잃어버린 교회는, 오히려 세상의 지탄을 받는 존재가 되어가고 있습니다.

우리는 지금 남과 북, 이념으로 갈라진 아픈 땅에 살고 있습니다. 그런 때일수록 교회는 예수님의 심장으로 이 땅을 위해 기도해야 하는데, 오히려 분별없이 이데올로기의 진영 싸움에 휘말려 버렸습니다. 편견에 사로잡힌 채, 사이비적 기복신앙에 물든 기득권을 축복하고 아부하며, 세상 권력의 옷을 걸치고 인본주의에 기댄 모습이 되어가고 있습니다.

기독교 신앙의 본질은 단순합니다. 성경대로 믿고, 성경대로 살아가는 것입니다.

'AD FONTES', 즉 '본질로 돌아가자'는 외침은 복잡한 문제 앞에서 길을 잃은 오늘의 교회에 주는 아주 중요한 메시지입니다. 본질에서 벗어나 있다는 사실을 인정하고, 다시 그 자리로 돌아가려는 노력이 절실하기 때문입니다.

개혁이란, 미래를 향한 진보적인 발걸음만은 아닙니다. 진짜 개혁은, 복음이 처음 시작된 자리로 돌아가는 것입니다. 오순절 성령의 임재로 시작된 복음운동, 생명운동, 천국운동의 자리가 다시 돌아가야 할 방향입니다. 그러기 위해서는 먼저, 시대를 복음의 눈으로 바라보는 지도자들이 필요하고, 선지자처럼 외치는 담대한 음성이 필요합니다.

하지만 현실은 녹록치 않습니다. 신앙의 양심에 따라 외치는 이들이 많지 않을 뿐 더러. 오히려 그렇게 외치는 사람들을 시기하거나, 애매한 시선으로 비판하는 분위기가 만연해 보입니다. 원칙을 지키는 일이 점점 더 어려워지는 상황에서, 본질을 붙잡지 못한다면 결국은 함께 무너질 수도 있다는 위기의식이 커져갑니다.

흔히 이런 말을 듣습니다.
"옳기는 한데 현실이 그렇잖아요 …"
"원칙이긴 한데, 지금은 그럴 수 없잖아요 …"

이런 비본질적이고 타협적인 시선이 한국교회를 점점 더 약하게 만들고 있다는 생각이 듭니다. 이런 때에 박상기 목사님의 글들이 *AD FONTES!*라는 제목으로 묶여 세상에 던져졌다는 건, 한국교회를 향한 하나님의 선물이라 믿습니다.

저는 개인적으로 시간이 날 때마다 예레미야서를 묵상합니다. 무너짐을 경고하면서도 끝내 희망을 놓지 않으시는 하나님의 음성을 들을 수 있기 때문입니다. 그 예레미야의 심정이 이 책 속에도 살아 있습니다.

『AD FONTES!』는 단지 과거로 돌아가자는 말이 아닙니다. 하나님의 본래 뜻, 복음의 본래 정신으로 다시 서자는 외침입니다. 그래서 저는 기쁜 마음으로 이 책을 추천드립니다. 그리고 책의 마지막 장 제목처럼, '십자가를 부둥켜안고' 사역의 자리에서 분투하는 동역자들께 꼭 한번 이 책을 읽어보시기를 권합니다. 한국교회의 더 나은 내일을 함께 기대하며 ….

추천의 글

다시 일어서게 하는 힘이니
우리 한시도 사랑을 놓지 말자

김운용
(장로회신학대학교 총장, 예배/설교학)

언젠가 김용택 시인의 신간 시집에 나오는 첫 시를 읽으면서 가슴이 뜨거워진 적이 있습니다. "어둠이 몰려오는/ 도시의 작은 골목길 1톤 트럭 잡화장수/ 챙이 낡은 모자를 푹 눌러쓰고/ 전봇대 밑 맨땅을 발로 툭툭 찬다/ 돌아갈 집이나 있는지// 한시도 사랑을 놓지 말자"(김용택의 시, "사랑" 전문). 시를 읽으면서 가슴이 아련해 짐을 어쩔 수 없었습니다. '어둠, 도시, 작은 골목길, 1톤 트럭, 잡화장수, 챙이 낡은 모자, 맨땅, 발로 툭툭…' 시어를 접하면서 아련한 삶의 무게와 그렇게 화려하지도, 자랑스럽지 않은 한 사내가 떨고 있는 모습이 보입니다. 하지만 "돌아갈 집이나 있는지 …"라는 중얼거림에서 따뜻한 마음이 느껴지면서 어둡게만 느껴지던 장면이 갑자기 따뜻해지고 밝아짐을 느꼈습니다. 그리고 "한시도 사랑을 놓지 말자"는 시인의 외침은 힘겹게만 느껴지던 사람으로 하여금 다시 일어서 그 힘든 인생길을 달리게 만드는 강한 힘으로 작용하고 있음을 보게 만들어 주기에 미소가 번집니다.

본서는 평생 교회와 성도들의 사랑을 먹고 살아온 저자가 다시 사랑하는 이들을 향해 '다시 일어서게 하는 힘'을 전하기 위해 쓴 책입니다.

사역의 자리에서, 예배의 자리에서, 그리고 하나님의 말씀을 활짝 펼치는 설교의 자리에서 가슴 가득 이 사랑이 요동치고 있어 고단한 인생길에서 지친 영혼을 향해 던지는 작은 외침들을 모은 것입니다. 하나님의 말씀이 바로 읽히고, 바로 선포되고, 바로 이해되고, 그것을 따라 바로 살아갈 때만 건강한 교회와 주님이 기뻐하시는 성도들이 될 수 있다는 생각에 늘 교계를 향하여도 정론(正論)을 외쳐온 저자의 예언자적 외침도 함께 접하게 되어 기쁩니다.

유홍준은 『완당평전』에서 추사 김정희에 대해 언급하면서 "세상에 추사를 모르는 사람도 없지만 아는 사람도 없다"고 했습니다. 여기에는 두 가지의 앎이 제시되지만, 앞의 것과 뒤의 것은 전혀 다릅니다. 성경에 대해서 많이 알 수 있고, 많이 이야기를 들었을 수 있지만 그것을 나를 향해 주시는 하나님의 진리로 알고, 그것을 따라 인생을 세우고 삶을 세워가는 앎은 전혀 다를 수밖에 없습니다. 편안하게 읽어가면서 밑줄을 그어가도록 만드는 책입니다. 하나님의 말씀은 '한시도 사랑을 놓지 말라'고 주시는 권고요, 희망의 노래입니다. 다양한 주제를 통해 성경의 외침을 전해주는 본서를 통해 그 노래를 선명하게 듣게 되길 빌고, 그 노래를 통해 다른 사람들도 함께 사랑을 통한 희망으로 채워질 수 있기를 빕니다.

혼돈의 시대, 하나님의 말씀은 죽어가는 영혼도 소생시키며, 마른 뼈처럼 절망의 시간을 보내고 있는 사람도 일어서 춤추게 하며, 말씀의 생수가 흘러가는 곳에서 갯벌과 진펄이 소성케 된다는 것이 성경의 약속입니다. 답답함이 더 많은 세상 길에서 믿음의 길잡이와 같은 책을 통해 더 푸르러지시길, '아픔이 컸으나 그로 인해 세상은 더 넓어지고 세상만사와 사람들 몸짓 하나하나도 다 예뻐 보이고 소중하게 다가온다'는 한 시인의 고백(김용택, "사랑")이 부디 우리 모두의 고백이 될 수 있길 빕니다. 일독을 권합니다.

추천의 글

"본질로 돌아가자!(ad fontes)"

김수원 목사 (태봉교회 담임)

이 표제는 종교개혁의 심장 같은 명제이자, 오늘 위기의 한국교회가 반드시 붙들어야 할 신앙의 근본 과제입니다. 지금 우리가 어디에 서 있으며 어디로 돌아가야 하는지를 다시금 묻게 합니다.

박상기 목사님의 책, 『본질로 돌아가자』를 읽으며 마음이 무겁고도 뜨거워졌습니다.

저자는 한국교회의 아픈 현실을 애써 덮으려 하거나 외면하지 않습니다. 급감하는 교인 수, 무너진 신뢰, 세습과 도덕성의 일탈 등 교회의 환부를 숨김없이 드러내고 날카롭게 진단합니다. 그러나 거기서 멈추지 않습니다. 절망의 한가운데서도 끝내 한 움큼의 희망을 붙들게 합니다. 이런 힘은 저자의 깊은 영성에서 우러나오며, 그의 뛰어난 필력을 통해 우리에게 전달됩니다.

저자가 소개한, 높은 종탑의 십자가에 매달려 작업하는 어느 집사님의 고백은 이 책을 관통하는 핵심 메시지입니다.

"저는 오직 십자가만을 의지합니다!"

"십자가가 흔들리면 작업을 하지 않습니다!"
"십자가를 놓치면 죽습니다!"

생사를 넘나드는 경험에서 나온 이같은 고백은, 흔들리지 않는 십자가의 바른 영성 위에서만 교회와 신앙, 그리고 우리의 삶이 온전히 설 수 있음을 다시 일깨워 줍니다.

저자는 추천의 글을 부탁하며 "비록 좁고 협착하지만, 진리인 복음을 믿고 복음의 삶을 살아가려고 씨름하고 있다."라고 말합니다. 이 담백한 고백이야말로 이 책의 저술 동기이자 저자의 글이 갖는 힘의 원천입니다. 게다가 화려한 필력으로 써내려간 한편의 서사에는, 복음의 진리 되신 예수 그리스도 안에서 저자의 땀과 눈물, 고백과 기도가 이 책 전체에 고스란히 배어 있습니다.

특히 에필로그 '나는 목사다'는 이 책의 절정이라 할 만합니다. 교회의 허상과 목회자의 타락을 신랄하게 비판하면서도 마지막에 이렇게 고백합니다.

"나는 목사다. 목사로 살다 나, 이대로 목사로 죽으련다."

절망적인 현실 속에서도 소명을 잃지 않고 끝까지 복음의 본질을 붙들겠다는 한 목회자의 결연한 의지가 담겨 있습니다.

이 책에서 저자는 복음의 본질을 바탕으로 기독인의 신앙과 삶을 다룹니다. 사회와 문화 속에서의 갈등과 충돌, 예배와 공동체, 교회 직분과 윤리의 영역까지 폭넓게 아우르며 위기의 세대에서 다시 교회다움을 향한 회복의 길을 제시합니다. 그는 위기의 순간이야말로 본질로 돌아갈 적기임을 차분히 알려 줍니다.

저자의 글에는 깊은 신학적 통찰과 현실 문제에 대한 지혜가 담겨 있음에도, 정답을 일방적으로 주입하려 들지 않습니다. 오히려 독자 스스로 '진정한 본질은 무엇인가'를 묻고 답을 찾아가도록 길을 안내합니다.

무엇보다 이 책의 진정성은 저자의 삶 그 자체에서 나옵니다.

"멍에 자리 군살 배겨서 수레나 짐이 실리지 않으면, 오히려 불편한 인생을 살았다."

이 고백에는, 영광 중에서도 감당해야 했던 사역의 고단함과 그 삶의 숭고함이 함께 느껴집니다.

혼란한 교계의 한복판에서 비판은 하면서도 결코 교회를 버리지 못하는 이유. 그것이 곧 사랑 아닐까요? 사랑하기에 그는 불편한 사역의 수레를 다시 붙들고 오늘도 험한 고갯길을 오릅니다.

세상이 교회를 외면하고, 교회가 스스로 본질을 잃어가는 이 시대에 저자는 우리 모두에게 묵직한 질문을 던집니다.

"그대가 붙든 십자가는 흔들리고 있지 않은가?"

그리고 당부합니다. 흔들리지 않는, 제대로 된 십자가를 굳게 붙들고 이제 다시 걸어가라고.

한국교회의 회복을 간절히 바라는 모든 분께, 신앙의 본질을 다시 붙들고자 하는 모든 성도께 이 책을 진심으로 권하며, 기쁜 마음으로 추천합니다. 아픈 만큼 성숙해질 한국교회를 꿈꾸며 말입니다.

2025년 여름

프롤로그

마음을 글로 표현한다는 것은 결코 쉬운 일이 아니다. 그러나 이것이 가능하다면, 참으로 소중한 일이 아닐 수 없다. 말은 특별한 기억으로 남지 않는 한 사라지기 마련이지만 글은 남는다. 그러므로 말이든 글이든 신중해야 하겠으나, 특히 글은 더욱 진중해야 하며 사실에 근거한 진술이어야 한다. 왜냐하면 언젠가 반드시 소환될 날이 오기 마련이며, 그로 인해 다시는 철회할 수 없는 오점을 남길 수 있기 때문이다.

목사란 끊임없이 공부해야 하는 사람이다. 그것도 시시각각 물결처럼 밀려오는 시대의 새로운 가치들을 마음에 품고, 성경과 신앙의 틀 안에서 해석한 후, 설교와 가르침을 통하여 삶의 현실에 연결시켜야 하는 위치에 있다. 어쩌면 한 권의 책은 그러한 부름에 응답하며 살아온 한 생애의 열매요, 흔적일지도 모르겠다.

지금까지 목사로 살아오며 몇 권의 책을 출간할 수 있었던 것에 대해 감사와 보람을 느낀다. 여전히 읽고 쓰는 일에 대한 열망은 식지 않았으며, 이것이 예술적 창작이나 작품을 남기려는 욕심에서 비롯된 것이 아니고, 그럴만한 재능이 있다고 여겨서도 아니다. 다만 하나님을 믿는 신앙을 바탕으로, 균형 잡힌 삶을 성찰하고 사유하며, 그 작은 단상을 함께 나누려는 소박한 바람에서 비롯된 것이다. 그렇게 본다면, 말하는 것이나 글 쓰는 일 모두 직업병 같은 삶의 연장선에 놓여 있는지 모르겠다.

세상을 편견 없이 바라보려 애쓰고, 상식적이며 균형 잡힌 관점을 유지하려고 노력하지만, 현실 속에서는 종종 한계를 느낀다. 내면 깊은 곳에서 여전히 본능적인 자아가 꿈틀대며 터져 나오려 하고, 모태로부터 신앙의 울타리 안에 있었기에 세상을 바라보는 시선이 어느덧 고정되어 버렸기 때문이다.

그럼에도 불구하고, 때로는 허공에 주먹질이라도 하고 싶을 만큼 억눌린 감정이 솟구칠 때가 있고, 길가에 서 있는 나무에 욕이라도 쏟아붓고 싶은 울분이 북받쳐 오를 때도 있다. 말과 글로 드러낸 것보다 가슴에 묻어둔 말이 훨씬 많고, 정제되어 토해낸 말보다 정리되지 못한 감정과 생각들이 더 많다. 그래서 종종 혼잣말처럼 중얼거리기도 하고, 기회가 닿으면 자판을 두드리며 마음속 깊은 이야기들을 끄집어내 보려 한다.

이 책에 담긴 글들은 필자가 틈틈이 정리해 두었던 단상들이다. 때로는 안타까움으로, 또 답답한 마음으로 써 내려간 글이다. 특정 대상을 향한 글이 있으며, 자신을 향한 고백도 있다. 현실이 요원하게만 느껴질 때, 절망을 떨쳐버리려 애써 희망을 붙들어보려 한 시도이기도 하다. 만약 이렇게라도 꺼내어 표현하지 않았다면, 누군가에게 말로 털어놓는 과정에서 더 큰 충돌과 오해가 있었을지 모른다. 그래서 주절거림처럼, 그러나 나름의 진심을 담아 기록해 본 것이다.

특히, 코로나19라는 뜻밖의 재난을 맞아 피를 흘리듯 치른 치열한 싸움은 내게 깊고 선명한 상처를 남겼다. 지금도 이 흔적은 트라우마처럼 마음을 아프게 한다. 그러나 이 과정을 통해 하나님께서는 교회와 예배,

공동체의 소중함에 깊은 성찰과 통찰을 주셨고, 생명이 얼마나 연약하고 한순간일 수 있는지를 실감하게 하셨다. 신앙의 일상적인 흐름을 유지할 수 있다는 것이 얼마나 크고 귀한 은혜인지, 절절하게 체험하게 하셨다. 더불어 교회와 신앙의 불필요한 거품을 걷어내고 본질로 돌아갈 수 있는 기회가 되기도 하였다. 한마디로, 아픔만큼 성숙해지는 시간이었다. 비록 시간이 흘렀지만, 그때의 마음을 이 책 속에 남기고 싶었다.

또한 사회적으로 큰 파장을 일으켰던 세습 문제와 목회자 도덕성 문제에 대한 개인적 소견도 함께 담았다. 다만, 모태 신앙인으로 교회 울타리 안에서 자라온 까닭에, 글의 문체나 관점이 단조롭고 획일적으로 느껴질지 모른다. 문학적인 수사나 표현의 세련됨이 부족할 수 있다. 현실감이 떨어졌다고 해도 좋고, 넋두리라 폄하해도 상관없다. 다양한 관점과 정서를 모두 아우를 수는 없기에, 이 책의 가장 큰 목적은 다만 그때그때 떠올랐던 생각들을 기록해 두고, "나는 이렇게 생각하고, 이렇게 살아가려 하며, 이렇게 살아가고 있다"고 고백하고자 함에 있다.

이 글들 가운데는 언론을 통해 공론화되어 공감과 반감을 동시에 자아낸 글도 있으며, 지나치게 보수적이고 이상적이라는 평가를 받은 글도 있다. 어떤 글은 스스로 채찍질하는 마음으로 써내려간 것이기도 하다. 그러나 이러한 모든 기록들이 결국은 다양한 관계 속에서 살아가는 한 인간으로서, 그리스도인으로서, 평생 목양의 멍에를 메고 이상적인 하나님 나라를 선포하며 그것을 사모해온 이로서, 그리고 이 멍에를 벗어던질 수 없기에 좁은 길 위를 무거운 짐을 지고 걸어온 목회자로서, 세상이라는 광막한 바다에 작지만 진심 어린 돌 하나를 던지는 심정으로 남긴 흔적이라 여겨주면 좋겠다. 이 책을 접한 이들의 마음에 작게라도 물결이 일기를 바란다.

평생을 동역자로서 묵묵히 헌신해 준 천사 같은 아내에게, 목사의 자녀로 태어나 부담스러운 시선을 감내하며 살아온 사랑스러운 딸에게, 그럼에도 아버지의 길을 따라 사명의 멍에를 짊어진 아들에게 깊은 고마움을 전한다. 또한 부족한 종을 믿고 따르는 나의 피그말리온들, 빛내리공동체의 모든 지체들에게 미안함과 감사의 마음을 담는다. 끝으로, 이 책이 세상에 나올 수 있도록 도와주신 분들에게도 깊은 감사를 드린다.

모든 영광을 하나님께 올려 드린다.

2025년 여름 날, 목양실에서
박 상 기 목사

목차

추천의 글	정영택 목사	5
추천의 글	김운용 총장	8
추천의 글	김수원 목사	10
프롤로그		13
들어가면서		20

Part 1
기독교 신앙의 본질

1. 진정 거듭나셨습니까   27
2. 죄가 무엇인지 아십니까   36
3. 기독교는 종교가 아니다   45
4. '점'이 아니라 '선'이다   53
5. 겉과 속이 왜 다른가?   58
6. 변질된 축복   64
7. 진짜복!, 가짜복!   71
8. 기독교가 타락하면   78
9. 다시 성경 앞에 서보자   87

Part 2
정직한 기독교

1. 열매를 점검해 보라   100
2. 가면을 벗어라   106
3. 코람데오(Coram Deo)   111
4. 생색내지 마라   117
5. 누구를 의식하는가?   121
6. 눈에 뵈는 게 없는 사람들에게   127
7. 경계인(Boundary person)   131
8. 개념 있게 삽시다   135
9. 세상은 당신을 읽는다   141

Part 3
불가피한 충돌

1. 꼰대의 넋두리 — 148
2. 느그 아부지 뭐하시노? — 157
3. 교회 내에 동성애자에 대한 매뉴얼이 있는가 — 167
4. 크리스천과 오징어게임 — 173
5. 기독교 포퓰리즘(populism) — 179
6. 대답없는 테스형 — 186
7. 쩔쩔매는 기독교 — 191
8. 입은 삐뚤어졌어도 — 199
9. 결정 장애를 가졌는가? — 203

Part 4
비대면 신앙, 대면의 은혜

1. 텅 빈 예배당을 보며 — 214
2. 하나님이 다시 찾으시려는 것 — 220
3. 다시 예배의 자리로 — 230
4. 과연 예배당이 필요할까? — 236
5. 예배 회복을 위한 몸부림 — 244
6. 세상 나라, 하나님 나라 — 249
7. 구원 이후 — 259

Part 5
사역, 사역자들

1. 어떤 리더인가 — 266
2. 벌써 서약을 잊으셨나요? — 272
3. 목회권을 지켜내라 — 278
4. 징계가 사라진 교회 — 283
5. 권리보다 우선인 가치 — 294
6. 교회 리더십과의 관계 — 300
7. 항존직 일꾼들에게 — 305

Part 6 다시 주님의 교회로

1. 교회는 안녕들 하십니까? — 318
2. 사업인가? 사역인가? — 322
3. 내 교회를 세우리니 — 326
4. 다시 주님의 교회로 — 331
5. 세습이란 주홍글씨 — 337
6. 명예를 지켜라 — 342
7. 틀어진 잣대 — 348
8. 총대들에게 — 355
9. 정치꾼들에게 — 361
10. 개혁은 선거법에서 부터 — 366

Part 7 누워서 침 뱉기

1. 한 점 부끄럼 없기를 — 378
2. 결국 음란으로 무너지는가? — 384
3. 누워서 침 뱉기 — 389
4. '예'와 '아니오'를 분명히 하라 — 393
5. 윗물이 맑아야지 — 401
6. 점입가경(漸入佳境)이네 — 407
7. 나는 저항한다 — 417
8. 우리만의 리그로 끝낼 수는 없다 — 422
9. 거꾸로 선 양심 — 433

나가면서 — 443
에필로그 — 451

들어가면서

본질로 돌아가라!(AD FONTES!)

과거에 '물레방아 인생'이라는 대중가요가 있었다. 가사의 일부는 이러하다. "세상만사 둥글둥글 호박 같은 세상, 돌고 돌아 정처 없이 이곳에서 저곳으로 기웃기웃 구경이나 하면서, 밤이면 이슬에 젖는 나는야 떠돌이, 돌고 도는 물레방아 인생." 실제로 이 가사는 인생사를 실감 나게 묘사한 듯 보인다. 그러나 과연 인생이 이처럼 끝없이 돌고 도는 물레방아와 같은 것일까? 이에 대한 대답은 단호히 '그렇지 않다'이다. 인생은 우연히 세상에 던져진 존재가 아니라, 명확한 목적을 가지고 창조된 존재이며, 결코 정처 없이 떠도는 삶이 아니다. 성경은 이에 대한 분명한 해답을 제시하고 있다.

성경은 이 세상의 모든 만물을 하나님께서 창조하셨으며(창 1:1), 그중에서도 인간은 만물의 영장으로, 하나님의 형상을 따라 지음을 받았다고 선포한다(창 2:7). 창조의 매 장마다 하나님께서 "보시기에 좋았더라"고 말씀하신 것을 보면, 피조 세계를 창조하심이 하나님께 큰 기쁨이 되었음을 알 수 있다. 바로 이것이 모든 피조물이 지니는 존재 목적이다. 곧, 하나님의 기쁨과 영광을 위하여 창조되었으며, 이는 성경 전체를 관통하는 진리의 핵심이다.

사도 바울은 골로새서에서 다음과 같이 밝히고 있다. "만물이 그에게 창조되되, 하늘과 땅에서 보이는 것들과 보이지 않는 것들과, 혹은 왕권들이나 주권들이나 통치자들이나 권세들이나, 만물이 다 그로 말미암고 그를 위하여 창조되었고, 또한 그가 만물보다 먼저 계시고, 만물이 그 안에 함께 섰느니라"(골 1:16-17). 또한 이사야 선지자는 "이 백성은 내가 나를 위하여 지었나니 나를 찬송하게 하려 함이니라"(사 43:21)고 하여, 인간이 하나님을 찬송하는 존재로 지음받았음을 분명히 하고 있다.

그러나 불행하게 인간은 창조의 목적에서 이탈하여 타락하였고, 죄로 인해 하나님과 원수가 되었으며, 하나님의 진노의 대상이 되고 말았다(롬 3:23, 5:12). 그 결과 무거운 죄의 짐을 지고 불행한 인생을 살아갈 수밖에 없게 되었으며(롬 6:23), 하나님을 떠난 인간은 그 어떤 것으로도 참된 만족을 얻을 수 없게 되었다. 죽음에 대한 두려움, 미래에 대한 불안, 현실에 대한 불만족은 방향을 잃은 인생을 정처 없이 떠돌게 만드는 주된 요인들이다. 사람들은 매일 무언가에 쫓기듯 바쁘게 살아가며, 심각한 영적 고민 없는 삶을 지속하지만, 그 속에는 죄로 인한 깊은 불안이 잠재해 있다. 이는 삶의 질을 심각하게 훼손하고 있음에도, 많은 이들은 그것을 인식하지 못한 채 살아간다.

얼마 전, 실종된 자녀를 찾아 36년째 몽타주를 들고 거리에서 배포하는 부모 모습을 본 적이 있다. 만일 어린 시절 부모를 잃거나 길을 잃은 경험이 있다면, 하나님을 떠난 영혼의 상태가 어떠한지 보다 쉽게 이해할 수 있을 것이다. 이를테면 어린아이가 어머니 손을 잡고 복잡한 시장에 나갔으나, 손을 놓친 채 이리저리 기웃거리다가 결국 어머니를 잃고 만다. 길가에 주저앉아 아이는 눈물 콧물을 흘리며 '엄마'를 부르며 울고 있다. 지나가던 이가 아이를 파출소에 데려다주었지만, 아이는 울음을 그치지 않고 계속해서 '엄마'를 부른다. 파출소 직원들이 사탕과 과자, 장난감을 주며 달래보지만, 아이는 이것들을 외면한 채 어머니만 찾는다. 그러다 어머니가 아이가 파출소에 있다는 소식을 듣고 달려와 이름을 부르는 순간, 아이는 장난감과 과자를 팽개치고 어머니 품에 안긴다. 그제야 울음을 멈추고 미소를 짓는다. 이 아이에게 필요한 것은 단 하나, 어머니뿐이었다.

이 아이 모습 속에서 하나님을 떠난 인간의 실존이 보인다. 아무리 많은 부와 명예, 권세와 인기를 소유했다 할지라도, 하나님을 잃은 영혼은 엄마를 잃고 우는 아이와 같은 상태에 놓여 있는 것이다. 인류가 잃어버린 것은 곧 하나님이시며, 이를 회복하기 전까지는 누구도 진정한 안식을 누릴 수 없다. 하나님을 잃어버린 인간은 본질적으로 영적 고아로 살아가고 있는 것이다.

기독교 신앙의 출발점은, 죄로 인해 깨어진 하나님과의 관계를 인정하고, 이것을 어떻게 회복할 것인가에 대한 물음에서 시작된다. 이 문제는 하나님께서 직접 기획하시고 실행하신, 인간의 지혜나 과학으로 도달할 수 없는 정밀하고 완전한 구원의 역사로 풀어내셨다. 그것은 바로 예수 그리스도를 통한 '대속'(The Atonement)이었다. 곧 그리스도께서 인류의 죄를 대신 짊어지심으로써 죄의 문제를 해결하신 것이다 (사 53:5-6).

그러므로 누구든지 예수 그리스도를 자기 죄를 대속하신 구주로 믿고 고백하는 자는, 그 믿음으로 말미암아 죄 사함을 받고, 하나님과의 단절되었던 관계가 회복되며(요 5:24), 하나님의 자녀가 되고(요 1:12), 죄와 심판, 저주의 사슬에서 해방된다(롬 8:1-2). 아담 이후 단절된 하나님과의 관계가 둘째 아담이신 예수 그리스도를 통하여 비로소 회복된 것이다. 이것이 곧 '거듭남'(Born Again)이라 일컬어진다.

거듭난 이후 인생의 목적과 방향이 근본적으로 변화하게 된다. 이제는 땅이 아닌 하늘, 이 세상이 아닌 영원한 천국을 바라보게 되며(고후 4:18), 이전에 먹고 마시고 입는 것을 염려하며 살던 사람이 이제는 하나님의 기쁨을 추구하는 삶으로 나아가게 된다(갈 2:20, 고전 10:31). 나아가 자기 자신만 위한 삶이 아니라, 그리스도의 사랑을 실천하며 이웃을 섬기고, 불신자에게 복음을 전하는 삶을 살아가게 된다. 그리고 하나님의 자녀로 성경의 가르침에 따라 하나님의 뜻을 순종함으로 이루어가며, 마침내는 영원한 하나님의 나라에서 영생을 누리게 되는 것이다.

이것이 바로 '본질'이다. 오늘날의 교회는 속히 Ad Fontes!, 즉 본질로 돌아가야 한다.

"그 아들 안에서 우리가 속량 곧 죄 사함을 얻었도다 그는 보이지 아니하는 하나님의 형상이시요 모든 피조물보다 먼저 나신 이시니 만물이 그에게서 창조되되 하늘과 땅에서 보이는 것들과 보이지 않는 것들과 혹은 왕권들이나 주권들이나 통치자들이나 권세들이나 만물이 다 그로 말미암고 그를 위하여 창조되었고 또한 그가 만물보다 먼저 계시고 만물이 그 안에 함께 섰느니라 그는 몸인 교회의 머리시라 그가 근본이시요 죽은 자들 가운데서 먼저 나신 이시니 이는 친히 만물의 으뜸이 되려 하심이요 아버지께서는 모든 충만으로 예수 안에 거하게 하시고 그의 십자가의 피로 화평을 이루사 만물 곧 땅에 있는 것들이나 하늘에 있는 것들이 그로 말미암아 자기와 화목하게 되기를 기뻐하심이라"(골 1:14-20).

"내 아들아 내 말을 지키며 내 계명을 간직하라 내 계명을 지켜 살며 내 법을 네 눈동자처럼 지키라 이것을 네 손가락에 매며 이것을 네 마음판에 새기라"(잠 7:1-3).

복음은 모든 사람에게 열려 있으나,

거듭남은 하나님의 주권적인 은혜의 사건이다.

성령께서 역사하실 때에만 가능하며,

그 은혜를 받아들이는 자는

영원히 하나님과 함께 사는 복을 누리게 된다.

그리하여 진정 거듭난 자의 삶은

거듭나기 이전과는 전혀 다르고,

반드시 다를 수밖에 없다.

Part 1
기독교 신앙의 본질

01

진정 거듭나셨습니까?

주일 예배를 마치고 예배당 현관을 지나던 중, 고상한 인상의 한 부인을 만났다. 우리 교인 초청으로 교회를 찾은 방문자였는데, 나를 보자 정중히 인사를 건네며 자신이 천주교 신자라고 밝혔다. 나는 처음 만나는 이에게 자연스럽게 "교회에 다니십니까?"라고 묻곤 한다. 그리고 이어서 "예수님을 믿으십니까?"라고 재차 확인한다. 이는 단순한 습관이 아니라, '교회에 다니는 것'과 '예수님을 믿는 것' 사이의 차이를 분별하려는 목회적 의도에서 비롯된 것이다.

이날도 예외는 아니었다. 그녀가 천주교 신자임을 밝혔음에도 불구하고, 조심스럽게 "예수님을 믿으십니까?"라고 질문을 던졌다. 그러자 그녀는 주저 없이 "예, 당연하지요"라고 대답했다. 예상치 못한 반응이었다. 일반적으로 천주교 신자들은 "천주교에 다닌다"고만 응답하는 경우가 많고, '예수를 믿느냐'는 질문 자체를 낯설게 여기는 경우도 종종 있기 때문이다.

대화를 이어가던 중, 원래 서울 강남의 모 감리교회에 온 가족이 오랫동안 출석했으며, 현재 원로목사로 계신 분과도 각별한 친분이 있다고 밝혔다. 그럼에도 천주교로 개종하게 된 배경이 궁금하여 조심스레 이유를 묻자, "조용히 기도하고 싶어서요"라는 짧은 대답을 남겼다. 그 말 끝에 "그렇다면 교회에서는 조용히 기도할 수 없었습니까?"라고 되물었으나, 말끝을 흐리며 답변을 피했다. 아마도 교회 공동체 내에서 경험한 심리적 혹은 관계적 피로가 있었던 것으로 짐작되었다. 더 깊은 이야기를 나누기보다는 정중히 인사를 건네고 자리를 물러났다.

여기서 논의하려는 바는 천주교와 개신교의 우열을 따지려는 것이 아니다. 다만, 두 신앙 전통은 구원론, 예배 양식, 성경 해석 등 여러 신학적 영역에서 분명한 차이를 지니고 있다는 점은 간과할 수 없다. 따라서 단지 '조용히 기도하고 싶다'는 이유만으로 종교적 정체성을 바꾸는 결정은, 신앙의 본질적 측면에서 보자면 결코 가볍게 여겨질 수 없는 문제다.

목회 현장에서 만나는 사람들 중에는 과거에 진실한 신앙을 가졌던 이들도 있다. 교회 재정을 맡아 충실히 섬기고, 목회자와 교회를 개척하며 수고했던 이들도 있었지만, 어느 순간 신앙이 무너지고 삶의 방향을 잃은 채 세상으로 돌아가 버리는 경우도 종종 있다.

특히 한 인물이 기억에 남는다. 그는 모 목회자와 교회를 개척하였고, 오랜 세월 신실하게 신앙생활을 해왔다. 그러나 신뢰하던 목회자가 선교사로 해외에 나가고, 부임한 목사와의 관계마저 틀어지면서 교회를 떠나게 되었고, 나아가 예수님에 대한 신앙마저 부정하게 되었다. 심지어 그는 "교회를 안 나가니 마음이 이토록 편할 수가 없다"고 말하기까지 했다. 어느 날 우연히 그의 사업장을 방문했을 때, 출입문 문지방에 명주실이 감긴 마른 명태가 걸려 있는 것을 보며 마음 깊은 우려를 감출 수 없었다.

물론 그의 삶에도 나름 복잡한 사정이 있었을 것이다. 그러나 그 모든 것을 고려한다 하더라도, 신앙의 본질을 이렇게까지 쉽게 등질 수 있는 현실은 깊은 아픔과 함께 신학적 성찰을 요구하게 된다.

우리는 종종 '교회를 다닌다'는 것이 곧 '예수를 믿는다'는 것으로 여기는 이들을 만난다. 그러나 이 둘 사이에는 명확한 신앙적 구분이 존재한다. 교회에 출석한다고 해서 그가 곧 예수 그리스도를 인격적으로 영접한 참 신자라 말할 수는 없다.

한 친구 목회자는 한국 어린이전도협회에서 오랫동안 복음 제시와 구원 상담 사역을 해왔다. 어느 날 식사 자리에서 한 교회 장로와 이야기를 나누던 중, "장로님, 예수님을 인격적으로 영접하신 적이 있으십니까?"라고 물었다. 그러자 그는 잠시 침묵한 뒤, "저는 지금까지 예수님을 영접하는 기도를 정식으로 드려본 적이 없습니다"라고 고백했다. 친구 목사는 놀라움을 감추지 못하고 즉시 복음을 자세히 전한 후, 함께 영접 기도를 드렸다. 기도 이후 장로의 얼굴이 밝아졌고, 진정한 평안을 얻은 듯한 인상이었다고 한다.

이 일화는 한국 교회의 현실을 상징적으로 보여준다. 교회 직분이나 종교적 습관이 신앙의 본질을 대변하지 않는다. 신앙의 핵심은 인격적인 예수 그리스도와의 만남이며, 그분을 마음에 영접하는 것이다.

인생은 단 한 번뿐이다. 인간은 한 번 태어나 일생을 살고 이 세상을 떠난다. 그 인생 여정 속에서 사람들은 수많은 관계를 맺으며 살아간다. 그리고 대부분의 사람들은 그 삶의 목표를 '행복'이라 말한다. 그러나 이 행복을 추구하는 방식은 대개 조건적이다. 곧, '무엇을 가지면', '어떤 위치에 오르면' 행복할 수 있다고 믿는다.

그러나 현실은 어떠한가? 원하는 것을 얻기 위해 일생을 바쳐 노력하지만, 정작 생의 말미에 "참 행복한 삶이었다"고 고백할 수 있는 사람은 많지 않다. 원하는 조건을 모두 이룬 사람이 많지 않을 뿐더러, 혹 그것들을 모두 얻었다 할지라도 진정한 행복을 누리는 경우는 드물다. 오히려 이 과정에서 갈등과 상처, 허무와 외로움이 뒤따르는 경우가 대부분이다.

이유는 단순하다. 물질적 조건이나 환경이 주는 행복에는 '유효기간'이 있기 때문이다. 새집이나 새차가 처음에는 기쁨을 주지만, 얼마 지나지 않아 그 감정은 일상으로 희석된다. 매일 고급 식당에서 식사한다고 매번 행복할 수 없는 것처럼, 인간의 감각은 환경에 금세 익숙해지고, 그 기대치 또한 끊임없이 높아지기 마련이다.

결국 참된 행복은 '건강한 관계' 속에서 온다. 소박한 삶이라도 따뜻한 관계를 맺고, 서로 배려하고 용납하는 분위기 속에서 살아가는 사람은 행복할 수 있다. 반면 아무리 풍족한 환경에 살아도 관계가 깨어져 있다면 불행할 수밖에 없다.

관계는 깨지기 쉬운 것이다. 특히 가까운 사람일수록 상처는 깊고, 회복은 더 어렵다. 따라서 우리는 '관계' 그 자체를 소중히 여기고, 이것을 유지하기 위한 노력을 기울여야 한다. 그리고 그 중심에는 '사랑'이 있어야 한다. 그러나 이 사랑이 조건적이어서는 안 된다. "사랑하기 때문에 관계하는 것"이 아니라, "사랑하기 위해 관계하는 것"이 되어야 한다. 곧, 사랑이 관계의 수단이 아니라 목적이 되어야 한다는 말이다.

물리적 조건과 환경, 그리고 건강한 인간관계가 조화를 이룰 때, 사람은 일시적인 행복을 누릴 수 있다. 그러나 이러한 행복은 언제든지 변할 수 있으며, 아무리 안정적으로 유지된다 하더라도 오직 이 세상, 곧 일생 동안만 누릴 수 있는 제한적이고 유한한 행복에 지나지 않는다. 성경은 인간에게 또 하나의 결정적인 관계를 제시한다. 이것은 상대적이고 조건적인 인간관계와는 전혀 다른, 절대적이며 본질적인 관계이다. 이 관계는 현재의 삶만을 좌우하는 것이 아니라, 영원한 생명과 직결되며, 우리의 존재 전체에 근본적인 영향을 미친다. 그것이 바로 하나님과의 관계이다.

하나님은 전인격적으로 살아 계신 분이시며, 세상을 선하신 뜻 가운데 창조하셨을 뿐 아니라, 지금도 우주 만물을 주권적으로 다스리시고 섭리하신다. 그분은 인간의 눈에는 보이지 않지만, 영이시며 전지전능하시고 무소부재하신 하나님이시다. 또한 인격적으로 인간과 소통하시기를 기뻐하시는 분이시다. 그분을 인격적으로 만나는 일은 인생에서 경험할 수 있는 가장 위대한 사건이며, 가장 큰 복이다. 왜 사는지, 어디서 와서 어디로 가는지를 알게 되는 진정한 정체성과 목적의 발견은 오직 하나님과의 관계 안에서만 가능하다.

하나님께서 인간을 창조하신 데에는 특별한 목적이 있었다. 그것은 곧 하나님과의 인격적인 소통과, 그분이 지으신 세계를 인간이 잘 관리하며 살아가는 것이었다. 하나님은 인간과의 교제를 기뻐하셨고, 인간을 당신의 형상대로 지으심으로 '영적인 존재'로 설계하셨다. 에덴동산에서 하나님은 인간의 행복을 세심하게 살피셨고, 아담의 외로움까지 돌보시며 하와를 창조하실 만큼 깊이 개입하셨다. 그러나 인간의 행복은 에덴 환경에서 비롯된 것이 아니었다. 인간의 참된 기쁨은 하나님과의 관계 안에 있었다.

필자는 이른바 모태신앙인이다. 어머니 뱃속에 있을 때부터 교회에 다녔고, 예배당 마당은 내 어린 시절의 놀이터였다. 그러나 어린 시절의 교회생활은 인격적인 하나님과의 만남이라기보다 종교적 습관이었다. 성경이 과연 하나님의 말씀인지, 예수님이 누구신지, 구원이 무엇인지에 대한 확신 없이 '교인'으로 살아갔던 시절이었다.

그러던 중, 중학교 2학년 어느 날, 이웃 교회 부흥회에 참석하였다. 이 집회에서 처음으로 예수님을 인격적으로 만났다. 십자가에 달리신 예수님이 '내 죄 때문에 죽으셨다'는 말씀이 전심으로 믿어졌다. 만일 예수님께서 나를 위해 십자가를 지시지 않았다면, 나는 도무지 소망이 없는 존재라는 절박함이 밀려왔다. 십자가의 대속과 하나님의 사랑이 가슴 깊이 체험되었다.

그 순간부터 하나님은 지식의 대상이 아니라 살아계신 인격으로 경험되었고, 성경 말씀은 꿀 송이보다 더 달게 느껴졌다. 예배당에 나아가는 시간이 기다려졌고, 방석을 정리한 후 아무도 없는 예배당 창문을 통해 들어가 조용히 기도하는 것이 기쁨이 되었다. 부흥회나 은혜로운 집회를 찾아다니며 말씀을 듣는 일에 애착이 컸고, 교회에서는 찬양대, 교사 등으로 자발적으로 봉사하는 일이 행복이었다.

심지어 고등학생 시절, 점심시간에 학교 담장을 넘어 부흥집회에 참석할 정도로 신앙에 불탔던 시절이 있었다. 예배 시간에 단상 위에서 말씀을 전하는 목사님 모습이 너무도 감동적으로 보였고, 문득문득 나 자신이 강단에 서 있는 환상을 보기도 했다. 이것이 하나님의 부르심임을 확신하게 되었고, 주님을 기쁘시게 하고자 신학교에 진학하였다. 이후 청년 시절, 연합회 활동 등을 통해 신앙의 황금기를 누리며, 지금까지 복음 사역의 길을 기쁨으로 걸어가고 있다.

주님과의 만남은 내 인생의 근본적인 전환점이었다. 이전에 가졌던 세상적인 꿈과 가치들은 사라지고, 오직 주님의 뜻을 좇는 삶으로 방향이 전환되었다. 내 인생에서 가장 소중한 사건은 예수님을 통해 하나님을 만난 일이었다. 이 만남은 존재 전체를 새롭게 하였고, 나의 가치관, 세계관, 인생의 목적을 완전히 바꾸어 놓았다.

이처럼 주님과의 인격적 만남을 경험한 사건이 곧, 성경이 말하는 '거듭남'이다. 거듭남은 단순한 감정적 변화나 일시적 회개 감정이 아니라, 본질적으로 새로운 존재로 다시 태어나는 일이다. 이것은 나의 노력이나 결단으로 되는 것이 아니라, 전적으로 하나님의 은혜와 성령의 역사로 이루어지는 신비한 체험이다.

예수님께서는 밤중에 자신을 찾아온 유대 지도자 니고데모에게 "사람이 거듭나지 아니하면 하나님의 나라를 볼 수 없다"고 말씀하셨다(요 3:3). 니고데모가 이해하지 못하고 반문하자, 주님은 "물과 성령으로 나지 아니하면 하나님의 나라에 들어갈 수 없다"(요 3:5)고 하시며, 이 거듭남이 단순히 인간적인 논리로 설명될 수 없는, 성령의 역사로 말미암은 영적인 탄생임을 강조하셨다.

거듭난 사람은 이전과 같은 생명으로 사는 것이 아니라, 예수님의 생명으로 다시 태어난 자이다. 그러므로 그는 새로운 피조물이며(고후 5:17), 신분적으로는 하나님의 자녀가 된다(요 1:12). 이때 주어지는 생명은 오래 사는 생명이 아니라, 시작도 끝도 없는 하나님의 생명, 곧 영생이다(요 10:28).

거듭난 사람은 하나님의 자녀로 하늘 시민권을 갖게 되며(빌 3:20),

죽은 후에도 심판을 받지 않고 사망에서 생명으로 옮겨지게 된다(요 5:24). 이 구원은 인간이 지켜야 할 조건이나 선행에 의해 유지되는 것이 아니라, 하나님의 전적인 은혜로 주어진 것이기에 누구도 빼앗을 수 없고, 하나님의 사랑에서도 끊어질 수 없다(롬 8:35-39, 요 10:28-29).

거듭남은 어떤 사람만을 위한 특별한 신앙 체험이 아니다. 성경은 모든 사람이 반드시 거듭나야 한다고 말한다. 왜냐하면 인간은 본질상 죄인이며, 죄를 지닌 채로는 결코 거룩하신 하나님 앞에 나아갈 수 없기 때문이다. "육으로 난 것은 육이요, 영으로 난 것은 영이니"(요 3:6), 육체적 탄생만으로는 하나님과의 영적 교제를 누릴 수 없다.

오직 성령으로 다시 태어난 자만이 하나님의 자녀가 되며(갈 3:26), 하나님과 화평을 누리고(롬 5:1), 새 생명 가운데 거하며(딛 3:5), 영원한 천국을 소망할 수 있게 된다. 거듭남 이후에는 하나님께서 원하시는 사람으로 빚어져 가는 성화(Sanctification)의 여정이 시작된다(롬 8:28-30). 이 모든 구원의 역사는 그리스도의 십자가 위에서 온전히 이루어진 사역을 믿음으로 받아들일 때 비로소 가능해진다.

복음은 모든 사람에게 열려 있으나, 거듭남은 하나님의 주권적인 은혜의 사건이다. 성령께서 역사하실 때에만 가능하며, 이 은혜를 받아들이는 자는 영원히 하나님과 함께 사는 복을 누리게 된다. 그리하여 진정 거듭난 자의 삶은 거듭나기 이전과는 전혀 다르고, 반드시 다를 수밖에 없다.

"예수께서 대답하시되 진실로 진실로 네게 이르노니 사람이 물과 성령으로 나지 아니하면 하나님의 나라에 들어갈 수 없느니라"(요3:5).

생각해 보기

1. "당신은 예수님을 '믿고' 있습니까, 아니면 단지 '종교생활'을 하고 있습니까?"

2. "하나님과의 관계는 지금 당신 삶에서 어떤 의미를 지니고 있습니까?"

3. "여러분은 '거듭남'을 경험하셨습니까? 그렇다면 그 이후 인생의 방향과 목적이 어떻게 달라졌습니까?"

02

죄가 무엇인지 아십니까?

병원에 가면 의사가 질문을 많이 한다. 언제부터 아프셨나요? 무엇을 잘 못 드셨나요? 어떻게 아프신가요? … 원인을 파악하기 위한 진단 질문이다. 의사는 종합적으로 진단하여 처방을 하게 된다. 원인을 찾아서 근본적으로 치료하는 것이 중요하기 때문이다. 만약에 이 과정을 소홀하게 되면 오진을 하게 되고 질병을 치료할 수는 없다.

문제가 생기면 반드시 원인을 진단해 봐야 한다. 가령 컴퓨터가 갑자기 꺼져버렸다. 플러그가 빠져있는 것을 간과한 채 본체를 다 뜯어서 고쳐보려고 해도 전원은 들어오지 않는다. 또한 부러진 곳을 테이프로 감아서 우선 얼마동안 사용할 수는 있을 것이다. 그러나 그것은 근본적인 해결 방법이 될 수는 없다. 언젠가는 망가지게 된다. 갈등의 원인을 근본적으로 풀어야 하는데 술 한 잔 하면서 풀어버리거나, 의지적인 노력으로 풀어버린다면 결국 문제는 더 커져서 커다란 상처를 입게 되는 인간관계도 마찬가지다.

성경을 통하여 정통 기독교에서 말하는 '죄'와 죄의 결과가 무엇이며,

어떻게 죄의 문제를 해결할 수 있는지를 살펴보자.

성경은 모든 문제의 근본 원인이 한 가지 임을 증거해 준다. 즉 인간의 모든 문제가 시작된 지점을 보여주고 있는 것이다. 그것은 바로 하나님과의 관계에 문제가 생겼기 때문이라는 것이다. 이것을 '죄'라고 부른다. 인간이 범죄하여 하나님과의 관계가 끊어진 이후에 모든 문제가 발생되었다. 바로 그 지점을 '원죄'(原罪, original sin)라고 부른다. 지금 어떤 문제를 겪고 있다면 그 문제도 하나님과의 관계의 문제가 해결되어야만 근원적으로 풀릴 수 있는 문제임을 직시해야 한다.

좀더 구체적으로 성경적 관점에서 창조 목적을 통해 죄의 근원을 찾아보자. 성경은 하나님께서 목적을 가지고 온 삼라만상과 우주만물을 만드시고 그 중 최고의 작품으로 인간을 만드셨다는 것을 분명하게 밝히셨다. 창조의 과정에서 후렴처럼 등장하는 하나님의 감동이 바로 그것이다. 바로 "하나님이 보시기에 좋았더라!" 하나님은 당신의 기쁨을 위하여 세상을 만드시고 인간을 만드셨다. 따라서 이 세상이 존재하는 하나의 목적은 오직 창조주가 되시는 하나님을 기쁘시게 하는 것이다.

그 중 인간은 특별한 존재로 지어졌다. 성경은 다음과 같이 증거한다. "하나님이 이르시되 우리의 형상을 따라 우리의 모양대로 우리가 사람을 만들고 그들로 바다의 물고기와 하늘의 새와 가축과 온 땅과 땅에 기는 모든 것을 다스리게 하자 하시고 하나님이 자기 형상 곧 하나님의 형상대로 사람을 창조하시되 남자와 여자를 창조하시고"(창 1:26-27).

"하나님의 형상과 모양"이라는 말은 겉모양을 의미하는 것이 아니라 하나님의 성품을 닮은 존재라는 말이다. 그래서 흙으로 빚으시고 그 코에 '생기'를 불어넣으셨는데 '생기'(루아흐 רוּחַ)는 숨, 바람이란 뜻도 있지만 '하나님의 영'을 의미한다. 따라서 인간은 하나님의 영을 가진 존재, 즉 영적인 존재로 지음 받은 것이다. 이처럼 인간을 영적인 존재로 만드신 목적은 두 가지로 발견할 수 있다.

첫째는 인간과 소통하시려는 것이다.

피조물 가운데 유일하게 인간만이 '하나님의 영'을 가진 존재로 지어졌다. 따라서 인간은 영이신 하나님과 소통할 수 있는 유일한 피조물이다. 인간을 만드신 후에 하나님은 인간에게 온통 관심을 기울이신다. 인간을 위하여 에덴동산을 만드시고 외로워 보이자 인간을 깊이 잠들게 하시고 그의 갈빗대 하나를 취하여 여자를 만들어 함께 있게 하셨다. 인간의 행복이 하나님께 만족이 되었고 인간도 최고의 행복을 누렸다. 따라서 진정한 행복이라는 것은 앞에서 언급했듯이 하나님과의 이 같이 친밀한 관계를 통해서 오는 것임을 알 수 있는 대목이다.

둘째는 하나님의 대리자로 모든 피조물들을 관리하게 하려는 목적이 있다.

하나님이 인간에게 복을 주시는 장면을 통해서 인간에게 얼마나 커다란 권한이 부여되었는지를 보여주신다. 창세기 1장 27-30절은 인간에게 주신 복일 뿐 아니라 모든 피조물에 대한 관리자로서의 위임장과 같은 말씀이다. "하나님이 자기 형상 곧 하나님의 형상대로 사람을 창조하시되 남자와 여자를 창조하시고 하나님이 그들에게 복을 주시며 하나님이 그들에게 이르시되 생육하고 번성하여 땅에 충만하라, 땅을 정복하라, 바다의 물고기와 하늘의 새와 땅에 움직이는 모든 생물을 다스리라 하시니라 하나님이 이르시되 내가 온 지면의 씨 맺는 모든 채소와 씨가진 열매 맺는 모든 나무를 너희에게 주노니 너희의 먹을거리가 되리라 또 땅의 모든 짐승과 하늘의 모든 새와 생명이 있어 땅에 기는 모든 것에게는 내가 모든 푸른 풀을 먹을거리로 주노라 하시니 그대로 되니라." 이처럼 인간은 하나님의 형상대로 지음 받은 영적인 존재로서 하나님과 소통하며 피조물을 관리하도록 지음 받은 특별한 피조물임을 증거하고 있다.

이 인간을 위하여 하나님은 에덴동산을 창설하시고 그 중앙에 '선악을 알게 하는 나무'와 '생명나무'를 두셨다(창2:9). 그리고 인간에게 명령하셨다. "여호와 하나님이 그 사람에게 명하여 이르시되 동산 각종 나무의 열매는 네가 임의로 먹되 선악을 알게 하는 나무의 열매는 먹지 말라 네가 먹는 날에는 반드시 죽으리라 하시니라"(창 2:16-17). 그런데 뱀으로 가장한 간교한 사탄의 속임수에 빠져 선악과를 따먹고 하나님의 명령을 범하고 저주를 받게 된 것이다.

그럼 왜 하나님께서 선악을 알게 하는 나무를 동산 중앙에 두셨을까? 전지하신 하나님이 왜 선악과를 따먹을 줄도 아셨을 텐데 왜 방임하셨을까? 등 선악과에 대한 의문들을 갖고 있다. 그런데 에덴동산 중앙에는 '선악을 알게 하는 나무'만 있었던 것이 아니라 '생명나무'도 함께 있었다는 것을 간과해서는 안 된다. 즉 하나님은 인간이 생명나무의 실과를 먹으며 영생하기를 원하셨지만 선악과를 따먹을 수 있는 자유까지 허락하셨다는 것을 생각하면 선악과는 인간을 구속하기 위한 수단이 아니라 창조주 하나님과의 관계의 기준이요, 인간에게 허락하신 행복의 기준이었다는 사실에 주목해야 한다. 그런 의미에서 선악과는 창조주 하나님과 피조된 인간을 구별하는 관계의 울타리 였던 것이다.

그런데 인간은 "먹는 날에는 네 눈이 밝아져 너도 하나님처럼 될 수 있다"는 사탄의 속임수에 넘어가 하나님처럼 되고자 하는 욕망과 교만 때문에 선악과를 따먹고 죄를 저지르고 만다. 이것이 바로 '원죄'(original sin)다. 이후 인간의 조상 아담이 저지른 그 원죄가 모든 인류에게 유전되어 인류는 저주아래 놓이게 되었고 속죄가 필요한 존재가 되었다.

이 같은 원죄로 하나님과의 관계는 깨어지게 되고 죄의 저주는 인간을 고통과 절망으로 떨어뜨렸다. 이로 인해 '보시기에 좋았더라'고 하신 하나님의 창조의 목적에서 빗나가버리고 말았다. 그래서 죄란? '하마르티아($ἁμαρτία$)' 즉 '빗나갔다'. '벗어났다'는 의미다. 이 때부터 인간은 에덴동산에서 쫓겨 났으며 죄로 인한 저주를 받아 고통과 절망적인 역사의 깊은 수렁에 빠져 버리고 말았다.

성경 로마서 1장 18-25절에서는 원죄로 인해 나타나는 자범죄를 다음과 같이 증거해 주고 있다. "하나님의 진노가 불의로 진리를 막는 사람들의 모든 경건하지 않음과 불의에 대하여 하늘로부터 나타나나니 이는 하나님을 알 만한 것이 그들 속에 보임이라 하나님께서 이를 그들에게 보이셨느니라 창세로부터 그의 보이지 아니하는 것들 곧 그의 영원하신 능력과 신성이 그가 만드신 만물에 분명히 보여 알려졌나니 그러므로 그들이 핑계하지 못할지니라 하나님을 알되 하나님을 영화롭게도 아니하며 감사하지도 아니하고 오히려 그 생각이 허망하여지며 미련한 마음이 어두워졌나니 스스로 지혜 있다 하나 어리석게 되어 썩어지지 아니하는 하나님의 영광을 썩어질 사람과 새와 짐승과 기어다니는 동물 모양의 우상으로 바꾸었느니라 그러므로 하나님께서 그들을 마음의 정욕대로 더러움에 내버려 두사 그들의 몸을 서로 욕되게 하게 하셨으니 이는 그들이 하나님의 진리를 거짓 것으로 바꾸어 피조물을 조물주보다 더 경배하고 섬김이라 주는 곧 영원히 찬송할 이시로다 아멘." 이것은 마치 회로가 고장 났거나 바이러스가 먹어버린 컴퓨터와 같이 전혀 쓸모없게 되어버린 모습이다.

범죄 이후에 인간 안에서 하나님의 의지가 전혀 작동하지 않았기 때문에 타락한 인간은 육체의 본성을 따라 살게 되었으며 그 깨어진 모습을 갈라디아서 5장 19-21절에서 다음과 같이 전해준다. "육체의 일은 분명하니 곧 음행과 더러운 것과 호색과 우상 숭배와 주술과 원수 맺는 것과 분쟁과 시기와 분냄과 당 짓는 것과 분열함과 이단과 투기와 술 취함과 방탕함과 또 그와 같은 것들이라 전에 너희에게 경계한 것 같이 경계하노니 이런 일을 하는 자들은 하나님의 나라를 유업으로 받지 못할 것이요." 이 같은 육체의 열매들은 하나님의 명령을 어기고 타락한 인간에게 나타나는 죄악의 열매들이다.

뿐만 아니라 사탄의 노예가 되어 인생의 방향과 목적을 잃어버리고 순전히 육체의 정욕과 쾌락만을 위해서 소중한 인생을 낭비하게 되고 자기만을 위해서 살게 되었다. 성경 요한일서 2장 15-17절은 타락한 인간이 추구하는 것들을 경계하며 다음과 같이 증거해 주고 있다. "이 세상이나 세상에 있는 것들을 사랑하지 말라 누구든지 세상을 사랑하면 아버지의 사랑이 그 안에 있지 아니하니 이는 세상에 있는 모든 것이 육신의 정욕과 안목의 정욕과 이생의 자랑이니 다 아버지께로부터 온 것이 아니요 세상으로부터 온 것이라 이 세상도, 그 정욕도 지나가되 오직 하나님의 뜻을 행하는 자는 영원히 거하느니라."

또한 예수님께서도 마태복음 6장 30-34절에서 교훈하신다. "오늘 있다가 내일 아궁이에 던져지는 들풀도 하나님이 이렇게 입히시거든 하물며 너희일까보냐 믿음이 작은 자들아 그러므로 염려하여 이르기를 무엇을 먹을까 무엇을 마실까 무엇을 입을까 하지 말라 이는 다 이방인들이 구하는 것이라 너희 하늘 아버지께서 이 모든 것이 너희에게 있어야 할 줄을 아시느니라 그런즉 너희는 먼저 그의 나라와 그의 의를 구하라 그리하면 이 모든 것을 너희에게 더하시리라 그러므로 내일 일을 위하여 염려하지 말라 내일 일은 내일이 염려할 것이요 한 날의 괴로움은 그 날로 족하니라."

성경은 일관되게 죄의 문제를 해결하고 인간을 구원하시려는 역사를 보여주고 있다. 이를 '구속사'(救贖史)라고 한다. 독생자 예수 그리스도의 십자가의 죽으심과 부활로 완성하신 대속의 역사를 통해서 죄로 인하여 깨어진 하나님과의 관계를 회복하는 것이 죄의 문제를 해결하는 유일한 길임을 성경은 증거해 주고 있다. 따라서 누구든지 예수 그리스도의 대속의 역사를 받아들이고 개인의 구주로 믿고 고백할 때 죄 사함을 받고 구원을 받게 되며 그것이 하나님의 목적임을 증거해 주신다.

성경은 다음과 같이 증거해 주신다.

> **요 3:17** "하나님이 그 아들을 세상에 보내신 것은 세상을 심판하려 하심이 아니요 그로 말미암아 세상이 구원을 받게 하려 하심이라."
>
> **골 1:13-14** "그가 우리를 흑암의 권세에서 건져내사 그의 사랑의 아들의 나라로 옮기셨으니 그 아들 안에서 우리가 구속 곧 죄 사함을 얻었도다."

예수 그리스도는 죄인을 구원하시기 위해 이 땅에 육신의 몸을 입고 오신 하나님의 외아들이다. 그분은 완전한 하나님이심과 동시에 완전한 사람이시지만 죄는 없으시기에 우리를 대속하기에 합당하신 분이시다.

> **히 4:15** "우리에게 있는 대제사장은 우리의 연약함을 동정하지 못하실 이가 아니요 모든 일에 우리와 똑같이 시험을 받으신 이로되 죄는 없으시니라."
>
> **요일 3:4-5** "죄를 짓는 자마다 불법을 행하나니 죄는 불법이라 그가 우리 죄를 없애려고 나타나신 것을 너희가 아나니 그에게는 죄가 없느니라."

예수님도 자신에 대해 그렇게 증거해 주신다.

> **요 10:10** "도둑이 오는 것은 도둑질하고 죽이고 멸망시키려는 것뿐이요 내가 온 것은 양으로 생명을 얻게 하고 더 풍성히 얻게 하려는 것이라."
>
> **마 20:28** "인자가 온 것은 섬김을 받으려 함이 아니라 도리어 섬기려 하고 자기 목숨을 많은 사람의 대속물로 주려 함이니라."

성경을 기록한 목적도 예수 그리스도를 통해서 구원을 받기 위함에 있음을 분명히 밝히고 있다.

> **요20:31** "오직 이것을 기록함은 너희로 예수께서 하나님의 아들 그리스도이심을 믿게 하려 함이요 또 너희로 믿고 그 이름을 힘입어 생명을 얻게 하려 함이니라."

그러므로 죄로 인해 깨어진 관계를 회복하고 구원하는 것이 성경을 통해서 보여주신 하나님의 목적임을 절대로 간과해서는 안 된다.

구원은 오직 믿음으로 받게 되는 것이며 믿음은 하나님께서 일방적이고 무조건적으로 주신 은총이다.

> **엡 2:8-9** "너희는 그 은혜에 의하여 믿음으로 말미암아 구원을 받았으니 이것은 너희에게서 난 것이 아니요 하나님의 선물이라 행위에서 난 것이 아니니 이는 누구든지 자랑하지 못하게 함이라."
>
> **롬 1:16-17** "내가 복음을 부끄러워하지 아니하노니 이 복음은 모든 믿는 자에게 구원을 주시는 하나님의 능력이 됨이라 먼저는 유대인에게요 그리고 헬라인에게로다 복음에는 하나님의 의가 나타나서 믿음으로 믿음에 이르게 하나니 기록된 바 오직 의인은 믿음으로 말미암아 살리라 함과 같으니라."

이렇게 예수 그리스도를 개인의 구주로 전인적으로 영접하게 되면 하나님의 자녀가 되고 모든 죄에서 구원을 받게 되는데 이것을 '거듭남'이라고 한다.

▌생각해 보기

1. 나는 '죄'의 본질을 어떻게 이해하고 있는가?

2. 나는 예수 그리스도를 통해 참된 거듭남을 경험하였는가?

3. 나는 지금 하나님과의 관계 안에서 창조된 존재로서의 목적과 사명을 살아가고 있는가?

03

기독교는 종교가 아니다

필자는 평소에 "기독교는 종교가 아니라 관계입니다", "기독교 신앙은 '점'이 아니라 '선'입니다"라고 자주 말하곤 한다. 이는 곧 기독교 신앙이 단발적인 이벤트가 아니라 지속적인 관계이며, 일회적인 의식이 아니라 전 인격적인 '삶'임을 강조하기 위한 표현이다.

기독교 신앙은 일반 종교와 근본적으로 다르다. 기독교라는 외적 틀을 갖추었으나, 실상은 '기복주의'나 '신비주의', 혹은 '번영신앙'이나 '율법주의'에 머무는 경우가 적지 않다. 이러한 형태는 성경적 신앙과는 명백히 거리가 멀며, 본질적으로는 비복음적이다. 예수 그리스도를 믿는다고 하면서도 여전히 종교적 습관에 머무는 것은 시간 낭비일 뿐만 아니라, 마치 밤새 울어놓고도 누가 죽었는지조차 모르는 것과 다름없다.

모든 종교는 나름의 신관(神觀)을 갖고 있다. 일반 종교에서는 대체로 신자가 믿음의 대상을 선택하고, 그 대상에게 자신의 바람을 이루어 달라며 지극한 정성을 다한다. 그러나 본질적으로 이는 신자가 자신의 바람을 신앙 대상으로 투영(投影)하는 것에 불과하며, 일종의 자기 암시와 같다. 왜냐하면 그들이 섬기는 신은 실제로 생명이 없고, 인격이 없는 형상에 지나지 않기 때문이다. 따라서 이러한 대상은 신자에게 어떤 실질적인 도움도 줄 수 없는 것이다.

성경은 이러한 대상을 '우상'이라 정의한다(시 115:4-8). 또한 우상을 섬기는 자들과 살아계신 하나님을 경외하는 자들 간의 영적 전쟁이 성경 곳곳에 생생하게 기록되어 있다. 그 대표적인 사례가 열왕기상 18장의 '갈멜산 전투'이다. 아합 왕 시대에 이스라엘 백성은 바알과 아세라를 숭배하였다. 바알 선지자 450명과 아세라 선지자 400명이 열렬히 제사를 드렸으나, 아무 응답을 받을 수 없었다. 이는 그들이 섬기던 대상이 본래 살아 있는 신이 아니었기 때문이다. 반면 엘리야가 여호와 하나님께 간단한 기도를 드리자, 하나님께서는 불로 응답하셔서 제단 위의 모든 것을 태워버리셨다. 이를 통해 하나님은 살아 계시며 전능하신 분이심을 증명하셨고, 거짓 신을 따르던 선지자들은 결국 하나도 남김없이 심판을 받게 되었다.

기독교는 삼위일체 하나님을 신앙의 대상으로 믿는다. 하나님은 인격적으로 살아 계시며(계 1:8), 천지를 창조하신 분이시고(창 1:1), 전지전능하시며(창 28:3, 시 50:1), 무소부재하신 분이심을 고백한다(시 139편). 그러므로 일반 종교와 기독교는 신앙의 대상을 대하는 태도부터 근본적으로 다르다. 일반 종교는 신자가 신을 찾아가 숭배하고 경배하는 데에 그치는 반면, 기독교는 하나님을 마음의 중심에 모시고 인격적으로 소통하며, 하나님의 뜻에 기꺼이 순종하며 그분의 인도하심을 신뢰하고 따른다.

신앙의 방향과 목적 또한 다르다. 일반 종교는 대체로 현세의 삶을 중심으로 하며, 신앙의 목적이 삶의 질 향상에 초점이 맞추어져 있다. 외형적이며 의식적이고, 현실적인 문제 해결에 집중하는 경향이 강하다. 이에 비해 기독교는 하나님과의 인격적인 관계를 중심으로 하며, 현세의 삶은 영원한 생명을 준비하는 과정일 뿐 그것이 목적이 아니다. 따라서 올바른 기독교 신앙을 가진 자는 삶을 하나님의 은총으로 여기며, 구원받은 은혜에 감격하여 하나님께 헌신하며 살아간다.

기독교 신앙은 예수 그리스도를 믿는 것이 현세적 축복이나 번영과 직접 연결되지 않는다. 다시 말해, 세속적인 형통이 예수님을 믿는 목적이 아니라는 뜻이다. 오히려 예수 그리스도를 구주로 믿으면 인생의 방향과 목적이 오직 하나님 나라에 맞추어지게 되며, 세상에서 주어지는 물질, 재능, 건강, 생명 등은 하나님의 영광과 그분께서 맡기신 사명을 위해 사용되어야 할 '달란트'로 여긴다. 그러므로 세속적 성공이나 기회가 주어졌다면 이것은 곧 '사명'의 기회로 이해해야 하며, 이것이 축복이라면 그 사명을 감당할 수 있도록 주어진 '복된 책임'이라 고백하게 된다. 진정한 복은 예수 그리스도 안에서 약속된 죄 사함과 영생, 그리고 하나님과의 올바른 관계이며, 그 외의 모든 것은 은혜에 대한 응답의 도구에 불과하다. 이 주제는 '진정한 복이란 무엇인가'라는 주제 아래에서 별도로 심도 있게 다룰 것이다.

기독교 신앙에서 하나님을 대하는 태도는 '숭배'와 '경배'를 넘어, 인격적인 교제와 관계를 본질로 한다. 기독교 신앙의 출발은 성령의 감화와 감동 가운데 예수 그리스도를 개인의 구주로 영접하는 데서 시작된다. 이 안에는 하나님의 예정과 섭리도 포함된다(엡 1:4, 갈 1:15). 즉, 하나님께서 구원하시기로 작정하신 이가 정하신 때에 성령의 역사로 말미암아 예수 그리스도를 믿고 영접하는 그 순간부터를 참된 믿음의 시작이라 할 수 있다(고전 12:3).

이때 주님께서 그의 마음속에 거하시게 되며(골 1:27, 계 3:20), 모든 죄는 용서받고(골 1:14), 그는 하나님의 자녀 신분을 얻으며(요 1:12), 영원한 생명을 소유하게 된다(요 5:24). 또한 하나님께서 예비하신 새로운 삶이 그에게 시작된다. 이로부터 하나님은 그의 아버지가 되시며, 그는 하나님께 무엇이든지 구할 수 있는 자격을 부여받는다. 이 모든 변화가 바로 '거듭남'이며, 믿음 안에서의 새 생활의 출발점이다.

기독교 신앙은 예수 그리스도의 십자가와 부활을 통하여 죄로 단절되었던 하나님과의 관계가 회복되는 것으로부터 시작되며, 그 회복된 관계 속에서 하나님의 본래적인 목적에 따라 살아가는 삶의 전 과정이다. 즉, 기복적인 종교행위가 아닌, 마음 중심에 주님을 모시고 그분의 뜻을 따라 살아가는 삶이다.

예수를 믿기 이전에는 자신의 뜻과 욕망을 따라 삶을 계획하고 실행하였으나, 믿은 이후에는 하나님의 뜻 앞에 자신의 뜻을 내려놓고 기꺼이 순종하게 된다. 과거에는 '육신의 정욕', '안목의 정욕', '이생의 자랑'을 좇으며, 무엇을 먹고 마실까 염려하며 살았다면(요일 2:16, 마 6:31), 이제는 '먹든지 마시든지 무엇을 하든지 하나님의 영광을 위해' 사는 삶으로 전환된다(고전 10:31). 이것은 단순한 가치관의 변화가 아니라, 존재 전체의 변화를 의미하며, 성경은 이를 가리켜 "새로운 피조물"이라 증언한다.

"그런즉 누구든지 그리스도 안에 있으면 새로운 피조물이라, 이전 것은 지나갔으니 보라 새 것이 되었도다"(고후 5:17).

기독교와 타 종교의 근본적인 차이는 신관(神觀), 즉 신에 대한 이해에서 비롯된다. 이 점은 매우 중요하기에, 본 장에서 다시 한 번 강조하려 한다. 일반적인 종교는 인간이 숭배하는 대상을 통해 자신의 소망을 성취하려는 데에 그 목적을 둔다. 그리하여 제의(祭儀)와 기원을 통하여 자신의 바람을 신에게 전달하려고 하지만, 실상은 인간의 마음을 다스리기 위한 수단에 불과하다. 다시 말해, 신앙의 대상을 통해 자신의 내면을 투영하고 종교적 카타르시스를 느끼는 것이다. 이 감정을 신앙의 확신으로 받아들이며, 자신이 숭배하는 존재가 무엇인가를 이루어 줄 수 있다고 믿는다. 그러나 엄밀히 말하면 이는 인간 스스로의 의지를 종교적 열정으로 고양시켜 자기 삶을 이루어 가는 방식일 뿐이다.

결국 숭배 대상은 생명이 없는 존재이므로 아무것도 해 줄 수 없다. 이들은 삶의 전 과정 가운데서 누릴 수 있는 것들에 한정되어 있으며, 내세를 언급하기는 하지만, 그 역시 인간이 구성한 시나리오일 뿐이다. 기독교는 이러한 대상을 단호히 '우상'이라 정의한다. 우상이란 곧 "영원할 수 없는 것을 영원한 것으로 믿는 모든 것"을 의미한다.

기독교 신앙의 본질은 전인격적으로 살아계신 하나님을 믿는 데 있다. 하나님은 생사화복과 흥망성쇠를 주관하시는 분이며, 영원 전부터 영원까지 살아계시며, 우주 만물을 다스리는 만왕의 왕이시다. 이와 같은 신관이야말로 기독교가 타 종교와 근본적으로 구별되는 지점이다. 기독교가 추구하는 가치 또한 일시적이거나 물질적인 것이 아니라, 오직 영원한 영적인 가치에 있다. 즉, 기독교 신앙의 목적은 부귀영화가 아니라 하나님께서 허락하신 뜻과 목적을 이루는 데 있으며, 물질적 축복이 있더라도 그것은 하나님께서 주신 은혜로 받아들이되, 집착하거나 목적으로 삼지 않는다.

예수 그리스도를 인격적으로 믿고 받아들이는 것을 성경은 '거듭남'

이라 한다. 이는 영적으로 새롭게 태어났음을 의미한다. 거듭난 자는 예수 그리스도를 자신의 삶의 주인으로 영접하며, 삶의 방향과 목적을 하나님의 뜻에 맞추어 재정립한다. 곧, 자신의 뜻이 아니라 주님의 뜻을 따르고, 자신의 목적이 아니라 주님의 목적을 이루는 것이 삶의 목표가 되는 것이다.

기독교인은 이 세상에서의 삶을 하나님께서 주신 선물로 여기며, 하나님의 영광을 위해 살아간다. 동시에 하나님의 섭리 속에서 예비된 영원한 나라를 삶의 궁극적인 목표로 삼는다. 그러므로 기독교인은 늘 하나님과 교제하며, 말씀을 묵상하고 그분의 뜻을 구하며, 하나님께서 주시는 지혜와 능력으로 하나님의 기쁨을 위해 살아간다. 참된 복은 이러한 삶의 자리에서 발견되고 누려지는 것이다.

신관이 다르다는 것은 형식이나 방법의 차이를 의미하는 것이 아니라, 그 본질과 내용, 목적까지 전적으로 다름을 뜻한다. 일반적인 종교에서의 신은 인간이 전능성을 부여한 존재일 뿐이다. 그것은 조형물일 수 있고, 자연물일 수도 있으며, 혹은 상징적인 개념일 수도 있다. 인간은 이와 같은 대상에 절대적 의미를 부여하고 자신의 마음을 투영하여 의지하고 숭배한다. 이러한 숭배 행위는 인간의 정서에 긍정적인 영향을 줄 수 있을지 모르지만, 숭배 대상 자체가 인격이 없기에 인간의 삶에 실질적인 영향을 끼치지 못한다. 이는 결국 죽은 신에 불과하기 때문이다.

반면, 기독교의 하나님은 인격적이시며 살아계신 분이시다. 하나님은 영으로 존재하시며, 전능하신 능력으로 세상과 인간을 창조하셨다. 인간과 인격적으로 만나시고 교제하시며, 우주 만물과 인간의 삶을 주권적으로 주장하신다. 이를 우리는 '섭리(攝理)'라 부른다. 타 종교에서는 신을 절대적 지위에 올려 놓고, 정성과 공경을 다해 숭배하면 소원이 성취된다고 믿는다. 그러나 기독교에서 하나님은 인간의 마음속에 인격적으로 모셔지고, 왕으로 섬김을 받으며, 그분의 말씀과 명령에 순종하는 삶이 이루어진다.

모든 종교는 나름의 내세관과 구원관을 가지고 있으나, 이 또한 기독교와는 근본적으로 다르다. 일반 종교는 인간이 이성과 정성을 다하여 신에게 나아가려는 상향적 구조를 가지고 있다. 따라서 구원을 위해 부단히 수양하고 정성을 다한다. 그러나 기독교의 구원은 철저히 하향적인 구조를 따른다. 죄 없으신 예수 그리스도께서 죄에 빠진 인간을 구원하시기 위해 인간의 모습으로 이 땅에 오셨으며, 십자가에서 대속의 죽음을 감당하심으로써 인간의 죄 값을 대신 치르셨다. 그러므로 누구든지 이 사실을 믿고 예수 그리스도를 자신의 구주로 영접하면, 구원을 얻고 하나님의 자녀라는 신분의 변화를 얻게 된다.

결과적으로 기독교는 신관과 구원관에 있어 타 종교와 본질적으로 다르며, 신앙생활의 방향과 목적 역시 전혀 다를 수밖에 없다. 생각해보라. 생명이 없는 신을 섬기는 것과 살아 역사하시는 하나님을 섬기는 것, 인간의 삶에 아무 영향을 미치지 못하는 존재를 숭배하는 것과 절대적인 영향을 미치는 하나님을 경외하는 것, 일시적인 세속적 문제에만 집중하는 종교와 영원한 생명과 내세를 지배하시는 하나님을 믿는 신앙이 어찌 같을 수 있겠는가?

기독교 신앙은 '점'이 아니라 '선'이며, '의식'이 아니라 '삶' 그 자체이다. 진정한 신앙은 살아계신 하나님을 전인격적으로 모시고 인격적인 관계 가운데 살아가는 것이지, 일방적으로 숭배하는 데 그치는 것이 아니다. 그러므로 참된 신앙은 반드시 삶의 열매로 증명되어야 한다. 곧, 기독교 신앙에서 '행함'은 신앙이 살아 있는지를 판단하는 가장 중요한 척도라 할 수 있다.

"네가 보거니와 믿음이 그의 행함과 함께 일하고 행함으로 믿음이 온전하게 되었느니라"(약 2:22).

생각해 보기

1. 나는 하나님을 '살아 계신 인격적 존재'로 신앙하며 교제하고 있는가, 아니면 종교적 형식이나 습관 속에 머물고 있는가?

2. 예수 그리스도를 믿은 이후, 내 삶의 방향과 목적에 실제적인 변화가 있었는가?

3. 하나님 나라와 그분의 영광을 위한 '선'의 여정 속에 있는가, 아니면 여전히 세속적인 '점'의 사건에 머물러 있는가?

04
'점'이 아니라 '선'이다

오늘날 기독교 신앙이 직면한 가장 심각한 위기는 윤리적·도덕적 타락에 있다. 크고 작은 사건들에 교인들, 특히 목사와 장로, 권사 등 교회 핵심 중직자들이 연루되지 않은 경우를 찾아보기 어려우며, 이러한 문제들은 전통 언론(Legacy Media)뿐 아니라 소셜 미디어(Social Media)를 통하여 끊임없이 확산되고 있다. 이로 인해 교회와 목회자 위상은 심각하게 추락하였고, 급기야 세상은 교회를 근심 어린 시선으로 바라보는 지경에 이르렀다.

그렇다면 이러한 사태는 어디에서 비롯된 것인가? 앞서 언급한 바와 같이, 기독교 신앙의 본질을 오해하거나 왜곡된 신앙관에서 비롯된 결과라 할 수 있다. 기독교 신앙의 핵심은 하나님과의 인격적 소통이며, 이 소통에서 비롯된 삶의 변화에 있다. 단순히 교리를 수용하고 죽은 이후 천국에 이르기를 바라는 것이나, 이 땅에서 신앙을 빌미로 물질적 번영을 추구하는 것과 같은 신앙 형태는 성경이 말하는 본질적 신앙과는 근본적으로 다르다. 신앙은 곧 삶이며, 참된 신앙은 반드시 이 삶을 통해 입증되어야 한다. 만일 신앙인이라 자처하면서도 삶의 변화가 전혀 없다면, 그는 열매 없는 나무와 같으며, 마침내는 죽은 신앙이라 아니할 수 없다.

참된 신앙은 '거듭남'으로 정의할 수 있다. 거듭남이란 곧 영적으로 다시 태어남을 의미하며, 그리스도 안에서 과거와 현재의 삶이 명확히 구분되는 변화를 뜻한다. 이는 곧 인생의 주권을 예수 그리스도께 온전히 이양한 상태를 의미하며, 사도 바울이 갈라디아서 2장 20절에서 고백한 바와 같이 "내가 그리스도와 함께 십자가에 못 박혔나니 그런즉 이제는 내가 산 것이 아니요 오직 내 안에 그리스도께서 사시는 것이라"는 말씀과 일맥상통한다. 진실로 거듭난 사람은 삶의 방향과 목적이 이전과는 분명히 달라지며, 그의 존재는 그리스도 안에서 새롭게 정의된다.

반대로, 삶의 변화가 전혀 없다면 그리스도와의 인격적 만남에 결함이 있거나, 신앙 성장이 정체되어 있음을 의미한다. 이른바 '무늬만 신앙인' 혹은 '성인아이 신앙'은 외견상 아무 문제가 없어 보일 수 있으나, 실상은 지적 동의에 머무를 뿐, 삶으로 이어지는 신앙이 되지 못한다. 이러한 유형의 신앙인은 교회 안과 밖의 삶이 분리되어 있으며, 신앙이 실생활에 통합되지 못한 채 자주 시험에 들고, 공동체 내에서 갈등을 유발한다. 신앙생활에 감격이나 기쁨이 없고, 인격적으로 주님을 모신 자라면 결코 행하지 않을 말과 행동을 거리낌 없이 행하는 경우도 드물지 않다.

아무리 성경에 대한 지식이 풍부하고 예수님에 대해 해박한 지식을 가졌다 하더라도, 인격적으로 주님을 만나지 못했다면 그는 거듭난 자라 할 수 없다. 거듭남이 없으니 신앙 성장이 이루어질 수 없으며, 삶의 변화 또한 기대할 수 없다. 참으로 거듭난 자는 주님을 실망시키지 않으며, 자신의 의지를 주님께 복종시키려 끊임없이 자기를 낮추는 자이다. 더욱이 영적으로 성숙한 자는 항상 주님의 임재를 의식하며, 삶의 우선순위와 가치를 하나님께 두고 살아간다. 이러한 삶은 세상 속에서 선한 영향력을 미치며, 공동체와 사회를 변화시키는 원동력이 된다.

초대교회는 이러한 삶을 통해 세상을 변화시켰다. 사도행전 2장 46-47절은 "날마다 마음을 같이하여 성전에 모이기를 힘쓰고 집에서 떡을 떼며 기쁨과 순전한 마음으로 음식을 먹고 하나님을 찬미하며 또 온 백성에게 칭송을 받으니 주께서 구원 받는 사람을 날마다 더하게 하시니라"고 기록하고 있다. 이는 초대 성도들이 교회 안과 밖에서 일치된 신앙의 삶을 살았음을 증언하는 대목이다. 또한 사도행전 6장 3절에 나타난 교회의 일꾼 선정 기준 역시 "성령과 지혜가 충만하여 칭찬 받는 사람"으로 명시되어 있는데, 이는 곧 일상 속에서 선한 영향력을 끼치는 인격적 신앙인을 가리킨다. 교회와 세상에서의 삶이 일치되고 이중적이지 않은 삶이야말로 기독교 신앙이 추구하는 핵심 가치라 할 수 있다.

오늘날 교회가 세상에 거룩한 영향력을 미치지 못하는 가장 근본적인 이유는, 믿음과 삶의 연결 고리가 단절되었기 때문이다. 신앙은 충만하나 생활 속 실천이 결여된, 즉 열매 없는 나무와 같은 상태에 빠진 것이다. 물론 사회적으로는 세속화와 개인주의의 확산으로 전통적 교회의 영향력이 약화되고, 과학 발전과 인본주의적 가치의 부상으로 종교 권위가 상대적으로 쇠퇴한 측면도 있다. 그러나 본질적인 문제는 일부 교회와 종교 지도자들의 비리와 도덕적 추락으로 교회에 대한 신뢰가 무너졌다는 점에 있다. 그 결과 교회 전체에 대한 부정적 인식이 확산되었고, 교회 메시지는 대중에게 온전히 전달되지 못한 채 점점 더 변두리로 밀려나고 있다.

한마디로 '윗물이 흐린' 형국이다. 세상을 바라보는 시각이 무뎌졌을 뿐 아니라, 강단에서 선포되는 말씀조차 본질에서 이탈하여 기복적이며 현세 지향적인 내용으로 가득 차 있는 것이 오늘의 교회 현실이다. 하나님 앞에서 책임 있는 삶을 살지 못하는 교회는 신앙과 교회의 본질을 회복하지 않는 한, 결국 거대한 종교적 이익 집단으로 전락할 수밖에 없으며, 실제로 그러한 방향으로 나아가고 있다.

이와 더불어, 교회가 여전히 전통적 소통 방식에 머물러 젊은 세대와의 진정한 소통에 실패하고 있다는 점도 심각한 문제로 지적된다. 현대 사회는 디지털 미디어와 급변하는 커뮤니케이션 환경에 익숙한 반면, 교회는 이를 적절히 활용하지 못하며, 그 결과 세대 간의 소통 단절이 심화되고 있다. 아울러 사회·정치·경제적 현안에 대한 교회의 명확한 입장 표명과 실질적 대응 부재 역시 교회가 대중으로부터 멀어지게 된 주요 원인 중 하나이다. 교회가 세상의 다양성을 포용하지 못하거나 배타적으로 비칠 경우, 사회적 공감대를 형성하지 못하게 되며, 결국 교회의 존재 기반은 점차 좁아질 수밖에 없다.

우리는 지금, 교회 위기의 시대를 살아가고 있다. 이 위기는 교회 리더십과 그리스도인들의 무책임한 자세로 자초된 측면이 크다. 작은 예수로서 세상을 변화시키라는 교회의 본질적 사명은 점점 세상에 동화되고, 외면당하는 현실로 전락했다. 그러나 진정한 그리스도인, 곧 예수 그리스도의 제자로서 그분의 길을 따르는 이들을 통하여, 이 땅의 회복과 개혁은 가능하다고 믿는다. 우리는 성숙해야 하며 개혁되어야 한다. 공동체 안에서 무질서한 자기 주장으로 관계를 깨뜨리는 존재가 아니라, 신앙과 삶이 일치된 그리스도인만이 이 시대를 변화시킬 수 있다. 참된 신앙은 단편적인 '점'이 아니라, 일관된 '선'이며, 단순한 '교리'가 아니라 '삶' 그 자체이다. 그리스도의 후예로, 우리는 마땅히 주님을 따라 신행일치의 길을 걸어가야 할 것이다.

"너희 안에서 행하시는 이는 하나님이시니 자기의 기쁘신 뜻을 위하여 너희에게 소원을 두고 행하게 하시나니 모든 일을 원망과 시비가 없이 하라 이는 너희가 흠이 없고 순전하여 어그러지고 거스르는 세대 가운데서 하나님의 흠 없는 자녀로 세상에서 그들 가운데 빛들로 나타내며 생명의 말씀을 밝혀 나의 달음질이 헛되지 아니하고 수고도 헛되지 아니함으로 그리스도의 날에 내가 자랑할 것이 있게 하려 함이라 (빌 2:13-16).

생각해 보기

1. 내 삶에서 '거듭남'의 실제적인 변화는 무엇인가요? 신앙이 나의 일상과 선택에 어떻게 영향을 미치고 있나요?

2. 교회 내에서 윤리적·도덕적 문제들이 발생하는 원인을 어떻게 바라보시나요? 우리 공동체가 건강한 신앙생활을 위해 무엇을 실천해야 할까요?

3. 세대 간 소통과 사회와의 관계에서 교회가 더 나아지려면 어떤 노력이 필요할까요? 내가 할 수 있는 역할은 무엇인지 함께 나누어 봅시다.

05
겉과 속이 왜 다른가?

　기독교는 윤리나 도덕을 궁극적 목적으로 추구하는 종교가 아니다. 윤리와 도덕은 인간 사회의 인륜적 질서에 속하는 것으로, 시대와 세대에 따라 그 기준이 달라지는 상대적 규범에 불과하다. 또한 윤리와 도덕은 인간이 생존하는 동안에만 필요한 일시적 규범일 뿐, 기독교가 지향하는 영원한 생명의 본질을 담고 있지 않다. 기독교 신앙은 인륜의 차원을 초월해 영원불변한 진리 위에 세워진다. 그 진리의 실체는 곧 예수 그리스도이시며, 참된 기독교인은 언제나 그리스도를 최고의 목적으로 삼고 그분을 추구한다.

　일반적으로 세상 사람들은 기독교 신앙을 도덕적 기준과 결부시켜 판단하곤 한다. "예수를 믿는 사람이 왜 저럴까?" 혹은 "교회가 왜 저 모양인가?" 하는 식의 비난이 그것이다. 물론 기독교인과 교회는 이러한 비난을 받을 빌미를 제공하지 않도록 신앙인의 신분에 걸맞은 책임의식을 가지고 삶을 성찰하며 관리해야 할 의무가 있다. 그러나 이러한 외부의 평가에도 기독교 신앙의 본질과 목적이 변하는 것은 결코 아니다. 나아가 교회와 성도의 영적 신분 역시 달라지지 않는다. 이는 기독교가 윤리적 혹은 도덕적 기준 위에 세워진 종교가 아니며, 이런 것을 궁극적으로 추구하는 종교가 아니기 때문이다.

이를테면, 교회에서 오랜 세월 신앙생활을 해온 중직자라 해도, 성품이 덕스럽지 못하여 사람들의 비난을 받는 경우가 있다. 이기적인 태도로 공동체 안에서 소외당하거나, 급한 성정으로 자주 갈등을 일으키기도 한다. 경건한 삶과는 거리가 먼 생활을 하거나, 이기심을 따라 부정한 방법을 동원하는 경우도 있다. 그러나 이러한 이유만으로 그들을 "구원받지 못한 자" 혹은 "믿음이 없는 자"로 단정하는 것은 성경적이지 않다. 왜냐하면 예수를 믿음으로 인한 거듭남은 전적으로 하나님께서 주시는 일방적인 은혜이며, 그것은 외형적인 변화 이전에 내적인 영적 사건이기 때문이다. 거듭난 자가 진정한 그리스도인으로서 삶의 변화를 이루어가는 과정은 단순히 신앙 유무의 문제가 아니라, 신앙의 성장과 성숙 문제인 것이다.

거듭남은 인간의 의지와 노력으로 이룰 수 없는, 하나님의 절대 주권에 속한 불가항력적인 은혜이다. 이로 인해 죄 사함을 받고 신분이 변화되어 구원에 이르게 되지만, 이것이 곧 신앙의 완성은 아니다. 그 이후 반드시 성숙의 길로 나아가야 하며, 점점 더 예수님을 닮아가는 삶으로 나아가야 한다. 성경은 이 점에 대하여 명확히 말씀하고 있다.

"우리가 다 하나님의 아들을 믿는 것과 아는 일에 하나가 되어 온전한 사람을 이루어 그리스도의 장성한 분량이 충만한 데까지 이르리니, 이는 우리가 이제부터 어린 아이가 되지 아니하여 사람의 속임수와 간사한 유혹에 빠져 온갖 교훈의 풍조에 밀려 요동하지 않게 하려 함이라. 오직 사랑 안에서 참된 것을 하여 범사에 그에게까지 자랄지라. 그는 머리니 곧 그리스도라"(엡 4:13-15).

그러나 간과해서는 안 될 사실이 있다. 진정으로 예수 그리스도 안에서 거듭난 사람은, 이전의 관습과 가치들을 자발적으로 거부하게 되며, 자신의 과거 삶을 부끄러워하고 돌이켜 진리에 합당한 삶을 추구하게 된다. 이러한 의미에서 신앙과 행함은 우선순위나 목적의 차이는 있을 지언정 분리될 수 없는 관계이며, 거듭난 자에게는 반드시 그 신분에 걸맞은 삶이 따르게 되어 있다.

성경은 이러한 사실을 여러 차례 반복해 강조한다. 참된 믿음은 반드시 행함이라는 열매로 나타나며, 그 행함을 통해 믿음이 진실함을 증명하게 된다. "행함이 없는 믿음은 영혼이 없는 몸과 같아 죽은 믿음"이라 하였고, "믿음이 행함과 함께 일하고 행함으로 믿음이 온전하게 되었다"고 말씀하셨다. 예수께서도 나무와 열매의 비유를 통해 그 관계를 분명히 하셨다.

"그들의 열매로 그들을 알지니, 가시나무에서 포도를, 엉겅퀴에서 무화과를 따겠느냐? 이와 같이 좋은 나무마다 아름다운 열매를 맺고, 못된 나무가 나쁜 열매를 맺느니라. 좋은 나무가 나쁜 열매를 맺을 수 없고, 못된 나무가 아름다운 열매를 맺을 수 없느니라"(마 7:16-18).

즉, 믿음이 있다고 말하면서 덕스럽지 못한 삶을 살아간다면, 그것은 두 가지 경우 가운데 하나일 수 있다. 첫째는 진정으로 거듭나지 못한 경우이며, 둘째는 거듭났으나 신앙의 성장과 성숙에 이르지 못한 경우이다.

결론적으로 기독교 신앙은 도덕이나 윤리를 최종 목적지로 삼는 종교는 아니지만, 진정으로 거듭난 자에게는 반드시 삶의 열매가 나타나야 하며, 이것은 성숙한 신앙을 판별하는 중요한 척도라 할 수 있다.

오늘날 교회가 윤리적, 도덕적 문제로 사회의 비판을 받는 근본 원인을 진단하는 것은 매우 시급한 과제이다. 그 핵심에는 '구원관'의 문제가 놓여 있다. 특히 '칭의'만을 지나치게 강조하고, 그에 따른 열매인 '행함'에는 무관심한 신앙풍조가 본질적인 문제라 하겠다. 그러나 나무와 열매가 불가분의 관계이듯, 구원과 행함 역시 분리될 수 없는 관계임을 결코 잊어서는 안 된다.

구세군 창시자 윌리엄 부스는 다음과 같은 말을 남겼다.
"다가오는 세기의 가장 큰 위협은 성령 없는 신앙, 그리스도 없는 기독교, 회개 없는 죄 사함, 거듭남 없는 구원, 지옥 없는 천국, 기도 없는 교회가 될 것이다." 이 경고는 마치 오늘날의 현실을 예견하듯, 실로 탁월한 통찰이라 할 것이다.

많은 이들이 예수 그리스도를 마음으로 영접하고 입술로 고백한 것만으로 구원이 완성되었다고 오해한다. 그 이후의 삶에는 별다른 관심이 없으며, 이미 구원을 얻었기에 별 책임이 없다는 식의 왜곡된 신앙 태도를 보이기도 한다. 그러나 신앙과 삶은 분리될 수 없는 관계이며, 나무와 열매처럼 필연적 관계 속에 있다. 참된 신앙은 반드시 삶의 변화로 이어져야 하며, 회심과 고백 이후에도 삶의 열매가 없다면, 그 거듭남 자체에 대한 의문을 제기하지 않을 수 없다.

성경은 구원이 '오직 믿음'으로 말미암는 것임을 분명히 하며(롬 1:16-17), 그 믿음이 하나님의 선물임을 명확히 증언한다(엡 2:8). 그러나 기독교의 믿음은 종교적 신념이나 사상적 수용을 의미하지 않는다. 우리가 믿는 성삼위 하나님은 인격적인 분이시며, 우리 안에 내주하시며 살아 역사하는 분이시다. 따라서 예수님을 믿는다는 것은 곧 그분을 삶의 주인으로 모시고, 그분의 명령에 순종하며 살아가는 삶을 의미한다. 이것이 곧 신앙의 실체이며, 삶으로 나타나는 열매이다.

만일 어떤 이의 믿음이 행함과 일치하지 않는다면, 그 신앙은 두 가지 가능성 아래 놓인다. 하나는 실제로 거듭나지 않은 경우이며, 다른 하나는 신앙이 미성숙한 상태에 있는 경우이다. 거듭남은 눈으로 확인할 수 있는 사건이 아니므로, 삶의 열매를 통해서만 진정성을 분별할 수 있다. 따라서 행함 없는 신앙은 점검과 회개가 필요한 신호이다.

신앙의 성장은 영적으로 태어난 자가 양육과 돌봄을 통해 자라가는 과정이다. 그러나 오늘날 많은 신자들은 이러한 과정을 충분히 밟지 못하고, 분주한 일상 속에서 경건의 시간조차 확보하지 못해 신앙과 생활 사이의 괴리를 겪는다.

특히 '거듭남'의 문제는 단순한 삶의 윤리 문제가 아니라 구원과 직결되는 중대한 사안이다. 만일 그리스도인으로서의 온전한 삶을 살아가지 못하는 근본 원인이 거듭남의 부재에 있다면, 이는 그 자체로 매우 심각한 영적 위기인 것이다. 이 문제는 단순한 실천의 문제가 아니라 신학적이고 구속사적인 본질의 문제이며, 반드시 점검되어야 할 우리 시대의 절박한 과제이다.

기독교 신앙의 본질은 행함으로 드러나는 온전한 믿음에 있다. 입술의 고백만으로는 부족하며, 전인격적인 순종과 열매로 증명되는 신앙만이 살아있는 신앙이다. 믿음이 있는 곳에 반드시 삶의 열매가 맺히듯, 오늘날의 교회와 그리스도인들은 이 대목에서 더욱 깊은 자기 성찰과 진지한 회개가 필요하다.

"그들의 열매로 그들을 알지니 가시나무에서 포도를, 또는 엉겅퀴에서 무화과를 따겠느냐 이와 같이 좋은 나무마다 아름다운 열매를 맺고 못된 나무가 나쁜 열매를 맺나니 좋은 나무가 나쁜 열매를 맺을 수 없고 못된 나무가 아름다운 열매를 맺을 수 없느니라"(마 7:16-18).

생각해 보기

1. 요즘 내 삶에서 가장 감사했던 작은 변화나 기쁨은 무엇인가요?

2. '거듭남'이라는 말을 들었을 때 가장 먼저 떠오르는 생각이나 느낌은 무엇인가요?

3. 신앙과 일상생활이 잘 연결될 때 어떤 점이 가장 즐겁고 보람을 느끼나요?

06

변질된 축복

목회를 하며 가장 기쁜 순간은 성도들이 하나님의 복을 받아 형통하고 잘되는 모습을 볼 때지만, 그보다 더 깊은 감격과 감사의 순간은 고난 가운데서도 믿음과 소망을 굳게 붙잡고 담대히 그 시련을 이겨내는 성도들 모습을 바라볼 때이다. 때로는 목회자인 나 자신도 가슴을 조이고, 조심스레 그들의 반응을 살피며 "혹여 실족하지는 않을까" 노심초사하며 기도하게 된다.

이러한 가운데 조심스레 "많이 힘드시지요?"라고 안부를 묻는 순간, 뜻밖에도 여유로운 미소를 머금고 "괜찮습니다. 하나님께서 알아서 하시겠지요. 저는 하나님을 믿습니다"라고 말하며 의연한 모습을 보일 때, 그 순간 나도 모르게 온몸의 긴장이 풀리며 가슴 깊은 곳에서부터 눈물이 핑 돌곤 한다. 그리고 그 자리에서 속으로 고백하게 된다. "당신의 믿음이 제 믿음보다 낫습니다." 그렇게 감탄과 함께 자책이 뒤섞인 마음으로 기도하며 그 성도를 지켜보노라면, 놀랍게도 그 믿음대로 문제가 해결되는 은혜의 장면을 보게 된다. 참으로 그분의 믿음이 하나님의 능력과 축복의 통로가 된 것이다. 절망 중에도 절망하지 않는 믿음, 소망 중에도 기뻐할 수 있는 믿음, 환난 중에도 감사할 수 있는 믿음이야말로 진정한 믿음이라 하지 않을 수 없다.

수년 전, 필자는 고(故) 이중표 목사님의 『별세의 목회』를 읽고 큰 감명을 받은 바 있다. 이 목사님은 가난한 농촌 가정에서 태어나셨고, 고등학교 2학년 시절 영양결핍으로 폐결핵으로 고통을 겪던 중, 부흥집회에 참석해 은혜를 체험하고 하나님의 부르심에 응답하여 평생을 주의 종으로 헌신하기로 서원하셨다. 그 이후의 삶은 말 그대로 사망의 골짜기를 네 차례나 지나야 했고, 특히 1973년 담석증으로 쓰러진 이후에는 매 7년마다 병원에 입원하고 수술을 반복하며 생사의 경계를 오가는 고통의 연속이었다.

그러나 이 고난 가운데서도 그는 결코 믿음을 잃지 않았으며, 오히려 해마다 깊어지는 영적 통찰 속에서 하나님을 더욱 신뢰하며 섬기셨다. 그는 담관암 수술 이후 그는 '자기를 비우고 거지로 살라'는 하나님의 음성에 순종하여 이른바 '거지(巨智) 선언'을 하셨는데, 이는 '큰 깨달음'의 삶을 선언한 것이며, 이 시대를 살아가는 많은 이들에게 신앙과 삶의 본질을 일깨워주는 커다란 가르침이 되었다.

그는 10여 년 전 병원 수술실에서 의사가 마취를 시키며 무심코 내뱉은 "죽어야 사는데 …!"라는 말을 하나님의 음성으로 듣고, 그때부터 '별세 목회'를 외치기 시작했으며, "축복보다 더 좋은 축복은 바로 '죽음의 축복'입니다"라는 고백을 입버릇처럼 반복하셨다. 그리고 그 말씀 그대로, 삶의 마지막 순간까지 자신이 외친 복음의 삶을 친히 본으로 보여주셨다. 이중표 목사님은 많은 목회자들에게 큰 스승이요 사표가 되셨으며, 목회와 인생의 본질이 무엇인지 몸소 증명해 보이신 분이었다.

평생 한 번도 개인 명의의 통장을 소유해 본 적이 없을 만큼 철저한 무욕(無慾)의 삶을 사셨으며, 생전에 자녀를 낳지 않고 두 자녀를 입양하여 목회자의 길로 양육하셨다는 사실을 뒤늦게 알고는 숙연한 마음으로 고개를 숙이지 않을 수 없었다.

그는 바울 사도의 고백, "나의 달려갈 길과 주 예수께 받은 사명, 곧 하나님의 은혜의 복음을 증거하는 일을 마치려 함에는 나의 생명을 조금도 귀한 것으로 여기지 아니하노라"(행 20:24)를 목양실에 걸어두고 평생 바라보며 살아오셨고, 갈라디아서 2장을 특히 사랑하셨다. 아마도 "내가 그리스도와 함께 십자가에 못 박혔나니, 이제는 내가 산 것이 아니요, 내 안에 그리스도께서 사신 것이라"는 바울의 고백 때문이었으리라.

그리고 자신의 죽음을 미리 내다본 듯, 생의 마지막 순간에 "나는 죽어도 행복합니다"라는 고백을 남기고 조용히 주님의 품에 안기셨다. 이 얼마나 아름답고도 진실한 믿음의 고백이며, 우리 모두가 결코 놓쳐서는 안 될 복음의 본질인가.

기독교 신앙을 일반 종교와 구별하기 위해서는 이에 대한 분명한 이해가 선행되어야 하며, 그 이해를 바탕으로 올바른 신앙의 기준에 따라 신앙생활을 영위하는 것이 중요하다. 기독교는 종교적 기능을 일정 부분 갖추고 있으나, 본질적으로는 일반 종교와 전혀 다르다. 기독교는 단순한 종교가 아니라 '생명'이며 '관계'이다. 따라서 하나님을 종교적으로 믿는 것은 신앙의 본질을 오해한 것이며, "지성이면 감천"과 같은 종교적 기대나, '기복신앙', '번영신학', '신비주의', '왜곡된 종말론' 등은 기독교 신앙과는 전혀 다른 종교적 신념들에 불과하다.

기독교 신앙을 한마디로 정의하면, 그것은 '구원의 은총에 대한 응답'

이며, '살아 계신 하나님과의 영적인 교제'라 할 수 있다.

일반 종교나 하등 종교에서 말하는 '복'은 대체로 물리적 가치, 곧 부귀영화와 무사안위를 추구하는 데 귀결된다. 물론 정신적·영적 가치를 언급하지만, 이것이 궁극적 목적이 되지는 않는다. 이들 종교는 일생 동안 세속적인 평안과 안녕을 이루려 온갖 정성과 노력을 기울인다.

그러나 기독교 신앙에서 말하는 복의 기준은 본질적으로 '영적인 복'에 있다. 여기에서 말하는 영적인 복이란, 하나님과의 관계 회복을 통한 '구원'을 의미한다. 구원이란 인간의 타락으로 말미암아 창조주 하나님의 목적에서 이탈한 죄로 깨어진 관계가 회복된 상태를 말한다. 곧 죄의 저주 아래 놓인 인류를 위하여 죄 없으신 독생자 예수 그리스도께서 이 땅에 오시고, 죄인들을 위하여 십자가에 달려 죽으심으로 대속하심으로써 죄의 저주에서 해방되고, 하나님과의 관계가 회복된 상태를 의미한다. 더 나아가 자녀의 권세를 부여하사 하나님과 친밀히 교제하도록 하신 것, 곧 이것이 '은혜'이다.

그러므로 기독교 신앙을 가진다는 것은 예수 그리스도를 나의 구주로 영접하고, 구원의 은혜에 응답하며 살아가는 삶을 의미한다. 성경은 이러한 삶을 '거듭남'이라고 표현한다. 거듭난 자는 자신의 심령 안에 구주로 모신 예수 그리스도의 목적을 따라 살아가며, 더 이상 자신의 인생을 스스로의 소유로 여기지 않는다. 세속적인 욕망이나 부귀영화를 인생 목적으로 삼지 않고, 오직 하나님의 영광을 위한 삶을 지향한다.

설령 삶이 힘들고 고달플지라도 자신의 뜻을 하나님의 뜻에 복종시키며, 하나님의 뜻이 이루어지는 삶에 초점을 맞춘다. 그리고 이러한 삶을 충실히 살아가는 것을 진정한 '복'이자 '성공'이라 믿는다. 이러한 복과 성공은 세상적인 부귀영화와는 무관하며, 이것을 기준으로 삼을 수도 없다. 이것이 일반 종교와 기독교 신앙이 본질적으로 다른 지점이다. 그런데도 거듭났다는 자들이 여전히 기복적인 가치만을 추구한다면, 이는 올바른 기독교 신앙이 아니라 단순한 종교적 삶에 불과하다.

흔히들 말하는 "예수 믿고 복 받으라"는 표현은 신학적으로 보면 틀린 말이다. 예수를 믿는 것 자체가 이미 복을 받은 것이기 때문이다. 기독교 신앙에서 말하는 복은 일반적인 복 개념과 그 기준이 다르다. 따라서 무엇이 참된 복인지에 대한 분별력이 반드시 필요하다. 언급한 바와 같이 기독교는 세속적이고 물리적인 가치를 복의 본질로 여기지 않는다.

기독교 복의 본질은 '관계'에 있다. 곧 죄에 빠진 인간이 예수 그리스도의 공로를 믿음으로 하나님의 자녀가 되고, 내세에 영생을 약속받으며, 이 땅에서도 살아 계신 하나님의 선하신 계획 속에 인도하심을 받는 것, 그리고 그리스도인으로서의 삶을 살아가는 데 필요한 자원들을 공급받는 것, 이것이 복의 실체이다. 다시 말해 기독교의 복은 관계지향적이고 영적인 것이다. 따라서 진짜 복과 가짜 복을 분별할 수 있는 신앙적 기준을 갖는 것은 매우 중요하다.

기독교 신앙의 목적이 '기복'에 맞추어진다면, 하나님의 자리는 사라지고 성경과 신앙의 체계는 무너진다. 나아가 결국에는 하나님의 존재 자체를 부정하는 결과를 초래할 수밖에 없다. 왜냐하면 이러한 신앙은 모든 것이 잘되고 형통해야만 하나님의 존재를 인정하기 때문이다. 그러나 실제로 믿는 자들, 심지어 목회자들조차 질병과 사고, 경제적 곤란

등에 노출되어 고통을 겪는 일이 적지 않다. 또한 성공을 목표로 시작한 일들이 실패로 돌아가는 경우도 허다하다. 이러한 현실을 기복적 신앙의 관점에서는 어떻게 설명할 수 있겠는가?

예수 그리스도께서 이 땅에 오셔서 십자가를 지신 이유가 단지 인간으로 하여금 세상에서 잘 먹고 잘 살게 하기 위한 것이었는가?

초대교회를 돌아보자. 우리가 본받으려는 초대교회 성도들이 구한 것은 무엇인가? 땅이었는가, 하늘이었는가? 세속적인 가치였는가, 영적인 가치였는가? 그들은 기복적 가치와는 무관한 것을 구하였다. 그들은 날마다 함께 모여 교제하며, 성령의 감동으로 주어지는 영적 자유와 하늘나라의 소망을 품고 살았다. 환난과 핍박 가운데서도 믿음을 지켰으며, 예수 그리스도를 복음으로 증거하였다. 그들은 믿음과 소망과 사랑으로 역설적인 삶을 살아냈으며, 결국 4세기에 이르러 복음으로 로마제국을 정복하는 밀알이 되었다.

예수님의 제자를 비롯한 수많은 복음의 증인들이 세상적으로 보면 고달프고 비참한 삶을 살았다. 만일 기독교 신앙이 기복에 그 목적을 둔 것이라면, 그들의 삶은 '복된 삶'이라 말할 수 없을 것이다.

기독교가 말하는 복은 하나님과의 관계 속에서 누리는 영적인 복이다. 일시적으로 누릴 수 있는 것들이나, 일생 동안만 소유할 수 있는 세속적 복은 진정한 복이 될 수 없다. 예수께서 오신 이후, 성경이 말하는 복의 개념은 어떻게 바뀌었는가? 산상수훈에서 예수께서 말씀하신 여덟 가지 복(八福)에 세상에서 추구하는 돈이나 명예, 권세가 포함되어 있는가? 그 내용은 세속의 가치와는 너무나 다른 역설로 가득하다. 그러나 바로 이것이 하나님께서 우리에게 주시려는 복의 본질임을 잊지 말아야 한다.

진정한 복은 '그러거나 말거나' 변치 않는 복이다. 즉 병들거나 가난하거나, 고난 가운데 있을지라도 그 복은 변하지 않는다. 그리고 참된 복을 받은 사람은 이러한 상황에서도 감사할 수 있는 사람이다. 이것이야말로 하늘나라의 복, 곧 하나님이 주시는 복이다.

"그러므로 우리가 낙심하지 아니하노니 우리의 겉사람은 낡아지나 우리의 속사람은 날로 새로워지도다 우리가 잠시 받는 환난의 경한 것이 지극히 크고 영원한 영광의 중한 것을 우리에게 이루게 함이니 우리가 주목하는 것은 보이는 것이 아니요 보이지 않는 것이니 보이는 것은 잠깐이요 보이지 않는 것은 영원함이라"(고후 4:16-18).

▌생각해 보기

1. 고난과 시련 가운데서도 굳건한 믿음을 지키기 위해 우리는 어떤 마음가짐과 자세를 가져야 할까요?

2. 기독교 신앙에서 말하는 '복'의 참된 의미는 무엇이며, 세상에서 말하는 복과 어떻게 구별할 수 있을까요?

3. 거듭남과 신앙 성장의 과정에서 우리가 가장 주의해야 할 점과 실천해야 할 핵심 요소는 무엇일까요?

07

진짜 복!, 가짜 복!

'복'에 대하여 다시 강조하는 이유는 복의 본질이 자꾸 왜곡되고 있기 때문이며, 이는 신앙생활의 방향과 목적을 결정하는 중대한 문제이기 때문이다. 흔한 표현은 신학적으로 정확하지 않다. 기독교 신앙에서 말하는 복은 일반적인 의미의 복 개념과 그 기준이 본질적으로 다르다. 그러므로 참된 복이 무엇인지 분별하는 지혜가 반드시 요구된다. 이는 앞서 언급한 바와 같이, 기독교 신앙은 세속적이거나 물리적인 가치를 복의 본질로 여기지 않기 때문이다.

기독교 신앙에서 말하는 복은 '관계'에 그 본질이 있다. 곧 죄 가운데 빠진 인간이 예수 그리스도의 공로를 믿음으로 하나님의 자녀가 되고, 내세의 영생을 약속받으며, 이 땅에서도 살아 계신 하나님의 선하신 섭리와 인도하심 가운데 살아가는 것, 이것이 곧 참된 복이라는 의미이다. 뿐만 아니라, 그리스도인으로서의 삶을 살아가는 데 필요한 모든 영적 자원들을 하나님께서 공급해주심을 복으로 여긴다. 따라서 기독교적 복의 개념은 세속적인 복과는 전혀 다르다. 세속의 복이 '현세적'이고 '물질적'인 데 반해, 기독교의 복은 '관계지향적'이며 '영적'이다. 그러므로 우리는 진짜 복과 가짜 복을 분별할 수 있는 신앙적 기준을 반드시 세워야 한다.

진짜와 가짜는 겉으로 보기에는 비슷해 보이지만, 자세히 살펴보면 그 차이가 드러난다. 그래서 진품과 모조품은 구별될 수밖에 없다. 짝퉁은 어딘가 어색하고 시간이 지남에 따라 쉽게 변질된다. 이를테면 여성들이 선호하는 명품 가방 중에는 모조품이 상당수 존재하며, 이를 명품인 양 들고 다니는 이들도 적지 않다. 이에 대한 풍자적인 이야기도 있다. 가방이 명품인지 짝퉁인지를 구별하는 방법이 있다는 것이다. 비가 오는 날, 가슴에 꼭 안고 가면 명품이고, 머리에 이고 가면 짝퉁이요, 지하철에서 무릎 위에 올려놓으면 명품이고, 선반 위에 올려두면 짝퉁이라는 것이다. 낮 예배에 들고 가면 명품이고, 새벽기도회에 들고 가면 짝퉁이라는 식이다. 심지어 가격을 알고 있으면 명품이고, 모르면 짝퉁이라는 우스갯소리도 있다. 결국 세상에는 진품과 모조품이 뒤섞여 있으며, 쉽게 분별하기 어렵기에 속기 쉽다는 점을 말하려는 것이다.

이러한 이치는 물건에만 해당되지 않는다. 기독교 신앙도 예외가 아니다. 겉으로는 분별이 쉽지 않지만, 그 본질을 살펴보면 진짜 신앙과 가짜 신앙이 있다. 현세 지향적인 신앙은 가짜일 가능성이 높고, 내세 지향적인 신앙은 진짜일 가능성이 높다. 형식적 의식에 치우친 신앙은 가짜일 수 있으며, 하나님과의 인격적 관계를 지향하는 신앙은 진짜일 가능성이 크다. 인간 중심적인 신앙은 가짜에 가깝고, 하나님 중심적인 신앙은 진짜일 가능성이 높다. 조건적인 신앙은 가짜이고, 하나님의 뜻을 이루려는 목적 지향적 신앙은 진짜이다. 복음을 전하려는 열망이 없는 신앙은 가짜이며, 영혼 구원을 간절히 바라는 갈망이 있는 신앙은 진짜일 가능성이 높다. 자기중심적인 신앙은 가짜이며, 말씀에 대한 순종과 헌신이 있는 신앙은 진짜라고 할 수 있다.

복도 이와 다르지 않다. 참된 복이 있고 가짜 복이 있다. 진짜 복은 대체로 감추어져 있으며, 짝퉁 복은 화려하게 드러난다. 진짜 복은 영원하지만 가짜 복은 유한하고 변질되며, 결국 사라지고 만다. 진짜 복은 내면 깊은 곳에 소망과 흔들리지 않는 기쁨을 준다. 반면 짝퉁 복은 끊임없는 불안과 비교의식 그리고 조급함을 낳는다. 진짜 복은 하늘의 것이고 가짜 복은 땅의 것이다. 이처럼 본질이 다르다.

그런 의미에서 볼 때, 우리 민족이 일반적으로 복이라 여기는 것들은 대부분 가짜 복에 속한다고 말할 수 있다. 수(壽), 부(富), 귀(貴), 다남자(多男子), 고종명(考終命) 등은 대표적인 예이다. 이 모든 것은 땅에 속한 것들이다. 다시 말해 이 세상에 살아 있는 동안만 필요한 것들이며, 신앙적 관점에서 보면 모두 '짝퉁 복'에 해당한다.

어느 날 누군가가 "저녁을 잘 먹고 평안히 잠자리에 들었다가, 고통 없이 죽었다"고 말했다. 이것을 들은 사람들은 하나같이 "참 복 받았네" "복된 죽음이네"라며 부러워했다. 그러나 정말로 고통 없이 죽었다는 것이 복을 받은 것인가? 신앙의 관점에서 볼 때, 진정한 복된 죽음은 '영생이 보장된 죽음'이어야 한다. 고통 없이 죽었다 할지라도, 그 죽음이 영생으로 이어지지 않는다면 그것은 복이라 할 수 없다. 사도 바울은 로마에서 참수형을 당했지만 그 죽음은 복된 죽음이었다. 그에게는 확실한 부활의 소망과 영생이 보장되어 있었기 때문이다.

오늘날 우리는 혼란한 사회적 상황 속에서 수많은 추락의 소식을 접하고 있다. 대통령이든 고위 관료든 대기업 총수든 단 하루아침에 몰락할 수 있다. 이처럼 쉽게 변질되고 무너질 수 있는 것은, 결코 복의 절대 기준이 될 수 없다. 평생을 쌓아 올린 명성, 재물, 권력이라 해도 결국 이것이 하나님과의 관계 안에서 영원한 가치를 갖지 못한다면, 이것은 진정한 복이 될 수 없는 것이다.

교회로 향하던 길, 한 가정이 이사하며 각종 물건을 길에다 버린 모습이 눈에 들어왔다. 그런데 그 가운데 유독 시선을 끄는 것이 있었다. 트로피였다. 금도금이 된 제법 그럴듯한 트로피였는데, 어떤 대회의 것이었는지는 정확히 알 수 없으나 '최우수상'이라는 문구는 선명하게 남아 있었다. 그 옆에는 두꺼운 하드커버로 제본된 상장도 버려져 있었다. 비에 젖어 형체를 알아볼 수 없을 정도로 망가진 상태였다. 문득 이런 생각이 들었다. '왜 이런 것을 버렸을까?' 분명 한때는 자랑스럽고 소중한 것이었을 텐데, 시간이 지나면서 더는 의미 있는 것으로 여겨지지 않았기에 버려졌을 것이다. 안타까운 마음에 나는 이 트로피를 담장 위에 올려두었다. 과거에는 대단한 것처럼 보였으나, 시간이 흐르며 의미와 가치를 잃는 것들은 결코 참된 복이라 할 수 없다.

성경은 참된 복의 실상을 분명히 보여준다. "사랑하는 자여 네 영혼이 잘됨 같이 네가 범사에 잘되고 강건하기를 내가 간구하노라"(요삼 1:2). 이 말씀은 복의 우선순위와 본질을 명확히 제시하고 있다. 핵심은 "영혼이 잘됨 같이"라는 표현이다. 곧 영혼의 형통함이 다른 모든 복의 전제가 된다는 것이다. 영혼이 잘되지 않으면 범사의 형통이나 강건함도 참된 의미를 가질 수 없다. 영혼이 잘될 때에야 비로소 나머지 복도 진정한 의미를 갖게 된다. 이를 비유하면 볼링 경기에서 '헤드 핀'을 맞추는 것과 같다. 헤드 핀을 맞추지 못하면 스트라이크가 나올 수 없는 것처럼, '영혼이 잘됨'이야말로 복의 핵심이라 할 수 있다.

그렇다면 영혼이 잘된다는 것은 무엇을 의미하는가? 현대인의 성경은 이를 "영혼이 평안한 것처럼"이라 번역하고 있으며, 다른 번역에서는

"영혼이 건강한 것처럼"이라고 표현하고 있다. 아이가 가장 평안함을 느끼는 순간은 어머니의 품에 안겨 있을 때이다. 마찬가지로 인간의 영혼이 평안할 수 있는 유일한 상태는 '영혼의 아버지'이신 하나님의 품 안에 거하는 것이다. 곧 영혼의 평안은 인격적인 '관계'에서 비롯된다. 누구와의 관계인가? 바로 하나님과의 관계이다.

성경은 이러한 진리를 분명히 증거한다. "모든 사람이 죄를 범하였으매 하나님의 영광에 이르지 못하더니"(롬 3:23). 죄가 하나님과 인간 사이의 관계를 단절시켰고, 그로 인해 인간은 근원적인 불안에 시달리게 되었다. 아담과 하와가 죄를 범한 뒤 하나님을 피해 숨은 장면이 이를 단적으로 보여준다. 창세기 3장 10절은 분명히 기록한다. "두려워하여 숨었나이다." 죄는 두려움과 불안을 낳고, 죽음이라는 가장 큰 불안을 초래한다. 그러므로 성경은 "죄의 삯은 사망"이라고 단호히 선언한다.

탕자의 비유는 이 진리를 극명하게 드러낸다. 아버지를 떠난 탕자는 결국 삶이 무너지고 불안과 고통이 밀려들었다. 죄악 가운데서는 영혼이 결코 평안할 수 없다. 하나님은 이러한 인간의 영혼이 다시 회복되기를 원하셨고 그 길을 열어주셨다. 이 길이 바로 예수 그리스도이시다. 주께서 말씀하신다. "내가 곧 길이요 진리요 생명이니, 나로 말미암지 않고는 아버지께로 올 자가 없느니라"(요 14:6). 오직 예수 그리스도 안에서 하나님과의 단절된 관계가 회복되며, 그때 비로소 영혼은 평안하고 건강하게 된다.

그러므로 진짜 복이란 무엇인가? 이것은 곧 '영혼이 잘되는 것'이며, 이는 곧 예수 그리스도를 믿어 죄 사함을 받고 하나님과의 관계가 회복되는 것을 뜻한다. 이 복이 선행되어야 다른 복들도 진짜 복이 될 수 있다. 만일 영혼의 형통함 없이 범사가 잘되고 강건하다면, 그것은 참된 복이 아니라 허상에 불과하다. 그러나 반대로 범사에 잘되고 강건한 상태라 할지라도 그 안에 그리스도께서 계신다면, 이것은 진짜 복으로 전환된다. 이는 값싼 반지라 할지라도 다이아몬드가 박혀 있으면 가치가 급상승하듯, 우리 삶 속에 예수 그리스도께서 박히신다면 모든 것이 참된 복이 되는 이치와 같다. 곧 돈도, 명예도, 권력도, 인기도 예수 그리스도가 중심이 될 때 비로소 복이 되는 것이다.

예수께서 가르치신 기도는 우리에게 복의 진정한 의미를 일깨워준다. "그러므로 내가 너희에게 이르노니 목숨을 위하여 무엇을 먹을까, 무엇을 마실까, 몸을 위하여 무엇을 입을까 염려하지 말라 … 그런즉 너희는 먼저 그의 나라와 그의 의를 구하라 그리하면 이 모든 것을 너희에게 더하시리라"(마 6:25-33). 이 말씀은 복의 본질이 '하나님 나라'와 '그분의 의'를 추구하는 삶에 있다는 사실을 선언하고 있다. 세상의 염려는 이방인의 몫이다. 하나님의 백성은 복의 기준이 다르다.

짐 베커(Jim Bakker)라는 목회자 이야기는 오늘날 교회와 성도에게 경각심을 주는 사례이다. 그는 미국 대통령들의 조언자였고, 당대 최고 TV 설교자였으며, 미국 최대 기독교 리조트를 운영하던 인물이었다. 그야말로 '기독교 아메리칸 드림'의 화신이었다. 그러나 성추문과 공금 횡령으로 45년형을 선고받고 수감되었으며, 가정, 재산, 명예를 모두 잃었다. 감옥에서 그는 성경을 다시 읽으며 자신이 잘못된 교리를 설교하고 있었음을 깨달았다. 하나님께서 원하신 것은 그분의 이름을 빌린 대규모 사업과 외적 성공이 아니라, 하나님과의 깊고 친밀한 관계였음을 통절히 깨달았다.

그는 『내가 틀렸었다』를 이렇게 고백한다.

"나는 예수님의 축복을 물질적인 것과 동일시했다. 나는 예수님보다 물질에 더 마음을 두게 하는 설교를 했다. 나는 사람들이 세상의 함정보다는 예수님과 사랑에 빠지도록 이끌었어야 했다. 내가 틀렸다!"

이제 우리는 진짜 복과 가짜 복을 분별할 수 있어야 한다. 예수 그리스도 안에 거하라. 예수님을 삶의 궁극적인 목적이 되게 하라. 하늘나라를 최우선으로 삼고, 그분을 더욱 사랑하라. 몸 된 교회를 사랑하고, 복음으로 생명을 구원하는 일에 더욱 헌신하라. 이것이 진짜 복이다. 그리고 그리할 때, 범사가 잘되고 강건한 것도 진정한 복이 될 것이다.

"나는 선한 싸움을 싸우고 나의 달려갈 길을 마치고 믿음을 지켰으니 이제 후로는 나를 위하여 의의 면류관이 예비되었으므로 주 곧 의로우신 재판장이 그 날에 내게 주실 것이며 내게만 아니라 주의 나타나심을 사모하는 모든 자에게도니라"(딤후 4:7-8).

▌생각해 보기

1. 우리 신앙생활에서 '복'의 참된 의미는 무엇이며, 세속적인 복과 어떻게 구별할 수 있을까요?

2. 예수 그리스도와의 인격적 관계가 우리 삶과 영혼에 미치는 영향은 무엇이며, 이를 어떻게 실제적으로 경험할 수 있을까요?

3. 현대 사회에서 흔히 접하는 '성공'이나 '복'의 기준이 진짜 복과 어떻게 달라야 하며, 우리는 이를 분별하기 위해 어떤 신앙적 기준을 세워야 할까요?

08

기독교가 타락하면

우리 사회는 최근 이른바 비선 실세들의 사이비 신앙, 미륵 신앙, 법사 숭배와 같은 종교적 배경이 직·간접적으로 수면 위로 드러나면서, 급기야 국정 전반이 혼란에 빠지는 사태를 경험했다. 이러한 인물들에 의해 좌우된 대통령이 결국에는 계엄령을 검토하는 극단적 상황에 이르렀고, 국가는 심각하게 흔들릴 수밖에 없었다는 것이 대다수의 분석이다. 국민들은 분노와 허탈감 속에서 집단적 우울감마저 호소하게 되었으며, 마침내는 차가운 거리로 나와 촛불을 들고 절망과 분노를 토로하는 지경에 이르렀다. 이번 사태는 단순히 특정 정치인의 개인적 신념의 문제가 아니라, 종교와 신앙이 한 인간과 공동체 전체의 정신과 행위에 얼마나 중대한 영향을 끼치는지를 여실히 보여준 사건이라 하겠다.

행복심리학자들에 따르면, 인간의 행복을 구성하는 핵심 요소로는 관계, 음식, 종교, 그리고 대화를 들 수 있다. 사랑하는 이들과 따뜻한 음식을 나누며 정다운 이야기를 나누는 순간이야말로 인간 삶에서 누릴 수 있는 가장 진정한 행복의 장면이라 할 수 있을 것이다. 그러나 이러한 행복의 배경에는 보다 근본적인 요인이 존재하는데, 이것은 '어떤 종교를 갖고 있는가'이다. 어떤 신을 믿고, 어떤 세계관을 가지고 살아가는가에 따라 인간의 삶의 질이 달라진다는 것이다. 이에 따라 신학자 폴 틸리히는 종교를 가리켜 인간의 "궁극적 관심사(ultimate concern)"라고 정의했다.

실제로 종교는 한 개인의 정신세계를 형성하고 지배하는 세계관의 토대가 된다. 다시 말해, 삶을 견인하는 정신적 지주는 종교에 의해 결정된다고 보아도 과언이 아니다. 우리의 삶의 양식, 즉 라이프스타일은 결국 어떤 세계관을 품고 있는가에 따라 달라진다. 세계관은 우리가 쓰고 있는 선글라스와 같아서, 그 색깔에 따라 사물의 전체상이 달라지듯, 세계를 해석하는 시각 역시 달라지게 된다. 인간은 본질적으로 의미를 추구하는 존재이기에, 종교는 인간에게 존재 의미와 삶의 목적을 제시하는 가장 포괄적이고 근본적인 장치라 할 수 있다. 다시 말해, 종교는 인간이 삶을 바라보는 틀을 형성하며, 그 틀은 곧 인생의 해석, 고통의 수용, 기쁨의 해방, 미래에 대한 방향성과 같은 삶의 중대한 구조를 결정한다.

해외 여행지에서 박물관과 토속 시장 등을 둘러볼 때면, 지역 주민들의 전통과 삶을 직관적으로 읽어낼 수 있다. 그들의 음식, 수공예품, 일상 생활용품 등에는 오랜 세월 축적된 정신세계가 반영되어 있으며, 정신의 뿌리는 대개 그들이 신봉하는 종교를 벗어나지 않는다. 이처럼 문화의 근저를 이루는 정신적 모티브는 종교라는 기반 위에 형성된다. 결국 종교란 인간의 정서와 삶 전체에 깊이 뿌리내린 실존적 요소이며, 이는 곧 인간이 얼마나 본질적으로 '종교적 존재'인가를 입증하는 강력한 증거가 된다. 그러나 여기에서 중요한 것은, 그 종교가 과연 인간의 삶에 '순기능'을 제공할 수 있는가 하는 문제다.

정동섭 박사는 건강한 종교가 수행하는 순기능을 다섯 가지로 정리했다. 첫째, 종교는 인간에게 존재 의미와 삶의 목적을 제시한다. 둘째, 종교는 개인에게 사회적 지지망을 제공함으로 공동체적 안정감을 부여한다. 셋째, 종교는 심리적 성숙과 자아 통합을 촉진한다. 넷째, 인생의 고통과 역경을 해석하고 수용할 수 있는 독자적인 방식을 제공한다. 다섯째, 건강한 종교는 건전한 삶의 태도와 생활방식을 유도한다. 이러한 관점에서 보자면, 기독교가 이러한 순기능을 충실히 감당하고 있는지, 그리고 오늘날 사회에 긍정적인 영향력을 미치고 있는지를 우리는 냉철하게 성찰해야 할 것이다.

기독교는 세상 속에서 '빛과 소금' 역할을 수행해야 한다. 시대와 사회를 향하여 기준을 제시하고, 방황하는 이들을 이끌며, 어둠을 밝히고, 중심을 바로 세우는 사명을 감당해야 할 뿐 아니라, 공동체 양심의 최후 보루로 자리매김해야 한다. 그러나 타락과 세속에 깊이 물든 오늘날의 기독교는 영성마저 싸늘하게 식어버려, 오히려 사회에 역기능적 영향을 주고 있다는 지적을 결코 간과할 수 없다.

2000년, 서울장신대학교의 봄 사경회에서 이재철 목사가 전한 「눈먼 사람」이라는 설교는 이러한 시대의 위기와 한국 교회의 본질적 이중성을 날카롭게 지적하며 깊은 반향을 불러일으켰다. 그의 설교는 단순한 예화를 넘어, 한국 교회 전반에 대한 신학적 도전을 안겨준 중요한 담론이었다. 그는 종교학적 관점을 통해 다음과 같이 설파하였다.

"종교학에서는 세상에 존재하는 종교들을 고등종교와 하등종교로 나눌 수 있다고 한다. 쉽게 말하면 고차원적인 종교와 저차원적이고 본능에 기반한 종교로 구분할 수 있다는 뜻이다. 그 기준은 무엇인가? 여러 가지가 있으나 가장 핵심적인 두 가지 기준은 다음과 같다. 첫째, 고등종교는 변하지 않는 경전을 보유하고 있으며, 둘째, 자기 비움 또는 자기 부인의 가르침을 핵심으로 삼고 있다는 점이다. 반면, 하등종교는 '자기 채움'을 중심 가르침으로 삼는다. 이러한 기준에 따르면 기독교는 고등종교에 속한다. 변함없는 경전인 성경이 있으며, 예수 그리스도의 가르침은 철저한 자기 부정을 통해 인간의 본성과 욕망을 넘어서는 길을 제시하고 있기 때문이다."

그런데 '고등종교'가 타락할 경우에 나타나는 현상에 주목할 필요가 있다.

첫째, 고등종교가 타락하면 성직자가 급증한다.

고려시대에 불교가 타락했을 때 전국에 승려가 넘쳐났으며, 티베트의 라마불교가 타락했을 때는 한 나라의 남성 인구 중 약 70%가 승려였다고 전해진다. 이러한 종교의 타락은 국가 운명과도 밀접히 연관되어 있다. 과거 태국이 그러했듯, 한창 일할 젊은이들이 생산적이지 못하고 무위도식하는 존재로 전락하면서 나라가 쇠퇴하게 된다. 1979년 팔레비 왕조를 몰아내고 회교 최고 성직자 호메이니가 실질적인 통치자가 된 이란의 경우도 마찬가지였다. 이후 이란에는 회교 성직자가 넘쳐났다. 중세 유럽 가톨릭이 부패했을 때에도 신부 수가 폭증하였다.

왜 고등종교가 타락할 때 가장 먼저 '성직자 급증' 현상이 일어나는가? 이것은 바로 자기부인이 사라졌기 때문이다.

자기부인이란 말처럼 쉬운 것이 결코 아니다. 이는 고상한 구도자의 삶이며, 모든 사람 앞에서 본으로서 고결하게 살아가는 것을 의미한다. 만일 자기부인이 제대로 이루어진다면 성직자가 급증할 수 없다. 왜냐하면 성직의 길이 고생길이기 때문이다. 그런데 사회에 성직자가 급증

했다는 것은 자기부인이 사라져 버렸고, 성직이 더 이상 어렵거나 고결한 자리가 아닌, 존경받는 명예직 내지 편한 직분이 되었음을 뜻한다.

스탕달은 소설 『적과 흑』에서 당시 유럽 청년들이 '적색'과 '흑색' 중 어느 쪽을 택할지 고민했음을 묘사하였다. 여기서 적색은 추기경의 복장이고, 흑색은 판사의 법복을 가리킨다. 당시 유럽의 젊은 엘리트들은 추기경이 되면 자기부인이 결여되어 권력과 물질 등 원하던 것을 모두 얻을 수 있기에 출세 가능성을 저울질했던 것이다.

오늘날 한국의 목회자 급증 현상과 국내 모든 신학교에 재학 중인 신학생을 합친 숫자가 한국을 제외한 전 세계 신학생보다 많다는 사실은 심각한 의미를 지닌다. 미국에서는 대형 한인교회마다 신학교를 운영하며, 졸업하는 목회자 수도 매우 많다. 그러나 프랑스 파리 남쪽에 있는 세계적으로 유명한 신학교의 학생은 30여 명에 불과하다. 이렇게 넘쳐나는 신학생과 목회자는 과연 한국 교회에 성령의 강력한 역사가 나타난 결과인가, 아니면 고등종교 타락의 징후인가를 깊이 성찰해야 할 것이다. 홍수가 나면 온 천지가 물바다가 되어 마실 물이 사라지듯, 온 천지에 교회와 신학교, 목회자가 넘쳐나지만 교인들은 생수의 갈증을 겪고 있다.

둘째, 고등종교가 타락하면 종교기관(교회, 사찰 등)이 급증한다.
성직자가 급증하면 그들의 근무처가 필요하므로 교회가 자연히 늘어나게 된다. 성직자와 목회자에게는 보직이 필요하며, 생계를 유지해야 하기에 누군가 새 교회를 세우는 일이 계속 발생한다. 한국 교회는 끊임없는 분열의 역사를 걸어왔다. 이는 목회자 증가에 따른 필연적 현상으로, 목회자가 늘어나면 교회도 늘어나고 분열과 분파도 필연적이다. 미국 서부 지역에만 무임 목사로 등록된 한인 목회자가 2,500여 명에 달한다는 점이 증명한다. 이들이 존재하는 한 미주 한인교회는 분열을 면치 못할 것이다. 물론 일부는 불순한 의도로 교회를 깨뜨리기도 하지만, 성령의 지시에 따라 개척하는 이들도 있다.

유럽에서도 상황은 다르지 않다. 예컨대 한인 600명이 사는 도시에는 한인교회가 3곳 있다. 각 교회당 성도는 20-30명 정도인데, 합하면 80명 정도이다. 한 교회로도 충분한 인원인데, 세 교회는 절대 합쳐지지 않는다. 그것은 세 목사 때문이다. 유럽의 도시는 한인이 많지 않아 한 도시에는 한 개의 교회가 조화롭게 설립되어 있었으나, 새로운 한인 목사가 이주하면 1년 이내에 기존 교회가 분열되기 일쑤다.

셋째, 고등종교가 타락하면 신앙이 기복화된다.
이 역시 자연스러운 귀결이다. 성직자가 많아지고 종교기관이 늘어나면서, 성직자나 기관 간에 신도 유치 경쟁이 벌어진다. 신도들이 듣기 좋은 메시지, 이해하기 쉬운 교리가 늘어나게 된다. 유럽의 여러 가정에는 성화(성화상)나 성상(조각상)이 흔히 장식되어 있는데, 특히 잔인한 전사가 많았던 마을일수록 기독교 장식이 화려한 것은 신앙이 기복화되었음을 보여준다. 즉, 기독교 신앙이 도덕적 명령이나 계명에는 별다른 영향을 미치지 못하고, 복과 안녕을 가져다주는 역할에 국한된 것이다.

오늘날 한국 교회 상황은 어떠한가? 한국 교회는 오래전부터 전 국민의 약 25%가 교인임을 자랑해 왔지만, 사회에 미치는 영향력은 미미하다. 한국을 여러 차례 방문한 유럽 목사는 "한국 교인들은 하나님, 자기 자신, 그리고 돈, 이 세 가지만 안다"라고 평가했다. 이는 매우 정확한 지적이다. 한국 교인들은 하나님을 열심히 섬기고 새벽기도에 열중하지만, 지극히 이기적이다. 자신과 가족 이외에는 관심이 없다. 교회의 사회적 책임과 기독교인의 사회 봉사 활동은 주류 교회와는 거리가 멀다. 이는 한국 기독교 신앙이 매우 기복적인 성격을 띠고 있음을 방증한다.

넷째, 고등종교가 타락하면 종교집단이 이해집단화된다.
더 이상 진리를 추구하는 집단이 아니라, 그 자체가 거대한 이해집단으로 변질된다. 중세 암흑시대의 가톨릭이 그 대표적인 예다. 교회가 세상의 권력을 장악하고 휘두를 때, 그 안에는 기독교 진리가 거의 실종되었으며 오직 자신들의 이익만 추구하는 집단으로 전락했다. 1979년 팔레비 왕조를 몰아내고 이란을 장악한 성직자 호메이니가 주도한 이란 헌법은 성직자를 비방하는 것을 금지하고 있다. 이란의 모든 경찰과 정보 조직은 성직자 위원회의 관할 아래 있으며, 개혁을 시도하는 인물은 곧바로 제거된다. 종교가 거대한 이해집단으로 변질되면, 조금이라도 자신들에게 해가 되는 사람과 단체는 가차 없이 배제된다. 심한 경우 조직폭력이나 협박, 물리력이 동원되기도 한다. 이는 오늘날 교회와 교인의 모습을 정확하게 묘사하는 단면일지 모른다.

지나친 비관이라 할지라도, 사회학자들 사이에서는 교회 존립 자체가 위협받고 있다는 논의가 오래전부터 있었다. 실제로 교회에 몸담고 있는 성직자로 이러한 위기의식을 느끼고 있다. 교리는 존재하지만 생활이 없고, 종교적 지식은 많지만 실천이 부재한 데다, 현실 정치에 개입해 변하지 않는 진리를 이념으로 둔갑시켜 사람들을 선동하는 모습은 교회와 신앙의 절망을 부추긴다. 어느 시대든 망하는 결정적 원인과 징조 중 하나는 종교의 타락이다. 특히 빛이 되어야 할 기독교의 타락은 시대의 어둠을 가중시키며 곧 무너질 결정적 징후가 되었다. 바로 지금 이 시대가 그러하다. 본질로 돌아가야 한다고 절박하게 외치는 이유가 바로 여기에 있다.

"너는 이것을 알라. 말세에 고통하는 때가 이르러 사람들이 자기를 사랑하며, 돈을 사랑하며, 자랑하며, 교만하며, 비방하며, 부모를 거역하며, 감사하지 아니하며, 거룩하지 아니하며 … 경건의 모양은 있으나 경건의 능력은 부인하니, 이 같은 자들에게서 돌아서라"(딤후 3:1-5).

▌생각해 보기

1. 현대 사회에서 종교가 개인과 공동체에 미치는 긍정적·부정적 영향은 무엇이며, 특히 기독교가 '빛과 소금'의 역할을 제대로 감당하고 있는지 어떻게 평가할 수 있을까요?

2. '고등종교'인 기독교가 타락할 때 나타나는 현상들(성직자 급증, 종교기관 증가, 신앙의 기복화, 이해집단화 등)이 우리 사회와 교회에 어떤 문제를 초래하며, 이를 극복하기 위해 신앙인과 교회가 가져야 할 태도는 무엇일까요?

3. 우리는 개인적으로 그리고 공동체적으로 어떤 신앙의 본질과 삶의 모습을 회복해야 하며, 이를 통해 "말세의 경건의 모양은 있으나 능력은 없는" 시대에 어떻게 진정한 믿음의 증인이 될 수 있을까요?

09

다시 성경 앞에 서보자

　오늘날 우리는 '구원'을 다시 진지하게 점검해 보아야 할 필요를 절감한다. 이는 단순한 신학적 호기심의 문제가 아니다. 구원관은 곧 세상 속에서 그리스도인의 삶과 사명, 그리고 교회의 본질과 직결되며, 나아가 그 영향력은 교회가 세상 가운데 어떠한 빛과 소금의 역할을 감당하고 있는가에 까지 깊은 연관을 가지기 때문이다.

　교회는 많고, 자칭 그리스도인들도 적지 않지만, 세상은 점점 더 어두워지고 있다. 이것은 단순히 의지의 결핍에서 비롯된 결과가 아니다. 오히려 신앙고백의 실체 자체에 문제가 있는 것이 아니냐는 본질적인 의문을 제기하게 한다. 예수 그리스도를 믿는다는 것은 그분을 살아 계신 주인으로 영접하고, 그분의 뜻과 말씀에 순종하는 삶을 살아간다는 것을 의미한다. 그런데 예수님과 동떨어진 삶을 당연시하는 이들이 많다는 점에서, 우리는 신앙의 '접촉점'에 심각한 이상이 생긴 것은 아닌가를 의심해 보아야 한다. 지적인 동의만 있고 실질적인 거듭남이 결여된 채 살아가는 것은 아닌지, 그에 대한 철저한 성찰이 요청된다.

　대부분의 신자들이 "예수님을 나의 구주로 믿습니다"라는 고백 하나로 구원을 확정받았다고 안도한다. 그 결과, 이 고백에 합당한 삶의 열매에 대한 관심은 희박해지고, 그리스도인의 삶은 점차 형식화되며 공허해진다. 진정한 신앙고백이 생활 속에서 변화와 결실로 이어지지 않을 때, 이것은 곧 교회의 위기로 직결된다. 그러므로 구원의 자기 점검은 단순한 개인 문제가 아니라, 교회 전체의 건강과 사명을 위한 필연적인 과제인 것이다.

실제로 일부 이단 종파들은 '죄'와 '범죄'를 구분하여, '죄'는 범죄의 동기이자 본질이며, '범죄'는 결과라고 주장한다. 예를 들어, 도둑질은 '범죄'이지만, 그 동기는 '원죄'에 기인하므로, 원죄를 깨달으면 범죄의 문제도 자연히 해결된다고 가르친다. 이러한 관점은 죄에 대한 인식을 '깨달음'이라는 단회적 사건에 국한시키고, 반복적인 회개는 곧 구원을 받지 못한 증거라고까지 단정한다.

이들은 회개는 단 한 번만 있으면 충분하며, 이후의 모든 죄는 예수께서 이미 용서하셨기 때문에 더 이상 자백할 필요가 없다고 가르친다. 특히 그 중 일부 교파는 회개 이후에는 죄가 존재하지 않으며, 자백하지 않아도 완전한 의인으로 간주된다고 주장한다. 이들은 구원받은 날짜, 즉 죄를 깨달은 시점을 중요하게 여긴다. 그러나 이들은 예수 그리스도를 믿음으로 의롭다 하심을 얻는다는 복음의 본질을, 인간의 깨달음 중심의 행위로 바꾸어버린 자기기만적인 오류에 빠져 있다.

성경은 구원의 목적이 오직 하나, 곧 죄로부터의 구속과 영혼의 구원에 있음을 분명히 밝히고 있다. 사도 베드로는 말한다. "예수를 너희가 보지 못하였으나 사랑하는도다 … 믿음의 결국 곧 영혼의 구원을 받음이라"(벧전 1:8-9). 구원이란 죄에서의 자유이며, 죄는 구원의 유일한 장애물이다. "죄의 삯은 사망이요 하나님의 은사는 그리스도 예수 우리 주 안에 있는 영생이니라"(롬 6:23). 죄는 인간을 하나님으로부터 단절시키며, 그 결과 모든 저주와 파멸이 시작된다. "오직 너희 죄악이 너희와 너희 하나님 사이를 갈라놓았고 …"(사 59:2).

죄는 하나님과의 관계를 단절시키는 파괴적인 본질을 가지고 있다. 인간이 죄로 말미암아 하나님의 얼굴을 외면당한 순간, 부부 사이가 갈라지고 땅은 저주를 받으며, 에덴에서 쫓겨나고 죽음이 임하였다. "너희 허물이 이러한 일들을 물리쳤고 너희 죄가 너희로부터 좋은 것을 막았느니라"(렘 5:25)는 말씀처럼, 죄는 하나님의 복을 가로막는 장벽이 되는 것이다.

하나님께서는 이 죄의 저주 아래 놓인 인류를 구원하시기 위하여 독생자 예수 그리스도를 보내셨다. 성경은 선언한다. "하나님이 세상을 이처럼 사랑하사 독생자를 주셨으니 … 그를 믿는 자는 심판을 받지 아니하는 것이요, 믿지 아니하는 자는 하나님의 독생자의 이름을 믿지 아니하므로 벌써 심판을 받은 것이니라"(요 3:16-18). 예수 그리스도께서 이 땅에 오신 이유는 인간의 죄를 해결하시고 구원의 유일한 길을 여시기 위함이다.

그러므로 성경은 구원의 길을 예수 그리스도와 직접적으로 연결짓는다. "이 구원에 대하여는 … 그리스도의 영이 그 받으실 고난과 후에 받으실 영광을 미리 증언하여"(벧전 1:10-11), "영생은 곧 유일하신 참 하나님과 그의 보내신 자 예수 그리스도를 아는 것이니이다"(요 17:3), "다른 이로서는 구원을 얻을 수 없나니 … 우리에게 주신 일이 없음이니라"(행 4:11-12), "내가 곧 길이요 진리요 생명이니 …"(요 14:6). 이처럼 구원은 오직 예수 그리스도의 고난과 부활을 통해 가능하며, 그분을 믿는 믿음 안에서만 성취된다.

"죄를 짓는 자는 마귀에게 속하나니 … 하나님의 아들이 나타나신 것은 마귀의 일을 멸하려 하심이라"(요일 3:8), "이제 그리스도 예수 안에 있는 자에게는 결코 정죄함이 없나니 … 죄와 사망의 법에서 너를 해방하였음이라"(롬 8:1-2), "내 말을 듣고 … 믿는 자는 영생을 얻었고 … 사망에서 생명으로 옮겼느니라"(요 5:24-25)고 말씀하신 바와 같이, 구원은 하나님의 의를 받아들이는 자에게 주어지는 전적인 은혜의 선물이며, 이는 오직 예수 그리스도 안에 있을 때에만 가능하다.

따라서 참된 구원이란 예수 그리스도의 고난과 부활을 통하여 죄의 사슬에서 해방되고, 하나님과의 관계가 회복되며, 성령 안에서 새로운 생명으로 살아가는 삶이다. 이것이 성경이 말하는 참된 구원의 본질이다. 이 구원이 우리의 신앙 고백에만 머무르지 않고, 삶의 열매로 이어지며, 세상 가운데 드러나야 함을 우리는 다시금 깊이 성찰해야만 한다.

예수 그리스도를 믿고 구원을 받은 것은 전적으로 하나님의 은혜에 기초한 역사임을 성경은 분명히 밝히고 있다. 사도 바울은 고린도전서에서 다음과 같이 증거한다. "그러므로 내가 너희에게 알리노니 하나님의 영으로 말하는 자는 누구든지 예수를 저주할 자라 하지 아니하고, 또 성령으로 아니하고는 누구든지 예수를 주시라 할 수 없느니라"(고전 12:3). 또한 에베소서에서는 "너희는 그 은혜에 의하여 믿음으로 말미암아 구원을 받았으니, 이것은 너희에게서 난 것이 아니요 하나님의 선물이라. 행위에서 난 것이 아니니 이는 누구든지 자랑하지 못하게 함이라"(엡 2:8-9)고 선언하고 있다.

이처럼 구원은 결코 인간의 공로나 노력에서 비롯된 것이 아니라, 하나님의 일방적인 은혜요 선물이다. 그러므로 다음 질문을 통해 지금 자신의 영적 신분을 정직하게 점검해 보아야 한다. "나는 예수 그리스도를 나의 구주로 영접하였는가?" "나의 모든 죄는 그분의 십자가로 말미암아 온전히 용서받았는가?" "예수 그리스도께서 내 안에 계시는가?" "만일 지금 내가 세상을 떠난다면 천국에 들어갈 확신이 있는가?"

이러한 질문에 '그렇다!'고 응답할 수 있다면, 다음 단계로 자신의 삶의 열매를 진지하게 돌아보아야 할 것이다. "나는 예수 그리스도를 믿은 후 어둠의 일을 싫어하게 되었는가?" "나는 과거와 달리 죄에 대하여 민감해지고, 죄를 능동적으로 피하려 하는가?" "나는 실수로 죄를 지었을 때, 마음 깊은 곳에서 회개하며 애통하는가?"

성경은 믿음의 유무를 빛과 어둠의 대비로 설명한다. 예수 그리스도를 믿는다는 것은 곧 빛을 소유하였다는 것이며, 빛 가운데 살아가는 존재로 신분이 전환되었음을 의미한다. "너희가 전에는 어둠이더니 이제는 주 안에서 빛이라. 빛의 자녀들처럼 행하라. 빛의 열매는 모든 착함과 의로움과 진실함에 있느니라"(엡 5:8-9).

빛은 곧 예수 그리스도이시며 진리이며 하나님 나라 그 자체이다. 그러므로 빛을 소유한 자는 더 이상 어둠 가운데 거하지 아니하며 어둠의 일들을 기뻐하지 않는다. 요한복음은 이를 다음과 같이 밝힌다. "빛이 세상에 왔으되 사람들이 자기 행위가 악하므로 빛보다 어둠을 더 사랑한 것이니라 … 진리를 따르는 자는 빛으로 오나니 이는 그 행위가 하나님 안에서 행한 것임을 나타내려 함이라"(요 3:19-21).

예수께서는 간음 중에 붙잡힌 여인을 정죄하지 않으시며 말씀하셨다. "나도 너를 정죄하지 아니하노니, 가서 다시는 죄를 범하지 말라 … 나는 세상의 빛이니 나를 따르는 자는 어둠에 다니지 아니하고 생명의 빛을 얻으리라"(요 8:11-12). 이는 곧, 예수님을 따르는 자는 어둠을 벗어나 빛 가운데로 들어오며, 삶의 방향이 달라졌음을 의미한다.

그리스도인이 되었음에도 여전히 죄를 기뻐하고, 어둠의 자리에 거하기를 즐거워한다면, 이는 심각한 신앙의 왜곡이자 정체성의 문제를 반영한다. 예배와 기도, 찬송과 봉사, 전도와 헌신을 기뻐하면서도 동시에 죄악된 문화와 방탕한 자리를 자연스럽게 거부하고 멀리하게 되는 것, 이는 빛의 자녀가 된 자에게서 드러나는 매우 자연스러운 영적 열매이다.

요한일서는 이에 대해 더욱 분명하게 증거한다. "하나님께로부터 난 자마다 죄를 짓지 아니하나니, 이는 하나님의 씨가 그의 속에 거함이요 그도 범죄하지 못하는 것은 하나님께로부터 났음이라. 이로써 하나님의 자녀들과 마귀의 자녀들이 드러나나니, 무릇 의를 행하지 아니하는 자나 그 형제를 사랑하지 아니하는 자는 하나님께 속하지 아니하니라"(요일 3:9-10).

또한 로마서에서는 다음과 같이 경고하고 있다. "육신을 따르는 자는 육신의 일을, 영을 따르는 자는 영의 일을 생각하나니 … 육신의 생각은 하나님과 원수가 되나니 … 육신에 있는 자들은 하나님을 기쁘시게 할 수 없느니라. 그러나 누구든지 그리스도의 영이 없으면 그리스도의 사람이 아니라"(롬 8:5-9).

이 말씀을 바탕으로 우리는 다시 자문해 보아야 한다. "나는 참으로 빛의 자녀인가?" "내 안에 성령께서 거하시는가?" 만일 이에 '그렇다!'고 대답할 수 있다면, 그것은 참으로 놀라운 하나님의 은혜이다. 그러나 그 다음 질문에 대해서는 과연 어떻게 대답할 수 있을 것인가? "나는 죄를 짓지 않고 살아가는가?"

이 질문 앞에서 우리는 누구나 고개를 숙이게 된다. 우리의 본성은 연약하여, 여전히 크고 작은 죄의 유혹 앞에 무너질 때가 있기 때문이다. 사도 바울 역시 이 싸움을 피하지 않았고, 자신의 내면에 있는 죄의 본성과의 투쟁을 고백하였다. "내가 원하는 바 선은 행하지 아니하고, 도리어 원하지 아니하는 바 악을 행하는도다 … 오호라 나는 곤고한 사람이로다. 이 사망의 몸에서 누가 나를 건져내랴! 우리 주 예수 그리스도로 말미암아 하나님께 감사하리로다"(롬 7:19-25).

이 고백은 오늘을 살아가는 모든 신자들의 현실이자 탄식이기도 하다. 그러나 동시에, 예수 그리스도 안에서 죄를 이기게 하시는 하나님의 은혜를 붙들며, 빛 가운데 행하려는 거룩한 열망의 표현이기도 하다. 우리는 연약하나 성령께서 우리 안에 거하신다면, 그분의 능력으로 말미암아 우리는 결국 어둠을 이기고 빛 가운데로 인도받게 될 것이다.

이제 우리 스스로에게 몇 가지 질문을 던짐으로, 현재 우리의 신앙 상태를 점검해 보자. "혹 죄를 지었을 때, 마음에 고통과 아픔이 느껴지는가?" "죄를 깨달았을 때, 경각심을 갖고 진심으로 회개하는가?" "회개하지 못한 죄로 인해 마음의 괴로움을 경험한 적이 있는가?" "예수님을 믿는다 하면서도, 여전히 세상의 즐거움이 은근히 매력적으로 다가오지는 않는가?"

이 질문들은 단순한 감정의 문제가 아니다. 이는 우리 안에 참된 빛이 있는가, 우리가 진실로 거듭난 자인가를 결정짓는 중대한 기준이 된다. 만일 예수님을 구주라고 고백하면서도 세상의 죄된 쾌락을 사랑하고, 죄를 범하고도 아파하지 않으며 회개의 감각조차 무뎌져 있다면, 과연 그 마음 안에 빛이 있는가를 의심하지 않을 수 없다. 이는 단지 신앙의 약화가 아니라 거듭남의 본질적 결여일 수 있다.

성경은 이와 관련하여 다음과 같이 밝히고 있다. "*죄를 짓는 자마다 불법을 행하나니 죄는 곧 불법이라. 그가 우리 죄를 없애려고 나타나신 것을 너희가 아나니, 그에게는 죄가 없느니라. 그 안에 거하는 자마다 범죄하지 아니하나니, 범죄하는 자마다 그를 보지도 못하였고 그를 알지도 못하였느니라*"(요일 3:4-6).

죄에 대한 태도는 곧 하나님과의 관계를 나타내는 영적 척도라 할 수 있다. 진실로 거듭난 자는 죄에 민감하다. 죄를 아파하고 그것을 하나님 앞에서 슬퍼하며 회개한다. 반면, 거듭나지 않은 자는 죄에 무감각하다. 믿기 전과 믿은 후 사이에 삶의 태도나 가치관의 변화가 없다. 죄를 짓고도 부끄러워하지 않고 회개하지도 않는다.

예수 그리스도를 믿은 후에도 여전히 죄를 범하는 일이 있다면, 그 이유는 두 가지 중 하나일 수 있다. 첫째는, 외형상 거듭난 것처럼 보이지만 실제로는 거듭나지 않았기 때문에, 죄에 무감각하고 계속해서 죄를 짓는 경우이다. 이러한 사람은 죄로 인해 지옥을 면할 수 없다. 둘째는, 진실로 거듭났으나 육신의 연약함으로 유혹에 넘어져 죄를 짓는 경우이다. 후자의 경우에는 반드시 성령의 역사로 회개하게 된다. 다시 말해, 구원 여부의 핵심은 죄를 짓느냐의 여부보다 진정 거듭났느냐에 있다.

예수님께서는 이 원리를 다음과 같이 비유로 말씀하셨다. "그들의 열매로 그들을 알지니 가시나무에서 포도를, 엉겅퀴에서 무화과를 따겠느냐. 이와 같이 좋은 나무마다 아름다운 열매를 맺고 못된 나무는 나쁜 열매를 맺느니라 … 나더러 '주여, 주여' 하는 자마다 다 천국에 들어갈 것이 아니요, 다만 하늘에 계신 내 아버지의 뜻대로 행하는 자라야 들어가리라"(마 7:16-21).

거듭남 없이 신앙생활을 하는 자는, 반복적인 죄에도 회개의 감각 없이 살아간다. 이는 믿음이 성숙하지 못해서일 수도 있으나, 더 본질적으로는 거듭나지 못한 상태에서 비롯된 것이다. 그는 죄를 범하는 것이 문제가 되기도 하지만, 그보다는 예수 그리스도를 인격적으로 영접하지 못했기에 구원에 이르지 못하며, 결국 심판을 면할 수 없다.

그러나 진정으로 하나님께로 난 자는 어둠의 일을 본능적으로 멀리한다. 혹 유혹에 넘어져 범죄했다 하더라도 성령의 책망으로 결코 그 상태에 머물지 않고, 반드시 회개하게 된다. 성경은 이를 다음과 같이 증언한다. "참 빛, 곧 세상에 와서 각 사람에게 비추는 빛이 있었나니 … 자기 땅에 오매, 자기 백성이 영접하지 아니하였으나, 영접하는 자 곧 그 이름을 믿는 자들에게는 하나님의 자녀가 되는 권세를 주셨으니, 이는 혈통으로나 육정으로나 사람의 뜻으로 나지 아니하고 오직 하나님께로부터 난 자들이니라"(요 1:9-13).

요한일서 또한 이 진리를 더욱 명확하게 선언한다. "만일 우리가 하나님과 사귐이 있다 하고 어둠 가운데 행하면, 거짓말을 하고 진리를 행하지 아니함이거니와, 저가 빛 가운데 계신 것 같이 우리도 빛 가운데 행하면, 우리가 서로 사귐이 있고 그 아들 예수의 피가 우리를 모든 죄에서 깨끗하게 하실 것이요"(요일 1:6-7).

결국 교회 출석 여부나 외적인 신앙고백보다 중요한 것은, 죄에 대한 감각과 회개라는 내적 반응이다. 겉으로는 교회를 오래 다녔으나, 지속적이고 의도적인 죄를 범하면서도 아무런 죄의식이 없다면, 그것은 거듭남이 결여되었음을 의미한다. 이러한 사람은 교회를 다닌다 하여도 구원의 확신을 가질 수 없고, 그대로 살다간 지옥을 면치 못하게 된다.

반면, 진실로 거듭난 자는 죄를 짓더라도 곧 깨닫고 회개하며, 하나님과의 관계를 회복하려는 갈망이 내면에 있다. 그는 죄를 가볍게 여기지 않으며, 죄에 대한 감각을 성령께서 날마다 일깨워주신다. 따라서 죄의 자각이 임했을 때는 지체하지 말고 즉시 회개해야 하며, 만일 죄에 대해 무감각해졌다면 성령께 의지하여 다시금 주님을 영접하고 진정한 회심의 길로 나아가야 한다.

그 사람이 어떤 직분을 가졌든, 구원은 오직 하나님께 속한 것이며, 누구든 회개함 없이 구원의 은혜를 누릴 수는 없다. 그러므로 교회를 다니는 사람이라 하더라도 죄를 회개하지 않으면, 결국 지옥에 이르게 된다는 사실을 결코 가볍게 여겨서는 안 된다.

히브리서 기자는 다음과 같은 경고의 말씀을 통해 우리에게 심각한 주의를 촉구하고 있다. "한 번 빛을 받고 하늘의 은사를 맛보고 성령에 참여한 바 되고 하나님의 선한 말씀과 내세의 능력을 맛보고도 타락한 자들은 다시 새롭게 하여 회개하게 할 수 없나니, 이는 그들이 하나님의 아들을 다시 십자가에 못 박아 드러내 놓고 욕되게 함이라"(히 6:4-6).

또한 예수께서 주신 경고의 말씀도 주목해야 한다. "더러운 귀신이 사람에게서 나갔을 때에 … 이에 가서 저보다 더 악한 귀신 일곱을 데리고 들어가 거하니 그 사람의 나중 형편이 전보다 더욱 심하게 되느니라"(마 12:43-45). "성령을 훼방하는 자는 사하심을 영원히 얻지 못하고, 영원한 죄에 처하느니라"(막 3:29).

그렇다. 모든 죄는 회개함으로 사함 받을 수 있다. 그러나 죄에 대하여 아무 반응도 없고, 회개의 감정조차 일어나지 않는다면, 그 사람은 거듭나지 않은 상태일 수밖에 없다. 거듭남의 유무는 죄를 대하는 자세, 곧 회개하는가의 여부에 달려 있다.

성경은 분명히 말한다. "만일 우리가 우리 죄를 자백하면, 그는 미쁘시고 의로우사 우리 죄를 사하시며 모든 불의에서 우리를 깨끗하게 하실 것이요 … 범죄하지 아니하였다 하면 하나님을 거짓말 하는 자로 만드는 것이니 또한 그의 말씀이 우리 속에 있지 아니하니라"(요일 1:9-10).

죄는 하나님과의 관계를 단절시키며, 천국으로 가는 길을 가로막는 가장 큰 장벽이다. 교회를 다니고도 죄를 회개하지 않는다면, 그 죄로 인해 구원에 이르지 못할 수 있다는 사실을 결코 간과해서는 안 된다. 그러므로 히브리서 기자는 "죄와 싸우되 피 흘리기까지 하라"고 명령하고 있다(히 12:4).

오늘날 교회가 세상 앞에 책임을 다하지 못하는 가장 큰 이유는, '믿음으로 의롭다 하심을 받았다'는 선언에만 안주하고, 그에 따르는 열매의 중요성을 경시한 데 있다. 참된 믿음은 반드시 열매로 이어진다. 이것이 바로 참된 구원의 증거이며, 신자의 정체성이 실현되는 방식이다.

히브리서 12장 14절은 우리에게 이와 같은 엄중한 말씀을 전하고 있다. "모든 사람과 더불어 화평함과 거룩함을 따르라. 이것이 없이는 아무도 주를 보지 못하리라."

"한 번 빛을 받고 하늘의 은사를 맛보고 성령에 참여한 바 되고 하나님의 선한 말씀과 내세의 능력을 맛보고도 타락한 자들은 다시 새롭게 하여 회개하게 할 수 없나니 이는 그들이 하나님의 아들을 다시 십자가에 못 박아 드러내 놓고 욕되게 함이라"(히 6:4-6).

생각해 보기

1. 나는 죄에 대해 민감한가, 그리고 그 죄를 회개하는 삶을 살고 있는가?

2. 나의 구원은 지적인 동의에 그친 고백인가, 아니면 삶의 변화로 나타나는 참된 열매를 맺고 있는가?

3. 나는 지금도 예수 그리스도 안에서 성령의 인도하심을 따라 '거룩함과 회개'의 삶을 지속적으로 추구하고 있는가?

교회는 하나님을 주인으로 삼고,

복음을 중심으로 하여 세상을 향해 구원의 통로가 되어야 한다.

교회는 계급이나 신분, 부의 차이로 서열을 매기지 않으며,

오직 하나님을 예배하고 성도를 사랑하는 목적 아래

하나 된 공동체를 이루어야 한다.

그럼에도 불구하고 인간이 교회의 주인 노릇을 하거나,

이해관계에 따라 이합집산을 거듭하고,

사회적 지위를 근거로 우열을 가린다면,

이는 교회의 본질을 심각하게 훼손하는 행위이며,

실로 '개념 없는' 모습이 아닐 수 없다.

Part 2
정직한 기독교

01

열매를 점검해 보라

어느 날 새벽, 기도 중에 성령의 아홉 가지 열매 하나하나를 점검하게 하시는 성령의 인도하심 속에 깊은 회개로 나아가게 되었다. 그 가운데 성도들과 이 열매들을 살펴보아야 하겠다는 감동을 받았다. 이에 성령의 열매를 중심으로 우리의 믿음이 살아 있는지 혹은 죽어 있는지를 확인해보고자 하였다.

열매란 살아 있음을 증명하는 가장 분명한 증거이며, 인위적인 산물이 아니라 지극히 자연스러운 결과이다. 그러므로 성령의 열매를 통해 자신을 돌아보는 일은 참된 신앙을 점검하는 데 필수적인 작업이라 할 것이다.

오늘날 한국교회는 선교 2세기를 맞이하여 급격한 성장 이후의 후유증에 시달리고 있다. 1907년 평양 대부흥, 이른바 한국의 오순절이라 불리는 그 거룩한 불길로부터 시작된 한국 기독교는 세계 역사상 유례를 찾기 어려운 부흥과 성장을 경험하였다. 성령의 강력한 역사 속에 복음은 들불처럼 확산되었고, 전국 방방곡곡에 예배당과 기도원이 세워졌으며, 회개와 중생의 역사들이 곳곳에서 일어났다. 수많은 이들이 목회자와 선교사로 헌신하였고, 교회마다 회심의 역사가 풍성했으며, 교회학교는 폭발적인 성장세를 보이며 한국교회의 미래를 밝게 하였다.

1970-80년대를 지나며 부흥의 불길은 계속되었고, 교회는 점차 대형화되었으며, 국민소득은 세계 10위권에 진입하는 등 대한민국은 경제·사회·문화 전반에 걸쳐 눈부신 발전을 이루었다. 이러한 발전은 하나님의 은혜였으며, 당시 기독교의 부흥은 사회 전반에 긍정적 영향을 미친바 크다. 또한 기독교가 지향하는 높은 도덕성과 윤리는 한국 사회를 정서적으로 정화하는 데 큰 기여를 하였다.

그러나 21세기에 들어선 한국교회는 그동안 경험하지 못한 심각한 위기를 맞고 있다. 한때 자랑이었던 거대한 예배당과 빼곡히 들어찬 성도들 모습은 이제 더 이상 기대하기 어려워졌다. 저출산과 초고령화로 인한 인구절벽은 이미 예견된 사회현상이며, 기독교에 대한 사회적 인식은 날로 부정적으로 기울고 있다. 무엇보다 영성이 식어가고 있는 현실에서, 미래의 교회를 비관적으로 전망하는 것이 전혀 무리한 일이 아닌 듯하다. 여기에 더해 코로나19라는 전대미문의 전염병은 교회의 내면을 철저히 흔들었고, 결국 과거의 영광은 이제 하나의 역사적 기억으로 남게 될지도 모른다는 우려가 커지고 있다.

역사적으로 교회는 언제나 위기 속에 있었다. 초기 기독교는 종교적, 정치적으로 극심한 박해를 받았으나, 오히려 복음은 더욱 강하게 퍼져 나갔다. 이는 복음이 지닌 생명력과 꺾이지 않는 힘의 증거이다. 복음은 어려움 속에서 더욱 강해지며, 핍박 속에서 더욱 순결해지고, 막힘 속에서 더욱 확장되는 속성을 지녔다. 그럼에도 불구하고 오늘날 교회가 정작 힘을 발휘해야 할 시점에 무기력하게 주저앉고 있는 현실을 보며, 우리는 이 위기의 본질을 진지하게 진단해 보아야 할 것이다.

한국교회 위기의 본질은 여러 가지로 분석될 수 있으나, 핵심은 '변질'이라 요약할 수 있다. 첫째는 복음의 변질이다. 기독교 신앙의 본질은 십자가와 부활, 곧 케리그마(kerygma)에 있다. 하나님께서 성경을 통하여 우리에게 주시고자 하신 것은 다름 아닌 복음이며, 성경의 중심도 복음이고, 믿음의 목적 또한 복음으로 말미암은 구원이다. 그러나 언제부턴가 교회는 복음을 '목적'이 아닌 '수단'으로, '본질'이 아닌 '도구'로 전락시켰다. 복음의 절대적 가치를 상대화하였고, 그 결과 오늘날의 열매 없는 신앙이 자리 잡게 되었다. '심은 대로 거둔다'는 원리가 그대로 적용되고 있는 것이다.

둘째는 기독교 신앙의 종교화이다. 일반 종교는 절대자를 향한 일방적 숭배를 중심에 두지만, 기독교는 살아 계신 하나님과의 전인격적인 관계를 중시한다. 우리가 믿는 하나님은 언제나 우리 안에 거하시며, 그분과 인격적으로 교제할 수 있기에 기독교 신앙은 '하나님을 삶의 중심에 모시고 그분께 주권을 드리는 삶'이라 정의할 수 있다. 그러나 한국교회는 이 신앙을 기복주의와 번영신학의 옷으로 포장하여 종교적 신앙으로 전락시키고 말았다. 지금 우리는 그 왜곡된 열매를 거두고 있는 것이다.

셋째는 기독교 신앙의 왜곡이다. 한국교회는 기복신앙을 강조함으로 현세적 번영을 하나님의 축복이라 강변해 왔다. 그러나 성경은 어디에서도 세속적 번영을 하나님의 궁극적인 복으로 규정하지 않는다. 바울은 세상의 유익을 '배설물'로 여겼으며, 솔로몬은 그 모든 것을 '헛됨'이라 탄식하였다. 성경의 중심은 예수 그리스도이시며, 그분이 오신 목적은 "생명을 얻게 하고 더욱 풍성히 얻게 하려 함"(요 10:10)이며, "많은 사람을 위한 대속물로 자신을 주려 오심"(막 10:45)이다. 산상수훈에서 말씀하신 팔복 또한 보이지 않는 영적인 복이다. 예수를 믿는 것 자체가 복이며, 죄사함을 받고 천국의 소망을 품는 것, 자기를 부인하고 십자가를 지고 주를 따르는 삶이 곧 복인 것이다. 그러나 여전히 한국교회는 기복신앙에 깊이 물들어 있으며, 환경적 어려움이 닥칠 때 힘을 발휘하지 못하는 실정이다. 지금 우리는 그 왜곡된 신앙의 열매를 거두고 있는 것이다.

목회자로서 성도들 앞에 설 때마다 성경적 신앙의 본질을 강조해 왔다. 그러나 신앙이 여전히 세상의 필요를 채우는 수단을 넘어서지 못하고 있는 현실에 대해 안타까움을 금할 수 없다. 물론 이는 오늘의 세상이 그만큼 어렵고 척박하다는 반증이기도 하다. 그러나 그렇다 하더라도 믿음의 본질에 대한 강조는 결코 타협되어서는 안 된다. 세속적인 것이 필요 없다는 말이 아니다. 중요한 것은 우선순위와 방향, 그리고 삶의 목적이다.

이러한 의미에서 성령의 열매를 점검하고자 한다. 예수 그리스도를 영접하고, 영적 가치를 삶의 중심에 두며 살아가는 이에게는 반드시 자연스러운 열매가 나타나야 한다. 그 열매가 있는가? 있다면 얼마나 맺히고 있는가? 스스로 돌아보아야 할 것이다.

열매는 하나님과의 관계를 확인할 수 있는 가장 중요한 지표이다. 신앙은 눈에 보이지 않지만, 참된 신앙은 반드시 외적인 행동으로 나타나며, 이는 곧 하나님과의 관계에서 비롯된 열매로 나타난다. 그러므로 예수님께서도 "그들의 열매로 그들을 알리라"(마 7:20) 하셨고, "열매를 맺게 하려고 너희를 택하여 세웠다"(요 15:16)고 말씀하셨으며, 열매 맺지 못하는 나무는 저주하셨고(마 21:19, 눅 13:7), 심지어 "열매로 결산하겠다"(마 21:34)고 경고하셨다. 그만큼 하나님은 열매에 관심을 두고 계신다.

진실로 예수님을 구주로 영접하였는가? 그분을 마음의 왕으로 모시고 살아가고 있는가? 인생의 주권을 온전히 주께 드렸는가? 그렇다면 바울의 고백처럼, 옛 자아는 십자가에 못 박혔고, 이제 내 안에 그리스도께서 사시는 삶이 되어야 한다. 이러한 삶에서 성령의 열매가 맺히기 시작하는 것이다.

바울은 갈라디아서 5장 22-23절에서 이 열매를 아홉 가지로 구분하여 제시했다. 우리는 이 말씀을 기준 삼아 자신의 신앙을 진단해 보아야 한다. 이는 단순한 자기반성이 아니라, 하나님과의 관계를 다시 회복하려는 신령한 자각이며, 살아 있는 신앙으로 나아가기 위한 은혜의 점검표가 될 것이다.

"너희가 전에는 어둠이더니 이제는 주 안에서 빛이라 빛의 자녀들처럼 행하라 빛의 열매는 모든 착함과 의로움과 진실함에 있느니라 주를 기쁘시게 할 것이 무엇인가 시험하여 보라 너희는 열매 없는 어둠의 일에 참여하지 말고 도리어 책망하라"(엡 5:8-11).

생각해 보기

1. 나는 성령의 열매를 맺고 있는가?

2. 복음은 내 삶에서 목적이 되었는가, 수단이 되었는가?

3. 나는 왜곡된 신앙(기복신앙, 종교화된 신앙)을 따르고 있지는 않은가?

02

가면을 벗어라

성경에서 말하는 '외식'(外飾)은 헬라어 ὑπόκρισις (hypokrisis)에서 유래한 표현으로, 이는 '위선', '가식', '겉치레' 등을 의미한다. 본래 이 단어는 고대 그리스 연극에서 배우가 가면을 쓰고 극 중 인물을 연기하던 데서 비롯되었으며, 이후 겉으로는 경건한 체하나 속은 전혀 그렇지 않은 이중적 행태를 가리키는 데 사용되었다.

오늘날 교회와 성도들 사이에 만연한 이른바 '위선'의 문제는 결코 가볍게 여길 수 없는 지경에 이르렀다. 신앙과 고백, 말과 행실이 철저히 분리되어 있으며, 겉모습은 거룩한 신앙인 형상을 띠고 있으나, 내면은 오히려 불신앙적이고 세속적인 욕망으로 가득 차 있는 경우가 많다. 이러한 현상은 교회와 성도들 스스로 빚어낸 결과이자, 그 지도자들이 맺은 열매라 하지 않을 수 없다. 다시 말해, 교회가 점점 더 종교화되고 형식화되는 데에는 지도자들의 책임이 크다 하겠다.

오늘날 많은 성도들은 입술로 화려한 신앙고백을 쏟아내며, 감정적 분위기 속에서 마치 순교자라도 된 듯 자신을 내세운다. 그러나 이러한 고백은 일시적인 감정의 분출일 뿐, 실제 삶에 있어서는 현실과 타협하고 세속적 계산에 따라 자신을 방임하는 경우가 허다하다. 이러한 위선적 행태는 일상에서 자주 목격되며, 각종 언론과 온라인 공간을 통해 여실히 드러나고 있다. 세상은 더 이상 교회와 성도를 특별한 존재로 바라보지 않으며, 교회의 도덕성과 성도들의 진정성에 대한 기대는 이미 오래 전에 무너져 버린 듯하다.

오랫동안 교회에 몸담아 왔고, 중직자의 직분까지 감당하는 성도라 할지라도, 종교적 매너리즘에 젖은 위선자일 수 있다는 사실을 세상은 이미 간파하고 있다. 이것이 바로 '세상을 구원하라'는 사명을 받은 교회와 성도들의 부끄러운 민낯이다.

이제는 세상이 오히려 교회를 염려하고 걱정해야 할 처지가 되었다. 입술로는 믿음을 고백하면서도 그 고백의 실체는 세속적 동기에 불과하다는 사실이 만천하에 드러났다. 마치 겉포장이 화려할수록 속은 빈약한 과대포장처럼, 오늘날 교회와 성도들의 외형은 더욱 웅장하고 화려해졌지만, 그 내면의 진실성과 경건은 점점 사라져가고 있는 것이 현실이다. 웅장한 예배당 건물, 고급 인테리어와 최신식 음향 장비, 그리고 박사 학위를 내세우는 성직자의 복장은 감동을 주기보다는 오히려 불신을 불러일으킨다. 교회 안에 사람은 모일 수 있을지 모르나, 진정한 변화 없이 흘려보내는 악순환은 여전히 반복되고 있다.

'신앙생활'이란, 그 이름 그대로 '신앙'과 '생활'이 함께 가는 삶을 뜻한다. 진정한 신앙은 반드시 삶의 열매를 통해 입증되어야 한다. 따라서 '신앙은 좋은데 생활은 엉망이다'라는 표현은 그 자체로 모순이며, 결코 올바른 신앙생활이라 할 수 없다. 신앙과 삶 사이의 괴리, 곧 그 불일치가 바로 위선의 실체인 것이다.

예수께서 당대의 제사장, 바리새인, 서기관들 같은 종교 지도자들을 향하여 '위선자'라 일컬으며 책망하셨던 것은 결코 우연이 아니다. 야고보 사도 또한 "행함이 없는 믿음이 능히 너를 구원하겠느냐"고 물으며, "믿음이 그의 행함과 함께 일하고 행함으로 믿음이 온전하게 되었느니라"(약 2:22)고 힘주어 강조하였다. 참된 신앙은 반드시 올바른 삶으로 이어져야 하며, 삶 속에서 실현되지 않는 신앙은 공허한 이상에 불과하다.

일반적으로 성도의 신앙 성숙도를 평가할 때, 우리는 교회 출석률, 기도생활, 성경공부 참여, 봉사와 헌신 등 외형적인 지표를 기준 삼곤 한다. 그러나 이는 어디까지나 보조적이고 표면적인 기준일 뿐, 참된 신앙은 오히려 세상 속에서 드러나는 일상의 삶과 태도를 통해 입증되어야 한다. 진실함, 겸손함, 성실함, 섬김과 선행 등의 덕목은 신앙의 본질을 반영하는 삶의 표현이다. 예수께서는 이러한 삶을 '세상의 소금'이요 '빛'이라 하시며, "이같이 너희 빛이 사람 앞에 비치게 하여 그들로 너희 착한 행실을 보고 하늘에 계신 너희 아버지께 영광을 돌리게 하라"(마 5:16)고 명하셨다.

그중 정직은 그리스도인의 가장 중요한 덕목 가운데 하나이다. 정직하게 사는 것은 곧 믿는 대로 사는 것이며, 신앙의 실체를 가늠하는 결정적인 바로미터가 된다. 반대로 위선은 거짓된 삶의 표본이자, 예수께서 가장 경계하셨던 외식하는 바리새인 모습이다. "사람은 외모를 보거니와 나 여호와는 중심을 보느니라"(삼상 16:7)고 하신 말씀처럼, 사람은 속일 수 있으되 하나님은 속일 수 없다.

위선적 신앙의 근원에는 '하나님을 위하는 척' 하는 이기적 자아가 자리하고 있다. 이러한 자들은 마치 가면을 쓰고 살아가는 배우처럼, 자신이 쓰고 있는 가면이 벗겨질까 두려워 늘 경계하며 살아간다. 그러다 가면이 벗겨지는 순간, 공동체를 떠나 또 다른 가면을 쓰고 타인과 관계를 맺는다. 하나님의 말씀을 듣되 순종하지 않고, 신앙을 말하되 삶으로는 부정하며, 하나님과 일정한 거리를 유지한 채 자기 울타리 안에 갇혀 살아간다. 결국 그들의 신앙은 자기중심적이며, 기복주의적 종교생활에 머무를 뿐이다.

이러한 이들이 교회 안에 과연 몇이나 될까? 진실로 거듭나 인생의 주권을 주님께 이양한 성도는 얼마나 되는가? 오늘날 교회에서는 교회를 오래 다녔다거나 헌금을 많이 했다는 이유, 혹은 봉사에 적극적이라는 이유만으로 신앙 성숙도를 판단하는 경향이 있다. 그러나 진정한 신앙은 자기부정과 자기 십자가를 동반하며, 이해되지 않아도, 유익이 없어도 주님의 말씀에 순종할 수 있는 내면의 결단이 있어야 한다. 이러한 영적 검증 없이 직분을 맡기고 중책을 위임하는 현실이 교회 내 갈등의 근본 원인 중 하나가 된다.

오늘날 교회와 목회자들이 '성장 중독'에 사로잡혀, 오직 숫자와 규모에만 몰두한 결과, 신앙의 본질은 점점 희미해지고 있다. 4세기, 로마 제국을 정복한 것은 무력이나 제도가 아니었다. 오직 믿는 대로 살았던 소수의 정직한 그리스도인들이 그 힘의 원천이었다. 그러나 기독교가 국교로 채택되고, 교회가 제도화되자 생명력을 잃고 급속히 쇠퇴하였으며, 지금은 웅장했던 성전의 터만이 남아 있다. 이는 오늘날 한국교회의 미래를 예견할 수 있는 역사적 교훈이라 하겠다.

말에나 일에나 하나님 앞에서 진실하게 응답하는 그리스도인, 그 한 사람이 세상을 변화시킨다. 지금 우리에게 필요한 것은 화려한 외형이나 수사(修辭)가 아니라, 가면을 벗고 중심으로 하나님을 경외하는 진실한 성도이다.

"외식하는 자들아 이사야가 너희에 관하여 잘 예언하였도다 일렀으되 이 백성이 입술로는 나를 공경하되 마음은 내게서 멀도다 사람의 계명으로 교훈을 삼아 가르치니 나를 헛되이 경배하는도다 하였느니라 하시고"(마 15:7-9).

생각해 보기

1. 나는 하나님 앞에서 가면을 벗은 진실한 신앙을 살고 있는가?

2. 내 신앙은 종교적 형식인가, 인격적 순종인가?

3. 나는 신앙의 열매로 내 믿음을 입증하고 있는가?

03

코람데오(Coram Deo)

　정직을 평가할 수 있는 기준은 다양하겠으나, 그 가운데서도 '돈'이 개입된 이해관계 속에서야말로 보다 명확한 판단이 가능하다는 생각이 든다. 흔히 "그 사람의 진실성과 정직성을 알고 싶다면 돈거래를 해보라"는 말이 있다. 이는 이해관계가 걸려 있는 상황에서 누구도 쉽게 자유롭지 않다는 인간 본성에 대한 통찰일 것이다.

　독자 여러분께 한 가지 양해를 구하려 한다. 필자가 본고에서 '돈'에 대해 언급한다 하여, 그 자체로 부정적인 인상을 갖지 않기를 바란다. 목회자가 돈에 대해 이야기하면 일단 색안경을 끼고 보는 이들이 종종 있는데, 필자의 관심은 돈 자체가 아니라, 돈이라는 매개를 통해 드러나는 관계의 본질과 신앙의 정직성을 점검하고자 함이다.

　이미 서문에서 밝혔듯, 필자는 태중에서부터 지금까지 교회를 떠난 적이 없는 사람으로, 전통적인 신앙의 관점에서 사안을 바라볼 수밖에 없다. 이러한 점을 고려하여 읽어주시길 바란다. 혹 기복신앙적 색채로 오해될 수 있는 표현이 있을지라도, 필자는 분명히 기복신앙은 참된 기독교 신앙이 아님을 확고히 인식하고 있으며, 그와 같은 가르침을 평소 성도들에게 일관되게 전하고 있음을 밝힌다. 표현력의 한계는 인정하지만, 이후 몇 장에서 돈과 관련된 주제들이 등장할 것이기에, 혹 거부감이 들더라도 필자의 고정관념으로 치부하기보다는 한 번쯤 깊이 성찰해 보기를 바라는 바이다.

지난 주일 설교 중, 준비된 원고에 없던 '십일조'에 관한 말씀이 갑자기 튀어나왔다. "십일조가 일정하게 유지되는 것이 이상합니다. 성경은 '온전한 십일조'를 하나님께 드릴 것을 명하고 있으며, 이는 수입의 십분의 일을 구별하는 것입니다. 그런데 매달 동일한 액수로 드려지는 십일조는 오히려 십일조가 아니라 '월정헌금'이라고 해야 하지 않겠습니까?"라고 단언한 것이다. 이 말이 떨어지자 성도들 가운데 다소 긴장한 기색이 역력했다. 마치 몰래 하던 일을 들킨 듯한 표정들이 엿보였다.

사실 필자는 강단에서 헌금에 대해 직접적으로 언급하는 일을 극히 삼간다. 그리고 "마음에 정한 대로 드리는 것이 최상의 헌금"이라는 확신을 가지고 있으며, 이런 마음으로 정성껏 드리는 성도들을 그 무엇보다 귀하게 여긴다. 그럼에도 이날은 성령께서 설교자의 전 인격을 주장하시며 말씀하신 것으로 믿기에, 갑작스러운 발언이었음에도 그 자체로 필요한 선포였다고 확신한다. 다만 회중에게도 충격이었고, 필자조차 놀라운 일이었다.

한국교회 풍토에서는 목회자가 성도의 헌금 액수에 대해 직접 언급하는 것은 일종의 금기처럼 여겨진다. 또한 돈을 밝히는 목사라는 프레임에 갇히면 목회 전반에 부정적인 영향이 따르기 마련이다. 그러나 필자는 십일조에 대한 성경적 이해를 평소 소신으로 가지고 있었고, "하지 않을 것이라면 몰라도 할 것이라면 하나님 앞에서 정직하게 해야 한다"

는 원칙이 있기에 그와 같은 발언이 나온 것이라 생각한다.

이왕 주제가 나온 바, 십일조란 무엇인지 함께 생각해 보자. 십일조는 문자 그대로 자신의 수입 중 십분의 일을 하나님께 구별하여 드리는 신앙 행위이다. 굳이 성경 구절을 열거하지 않더라도, 이는 구약의 선민에게 주어진 하나님의 명령이자, 하나님의 주권을 인정하는 믿음의 고백이다. 그러나 어느 시점부터인가 십일조는 하나님과의 신뢰에서 비롯된 고백이 아니라, 복을 받기 위한 일종의 '신앙 거래'로 변질된 경향이 없지 않다.

그러나 십일조는 은혜다. 그 의미를 깊이 살펴보자. 성경의 첫 구절인 창세기 1장 1절은 하나님의 창조주권을 선언하고 있다. "태초에 하나님이 천지를 창조하시니라." 이 말씀은 모든 만물의 기원이 하나님이시며, 그분이 참 주인이심을 명확히 밝히는 선언이다. 하나님은 당신의 기쁨을 위하여 우주와 인간을 창조하셨고, 인간은 하나님 형상과 모양을 따라 지어진 영적 존재로서, 하나님의 창조 세계를 관리하는 청지기로 부름 받았다. 동시에 인간은 하나님과 영적 교제를 나누기 위해 창조된 존재이다. 결국 모든 창조의 목적은 하나님의 기쁨을 위한 것이며, 이는 십일조 정신과도 일맥상통한다.

그러나 인간은 사탄의 유혹에 빠져, 하나님처럼 되려는 교만으로 타락하였다. 이로 인해 죄가 세상에 들어왔고, 인간과 모든 피조물은 하나님의 원래 목적에서 이탈하게 되었다. 하지만 하나님은 그런 인간을 사랑하셔서 독생자 예수 그리스도를 이 땅에 보내셨고, 그리스도께서는 십자가의 죽음을 통해 인류의 죄를 대속하셨다. 이로써 인간은 하나님과의 단절된 관계를 회복할 수 있게 되었고, 피조물의 질서 역시 예수 그리스도 안에서 회복의 길을 걷게 되었다.

따라서 예수 그리스도를 믿는 이들은 하나님의 형상과 그분의 뜻 안에서 살아가는 삶을 회복한 자들이다. 신앙적 회복은 특별한 은혜이며, 그 은혜를 받은 이들은 하나님의 주권을 인정하고, 그분의 기쁨을 위하여 살아가는 것이 마땅하다. 이 같은 차원에서 십일조는 전부 중의 일부를 드림으로써 하나님께서 주권자이심을 고백하는 은혜의 행위이다.

즉, 십일조는 단순한 의무가 아니라 신앙고백이며, 전부를 하나님께 드려야 마땅한 인간이 십분의 일을 구별하여 드리고, 나머지 십분의 구를 선물로 받는 믿음의 상징이다. 다시 말해, 십일조만이 하나님의 것이라는 관점, 혹은 일종의 '종교세'처럼 여기는 태도는 성경적 십일조의 정신과 거리가 멀다.

오늘날 많은 그리스도인들이 입술로는 하나님의 주권을 고백하지만, 실상은 자신이 주인인 양 살아간다. 이는 단순한 무지가 아니라, 인간 내면 깊은 곳에 자리 잡은 이기적 본성과 욕심에서 비롯된 결과다. 그래서 십일조마저 은혜에 대한 믿음의 반응이 아니라, 종교적 기부 정도로 여긴다. 이는 하나님 앞에서 양심을 속이는 일이며, 스스로의 신앙을 왜곡된 방식으로 드러내는 것이다.

다시 강조하건대, 이는 단순한 돈의 문제가 아니다. 하나님의 주권을 진정으로 인정하는 믿음 안에서는 이러한 태도를 견지할 수 없기 때문이다. 혹여 모르고 그렇게 했다면 모를까, 알고도 지속된다면, 십일조를 드릴 때마다 양심의 가책을 피할 수 없을 것이다. 사람은 속일 수 있으나, 성령 하나님은 속일 수 없다. 이는 아나니아와 삽비라의 사례처럼, 헌금을 드리고도 오히려 심판을 자초하는 어리석음이 될 수 있다.

만일 신앙과 양심 사이에 갈등이 생긴다면 차라리 십일조를 멈추는 것이 낫다. 그리고 수입과 무관하게 자신이 하나님 앞에서 작정한 대로 감사헌금이나 월정헌금을 드리는 것이 보다 정직한 신앙의 태도일 것이다. 그러면서 하나님께서 감동 주실 때, 믿음으로 온전한 십일조 생활을 시작하면 된다. 십일조는 하나님과의 약속이자 관계에 따른 것이므로, 사람의 기준이 아닌 하나님의 기준으로 드려야 한다는 점을 명심해야 한다.

하나님은 결코 헌금의 양에 따라 복을 베푸시는 분이 아니다. 많이 드리면 많이 주시고, 적게 드리면 적게 주시는 분이 아니다. 그러나 헌금은 믿음의 분량을 가늠할 수 있는 중요한 지표이기도 하기에, 반드시 상관관계가 없다고 단언할 수도 없다. 믿음의 분량을 정확히 아시는 분은 오직 하나님뿐이나, 많은 것을 드리는 자는 그만큼 하나님을 깊이 신뢰하는 것이라 여겨도 무방하다. 헌신 없이는 헌금할 수 없기 때문이다.

예수께서도 헌금함에 헌금을 넣는 부자들과, 두 렙돈을 드린 가난한 과부를 보시고는 "이 여인은 가장 많은 헌금을 드렸다"고 평가하셨다(눅 21:1-4). 이는 물질의 양이 아니라 중심을 보신 결과였다. 주님은 헌금의 '질'을 보신다. '옥합을 깨뜨린 여인' 이야기 역시 물질에 대한 주님의 기준을 명확히 보여준다. 당시의 시세로 300데나리온, 거의 1년 치 임금에 해당하는 향유 옥합을 예수님의 발에 부은 여인을 보고 사람들은 허비라며 비난했지만, 예수님은 그 헌신을 장례를 위한 믿음의 고백으로 칭찬하셨다.

진정으로 건강한 신앙을 고백하는 이들이 세상의 자원 또한 풍성히 누리는 것이 필자의 바람이다. 모든 소유와 역사의 주권이 하나님께 있음을 인정하는 사람은 자신이 가진 모든 것들을 '선물'로 여기며, 자신은 '청지기'로서 잠시 이것을 위탁받은 자임을 고백할 수 있기 때문이다. 이런 자는 함부로 낭비하지 않으며, 언제 어디서든 하나님의 뜻에 따라 자원을 사용할 줄 아는 지혜로운 청지기다.

그러나 복을 받아도 그 복을 자기만을 위해 쓰고, 자기 원하는 만큼만 하나님께 돌린다면, 그 복이 과연 무슨 의미가 있겠는가. 그것은 복을 스스로 제한하는 행위이자, 드리면서도 신앙의 진정성을 드러내지 못하는 모습이다. 진정으로 믿음 안에 있다면 자신은 하나님의 청지기임을 시시로 고백하라. 그리고 하나님께서 기억하시도록, 모든 자원을 하나님 나라의 목적에 맞게 사용하는 지혜를 구하라.

"코람 데오(Coram Deo)", 곧 '하나님 앞에서' 살아가는 신앙이야말로 모든 헌신과 정직함의 출발점이요, 완성이다.

"하나님께서 나를 공평한 저울에 달아보시고 그가 나의 온전함을 아시기를 바라노라"(욥 31:6).

▌생각해 보기

1. 나는 하나님 앞에서 정직하게 살고 있는가?

2. 나는 십일조를 하나님의 주권에 대한 믿음의 고백으로 드리고 있는가?

3. 내 삶의 자원과 소유는 '청지기'의 자세로 사용되고 있는가?

04

생색내지 마라

먹거리는 인간의 건강과 생명을 좌우하는 중요한 요소이기에 그 취급에 무엇보다 양심적이어야 한다. 이는 곧, 자신이나 가족이 먹을 수 있을 만큼의 안전성과 정직함이 전제되어야 한다는 의미다. 사익을 위해 비위생적이고 함량 미달의 식품을 유통하거나 판매하는 일은 단순한 잘못을 넘어 극악한 범죄 행위라 아니할 수 없다. 이러한 상황에서 종종 사람들의 입에서 나오는 말이 있다. 바로, "먹는 것 가지고 장난치지 맙시다!"라는 말이다. 이는 단순한 푸념이 아니라 깊은 울림을 주는 시대적 경고이기도 하다.

신학교 1학년 시절의 일이다. 무더운 여름, 청년의 결혼식 축가를 맡았으나 그 당시 필자에겐 겨울 양복 한 벌 외에는 변변한 옷이 없었다. 삼복더위에도 불구하고 겨울 양복을 입고 축가를 했던 기억이 있다. 그 사정을 어떻게 알았는지, 권사로 계시던 이모님께서 필자를 불러 최고급 쥐색 여름 양복 한 벌을 선물해 주셨다. 감동과 감사가 컸던 것은 말할 것도 없다. 그런데 이모님께서는 덧붙여 이렇게 말씀하셨다. "이거 하나님 것으로 사주는 거야. 어차피 하나님께 드리는 십일조로 조카 양복 한 벌 해주는 거야!"

순간 마음 한구석이 묘하게 불편했다. 선물은 감사했으나, 이 말씀을 듣는 순간 마음이 무거워졌던 기억이 있다. 이모님은 십일조를 하나님께 드리는 것과 조카에게 양복을 해주는 것을 동등하게 여겼던 듯하다. 선한 뜻이었으나, 방법에 있어 뭔가 잘못된 것이 아닌가 하는 생각이 들었다. 지금 돌이켜보아도 그 판단은 크게 다르지 않다.

가끔 교인들 중 선교사에게 직접 선교후원금을 전달하거나, 십일조와 감사헌금을 고향 교회나 어려운 개척교회에 보내는 경우를 본다. 물론 그 마음은 귀하고 복된 일이라 할 수 있다. 그러나 바람직한 방식인지는 다시 고찰할 필요가 있다. 자기 이름으로 선행을 베푸는 것과, 교회를 통해 주님의 이름으로 돕는 것 사이에는 분명한 차이가 있다. 전자는 자칫 공로주의에 빠지기 쉽고, 감정에 따라 좌우될 수 있으며, 무엇보다 자신의 이름이 부각될 위험이 따른다. 반면, 교회를 통한 후원은 개인의 감정을 넘어 공동체의 기도와 뜻이 더해진 공적이고 투명한 방식이며, 결과적으로 선교에도 유익을 더하는 길이다.

성경에는 '고르반'이라는 말이 있다. '하나님께 드림이 되었다'는 의미로, 당시 이스라엘 백성들 가운데는 부모 부양의 책임을 회피하기 위하여 구실로 삼는 이들이 있었다. 그들은 하나님께도 거짓 맹세를 하고, 부모에게도 "이미 하나님께 드렸기에 드릴 것이 없다"고 속였다. 그 중심에는 탐욕과 외식이 자리하고 있었다. 이에 대해 예수님께서는 그들의 위선과 자기 의에 찬 양심을 책망하셨다.

특히 십일조를 구제와 혼동해서는 안 된다. 십일조를 본래의 의미와 무관하게 사용하거나, 자기 필요를 충당한 후 남은 것을 형편껏 드리는 행위는 십일조 정신과 거리가 멀다. 하나님께 드리는 일에 있어 양심의 가책을 느껴서는 안 된다. 이것은 하나님을 속이는 것이며, 신앙의 본질을 훼손하는 일이기 때문이다.

하나님께 드리는 것을 자기 뜻대로 가볍게 처리하는 태도는 결코 바람직한 신앙의 자세가 아니다. 물질의 많고 적음이 아니라, 중심의 정직함이 하나님께 상달되는 것이다. 십일조는 '내 것 중에서 일부를 떼어 드리는 행위'가 아니라, '하나님의 것을 신앙의 고백으로 돌려드리는 행위'다. 그러므로 그 행위에는 타협이나 계산이 개입될 여지가 없어야 한다.

하나님은 중심을 보신다. 사람의 눈치를 살피며 적당히 흉내 내는 것을 모르실 리 없다. 하나님께는 온전한 것을, 정직한 마음으로, 믿음의 고백으로 드려야 한다. 하나님께 드리는 일은 결국 하나님을 위한 것이 아니라, 자기 자신을 위한 것이기 때문이다. 하나님께서 우리의 물질이 필요하신 분이시겠는가? 그분께는 아무런 부족함이 없으시다. 다만, 우리의 믿음과 신뢰를 보시고자 하시는 것이다.

가인과 아벨의 제사를 우리는 기억한다. "가인과 그의 제물", "아벨과 그의 제물"이라는 표현에서 보듯, 제물보다 앞서 하나님께 드려진 것은 그들의 '삶의 태도'와 '마음'이었다. 진정한 감사가 있다면, 마음을 다해 드려야 한다. 진실한 믿음이 있다면, 기쁨으로 심는 마음으로 드려야 한다. 하나님이 살아 계심을 믿는다면, 정직하게 드려야 한다. 하나님이 복 주신 분이심을 믿는다면, 인색함 없이 억지로가 아니라 자원하는 마음으로 드려야 할 것이다.

하나님과의 친밀한 관계 속에서, 정직하게 드리는 자에게는 반드시 평안과 형통함의 은혜가 따르게 된다. "먹는 것 가지고 장난치지 맙시다"라는 말은, 우리 신앙인들에게 이렇게 바꾸어 각인되었으면 한다. "하나님 것 가지고 장난치지 맙시다." 하나님께 드리는 일에 있어서 생색내지 말자. 하나님은 심은 대로 거두게 하시는 분이시다. 정직하게, 진실하게, 신앙의 고백으로 하나님 앞에 서자.

"이에 예수께서 이르시되 가이사의 것은 가이사에게, 하나님의 것은 하나님께 바치라 하시니 그들이 예수께 대하여 매우 놀랍게 여기더라"(막 12:17).

생각해 보기

1. 나는 하나님께 드리는 일에 있어서 '정직한 중심'을 가지고 있는가?

2. 나는 하나님의 이름을 빌려 내 의와 생색을 내고 있지는 않은가?

3. 나는 헌금을 '하나님의 것'으로 정직하게 구별하고 있는가, 아니면 내 판단과 필요에 따라 임의로 처리하고 있는가?

05

누구를 의식하는가?

어쩌면 민감한 주제를 다룬다는 점에서, 이 글을 쓰기 전부터 염려가 앞섰다. 더욱이 목회자 신분으로 헌금에 대해 글을 적는다는 것은 자칫 냉소적 시선과 비판을 일으킬 수 있다는 점에서 적잖은 부담이 따름을 고백하지 않을 수 없다. 돈과 신앙은 그 조합 자체가 불편하게 여겨지는 고정관념 탓에, 이 글이 누군가에게는 거북함과 부담으로 작용할 수 있으리라 짐작된다.

그러나 세상에 재정 없이 운영되는 조직은 존재하지 않으며, 교회도 예외가 아니다. 문제는 교회가 '돈' 때문이 아니라 '덕'을 잃어버린 데 있는 것이지, 물질 자체를 부정적으로만 볼 이유는 없다. 오히려 헌금의 의미와 목적, 그리고 신앙과의 관계를 신앙적 관점에서 균형 있게 조명할 필요가 있다.

교회의 크고 작음은 외형의 구분일 뿐, 본질에 있어 교회는 모두 동일한 공동체이다. 교회가 사역을 지속하고 그 존재의 이유를 실행하기 위해서는 재정이 필요하며, 이 재정은 전적으로 성도들의 헌금에 의해 충당된다. 물론 최근에는 교회마다 선한 목적을 앞세워 다양한 수익사업을 시도하는 경우도 있지만, 여전히 헌금이 교회 운영의 근간을 이룬다는 점은 부정할 수 없다.

대개 교회의 재정은 교인 수에 비례하며, 이로 인해 대형교회와 소형교회 간의 재정 격차는 하늘과 땅만큼 큰 것이 현실이다. 교회는 통상 재정 자립 여부에 따라 '자립교회'와 '미자립교회(자립 대상 교회)'로 구분된다. 자립교회는 자체 재정으로 운영이 가능하지만, 미자립교회는 교회 운영은 물론 담임목회자 생계조차 감당하기 어려운 형편에 놓이곤 한다. 현재 한국교회의 70-80%가 미자립교회라는 통계는 결코 가볍게 여길 수 없는 현실을 드러낸다.

미자립교회의 목표는 자립에 있다. 즉, 지원을 받는 교회에서 지원을 하는 교회로 성장하는 것이 이상이며 꿈이다. 그러나 이는 단지 인간적인 노력이나 전략만으로 달성되는 것이 아니기에, 그 길은 평탄하지 않다. 교회의 특수성을 고려할 때, 재정 충당을 위한 수익사업이 용이하지 않으며, 목회자가 생활고를 이유로 자유롭게 경제활동을 할 수 있는 것도 아니기에 상황은 더욱 절박하다. 특히 예배나 모임이 제한되는 시기에는 이러한 어려움이 더욱 가중되어, 교회당을 경매에 넘기거나 폐쇄하는 사례가 증가하고 있다는 사실은 깊은 안타까움을 자아낸다.

한편, 한국교회는 어느 시점부터 성장이 멈추었고, 이후로는 급격한 쇠퇴의 길을 걷고 있다. 저출산·고령화라는 인구 구조의 변화, 다음 세대의 감소, 그리고 전도 열정의 식어감은 교인의 감축이라는 가시적 결과로 이어지고 있다. 우리 교단의 경우, 2019년 말 통계에 따르면 성도 수는 4만 7천 명이 감소한 반면, 교회 수는 98곳, 목사 수는 269명이 증가하였다. 이러한 수치는 한국교회의 미래가 결코 낙관적이지 않음을 여실히 보여준다. 더구나 코로나19로 인해 교회의 이미지가 실추된 상황은 그 무게를 더욱 무겁게 하고 있다.

이러한 현실 속에서 필자의 내면에서 오랫동안 잠재되어 있던 위기의식이 불현듯 깨어난 것일까. 갑작스레 '헌금 체납'이라는 단어가 떠올랐다. 이는 아마도 마음 깊은 곳의 불안이 모습을 드러낸 것이라 할 수 있을 것이다. 누군가는 이 시점에 헌금 이야기를 꺼내는 것을 생뚱맞다며 비판할 수 있겠지만, 이미 말문이 열렸으니 조금 더 풀어보려 한다.

원래 '체납'이란 말은 세금이나 공과금 등 마땅히 납부해야 할 금액을 기한 내에 내지 못했을 때 사용하는 용어이다. 이를 헌금과 연결하는 데에 불쾌함을 느끼는 이들도 있으리라 생각한다. 그럴 만도 하다. 헌금은 강제성이 있는 세금과 달리, 자발적이고 감사한 마음에서 드리는 믿음의 표현이기 때문이다.

그러나 '헌금 체납'이라는 표현이 주는 부정적인 뉘앙스를 의식하면서도, 신앙의 관점에서 보자면 헌금은 단순한 자발적 기부를 넘어 믿음의 고백이며, 때로는 더 큰 의무가 될 수 있다는 점을 상기할 필요가 있다. 헌금은 국가나 사람에게 바치는 것이 아니라, 우리의 믿음과 헌신의 대상이신 하나님께 드리는 것이기에, 오히려 일반법을 초월한 신앙적 법이라 할 수 있다.

'가진 자가 더 인색하다', '뒤주에서 인심난다'는 속담처럼, 물질이 가진 위력은 크지만, 그것을 사용하는 데 대체로 사람들은 신중하다. 자신을 위해 아낌없이 쓰면서도, 타인을 위해서는 쉽게 인색해지는 인간의 이중성을 우리는 종종 목도하게 된다. 필자 또한 평생 자신을 위해

큰돈을 써본 기억은 거의 없으나, 타인을 위해서는 결코 인색하지 않았노라고 자부할 수 있다.

그러나 가끔은 정말로 이해하기 어려운 인색함도 목격하게 된다. 형편이 넉넉해 자신을 위해서는 아낌이 없으면서, 타인이나 교회를 위해서는 무관심하거나 인색한 사람들이 있다. 때로는 "오늘은 제가 섬기겠습니다"라고 밝히고 멋지게 나서는 모습이 그리도 어려운 일인가 싶다. 관계는 몇 푼의 돈으로 살 수 없지만, 관계를 세우기 위한 물질적 대가는 반드시 필요하다. 그 대가는 인격적 신뢰의 밑거름이 되며, 믿음의 표현이 되기도 한다.

세상은 물질을 최고의 가치로 여기지만, 하나님께 드리는 물질은 단지 헌금이 아니라 믿음의 외적 증거이다. 예수께서도 "네 보물 있는 그곳에는 네 마음도 있느니라"(마 6:21) 하셨고, 가난한 과부의 두 렙돈을 "다른 이들보다 많이 드렸다"고 칭찬하시며, 이것이 그녀의 전 생활비였음을 밝히셨다. 주님은 물질의 액수보다 그것을 드리는 자의 마음을 보신 것이다.

이런 의미에서 헌금은 하나님께 대한 신앙의 척도가 될 수 있다. 만일 하나님을 믿는다 고백하면서도 물질 앞에서 인색하다면, 그 믿음은 말뿐인 믿음이며, 행함이 없는 믿음이라 할 수밖에 없다. 예배 때 부르는 찬송가의 고백, 곧 "주 예수보다 더 귀한 것 없네", "하늘을 두루마리 삼고 바다를 먹물 삼아도 하나님의 사랑을 다 기록할 수 없겠네"와 같은 찬양의 고백과 인색한 헌금 생활은 과연 조화를 이룰 수 있는가.

예배에 모든 순서가 중요하지만, 그 중에서도 하나님께 드리는 '헌금'은 본질적 의미에서 가장 중요한 '드림'의 행위이다. 이는 단지 물질을 드리는 행위가 아니라, 예배자의 중심을 담아 하나님께 반응하는 신앙 고백이기 때문이다. 물질은 헌신의 가장 구체적인 표현이며, 예배의 응답이다.

코로나19로 사회적 불안과 예배의 제한으로 인해 많은 교회가 재정적 어려움을 겪었다. 헌금이 줄어들면서 교회 운영에 심각한 차질이 생겼고, 이에 따라 '온라인 예배는 드리면서 헌금은 하지 않는' 기현상도 벌어졌다. 이는 실수로 넘길 문제가 아니다. 예배에 참여했다면, 헌금 역시 하나님께 드리는 예배의 일부로 성실히 감당되어야 한다.

신앙이란, 상황이 아니라 중심의 문제이다. 예배당에 나오지 못해 드리지 못한 헌금을 과연 아무 일 없듯 자신의 수입으로 전환해도 되는가에 대한 신앙적 자문이 필요하다. 헌금은 부담을 덜기 위한 의무가 아니라 신앙의 고백이다. 필자는 "헌금은 다소 부담스럽게 드리는 것이 바람직하다"고 생각한다. 여기서 말하는 '부담'은 액수의 문제가 아니라, 중심의 문제다. 가볍게 주머니를 뒤져 드리는 헌금과 기도로 준비한 구별된 예물은 분명 그 무게가 다르다.

우리에게 있는 모든 것은 하나님의 것이며, 우리는 그분의 청지기로 부름 받았다. 청지기는 주인의 뜻에 따라 성실히 관리하는 자이지 주관자가 아니다. 예수 그리스도의 십자가 공로를 믿는 자는 이 땅에서의 삶의 목적이 하나님의 영광을 드러내는 데 있음을 잊지 말아야 한다.

하나님은 중심을 보신다. 헌금을 드리되 외식되지 않기를 바라며, 아나니아와 삽비라 사례처럼, '헌금 체납'이 금전적 문제로 끝나는 것이 아님을 깊이 되새겨야 할 것이다.

"베드로가 이르되 아나니아야 어찌하여 사탄이 네 마음에 가득하여 네가 성령을 속이고 땅 값 얼마를 감추었느냐 땅이 그대로 있을 때에는 네 땅이 아니며 판 후에도 네 마음대로 할 수가 없더냐 어찌하여 이 일을 네 마음에 두었느냐 사람에게 거짓말한 것이 아니요 하나님께로다"(행 5:3-4).

▍생각해 보기

1. 나는 하나님 앞에서 헌금을 '예배의 일부'이자 '믿음의 고백'으로 드리고 있는가, 아니면 사람의 시선이나 관습을 의식하고 있는가?

2. 나는 내게 맡겨진 물질을 '청지기'로서 하나님 뜻에 따라 정직하게 관리하고 있는가?

3. 내 신앙고백과 실제 물질 사용 사이에는 모순이 없다고 자신할 수 있는가?

06

눈에 뵈는 게 없는 사람들에게

　사람만큼 간사한 존재가 또 있을까. 상황과 대상, 위치에 따라 모양과 태도를 달리하는 변신의 귀재, 마치 트랜스포머와 같은 존재가 인간이 아니고 무엇이겠는가. 본래 그렇지 않던 사람이 어느덧 기세를 얻고 산다고 해서, 전혀 다른 사람처럼 변모하여 거드름을 피우는 모습을 보면, 참으로 눈뜨고는 보기 힘들 정도로 역겹고 민망할 따름이다. 조금 높은 자리에 올라서거나, 나름 괜찮다 여겨지는 사람들과 어울리기 시작하면 이내 주변이 눈에 들어오지 않는 듯하다. 목소리는 달라지고, 사람을 대하는 태도 또한 거만하기 그지없다. 어찌하여 사람은 이토록 돌변하는 것인가.

　인간은 관계를 먹고사는 존재라 해도 과언이 아닐 것이다. 관계는 혈연에서 시작하여 수많은 이해관계로 확장되며, 그 속에서 자존감을 느끼고 삶의 보람을 누리며 일생을 살아간다. 순수한 관계가 있고 치열한 관계도 있으나, 인간은 끊임없이 관계를 통해 자신의 입지를 다지고 존재 가치를 증명하려고 한다. 이와 같은 심리는 현대의 온라인 공간에서 여실히 드러난다. 사소한 일상을 포스팅하며 타인의 관심을 유도하고, 이를 통해 자신에 대한 공감과 지지를 기대하는 행위는, 실상 정서적 지배욕의 반영이라 할 수 있다. 그러나 냉정히 말하면 그것은 자족일 뿐, 실제로 얻는 것은 거의 없으며 오히려 정서에 상처를 입는 경우가 적지 않다. 그럼에도 인간이 끊임없이 직, 간접적 관계를 넓혀가려는 까닭은, 그 내면에 자리한 관계에 대한 갈망이 그만큼 강렬하기 때문이다.

인간은 관계 속에서 비로소 자신을 발견하게 된다. 즉, 타인을 통해 자신의 실존을 인식하는 것이다. 이러한 과정에서 비교와 탐색을 거치며, 자신이 상대보다 우월하다고 여길 때에는 교만이 생기고, 부족하다 느낄 때에는 비굴해지는 심리를 누구나 가지고 있다. 부정할 수 없는 인간의 정서이다. 그렇다면 사람들은 왜 신분 상승에 이토록 목숨을 거는가? 남보다 우월한 지위를 얻기 위해 왜 피 터지는 경쟁에 뛰어드는가? 이는 단순한 자아 성취의 문제가 아니라, 관계 속에서 자신의 우월한 존재감을 드러내고 지배력을 확보하려는 본능적 욕구에서 비롯된 것이다. 결국 인간 사회에는 이와 같은 약육강식의 정글 법칙이 실타래처럼 얽혀 있음을 부인할 수 없다.

어느 날 모 언론사의 사장의 열 살 난 딸이 운전기사에게 소위 '갑질' 하는 장면이 방송을 통해 퍼지면서 사회에 큰 충격을 준 일이 있었다. 안타까움을 넘어 참담함을 느낄 정도였다. 어떻게 어린아이가 그토록 일그러진 정서와 왜곡된 가치관을 가지게 되었을까. 그가 앞으로 살아가야 할 세상이 염려스럽기 그지없었다. 물론 이러한 모습은 그 아이가 평소에 일상적으로 접해온 환경의 산물일 가능성이 크기에, 어른들에게 일정 부분 책임이 있다고 보아야 하겠지만, 동시에 그것이야말로 타락한 인간 본성의 한 단면이라는 점에서, 누구를 탓하기에 앞서 인간 존재에 대한 근본적인 성찰이 요청된다.

세상에는 그야말로 '뵈는 게 없는' 사람들이 있다. 상대 위치를 이리저리 재보다 만만하다 싶으면 반말도 아니고 존댓말도 아닌 어정쩡한 말투로 접근하여, 틈만 보이면 무례하게 굴고, 끝내는 방자하게 군림하려 한다. 참으로 가소롭고 민망한 일이다. 그 같은 이들을 대놓고 지적할 수도 없고, 설령 지적한다 한들 바뀌지 않기에 거리를 둘 수밖에 없지만, 매사에 줄을 세우고 서열을 정해 '보스' 행세를 하려는 모습을 볼 때마다 불쌍하다는 생각을 금할 수 없다. 특히 신앙을 가진 이들이 그러하다면 그야말로 더 이상 무슨 말을 할 수 있을까.

성경이 교만을 그토록 경계하는 까닭은 무엇인가. 그것은 눈에 보이는 사람들만 상대하여 우월감을 느끼고 교만해진 자들이, 정작 그 위에 계신 하나님을 보지 못하고 마치 자신이 하나님인 양 행세하기 때문이다. 이런 자야말로 진정 '뵈는 것이 없는' 사람이다. 인간은 본래 교만할 수 없는 존재임을 왜 잊고 사는가? 우리는 연약하며, 언제나 자신의 한계를 안고 살아가는 존재이다. 오늘 잘 나가고 있는가? 내일 무너질 수 있음을 잊지 말아야 한다. 오늘 건강한가? 밤사이 세상을 떠나는 일이 어찌 남의 일이라 하겠는가? 오늘 부족함 없이 살고 있는가? 무너지는 것은 시간 문제일 수 있다. 그렇기에 겸손해야 한다. 진정으로 겸손해야 한다.

크게 소리치며 살다가 넘어진 자를 향해 동정하는 이는 많지 않다. 자신만을 위하다가 넘어지면 손을 내미는 사람조차 없다. 그렇게 삶을 마친 이에게는 조용한 혀질만이 남는다. 그러므로 곁에 있는 사람들을 귀히 여기며, 상대적으로 우월하다고 느껴질 때일수록 오히려 자신을 낮추어야 한다. 사람 위에 사람 없고, 사람 아래 사람 없음은 시대와 장소를 초월한 진리이다. 우리는 인생의 생사화복을 주관하시는 하나님 앞에 서 있는 존재임을 한시도 잊어서는 안 된다. 이를 망각하는 순간, 우리는 언제든지 '뵈는 것이 없는' 사람이 될 수 있음을 명심해야 할 것이다.

"내일 일을 너희가 알지 못하는도다 너희 생명이 무엇이냐 너희는 잠깐 보이다가 없어지는 안개니라 너희가 도리어 말하기를 주의 뜻이면 우리가 살기도 하고 이것이나 저것을 하리라 할 것이거늘 이제도 너희가 허탄한 자랑을 하니 그러한 자랑은 다 악한 것이라"(약 4:14-16).

▌생각해 보기

1. 나는 지금 '누구 앞에서' 살아가고 있는가? 사람인가, 하나님인가?

2. 내가 누군가보다 우월하다고 느낄 때, 나의 태도는 더 낮아지고 있는가, 아니면 드러나고 있는가?

3. 내가 가진 것(지위, 소유, 능력 등)을 내가 이루었다고 여기며 살아가고 있지는 않은가?

07

경계인(Boundary person)

 어린 시절 놀이 가운데 '땅 따먹기'라는 것이 있었다. 마당에 큼직하게 사각형의 금을 긋고, 각자 네 귀퉁이에 손바닥을 펴서 자기 집을 만들었다. 유리조각이나 사금파리 따위를 손가락으로 튕겨 두 번 만에 제 집으로 되돌아오면 그만큼의 땅을 차지하게 되는 식이었고, 결국 많은 땅을 확보한 사람이 승리자가 되는 놀이였다. 물론 놀다 보면 어머니의 부름에 자리를 훌쩍 털고 집으로 돌아가야 했지만, 무더운 여름날 그늘에 앉아 즐기던 이 놀이를 통해 우리는 자연스레 '소유'와 '경계'의 개념을 익혔던 듯하다.

 돌이켜 보면, 그 시절의 많은 놀이들이 하나같이 땅에 선을 그어가며 경계를 설정했던 것 같다. 금을 밟아서는 안 되고, 남의 구역을 침범해서도 안 되는 규칙이 분명히 있었던 것이다.
 인류는 언어와 종족이 나뉘면서부터 경계를 형성하기 시작하였다. 자신의 영역을 구획하고, 그 영역이 침범당할 경우 이를 방어하며, 더 넓은 영역을 차지하려고 전쟁을 불사해온 역사가 곧 인류의 역사라 해도 과언이 아닐 것이다. 그러나 과거를 되돌아볼수록, 타인과의 경계는 오늘날만큼 엄격하거나 차가운 것이 아니었음을 쉽게 떠올릴 수 있다.

허술한 울타리, 밭과 밭 사이에 던져놓은 작은 바윗돌, 논과 논 사이에 박아둔 말뚝이 고작 경계의 전부였다. 그러니 남의 땅을 밟고 지나가는 일도, 울타리에 개구멍을 내어 드나드는 일도, 심지어 이웃의 밭에 심긴 과일이나 고구마, 감자 등을 슬쩍하여 먹는 일조차 그다지 큰 허물로 간주되지 않던 시절이었다.

그러나 시대가 흐르며 경계는 점점 더 견고해지고 분명해졌으며, 마침내 오늘날에는 정해진 경계를 넘나드는 일 자체가 상상조차 어려운 삭막한 현실이 되었다.

수년 전, 금강산 관광 중이던 일행 가운데 한 분이 북한군의 총격으로 사망했다는 뉴스를 접하고 충격을 받은 일이 있다. 무장을 하지 않은 여성 관광객을, 그것도 등 뒤에서 사살했다는 사실은 아무리 이해하려 해도 납득할 수 없는 잔혹함으로 느껴졌고, 분노까지 치밀었다. 그러나 한편으로, 고의든 실수든 결코 넘어서는 안 될 경계를 침범한 데에 피해자에게도 일정 부분 책임이 있음은 부정할 수 없는 사실이었다.

이와 같은 사건들을 통해 우리는 '경계'의 의미를 다시금 깊이 성찰하게 된다. 경계란 단지 물리적인 울타리만이 아니라, 서로를 보호하고 질서를 유지하기 위해 설정된 규칙이자 제도이기도 하다. 따라서 경계를 무시하고 함부로 넘나드는 행위는 침범이 되며, 이는 곧 불이익이나 갈등의 소지가 될 수 있는 것이다. 법과 제도, 윤리와 규율도 마찬가지이다. 짐승조차 자신만의 영역을 지니고 있고, 우리 주변에는 이웃 간의 울타리에서부터 나라와 나라를 가르는 국경에 이르기까지 수많은 경계가 존재한다. 하늘에도, 바다에도, 경계는 있다. 물론 경계가 엄격하고 견고할수록 세상은 삭막하게 느껴질 수 있다. 그러나 동시에, 경계는 상호 존중과 질서를 위한 필요불가결한 장치이기도 하다.

이쯤에서 그리스도인으로서의 '경계'에 대한 의미를 되새겨보려고 한다. 사람마다 신분과 위치에 따라 각기 다른 삶의 영역을 지닌다. 그러나 '성도'라 불리는 그리스도인이라면, 세상 사람들과는 구별된 삶의 경계를 지녀야 한다. 이는 단순한 사회적 차별이 아니라, 거룩한 부르심에 응답한 자로서의 정체성과 방향성의 문제이기 때문이다. 그리스도인은 생각과 가치, 삶의 목적이 다를 수밖에 없으며, 일반인들이 아무렇지 않게 여기는 행동들조차 거부하거나 절제해야 할 때가 많다. 그 결과로 오해받기도 하고, 때로는 소외를 겪기도 한다. 예수께서 그리스도인의 삶을 '좁은 문'과 '좁은 길'로 표현하신 것도 이러한 맥락에서 이해할 수 있다.

물론 이러한 삶의 방식이 부담스럽고 불편해 결국 신앙을 포기하거나 타협의 길을 택하는 이들도 있다. 그러나 만일 그리스도인이라 자처하는 이가 자신의 경계를 허물고 세상 사람들과 똑같이 살아간다면, 이는 곧 신앙의 본질을 훼손하는 것이며 그 생명력 자체를 잃어버리는 일이다. 그러므로 경건과 절제 속에서 자신을 지키는 삶은 그리스도인에게 필수적인 태도이다. 그리고 그 안에는 세상이 결코 줄 수 없는 더 깊은 만족과 기쁨이 내재해 있다.

문제는 오늘날 많은 이들이 '경계인'으로 살아가고 있다는 데 있다. 다시 말해, 세속의 즐거움도 누리고 싶고, 영적인 만족도 놓치고 싶지 않아 성(聖)과 속(俗)을 넘나드는 삶을 살아가는 것이다. 그러나 이와 같은 이중적인 삶은 양쪽 모두에서 만족을 얻지 못하는 불안정한 인생으로 귀결된다. 마치 자동차가 철길을 달리거나, 기차가 아스팔트 도로 위를 달리려는 것과 같은 부조화가 아닐 수 없다.

이 세상에는 각자의 길이 있으며, 그 길에는 반드시 신호와 규칙이 있다. 마찬가지로 그리스도인에게도 하나님께서 정하여 주신 길이 있다. 그 길을 따라 걷는 것이야말로 가장 안전하고 복된 길이다. 세상이 아무리 좋아 보이고 화려하게 빛난다 한들, 거기에는 진정한 평안과 만족이 없다. 그것은 신기루와 같으며, 결국은 사고로 이어질 수밖에 없다. 그러므로 하나님께서 정하신 경계를 넘지 않고, 경건함으로 그 길을 따라가는 삶! 바로 그것이야말로 그리스도인에게 주어진 참된 길이 아닐까.

"복 있는 사람은 악인들의 꾀를 따르지 아니하며 죄인들의 길에 서지 아니하며 오만한 자들의 자리에 앉지 아니하고 오직 여호와의 율법을 즐거워하여 그의 율법을 주야로 묵상하는도다"(시 1:1-2).

▌생각해 보기

1. 나는 세상과 신앙 사이, 어디에 경계를 두고 살아가고 있는가?

2. 그리스도인으로서 세상과 구별된 삶을 살고 있는가, 아니면 타협하고 있는가?

3. 나는 하나님께서 세우신 경계 안에서 경건함과 절제를 지키며 살아가고 있는가?

08

개념 있게 삽시다

예수 그리스도는 한 분이시다. 그러나 이분을 바라보는 관점은 실로 무수하다. 하나의 성경에서 비롯된 복음의 메시지는 유일하고도 명확하나, 해석하는 방식은 각기 다르다. 이는 신앙이 지극히 개인적이고 주관적인 차원을 지니고 있기 때문이며, 그로 인해 다양한 교파가 형성되고, 나아가 이단과 사이비 종교까지 생겨나는 현실을 우리는 목도하고 있다.

그럼에도 불구하고 예수 그리스도께서 성경을 통하여 우리에게 전하고자 하신 메시지는 간결하고 명료하다. "하나님이 세상을 이처럼 사랑하사 독생자를 주셨으니 …"(요 3:16), "내가 온 것은 양으로 생명을 얻게 하고 더 풍성히 얻게 하려 함이라"(요 10:10) 하신 말씀에서 알 수 있듯, 성경 전반을 통해 하나님께서 인류에게 주시려는 뜻은 바로 '구원', 곧 하나님과의 관계 회복에 있다. 이는 인간의 노력이나 행위에 근거하지 않으며, 오직 받아들임으로만 주어지는 것이다. 이 놀라운 은혜는 값없이 주어졌으나, 정작 사람들은 이를 쉽게 이해하지 못하고, 받아들이기를 주저한다. 그러나 구원은 인간의 공로나 자격이 전제되지 않는 하나님의 전적인 선물이요 은혜이다(엡 2:8).

이 구원을 선물로 받은 자들은 그 은혜에 빚진 자로서 일평생 복음을 전하고, 교회를 섬기며 직분에 헌신하게 된다. 그러나 문제는 어느 시점에서 이 은혜의 감격이 희미해지며, 사람은 스스로의 의나 공로에 빠져 공로주의자 혹은 율법주의자로 변질되기도 한다. 공로주의에 빠지면 교만하게 되고, 율법주의에 빠지면 자신이 기준이 되어 타인을 정죄하게 된다. 이 두 모습 모두 성경이 말하는 바른 신앙의 모습은 아니며, 은혜로 구원받은 자에게 결코 나타나서는 안 될 왜곡된 신앙의 태도이다.

하나님의 관점에서 보자면 인간의 공로란 어디까지나 상대적인 것이며, 결코 절대적일 수 없다. 율법적인 신앙도 마찬가지다. 그것은 인간의 완전한 행위를 전제로 하나, 인간은 그 자체로 율법을 온전히 이룰 수 없는 존재이다. 예수께서 종교 지도자들인 바리새인과 서기관, 제사장들의 이중적 태도를 책망하시며 "화 있을진저, 외식하는 서기관들과 바리새인들이여, 잔과 대접의 겉은 깨끗이 하되 그 안에는 탐욕과 방탕이 가득하도다"(마 23:25)라고 하신 말씀은, 외적으로는 완벽하게 보이지만 내면은 전혀 다른 세속적 탐욕으로 가득한 이중성을 지적하신 것이다.

이렇듯 공로주의와 율법주의는 모두 스스로의 의와 행위의 기준에 스스로 걸려 넘어지게 하며, 단 한 번의 실수로도 그 생명을 다할 수 있다. 그러므로 우리는 자랑할 것도 자만할 것도 없다. '절대'라는 단어는 은혜로 구원받은 이들의 언어에 함부로 올라서는 안 된다. 우리는 하나님의 은혜로 말미암아 구원을 받았고, 살아가는 것조차 전적으로 은혜에 의존하는 존재이다. 무엇인가를 이루었고 충성과 헌신을 다하였다면, 그것은 나의 공로가 아닌 하나님의 은혜이므로 마땅히 하나님께 돌려져야 할 영광이다. 또한, 연약해 보이는 자를 만날 때에, 그 또한 은혜가 필요한 존재임을 기억하고 오래 참음과 기도로 품을 줄 알아야 한다.

율법주의적인 신앙은 딱딱하고 불편하다. 옳은 말 같으나 정작 사람의 마음을 움직이지 못한다. 그것은 말하는 이나 듣는 이 모두에게 동일한 부담을 준다. 더욱이 아무리 율법적으로 강조하고 목소리를 높인다 하여도, 사람은 그로 인해 변하지 않는다. 오히려 그 말과 주장, 그리고 행동이 언젠가는 부메랑처럼 돌아와 그 자신을 걸려 넘어지게 한다. 그리하여 쓰러진 자가 다시 일어서는 것은 쉬운 일이 아니다.

은혜라는 단어가 때로는 자기합리화나 인간적인 편의로 가볍게 소비되는 경향이 있는 것도 사실이나, 그럼에도 우리는 누구나 은혜 없이는 살아갈 수 없는 존재임을 부정할 수 없다. 다만, 신앙생활에 있어서 본질과 비본질을 구분할 필요는 있다. 복음은 본질이며, 그 외의 비본질적인 것들 —주로 방법론에 속하는 것들— 에 대하여는 서로 다른 이해와 협력, 기다림이 요구된다. 자신이 오늘 충만하다고 하여, 혹은 자신의 믿음의 방식이 옳다고 하여 타인을 정죄하는 것은 옳지 않다.

이와 같은 맥락에서 '개념 있는 그리스도인'으로 살아간다는 것은 매우 중요하다. '개념'이라는 단어는 사전적으로 어떤 사물이나 현상에 대한 일반적인 이해와 인식을 의미하지만, 오늘날의 사용례에서는 주로 사회적 에티켓이나 매너를 지칭하는 표현으로 쓰인다. 이를테면, 노약자 앞에서 자리를 양보하지 않는 젊은이, 공공장소에서 큰 소리로 떠드는 사람, 타인의 불편을 개의치 않는 무례한 행태 등은 '개념 없다'는 지탄을 받는다. 이와 반대로, '개념 있다'는 말은 일반적인 상식과 정서에 부합하는 행동을 하는 것을 일컫는다.

개성은 존중받아야 마땅하다. 그러나 개성이 집단 내에서 표현될 때에는 공감 가능한 범주 내에서 조율될 필요가 있다. 이를 흔히 '정서적 규범' 혹은 '묵시적 질서'라 부른다. 이 같은 정서의 흐름 속에서 도덕과 윤리가 형성되고, 더 나아가 법과 제도가 수립되기도 한다. 따라서 사회적 공감대를 지나치게 위반하면, 개인은 피하거나 회피함으로 '자정'되지만, 공공은 이를 법과 제도로 규제함으로 공동체의 질서를 유지하게 된다. 이런 의미에서 '개념 있게' 살아간다는 것은, 모든 사람을 존중하고 배려하며 살아가는 태도라 할 수 있을 것이다.

교회는 인간이 만든 조직이 아니라, 하나님의 주권 아래 존재하는 공동체이다. 하나님을 경외하며 복음을 선포하고, 예배와 교제를 통해 하나님의 나라를 지향하는 이 공동체는 인간의 제도나 법 위에 존재하는 신령한 공동체라 할 수 있다. 그러므로 성도는 일반적인 윤리와 정서를 초월하여, 신앙의 양심에 따라 스스로를 먼저 통제할 수 있어야 한다. 그러나 오늘날의 교회는 이러한 기대에 부응하지 못하고, 세상은 교회를 향해 "개념을 상실한 집단"이라며 냉소를 보내고 있다. 세상의 판단이 언제나 옳다고 할 수는 없으나, 교회가 스스로의 부족함을 돌아보며 자성할 이유는 분명히 존재한다.

교회는 하나님을 주인으로 삼고, 복음을 중심으로 세상을 향해 구원의 통로가 되어야 한다. 교회는 계급이나 신분, 부의 차이로 서열을 매기지 않으며, 오직 하나님을 예배하고 성도를 사랑하는 목적 아래 하나 된 공동체를 이루어야 한다. 그럼에도 인간이 교회 주인 노릇을 하거나, 이해관계에 따라 이합집산을 거듭하고, 사회적 지위를 근거로 우열을 가린다면, 이는 교회 본질을 심각하게 훼손하는 행위이며, 실로 '개념 없는' 모습이 아닐 수 없다.

결국, 하나님 앞에서 '개념 있는' 교회와 그리스도인으로 살아간다는 것은 희생과 겸손, 사랑과 섬김으로 빛과 소금의 사명을 감당하는 삶을 뜻한다. 세상적으로 높은 지위에 있거나 남다른 능력을 소유한 사람이라 할지라도, 자기를 부정하고 누구든지 공평하게 대하며, 불신자에게는 감동이 되고, 교회 안에서는 지체로서의 사명을 충실히 감당할 때, 하나님 앞에서도, 세상 앞에서도 '개념 있는 그리스도인'으로서 귀한 영향력을 끼칠 수 있을 것이다.

사슴은 그 자랑스러운 뿔로 인해, 새는 화려한 깃털과 고운 소리로 인해 결국 잡히게 된다는 사실을 잊지 말아야 한다. 오늘 우리가 자랑하는 신앙의 모양이 도리어 우리를 넘어뜨릴 수 있다는 경고를 마음에 새겨야 할 것이다.

"너희는 세상의 소금이니 소금이 만일 그 맛을 잃으면 무엇으로 짜게 하리요 후에는 아무 쓸 데 없어 다만 밖에 버려져 사람에게 밟힐 뿐이니라 너희는 세상의 빛이라 산 위에 있는 동네가 숨겨지지 못할 것이요 사람이 등불을 켜서 말 아래에 두지 아니하고 등경 위에 두나니 이러므로 집 안 모든 사람에게 비치느니라 이같이 너희 빛이 사람 앞에 비치게 하여 그들로 너희 착한 행실을 보고 하늘에 계신 너희 아버지께 영광을 돌리게 하라"(마 5:13-16).

생각해 보기

1. 나는 은혜로 받은 구원을 여전히 감격하며 살아가고 있는가, 아니면 어느새 공로와 율법의 잣대를 들이대며 살아가고 있는가?

2. 나는 오늘 '개념 있는 그리스도인'으로 살고 있는가?

3. 내가 속한 교회는 복음의 본질을 따르고 있는가, 아니면 인간적인 체계와 질서에 휘둘리고 있는가?

09

세상은 당신을 읽는다

　마켓에 가면 사람들의 관심은 '1+1' 행사에 집중된다. 같은 값에 하나를 더 얹어 주는 방식이 잇속에 밝은 소비자의 구매 심리를 자극하는 고도의 상술임을 알면서도, 사람들은 거부감 없이 그 유혹에 이끌린다. 굳이 필요하지 않은 물건임에도 '하나 더'라는 매력 앞에 쉽게 현혹되는 것이다. 그러나 판매자와 구매자의 관심은 애초부터 전혀 다르다.

　전도 현장에서도 이와 유사한 모습이 나타난다. 전도지에 이쑤시개, 사탕, 건빵, 비타민 C, 대일밴드, 휴대용 티슈 등 갖가지 물품을 끼워 나누어 주곤 한다. 하지만 주는 이와 받는 이의 관심은 전혀 다르다. 사람들은 변변찮은 물건이라도 챙겨 가지만, 정작 핵심인 전도지는 금세 버려지고 만다.

　문득 재미있는 상상을 해 본다. 만일 복음에 집 한 채씩을 얹어 전한다면 어떨까? 현찰을 곁들여 전한다면 어떨까? 혹은 예배당에 오는 이들에게 하루 일당에 해당하는 금액을 지급한다면 어떨까? 아마도 적지 않은 사람들이 반응할 것이고, 교회는 순식간에 인산인해를 이룰 것이다. 그러나 주는 이와 받는 이의 관심과 목적이 서로 다르기에, 얼마 지나지 않아 애초의 관심 밖이었던 예수 그리스도는 버려지고 말 것이다.

실제로 지금도 이와 유사한 사역을 하는 교회들이 적지 않다. 노숙인들에게 돈이나 물품을 나누어 주는 사역이 한때 교회마다 유행처럼 번졌다. 정해진 날을 알리면 새벽부터 긴 줄이 늘어서곤 했다. 그러나 사역을 감당하던 한 교회가 몰려드는 인파에 부담을 느껴 현금 액수를 줄이자, 곧바로 참여 인원이 급감하였고, 결국 그 사역 자체를 중단하고 말았다. 교회와 노숙인의 관심이 전혀 달랐기 때문이다.

필자는 몇 해 전 NGO 회원 자격으로 인도 뭄바이를 방문한 적이 있다. 그곳은 인구의 90%가 이슬람과 힌두교를 믿고, 나머지가 기독교를 비롯한 소수 종교를 따른다고 한다. 그런데 놀랍게도 이슬람과 힌두교 중심 마을에 기독교 예배당이 자리하고 있었고, 어린아이들을 중심으로 적지 않은 인원이 모였다. 심지어 무슬림 여성들이 교회 목회자를 도와 생필품을 분배하는 일에 협력하기도 하였다.

그곳의 선교사는 생필품을 매개로 아이들에게 복음을 전하였다. 우리가 준비한 생필품을 나누는 날에는 끝이 보이지 않을 만큼 긴 줄이 이어졌고, 아이를 안은 어머니를 비롯하여 온 가족이 몰려들었다. 예배당에 모인 아이들에게 간단히 복음을 전한 후, 사람들은 생필품을 한 아름씩 안고 환한 얼굴로 예배당을 빠져나갔다. 그 모습을 보며 물질의 힘이 얼마나 큰지를 새삼 실감할 수 있었다. 그러나 여전히 주는 교회와 받는 사람들의 관심과 목적은 서로 달랐다.

오늘날 많은 교회가 이 같은 심리를 복음 전파에 이용하고 있다. 유명 인사나 연예인을 초청하여 공연을 열고, 각종 문화 행사를 유치하며, 아예 전담 부서를 두고 이를 기획하기도 한다. 복음을 문화적 외피로 감싸 대중 속으로 스며들게 하려는 전략이지만, 실제로는 투자에 비해 그 열매가 초라한 경우가 많다. 그 이유는 여전히 관심과 목적의 방향이 다르기 때문이다.

물론 한 영혼이라도 구원할 수 있다면 그 자체로 의미가 있다. 그러나 교회의 문턱을 낮추려는 시도가 자칫 세속과 거룩의 경계를 허물어 역효과를 낳을 수 있다는 점에서 우려스럽다. 교회는 세상에서 경험할 수 없는 영적 분위기를 지켜야 하며, 세상이 줄 수 없는 감동과 가치를 제공할 수 있어야 한다. 교회는 세상 속에 존재하지만 세상과는 분명히 구별된 정체성을 유지해야 한다. 바로 이것이 교회의 생명이다.

예수 그리스도께서 주시려는 것은 세상이 주려는 것과 본질적으로 다르다. 주님이 주시는 것은 영적 가치이며, 영원한 가치이고, 눈에 보이지 않는 하늘의 가치이다. 그러므로 신앙은 목적이지 결코 수단이 될 수 없다. 만일 목적을 수단으로 변질시키는 순간, 교회와 신앙은 급격히 쇠락하게 된다.

예수님이 오신 후 복의 의미는 근본적으로 달라졌다. 산상수훈을 통해 선포하신 팔복이 바로 그것이다. 팔복은 영적이며, 역설적이고, 영원하며, 하늘의 가치로 채워진 복이다. 현세적 복은 다만 영적 복의 그림자에 불과하다. 따라서 복음을 세속적 가치 추구의 수단으로 변질시킨다면, 방향은 크게 빗나가고 만다.

"평안을 너희에게 끼치노니 곧 나의 평안을 너희에게 주노라 내가 너희에게 주는 것은 세상이 주는 것과 같지 아니하니라 너희는 마음에 근심하지도 말고 두려워하지도 말라"(요 14:27).

"우리가 주목하는 것은 보이는 것이 아니요 보이지 않는 것이니, 보이는 것은 잠깐이요 보이지 않는 것은 영원함이라"(고후 4:18).

주님께서 강조하신 것은 '세상이 주는 것과 같지 아니하다'는 점이다. 가치도, 목적도, 방법도 다르다. 보이지 않지만 실재하며, 영원히 존재하는 것이다.

가끔 동료 목회자들 가운데 전도를 목적으로 각종 동호회 활동을 하시는 분들이 있다. 목적은 좋으나, 실제로는 마인드와 관심이 전혀 다름을 곧 알게 된다. 운동은 운동이고, 오락은 오락이며, 친교는 친교일 뿐이다. 다만 전도의 목적을 내세우지 않고도, 말과 행실에 품위를 지키며 감동을 줄 때, 복음은 자연스레 흘러가게 된다. 복음은 수단이 아니라 목적이며, 곧 삶이기 때문이다.

한 영혼이라도 구원하려는 노력은 언제나 귀하다. 그러나 복음이 전도지에 붙은 사탕만도 못한 취급을 받는 현실은 안타깝다. 복음은 복음으로 전하여야 한다. 값없이 주신 은혜라 할지라도, 결코 싸구려로 만들어서는 안 된다. 밀물처럼 몰려왔다가 썰물처럼 빠져나가는 이벤트보다, 믿는 자로서 합당한 삶을 통하여 복음이 증거 되어야 한다.

일부는 전도를 위하여 수단과 방법을 가리지 않아야 한다고 주장한다. 그러나 이는 옳지 않다. 전도가 전도자의 자기만족이나 공로 추구가 아니라면, 전도의 방법은 반드시 가려야 한다. 공공장소에서 확성기로 "예수 천당, 불신 지옥!"을 외치거나, 보여주기식 소모적 이벤트는 지양해야 한다. 진정한 전도지는 곧 '그리스도인 자신'이다. 복음을 전하려는 당신을, 세상은 이미 읽고 있다. "당신은 성경을 읽고 있지만, 세상은 당신을 읽고 있다"는 사실을 잊지 말아야 한다.

"오직 성령의 열매는 사랑과 희락과 화평과 오래 참음과 자비와 양선과 충성과 온유와 절제니 이 같은 것을 금지할 법이 없느니라"(갈 5:22-23)

▌ 생각해 보기

1. 사람들은 왜 '1+1 행사'나 '끼워주는 물건'에 쉽게 끌린다고 생각하십니까? 우리의 신앙생활에도 이런 '세속적 유혹'이 비슷하게 작용할 때가 있지 않은지 나눠 봅시다.

2. 교회가 문턱을 낮추기 위해 문화 행사나 물질적 혜택을 활용하는 경우가 많습니다. 이러한 방식의 장점과 한계는 무엇이라고 생각하십니까?

3. "진정한 전도지는 바로 그리스도인 자신"이라는 말처럼, 내 삶을 통해 복음을 전한다는 것은 구체적으로 어떤 모습일까요? 나는 일상에서 어떻게 복음을 드러내고 있는지 함께 나눠 봅시다.

무엇보다 우리 사회에 양심과 정의의 최후 보루라고 할 수 있는 기독교,

특히 개신교가 이념과 이데올로기의 늪에 깊이 빠져있어

극단적인 혼란의 중심에 서 있는 것이 무척 우려스럽다.

교계에서 진보와 보수를 넘어 우파, 좌파로 진영의 골이 깊어졌고

공통분모인 '신앙'마저 그 틈을 매우기가 불가능한 게 현실이다.

똑같은 상황을 바라보는 관점이 극단적으로 갈려 있기 때문에

교회에서 정치적 언급이 아예 금기시되어 있을 정도다.

그렇지만 신앙을 세상과 분리해서 바라보는 것은 절대 성경적이 아니며

'신앙'이라는 전제에 '생활'이라는 말이 붙어있는 것이기에

성경적이고 신앙고백적인 차원에서 목소리를 내는 것은 매우 중요하다.

Part 3
불가피한 충돌

01

꼰대의 넋두리

이제 7080세대는 시대의 중심에서 한걸음 물러난 '한물간 세대'가 되었다. 한때는 시대를 이끌고 산업화의 주역으로서 굳건히 자리를 지켰으나, 지금은 구태의연한 사고방식과 권위주의적 의식구조가 더 이상 설 자리를 찾지 못하고 있다. 생활의 전선에서도 '어른' 대접을 받기보다는 굼뜬 존재로 취급받고, 퇴장을 이미 마쳤거나 조용히 퇴장을 결심하고 있는 이들이 대부분이다. 자연스러운 세대교체는 시대의 필연이요 바람직한 일이기도 하다. 농사짓고 공장에서 일하며 생계를 이어가기에도 버거웠던 세대가, 4차 산업혁명이라는 첨단 정보 시대에 어울리지 않거나 그 흐름을 감당할 수 없음은 어찌 보면 당연하다. 그러나 그럼에도 불구하고 왠지 모를 서글픔과 쓸쓸함이 엄습해 오는 것은 무엇 때문일까?

역사는 늘 세대의 교차 속에서 흘러간다. 구세대와 신세대는 마주치고, 충돌하며, 한동안 공존하다가 결국 구세대가 퇴장하면서 그 공과(功過)의 흔적을 역사 속에 남기게 된다. 그러나 세대 간의 문화와 정서적 연결은 단절될 수 없으며, 구세대는 신세대가 설 수 있는 바탕이 된다는 점에서 결코 무시될 수 없는 존재이다.

예를 들어 부모와 자식 사이를 떠올려보자. 분명한 세대 차가 존재한다. 어릴 적에는 부모가 주는 대로 먹고 입으며 별다른 불만 없이 자라지만, 자아가 형성되고 자기 결정 능력이 생기기 시작할 즈음부터는 필연적으로 충돌이 시작된다. 부모는 자식의 가치관을 이해하지 못하고, 자식은 부모의 사고 틀이 고리타분하다 느끼며 답답함을 호소한다. 이는 나 또한 젊은 시절 내 아버지에게 느꼈던 감정이었고, 지금은 자녀들이 나에게 품고 있을 감정이기도 할 것이다.

'부정하면서도 닮는다'는 말이 있다. 이는 매우 현실적인 진술이다. 예컨대 알코올 중독자인 아버지를 보며 "나는 절대 술을 입에 대지 않겠다"고 다짐한 자녀가, 어느 순간 자신도 술을 즐기게 되는 경우처럼, 인간은 노출된 환경과 대상에 정서적으로 영향을 받으며 살아가게 마련이다. 권위주의 시대를 살아온 기성세대가 전통적 가치를 체득해 온 것처럼 말이다. 결국 이 같은 정서는 대물림되며, 세대 간의 충돌은 피할 수 없는 것이 된다.

이러한 구세대를 비꼬며 붙여진 호칭이 이른바 '꼰대'다. 본래 '꼰대'란 아버지나 교사처럼 나이 많은 남성을 가리키는 청소년 은어였다. 그러나 오늘날에는 자신의 구태의연한 가치관을 타인에게 강요하는 사람, 특히 직장에서 윗사람 위치에 있으면서도 변화에 적응하지 못한 인물을 지칭하는 속어로 변질되었다. 즉, 자기 기준을 절대화하고 타협하지 않으려는 이들이 꼰대라 불리는 것이다.

한때는 회갑을 넘긴 이라면 동네에서조차 '어르신' 대접을 받았고, 그 연륜만으로도 존중의 대상이었다. 그러나 오늘날은 의학과 보건의 발달로 이른바 '100세 시대'가 되었고, 많은 이들이 고령에도 불구하고 여전히 정신이 또렷하며 젊은이 못지않은 의욕과 순발력을 지니고 있다. 더구나 삶에서 쌓아온 지혜는 시대를 초월한 귀중한 자산이 되기도 한다. 그럼에도 왜 우리는 '꼰대'라는 오명을 뒤집어쓰며 외면당하게 되었는가?

우리 7080세대는 산업화의 역군이었다. 격동의 시대를 오직 성실함과 인내로 견뎌낸 아날로그 세대였다. 이들은 만날 때마다 "식사하셨습니까?"로 안부를 묻고, 몸으로 일하며 생존을 이어갔던 세대다. 교육 수준이 높지 않았고, 유교적 전통 속에서 '군사부일체', '삼강오륜'이라는 수직적 교육을 받았으며, 정치적으로도 일제강점기와 군사독재를 경험한 까닭에 상명하복(上命下服)의 질서와 권위적 문화에 익숙할 수밖에 없었다.

그러나 오늘날은 '스마트'라는 수식어가 붙지 않는 영역이 없을 만큼 첨단 디지털 시대다. 스마트폰, 스마트홈, 스마트공장, 심지어 스마트시티에 이르기까지 변화는 빠르게 일어났으며, 이제는 인공지능(AI)이 일상을 지배하는 시대다. 이 시대의 젊은 세대는 이 같은 변화를 자연스럽게 수용하고 정서와 문화를 공유하며, 수직적 명령이 아니라 수평적 소통과 협업을 중시하는 삶의 방식을 지향한다. 이제 소통은 '탑 다운(top-down)' 방식에서 '바텀 업(bottom-up)' 방식으로 전환되었고, 직급보다는 능력과 전문성이 존중받는 시대다. 그럼에도 이러한 흐름을 이해하지 못하고 과거의 방식을 고집하는 사람들, 그들이 바로 '꼰대'라 불리는 것이다.

이러한 맥락에서 필자 역시 꼰대의 중심에 서 있다고 고백하지 않을 수 없다. 성장 배경과 성격, 정서의 차이를 감안하더라도 나 자신에게서 꼰대의 성향이 드러남을 부인할 수 없다. 때때로 그로 인해 손해를 보기도 하고, 무의식적으로 권위적인 태도가 나오는 자신을 보며 당혹감을 느낄 때도 있다. 흑백논리에 치우친 율법주의적 성향, 불합리를 견디지 못하는 성격, 틀어진 액자를 보면 반드시 바로잡아야 마음이 놓이는 강박, 듣기보다는 말하기를, 배우기보다는 가르치기를 좋아하는 성향. 이 모두가 꼰대의 전형적인 조건이라 하지 않을 수 없다.

그렇다면 신앙인과 꼰대 사이에는 어떤 연관이 있을까? 나는 여기에 대해 진지한 성찰이 필요하다고 본다. 신앙 안에도 특유의 독선이 존재하는 경우가 있기 때문이다. 이는 개인의 신앙 해석이나 수용의 편차 때문일 수 있으나, 판단하기를 즐기고 정죄하고 우월감을 갖는 경향은 쉽게 부정할 수 없는 모습이다. 특히 신앙생활을 오래 했거나, 중직을 맡았거나, 은사를 받았거나, 기도를 많이 한다고 자부하는 이들 가운데 이러한 태도가 두드러지게 나타나는 것을 종종 보게 된다.

이러한 신앙적 '꼰대성'의 원인은 몇 가지로 정리해볼 수 있다.

첫째는 신앙의 왜곡된 수용이다. 기독교 신앙은 살아 계신 하나님을 인격적으로 모시며 그분과 관계를 맺는 전인적 삶이다. 여기에서 핵심은 '주권 이양', 곧 자기 삶의 통제권을 하나님께 온전히 넘기는 것이다. 그러나 신앙을 기복적이거나 신비주의적으로 왜곡하여 수용한 경우, 오히려 자신의 신앙을 절대화하여 타인을 판단하거나 강요하는 오류에 빠지기 쉽다. 이는 참된 기독교 신앙이 아니라 종교인으로서의 외형만 지닌 상태라 볼 수 있다. 하나님의 주권 아래 철저히 순종하는 삶이라면, 적어도 '꼰대 짓'은 할 수 없다.

둘째는 권위에 대한 오해와 교만이다. 신앙에는 달인이 없다. 매일 부어주시는 하나님의 은혜로 살아가는 존재일 뿐이다. 그러나 신앙생활에 익숙해지고 직분이 높아질수록 신앙적 매너리즘에 빠지고 자칫 교만에 사로잡히기 쉬운 것이 사실이다. 권위란 자신이 드러내는 것이 아니라 타인을 통해 드러나는 것이다. 그러나 교회 안에서도 직책을 이용해 권위를 행사하거나 우월감을 가지려는 이들이 있다면, 이는 신앙의 본질에서 벗어난 교만이요, 소위 '갑질'이라 할 수밖에 없다.

셋째는 경건 훈련의 결핍이다. 신앙인의 첫 고백은 "나는 죄인입니다"이며, 다음 고백은 "모든 것이 오직 하나님의 은혜입니다"이어야 한다. 이 두 고백이 살아 있는 곳은 바로 골방의 '기도'와 '말씀' 안이다. 이 골방이 비어 있는 삶은 반드시 교만으로 기울게 되어 있으며, 자아를 제어하지 못한 채 신앙 따로 생활 따로의 삶을 살아가게 된다. 신앙인이 '꼰대'로 전락하는 것은 결국 이 골방의 부재 때문이라 할 수 있다.

그리스도인은 날마다 자신의 자아와 싸우며 자신을 쳐서 복종시켜야 하는 존재이다. 거듭남은 시작일 뿐, 성숙은 평생의 여정이며, 매 순간 주님의 은혜 안에 거하며 겸손히 자신을 낮추는 자세 없이는 진정한 신앙을 유지할 수 없다. 그러므로 오늘 우리에게 절실히 필요한 것은 바로 골방의 회복이며, 날마다 십자가 앞에 서는 경건의 훈련이다. 그렇게 할 때, 우리는 꼰대가 아닌 참된 신앙인의 삶을 살아갈 수 있을 것이다.

한편 예수 그리스도께서는 어떠하셨는가. 그분은 모든 그리스도인의 삶의 표본이시며, 성경 또한 명시하기를 "너희 안에 이 마음을 품으라 곧 그리스도 예수의 마음이니"(빌 2:5), "그리스도도 너희를 위하여 고난을 받으사 너희에게 본을 끼쳐 그 자취를 따라오게 하려 하셨느니라"(벧전 2:21)고 하셨다. 그러므로 참된 그리스도인의 삶의 궁극적인 목표는 오직 그리스도를 닮아가는 데 있다.

예수께서 이 땅에 오신 목적은 분명했다. 죄인을 대속하시기 위해 십자가를 지시고, 마침내 이를 온전히 이루셨다. 그분의 생애는 철저히 섬김의 여정이었다. 가장 낮은 자리에 임하셔서, 사람들이 눈길조차 주지 않던 자들 곁에 계시며 그들을 섬기셨다. 죄악 가운데 고통받는 자들을 긍휼히 여기시고 민망히 여기셨으며, 그들의 발을 친히 씻기시고, 육신과 영혼의 치유를 통해 필요한 것을 채워주심으로 힘을 더하셨다. 그리고 십자가 위에서 보여주신 완전한 섬김을 통하여 인류의 가장 근본적인 필요인 구원을 베푸셨다.

반면, 당시 바리새인들과 종교 지도자들을 향해서는 조금의 타협도 없으셨으며, 사탄의 역사는 단호히 물리치고 대적하셨다. 이와 같은 예수님의 모습 속에서 우리는 메시아로서의 권위를 목도할 수 있다. 주님은 때로는 책망하시고 꾸짖으셨으며, 독설을 퍼부으시고 저주까지 선포하셨다. 언뜻 보기에는 이와 같은 모습이 자비로우신 예수님의 성품과 어울리지 않는 양면적 모습처럼 느껴질 수 있으나, 이는 죄인에 대하여는 한없이 관대하시되, 죄 자체에 대해서는 조금의 타협도 없으셨던 그분의 철저한 경륜이었음을 알 수 있다.

예수께서는 진리에 대하여는 담대하시되, 죄인들에 대해서는 한없이 관용하시고 품으셨다. 이와 같은 주님의 모습을 통하여 진정한 그리스도인의 삶의 모범을 발견하게 되며, 나아가 그리스도인의 리더십이 어떠해야 하는지에 대한 모형을 보게 된다.

오늘날 리더십의 변화는 피할 수 없는 시대적 흐름이 되었다. 시대가

달라졌고, 사람들의 정서 또한 근본적으로 변화하였다. 과거의 구태의
연한 방식으로는 더 이상 세상을 감당할 수 없다. 수직적이고 상명하복
적인 문화는 그 생명력을 다하였다. 아무리 그 내용이 옳고 타당하다 할
지라도, 합리성과 상식이 결여된 주장이라면 결코 받아들이지 않는 세
대가 지금의 주류가 되었다.

과거 유교 문화권에서 깊게 뿌리내렸던 가부장적 권위를 고집하는
순간, '꼰대'라는 냉소적 호칭과 비아냥의 대상이 될 수밖에 없으며, 그
와 같은 구태는 소통의 단절이라는 커다란 장벽을 만들어낸다. 이는 세
속 사회뿐 아니라 신앙 공동체인 교회 안에서도 예외가 될 수 없으며,
진리를 선포하는 성직자의 위치도 마찬가지이다.

물론 진리는 어떤 상황에서도 타협할 수 없는 절대적인 가치이지만,
진리를 따르는 삶의 방식은 부드럽고 수용적이며, 경청하고 배려하며,
너그러움과 품위로 나타나야 한다. 주님께서 제자들의 발을 씻기신 것
처럼 말이다. 우리가 이러한 자세를 잃었기 때문에 '꼰대'라는 평을 듣는
것은 아닌지 돌아볼 필요가 있다.

세대는 흘러가며 새로운 문화와 전통을 만들어간다. 7080세대가 주
도하던 시대는 이제 저물고 말았다. 과거에는 명령과 지시만으로도 공
동체가 일사불란하게 움직였지만, 오늘날은 그렇지 않다. 어른과 선배
앞에서 고분고분 머리를 조아리는 것을 곧 공경과 존경으로 여겼던 시
대는 이미 지나갔고, 더 이상 지속될 수 없다.

이제는 어른다움, 선배다움이라는 존재감 또한 위에서 아래로 흘러
내리는 방식이 아니라, 아래에서 위로 우러나오는 '바텀 업(bottom-up)'

방식으로 나타나야 한다. 눈높이를 맞추고 충분한 토론과 공감을 통해 보조를 맞추는 자세가 필요하다. 이로 인해 공동체의 의사 결정이 복잡하고 느려질 수 있으나, 그것이야말로 오늘날 공동체와 사회를 건강하게 이끌 수 있는 시대적 요청이 아닐 수 없다.

꼰대 세대로서, 신세대에게 꼭 전하고 싶은 변(辯)이 있다. 설령 아버지 세대가 구태의 틀 안에 있다 할지라도, 그것만으로 비난하거나 비웃어서는 안 된다. 아버지의 삶과 고뇌, 아버지 세대가 겪은 고충, 그리고 그렇게 살아야만 했던 생존 방식들을 이해한다면, 그 세대를 '꼰대'라 치부하며 가볍게 내쳐서는 안 된다.

급변하는 세상 속에서 그 변화에 적응하지 못한 채 고지식하게 살아가는 그들에게 '무능'이라는 딱지를 붙이는 것은 온당하지 않다. 능력만으로 평가할 것이 아니라, 그들이 지켜온 소중한 가치들을 존중함으로써 온고이지신(溫故而知新)의 지혜를 실현해갈 수 있기를 바란다. 이해되지 않더라도, 설령 그들의 방식이 틀렸다 할지라도, 비판보다는 경청을, 단절보다는 수용을 선택함으로, 우리의 전통 속에 깃든 아름다움을 이어갈 수 있기를 소망한다.

혹 그들에게 흠결이 있다 할지라도, 존경의 마음만은 잃지 말아야 하며, 청산해야 할 정서가 아니라 오히려 보존해야 할 소중한 자산으로 여길 수 있다면 얼마나 좋을까. 며칠 전, 베란다를 정리하며 한때는 중요하게 간직하던 물건들을 정리했다. 오랜 세월 동안 짐처럼 쌓여만 있던 옷가지들, 책들, 여행 가방과 신발들 … 이것들을 과감히 버리고 나니 창밖으로 훤히 트인 정경이 보이고 마음이 한결 상쾌해졌다. 그러나 아직 사용 가능한 것들을 버리게 된 데 대한 아쉬움은 쉽게 사라지지 않았다.

'꼰대'에 대한 이야기를 꺼내며, 문득 그때의 마음이 떠오르는 것은 왜일까. 어쩌면 지금부터 하는 이야기가 누군가에게는 꼰대의 소리로 들릴 수도 있겠다. 그러나 그 시대에는 그렇게 배웠고, 그렇게 살아왔으며, 그것이 옳다고 믿으며 살아낸 삶이었음을 이해하고, 그저 너그럽게 웃어 넘겨주시기를 바랄 뿐이다.

"인자가 온 것은 섬김을 받으려 함이 아니라 도리어 섬기려 하고 자기 목숨을 많은 사람의 대속물로 주려 함이니라"(마 20:28).

생각해 보기

1. 나는 변화된 시대 속에서 여전히 과거의 방식과 기준만을 고집하며 '꼰대 신앙'에 머물러 있지는 않은가?

2. 나는 신앙 안에서 '권위'와 '겸손'을 어떻게 이해하며 실천하고 있는가?

3. 나는 그리스도를 닮은 참된 리더로, 섬김과 사랑의 삶을 살고 있는가?

02

느그 아부지 뭐하시노?

나이가 들어감에 따라 어린 시절 추억이 더욱 또렷하게 떠오른다. 특히 어려운 시절, 육남매를 낳아 기르느라 고생을 마다하지 않으셨던 부모님을 떠올릴 때면 눈시울이 뜨거워지는 일이 한두 번이 아니다. 되돌아보면 참으로 힘겨웠던 시절이었으나, 그 모든 순간이 이제는 진한 향수로 남아 있다. 무엇보다 부모님과 함께 보냈던 시간들은 오늘의 나를 형성하는 데 지대한 자양분이 되었음을 부인할 수 없다.

문득문득 내 안에서 아버지 모습이 떠오르며, 자녀들을 대하는 나의 태도 속에서도 아버지를 닮은 흔적을 발견하게 되는 일이 잦다. 지난주에는 바로 아래 동생을 만났는데, 그는 갑자기 "형님에게서 아버지의 모습이 보여요!"라고 말하며 필자를 끌어안고 울음을 터뜨렸다. 그로 인해 필자 역시 눈시울을 적시고 말았다. 외모는 물론이고 식습관, 말투, 성격, 정서, 심지어 생활 패턴까지 아버지를 닮아 있었던 것이다. 이처럼 부모로부터 받은 영향은 실로 지대하다.

인간은 단지 생물학적 DNA만을 유전받는 것이 아니라, 정서와 더 나아가 영성까지도 대물림받으며 하나의 인격체로 형성된다. 이 다양한 인격체들이 서로 연결되어 하나의 사회를 이루는 것이다. 생물학적으로 동일한 유전자를 지닌 사람이 있을 수는 있으나, 정서적으로 완전히 동일한 인격체는 한 사람도 존재하지 않는다. 그러하기에 사회 구성원 간의 질서와 평화로운 공존을 위하여 윤리, 도덕, 규칙, 법 등의 제도가 마련되고, 이를 통해 상생을 도모하게 되는 것이다.

인간은 태어나서 처음으로 마주하는 존재가 바로 부모이다. 그리고 가장 중요한 성장기에 가족과 유대 관계를 형성하면서 정서적 기반을 다지게 된다. 그러므로 부모는 자녀에게 절대적인 정서적 영향을 미친다. 특히 유아기 시절에 경험하는 정서적 영향은 그 사람이 사회 구성원으로서 관계를 형성하고 삶의 질을 누리는 데 결정적인 요인이 되며, 나아가 행복의 지수마저 좌우하게 된다.

종종 상담 심리 관련 프로그램을 보면, 놀라운 공통점을 발견하게 된다. 파탄 직전 부부들 대부분은 어린 시절 부모와의 관계에서 받은 깊은 상처를 지니고 있었다. 정서적 학대, 부모의 부재, 극심한 가난 등, 이 상처들은 대부분 부모와의 관계에서 기인한 것이었다. 문제를 일으키는 아이들 역시 그 배후에는 어김없이 문제를 가진 부모가 존재했다. 필자는 인간이 건강한 인격을 형성하는 데 부모의 영향력을 대체할 수 있는 그 어떤 존재도 없다고 확신한다.

아동 발달 연구에 따르면, 생명이 잉태되는 순간부터 정서적 영향을 받는다고 한다. 그래서 임신 중인 예비 어머니들이 태교를 통해 정서적 안정감을 아이에게 전달하려고 노력하는 것이다. 특히 영유아기 (0-5세)는 정서 발달에 결정적으로 중요한 시기이다. 이 시기에는 뇌의 발달이 급속히 이루어지고, 주 양육자인 부모와의 상호작용과 환경적 요인이 정서 형성에 막대한 영향을 미친다. 이 시기에 형성되는 애착은 아이의 정서 안정과 사회적 관계의 기초가 된다. 그러므로 만일 이 시기에 정서적 외상을 입는다면, 자율성, 자기 통제력, 감정 표현 및 조절 능력에 심각한 문제가 생겨 평생 그 상처를 안고 살아가야 하는 불행을 겪게 된다.

최근 모델 문가비 씨가 비혼 상태에서 아들을 출산했다는 소식이 전해지며 세간의 이목을 끌고, 종합편성 채널 등 방송가에서도 커다란 화제가 되었다. 특히 아이 아버지가 유명 배우 정우성 씨로 알려지면서, 소위 말재간 좋은 이들의 입방아가 더욱 요란해졌다. 이들 사이의 혼외 출산이 세간의 관심을 끈 것은 단순히 연예인이라는 직업적 특성 때문만은 아니다. 그것은 전통적인 결혼과 출산의 틀을 벗어나려는 사회적 흐름과 맞물려 있기 때문이다.

필자는 결혼은 하지 않되 자녀는 갖고자 하는 사람들이 점차 늘고 있다는 현실을 주목하게 된다. 이제 이혼은 더 이상 치명적인 흠이 되지 않으며, 비혼, 비혼 출산, 무자녀 가족에 대한 사회적 관용이 확대되고 있다. 이는 단지 개인의 선택 문제로 치부되고 있는 듯하다. 실제로 경제협력개발기구(OECD) 주요 국가들에서는 혼외 출산 비율이 40-50%에 달하고, 그 수치가 혼내 출산과 비슷하거나 오히려 더 높은 국가들도 있다. 우리나라의 경우, 혼외 출산율이 여전히 최하위권에 머물고 있으나, 최근 3년간 꾸준히 증가하는 추세다. 통계청 발표에 따르면, 지난해 비혼 출생아는 1만 900명으로 전체 출생아 23만 명의 4.7%를 차지했다. 더욱이 '결혼하지 않고도 자녀를 가질 수 있다'는 인식에 동의하는 젊은 세대의 비율도 빠르게 증가하고 있다. 통계청의 '2024년 사회조사'에 따르면, 20-29세 응답자 중 42.8%가 이에 동의했다. 이와 같은 흐름은 앞으로 비혼 출산이라는 새로운 형태의 가족이 우리 사회에 확산될 것임을 예고한다.

이는 가족 형태의 변화를 넘어, 우리 사회를 지탱해온 정서적 기반의 변화까지 예고하는 중대한 흐름이다. 이미 핵가족을 넘어 초핵가족 시대를 맞은 현실에서, 아이들을 컴퓨터나 휴대전화에 맡기고 방임한 결과로 혹독한 대가를 치르는 모습을 심심찮게 보게 된다. 부모의 보호와 돌봄을 받지 못한 채 성장하는 세대가 늘어난다는 것은 곧 사회적 불행의 증가를 뜻하며, 궁극적으로는 막대한 사회적 비용을 초래할 수밖에 없다는 비극적인 전망을 낳는다.

수년 전 일본 국적의 방송인 사유리 씨가 결혼하지 않은 채 정자은행을 통해 아이를 출산했다는 소식을 들은 바 있다. 국내에서는 법적으로 불가능했기에 일본에서 아이를 낳았다는 사실을 접하며, '이제 사회가 끝까지 가는구나'라는 생각이 들기도 했다. 이처럼 비정상을 정상으로 포장하고 미화하는 분위기 속에서, 이 문제를 지적하는 것이 식상하고 진부하게 여겨질 수 있겠지만, 성경의 가르침을 기준으로 삼고 살아가는 신앙인으로서 침묵하는 것 또한 책임을 회피하는 일이기에 조심스럽게 문제를 제기하려고 한다.

사유리 씨의 비혼 출산은 오랜 시간 전통으로 자리 잡았던 '결혼과 출산'이라는 연결 고리를 단절시킨 사건이었다. 나아가 결혼과 무관한 출산이 가능한가에 대한 근본적 물음, 그리고 '정상 가족'이라는 개념에 대한 논쟁까지 불러일으키고 있다. 특히 저출산이 심각한 사회 문제로 대두된 지금, 젊은 세대의 결혼과 출산에 대한 인식이 달라지는 가운데 비혼 출산을 하나의 대안으로 간주하는 분위기까지 형성되는 점은 간과할 수 없는 현상이다.

늦은 감이 없지 않지만, 이제라도 우리는 이 같은 사회적 흐름을 신앙의 관점에서 어떻게 바라보아야 할지 진지하게 고민해야 할 시점에 이르렀다. 하나님께서 정해주신 창조 질서와 가정의 질서로부터 이탈하는 일이야말로, 결국에는 인간에게 불행을 초래하게 된다는 진리를 우리는 기억해야 한다.

한국여성정책연구원(KWDI)이 발간한 '이슈페이퍼' 중 「청년세대 생애 전망에서의 남녀 차이」 분석에 따르면, 청년 여성들은 결혼과 출산을 오히려 노동자로서의 생존을 위협하는 '위험한 사건'으로 인식하고 있는 것으로 나타났다. 청년기 삶의 주요 과업을 항목별로 비교했을 때, 남녀 모두 '일'을 각각 36.2%, 35.9%로 가장 중요한 요소로 꼽았다. 다음으로 '개인 생활'이 각각 29.5%, 26.6%였으며, '자녀 갖기'는 네 항목 중 가장 낮은 비중을 기록하였다. 여성은 12.6%, 남성은 14.1%만이 이를 중요하다고 응답한 것이다. 결혼이 일과 직업 유지에 부정적인 영향을 미친다고 응답한 비율도 여성은 50%에 달한 반면, 남성은 24.8%에 그쳤다. 이러한 통계는 만일 배우자가 자녀 양육에 적극적인 책임 분담을 하지 않는다면, 여성 입장에서 자녀를 갖는 것은 사실상 불가능하다는 인식이 자리 잡고 있음을 방증하는 것이다.

또한 결혼과 출산의 연계성도 점차 약화되고 있다. 통계청이 발표한 '2020 사회조사 결과'에 따르면, "결혼을 하지 않더라도 자녀를 가질 수 있다"는 항목에 동의한 비율은 30.7%로, 2년 전보다 0.4%포인트 증가한 수치다. 해당 비율은 2012년 22.4%에서 2016년 24.2%로 지속적인 상승세를 보이고 있다. 유사한 다른 조사들 또한 이러한 인식 변화와 흐름을 뒷받침하고 있다. 전통적 가족 형태에 대한 국민 인식 또한 변화하고 있다. 여성가족부가 2023년 5월 실시한 설문조사에 따르면, 응답자의 약 70%는 "혼인이나 혈연관계가 없더라도 생계와 주거를 함께하면 가족이 될 수 있다"고 답하였다. 이는 우리 사회에서 전통적인 부부와 가정의 개념이 점차 허물어지고 있음을 단적으로 보여주는 예라 할 것이다.

이러한 변화는 소위 '2030세대'로 불리는 젊은 세대 사이에서 가족과 출산에 대한 인식이 상당히 변화하고 있음을 여실히 드러낸다. 즉, 출산의 권리를 결혼한 부부만이 아닌 비혼 여성에게도 인정해야 한다는 사회적 분위기가 확산되는 것이다. 그 대표적 사례가 2020년, 방송인 사유리 씨의 비혼 출산이다. 그녀의 출산 소식이 알려지자 일주일 만에 SNS에 3,800여 개의 댓글이 달렸고, 대부분은 응원의 메시지였다. 이는 출산이 더 이상 전통적인 가족의 울타리 안에서만 이뤄지는 행위가 아님을 단적으로 보여주며, 가족의 정의가 근본적으로 변화하고 있음을 말해준다.

그러나 우리가 깊이 주목해야 할 지점은, 이처럼 사회 전반이 사유리 씨의 비혼 출산을 거의 무비판적으로 받아들이고 있다는 사실이다. 물론 이를 두고 말세적 현상이라 한탄하는 이들도 있겠지만, 그조차도 공개적으로 말하지 못하고 속으로 삼킬 뿐이다. 특히 현실적 편의를 중시하는 2030세대 반응은 놀라울 정도다. 결혼하지 않고도 출산할 수 있다는 인식이 자연스럽고 당연한 것으로 여겨지고 있기 때문이다. 우리나라의 높은 이혼율을 감안하면, 결혼에 대한 회의감과 부정적 정서가 이러한 의식 변화에 일조한 것으로 보인다. 물론 사회 구조적 변화와 경제적 불안이 결혼 기피 현상의 원인임을 모르는 바는 아니지만, 그 결과는 결국 미래 사회에 깊은 부정적 영향을 끼칠 수밖에 없다.

고리타분하게 들릴지 모르나, 우리는 이러한 문제 앞에서 성경적 원론으로 돌아가야 한다. 모든 문제의 원인과 해답은 하나님과의 관계 속에서 발견할 수 있으며, 성경은 그에 대한 가장 명확한 매뉴얼임을 믿기 때문이다. 하나님의 질서에 대한 도전은 죄이며, 그에 따른 대가는 결코 가볍지 않다.

하나님께서는 인류를 창조하신 후 번성하도록 명하셨으며, 이 명령은 남자와 여자의 연합, 즉 부부를 통해 실현되도록 하셨다. 부부는 가정의 가장 기본적인 단위이며, 생명의 탄생은 이 신비로운 연합 속에서 허락된다. 이는 하나님께서 친히 제정하신 창조 질서로서, 다른 방식은 없다. 이 원리를 거스르는 모든 시도는 하나님의 질서에 대한 도전이며, 성경은 이를 분명히 정죄한다.

에덴동산에서 인간의 행복은 환경이 아니라 하나님과의 올바른 관계 속에 있었다. 하나님께서는 아담에게 하와를 데려다주셨고, 이는 최초의 가정이자, 그 가정의 주인이 하나님이심을 나타내는 장면이었다. 그러나 선악과 사건 이후, 하나님과의 관계가 깨지자 인간의 행복과 가정의 질서 역시 무너졌다. 아담은 하와를 향해 책임을 전가했고, 그 순간부터 가정의 영적 기반은 허물어졌다. 이로 인해 인류는 번성하되, 갈등과 분열, 음란과 무질서가 뒤엉킨 세상으로 나아가게 되었으며, 오늘날 우리가 마주하는 현실로 이어졌다.

이러한 관점에서 비혼 출산의 문제는 단순히 전통적 가족 개념이 흔들리는 차원에 머무르지 않는다. 이것은 하나님의 창조 질서 자체를 왜곡하는 행위이며, 이를 사회적으로 미화하거나 당연시하는 풍조는 명백한 영적 위기라 할 수 있다. 역사를 주관하시는 하나님께서는 인간이 그분의 질서를 거스를 때마다 분명한 대가를 요구하셨으며, 이 진리는 지금도 여전히 유효하다.

정자은행이 상업화되어 생김새, 체형, 유전자 정보까지 선택하는 '맞춤형 자녀'가 가능해진다면, 우리는 과연 어떤 세상을 마주하게 될 것인가. '이브 윌리'라는 여성은 정자 기증을 통해 태어났으며, 오랫동안 아버지로 믿고 지낸 이가 사실은 시술 의사였다는 사실을 뒤늦게 알게 되었다. 그녀는 정신적 충격을 고스란히 토로하며 "유전적 정체성 위에 인생을 엮어 가는데, 그 기초가 무너지자 인생 자체가 황폐해졌다"고 고백하였다.

가정의 해체는 개인의 정체성과 행복에 치명적인 타격을 주며, 이는 곧바로 사회 문제로 이어진다. 가정에서 배우지 못한 것을 학교에서 가르칠 수 없고, 가정에서 고치지 못한 것을 세상이 회복시킬 수 없다. 가정은 하나님께서 인간에게 허락하신 가장 기본적이고도 중요한 공동체이며, 이 공동체가 건강하게 세워져야 사회 또한 건강하게 유지될 수 있다. 그리고 가정은 아버지와 어머니, 남자와 여자의 연합을 통해서만 가능하다.

사유리 씨의 비혼 출산은 바로 이 가정의 질서를 거스른다는 점에서 근본적인 문제를 안고 있다. 더 나아가 이를 '자유', '선택', '능력'이라는 이름으로 미화하고 옹호하는 사회 분위기는 매우 심각한 위험 신호라 할 수 있다.

아이 입장에서 보면, 어머니는 있지만 아버지는 없다. 아버지를 부르지도, 만져보지도 못한 채 자라야 한다. 과연 이러한 자녀의 정서와 인격 형성에 어떤 영향을 줄 것인가. 더불어 생물학적 정체성을 추적하려는 욕구로, 자녀는 언젠가 자신의 정자 기증자를 찾게 될 것이다. 그러나 만일 같은 기증자로부터 태어난 형제자매가 수십 명에 달하고, 그들과 관계를 형성할 수도 없는 상황이라면, 그것은 정체성의 혼란을 넘어선 또 다른 고통이 될 수밖에 없다.

잘못 꿰어진 첫 단추는 결국 모든 단추를 어긋나게 만든다. 출생은 인간 삶의 첫 단추와 같다. 정규적인 부부 관계 속에서 태어난 생명과, 부모 개념조차 명확하지 않은 상태로 태어난 생명 사이에는 분명한 차이가 있다. 그러므로 이 문제는 단지 신앙적·도덕적 관점을 넘어 인간성 자체에 대한 근본적인 물음을 던지는 중대한 사안인 것이다.

"느그 아부지 뭐하시노?" 2001년 영화 「친구」에서 김광규 씨가 맡은 담임선생의 대사다. 이제 이 말조차 함부로 해서는 안 되는 시대가 도래했는지도 모르겠다. 아버지가 없는 생명이 태어나는 이 시대를 우리는 과연 어디로 이끌어야 하는가. 다시금 무거운 마음으로 이 명대사를 되뇐다.

"느그 아부지 뭐하시노?"

"이것은 아담의 계보를 적은 책이니라 하나님이 사람을 창조하실 때에 하나님의 모양대로 지으시되 남자와 여자를 창조하셨고 그들이 창조되던 날에 하나님이 그들에게 복을 주시고 그들의 이름을 사람이라 일컬으셨더라"(창 5:1-5).

생각해 보기

1. 우리는 비혼 출산과 가족의 해체라는 흐름을 신앙의 눈으로 어떻게 해석해야 하는가?

2. 가정에서 아버지의 부재는 자녀의 정서와 인격 형성에 어떤 영향을 미치는가?

3. 하나님께서 창조하신 가정의 질서를 왜곡하는 흐름에 대해, 교회와 신자는 어떤 책임과 역할을 감당해야 하는가?

03

교회 내에 동성애자에 대한 매뉴얼이 있는가?

사람마다 각기 다른 삶의 형편과 환경이 존재한다. 어떤 이는 손에 한 번도 물을 묻히지 않고 평생을 살아가는가 하면, 또 어떤 이는 죽을 힘을 다해 고된 노동에 시달리며 살아간다. 옛 시절 보릿고개를 넘으며 피죽 한 사발이 그 무엇보다 절실했던 이들이 있었던 반면, 그 험난한 시절에도 보리밥 한 끼 구경조차 안 하고, 하얀 쌀밥에 고깃국을 곁들여 먹으며 지내던 이들도 있었다. 그뿐이겠는가. 이와 같은 현실을 돌아보면 하나님께서 불공평하다고 원망하는 이들의 마음을 충분히 헤아릴 수 있겠다.

여기 한 여인의 삶이 그러하다. 그는 젊은 시절 대학교육을 마치고 유치원 교사로 재직하며 남부러울 것 없이 평탄한 삶을 살았다. 그러나 남편을 만나 가정을 이루고 난 이후부터 불행이 시작되었다. 남편은 늘 술에 젖어 폭행을 일삼았으며, 마침내 정신병을 앓아 사람 구실조차 할 수 없는 지경에 이르렀다. 남편의 회복을 간절히 바라는 마음에 기도원을 전전했으나, 결국 남편은 어린 아들 하나를 남긴 채 세상을 떠났다. 설상가상으로 여인은 불의의 사고로 머리를 크게 다쳐, 그 후유증으로 온몸이 성한 곳 없이 망가져 버리고 말았다.

그러나 다행히도 그는 긍정적인 성품과 믿음이 남달랐다. 늘 기도와 성경 말씀에 의지하며, 정부 지원을 받으며 생활의 어려움을 극복해 나갔다. 아들도 네 개 국어를 능통하게 구사하며 무탈하게 성장해, 졸업 후에는 순조롭게 취직까지 하였다. 그러던 중 어느 날, 아들에게서 청천벽력 같은 고백을 들었다. "어머니, 저 여자가 되고 싶어요"라는 것이었다. 큰 충격을 받았지만, 설마 하며 지내던 중 아들은 점점 변해갔다. 여성용품을 구입하고 화장을 하더니, 급기야 완전히 치마를 입고 하이힐을 신은 채 출근하는 모습을 보고 그는 낙심을 금할 길 없었다.

세상에서의 유일한 소망이자 고된 삶의 위로와 보상이 될 줄 알았던 그 아들의 갑작스러운 고백과 변화로 인해, 어머니 마음속 희망의 불길은 꺼져가는 절망으로 변하였다. 여러 차례 설득하고 애원했으나 아들의 의지는 꺾이지 않았다. 오히려 아들은 완전한 여성으로 거듭나기 위한 수술까지 감행하겠다고 선언했다. 그러던 어느 날, 여장을 한 채 회사에 출근한 아들은 회사로부터 일방적인 해고 통보를 받았다.

이후 어머니는 나에게 상담을 요청했다. 아들과 여러 차례 만남을 시도하고 기도했으나, 이미 아들은 마음을 닫고 교회를 떠난 상태였기에 그를 만나기가 매우 어려웠다. 오직 기도에 의지하며, 하나님의 특별하신 개입과 치유를 간절히 기다렸다. 그러던 중, 어머니는 희망적인 소식을 전해주었다. 아들에게 여자 친구가 생겼는데, 그 친구는 여성이면서 남자가 되고 싶어 하는 성 정체성의 혼란을 겪고 있었다. 이 둘은 성 정체성의 어려움을 공유하며 서로에게 소통의 빌미가 된 것이다. 그러나 그 여자 친구 역시 16년 전 여성으로 성전환한 레즈비언임이 밝혀졌다. 마치 혹을 떼려다 혹을 붙인 격이었다.

어머니는 지금도 병원에서 치료를 받고 있다. 아들을 위해 끊임없이 기도하며 하나님께 매달리고 있다. 어느 날, 어머니는 단호한 결심을 품고 아들에게 말했다. "하나님께서 나에게 아들을 주셨지 딸을 주시지 않았다. 여자가 되려거든 엄마 곁을 떠나라." 그러자 아들은 짐을 싸서 집을 나가며 다시는 돌아오지 않겠다는 문자를 남겼다. 그 문자가 도착하던 순간 나는 어머니 곁에 있었다. 어머니는 담담한 표정으로 "저는 포기하지 않습니다. 하나님이 반드시 고쳐주실 것입니다"라며 나를 안심시켰다.

얼마 지나지 않아 아들은 어머니에게 전화를 걸어 다시 집으로 돌아가겠다고 했다. 어머니는 아들에게 집에 들어오면 교회에 함께 나가자고 권유하였다. 아들은 긍정적인 태도를 보였고, 나에게도 곧 교회에 나오게 될 테니 기도로 준비해 달라는 연락을 주었다. 그러나 이후 몇 주가 지나도록 아들은 교회에 출석하지 않았다.

그러던 지난주 수요예배에 아들과 여자 친구, 즉 두 명의 레즈비언이 다정하게 손을 맞잡고 교회에 나타났다. 그들은 나를 알지 못하였고, 나는 어머니를 통해 그들의 사정을 알고 있었다. 찬양을 인도하던 중 그들이 앞에 앉아 있는 것을 보고 깜짝 놀라 마음이 복잡해졌다. 그 날은 마침 고린도전서 5장 10절을 본문으로 '음행을 피하라'는 제목의 설교문을 준비하고 있었기에 더욱 당혹스러웠다.

설교문에는 소돔과 고모라, 그리고 동성애에 관한 내용이 포함되어 있었고, 최근 세태를 반영해 날카롭게 작성되어 있었다. 그러나 그들을 바라보는 순간 내 마음은 복잡해져 설교를 바꿔야 할지 기도하며 심각히 고민하였다. 다행히 주님께서 '하나님의 말씀은 절대적인 기준'임을 깨닫게 하시어, 담담하게 설교를 이어 나갔다. 아마도 일반 성도들은 나의 내적 동요를 알지 못했으리라.

예배 후 교회 카페에서 그들을 따로 만났다. 오래 전 성전환을 한 여자 친구는 여성스러운 말투와 몸짓, 목소리를 지녔으나, 아들은 겉모습은 여성임에도 목소리와 태도에서 남성성이 배어나 조심스러워 보였다. 그들은 자신들의 신분이 드러나지 않았을 것이라 생각했으나, 나는 모든 사정을 알고 있었기에 일상적인 신앙생활 이야기와 인사를 나눈 후 배웅하였다.

그 날 밤, 나는 거의 뜬 눈으로 지새우며 새벽기도에 나갔다. 그들을 어떻게 도울 수 있을지 무거운 부담을 느꼈고, 어머니에 대한 깊은 연민에 눈물을 흘리며 기도했다. 어머니는 전화로 아들이 교회에 다녀왔다는 소식을 알려주었으나, 여전히 교회에 나오기를 꺼린다고 했다. 아들이 여자 모습으로 교회에 출석하는 것을 부담스러워했기 때문이다. 그러나 어머니는 교회와 목사에 대한 신뢰가 크기에 아들을 설득하였고, 아들은 내 전화번호를 받아 목사와 상담해보겠다고 했으나 아직 연락은 없다.

오늘 어머니로부터 밝은 목소리의 전화를 받았다. 아들과 그 친구, 즉 두 명의 레즈비언이 정식으로 우리 교회에 출석하겠다는 소식이었다. 어머니는 반가움에 전화를 주었으나, 나와 교회는 아직 준비가 되어 있지 않아 무거운 부담을 느끼고 있다.

나는 성 정체성 문제에 관한 일반적인 신학적 이해와 우리 교단의 입장을 충분히 숙지하고 있으나, 실제 현장에서는 매뉴얼이 큰 힘을 발휘하지 못함을 절감하고 있다. 우선 그들을 남성으로 대해야 할지, 여성으로 대해야 할지 고민스럽고, 교회 내에서는 상호 소통과 관계가 필수적인 바, 이를 어떻게 인도해야 할지도 난감하다.

성경적으로 하나님께서 정하신 성별을 임의로 변경하는 것은 하나님의 창조 질서를 거스르는 심각한 죄악임을 분명히 알고 있으나, 그럼에도 이들을 어떻게 교회 공동체 안에서 가르치고 인도해야 할지 답을 찾지 못하고 있다.

인터넷과 여러 경로를 통해 해법을 모색하였으나 실제적인 답변을 얻지 못했으며, 도움을 청할 대상도 마땅치 않기에 원론적인 대안이나 이론적인 대책이 아니라 교회에 성 정체성에 어려움을 겪는 소위 '게이'나 '레즈비언'이 출석하게 될 경우, 그들을 어떻게 대하고, 어떻게 가르치며, 교회 공동체에 온전히 소속되도록 돕는 방법에 대한 실제적 사례와 지혜를 공유해야 한다. 이론과 현실은 크게 다름을 절감하기에 실제적인 매뉴얼과 이에 따른 교육이 시급하다.

"이 때문에 하나님께서 그들을 부끄러운 욕심에 내버려 두셨으니 곧 그들의 여자들도 순리대로 쓸 것을 바꾸어 역리로 쓰며 그와 같이 남자들도 순리대로 여자 쓰기를 버리고 서로 향하여 음욕이 불 일듯 하매 남자가 남자와 더불어 부끄러운 일을 행하여 그들의 그릇됨에 상당한 보응을 그들 자신이 받았느니라"(롬 1:26-27).

▎생각해 보기

1. 교회는 성 정체성에 혼란을 겪는 이들을 어떻게 진리 안에서 품고 인도할 수 있는가?

2. 하나님의 창조 질서와 성경적 기준을 따르면서도, 성 소수자들이 교회 공동체에 소속감을 느끼도록 하기 위한 실제적 방안은 무엇인가?

3. 교회 내 목회자와 성도들은 성 정체성 문제에 대해 어떤 신학적·영적 훈련과 준비가 되어 있어야 하는가?

04

크리스천과 오징어게임

얼마 전, 가족과 인근 월미도를 찾아 한가로운 시간을 보낸 일이 있다. 제법 많은 사람들이 복잡한 도심을 벗어나 여유를 즐기고 있었다. 놀이기구를 타며 웃는 사람들, 오가는 배들을 바라보며 사색에 잠긴 사람들, 벤치에 앉아 대화를 나누는 사람들로 월미도는 활기를 띠고 있었다. 한 바퀴를 돌 무렵, 아들이 "아빠, 바이킹 한 번 탈까요?"라고 제안했다. 어린 시절 에버랜드(당시 자연농원)에서 함께 탔던 기억이 떠올라, 아들에게 또 하나의 추억을 선물하고자 흔쾌히 "그럴까?"라고 답했다.

기왕이면 더 짜릿하게 즐기자는 아들의 제안에 우리는 맨 뒷자리에 나란히 앉았다. 사람들이 많지 않았던 탓에 반대편에는 한 남학생이 우리를 마주 보며 같은 맨 뒷자리에 홀로 앉아 있었다. 바이킹이 천천히 움직이기 시작했을 때부터 묘한 기분이 들었다. 그리고 이내, 마치 뒤집힐 듯 강하게 회전하기 시작하자 숨이 멎을 듯한 공포가 엄습해왔다. 나는 정지해달라는 손짓을 보냈지만, 기사는 오히려 더 세게 운행해달라는 신호로 오해하고 더욱 빠르고 강하게 태엽을 감듯 속도를 높였다. 기절하지 않은 것이 천만다행이었다. 십년감수라는 말이 실감나는 순간이었다. 바이킹에서 내려온 뒤 다리가 후들거려 한참을 쉬어야만 했다.

문득 생각이 들었다. 왜 사람들은 스스로 돈을 내면서까지 이런 모험을 자청하는 것일까. 혹시 인간에게 가장 큰 절망이 '죽음'이라면, 그 죽음에 가까이 다가가는 듯한 공포 속에서 일종의 해방감이나 카타르시스를 느끼는 것이 아닐까. 이후 나는 다시는 돈을 들여 그런 공포를 경험하지 않겠노라고 마음을 다잡았다.

그 즈음, 세계적으로 선풍적인 인기를 끌었던 넷플릭스 한국 드라마 오징어 게임이 떠올랐다. 딱지치기, 줄다리기, 달고나, 팔방 게임, "무궁화 꽃이 피었습니다", 구슬치기, 징검다리, 그리고 마지막 오징어 게임까지 어릴 적 익숙했던 놀이들이지만, 그 순수한 게임이 목숨을 건 경쟁으로 변질되자 판타지와 현실의 경계를 무너뜨리며 시청자들의 혼을 빼놓았다.

필자는 해당 드라마를 끝까지 시청하지 못하였다. 단순히 문화적 코드의 부재 때문인지, 혹은 영화의 흐름을 잘 따라가지 못해서였는지는 몰라도, 그 황당하고 극단적인 설정들이 비현실적으로 느껴졌고, 결국 저급한 오락물로 여겨졌다. 드라마 초반부터 주인공 기훈의 일탈적이고 타락한 삶의 태도는 비판적인 정서를 유발했고, 인간미를 입혀 감동을 유도하려 했지만, 끝내 그 감동은 전해지지 않았다.

그럼에도 불구하고, 드라마 전반에 흐르는 이야기를 통해 인간의 내면을 지배하는 맘몬(물질의 신)의 실체를 분명히 목격할 수 있었다. 특히, 참가자 한 명이 죽을 때마다 누적되는 상금에 열광하거나, 죽어가는 이들 앞에서 살아남았음에 안도하는 모습은 약육강식의 본능을 그대로 드러내고 있었다. 결국 천문학적인 상금을 손에 쥐게 된 주인공은, 그 돈으로 지극히 모시려 했던 어머니의 죽음을 마주한 뒤, 그 모든 것이 허망하게 무너지는 경험을 하게 된다. 손에 쥔 돈은 있으되, 그것을 누릴 사람도, 기쁨도 없었다.

더 나아가, 게임의 주최자가 게임 참가자 중 가장 연로한 '일남'이었고, 그가 이 잔인한 게임을 만든 이유가 단순한 '재미'였다는 설정은 인간 존재의 목적과 행복이 물질에 의존할 수 없음을 역설적으로 드러낸다. 드라마의 말미, 다시 초대장을 받고 오징어 게임으로 향하는 주인공의 모습은 승리 이후에도 끊임없이 반복되는 욕망의 덫과, 그 허무함의 실체를 단적으로 보여준다.

그러나 이 드라마가 기독교 신앙적 관점에서 단순히 흥미나 오락의 소재로 소비되어서는 안 되는 몇 가지 이유가 있다. 먼저, '생명 경시'의 문제다. 단 한 사람의 재미를 위해 455명이 죽음에 이른다는 설정은 가상현실이라는 점을 감안하더라도, 하나님의 주권에 대한 심각한 도전이며, 명백한 반기독교적 정서이다. 하나님은 생명의 주권자이시며, 생사화복은 전적으로 하나님의 손에 달린 것이다. 그 어떤 이유에서도 인간의 생명을 이토록 가볍게 다루는 것은 심각한 죄악이다.

다음으로 주목할 점은 '폭력의 정당화'이다. 드라마 전편에 흐르는 폭력성과 잔혹한 장면들은, 단순한 묘사를 넘어서 죽음을 게임의 일부로 정당화하는 위험한 시도를 하고 있다. 목숨은 결코 게임의 도구가 될 수 없다. 실제로 드라마 영향을 받은 청소년들이 유사한 방식으로 게임을 하며 상대에게 고통을 가하는 사건들이 보도되기도 하였다. 이는 단순한 오락물로 넘길 문제가 아니다. 폭력은 인간의 타락 이후 나타난 원죄의 열매이며, 기독교 구원은 이 폭력과 죄악을 십자가로 감당하신 예수 그리스도의 대속적 사랑 위에 세워진 것이다.

무엇보다 깊이 성찰해야 할 것은 '황금만능주의'다. 기독교는 물질 자체를 죄악시하지 않는다. 오히려 물질은 하나님의 창조세계 안에 속한 은총의 일부이며, 하나님 나라와 그 영광을 위해 사용되어야 할 자원이다. 그러나 물질이 하나님보다 더 사랑받고, 더 의지받으며, 인간의 탐욕을 부추기는 수단이 될 때, 그것은 우상이 되며 신앙의 본질을 파괴한다. 오징어 게임은 이러한 배금주의 실상을 적나라하게 드러내고 있다. 성경은 인간의 멸망이 '욕심'에서 비롯된다고 선언한다. 단순히 실패나 죽음의 문제가 아니라, 하나님과의 관계를 단절시키는 심각한 죄악이라는 점에서 경각심을 가져야 한다.

드라마 속에는 기독교인을 상징하는 배역도 등장한다. 이에 대해 일부 기독교계에서는 반기독교적 표현이라며 강하게 반발하기도 했다. 그러나 오히려 그것이 세상에 비친 오늘날 교회의 민낯이요, 우리 스스로 성찰해야 할 위선의 거울이라면? 겉과 속이 다른 이중적인 태도야말로 신앙의 진정성을 해치는 가장 큰 걸림돌이다.

성경은 하나님께서 타락한 인간에게 주고자 하신 것이 무엇인지 분명히 밝힌다. 그것은 바로 '복음', 곧 예수 그리스도이시다. 하나님은 죄인 된 우리를 사랑하셔서, 독생자를 이 땅에 보내시고, 십자가의 죽음을 통해 깨어진 관계를 회복하셨다. 그 대속의 은혜가 곧 구원의 시작이며, 이는 인간이 성령의 감화로 믿게 되어 의롭다 하심을 얻는 신비로운 은총의 역사이다. 그러므로 진정한 복은 세속적 가치나 물질이 아니라 '하나님과의 관계'에 있다. 그러나 많은 이들이 이 관계에 만족하지 못하고, 자신의 욕망을 성경으로 포장하려 한다. 결국 그 욕망의 실체는 '물질'이다.

따라서 드라마 속 그리스도인의 모습이 종교에 대한 편향이라기보다는, 오늘날 그리스도인들이 보이고 있는 위선과 모순을 드러내는 민낯이라면, 우리는 이것을 외면할 것이 아니라 오히려 성찰의 기회로 삼아야 한다.

코로나 팬데믹은 교회에 적잖은 충격을 주었다. 신앙은 흔들렸고, 회색지대에 머물던 이들은 교회를 떠나 자신만의 피난처에서 안식을 누렸다. 그러나 팬데믹이 지나가고, 이제 다시 교회로 돌아와야 할 시점에서 그들의 내면은 더욱 혼란스럽고 방황하고 있다.

신앙은 결코 현상으로 단정될 수 없다. 단순한 종교 생활은 유동적이고 가변적이지만, 예수 그리스도와의 인격적 관계는 신비한 은총의 영역이며, 삶을 이끄는 궁극적 힘이다. 그런 의미에서 왜 많은 신자들이 결정적인 순간에 세속적 욕망에 걸려 넘어지는지를 우리는 깊이 진단해야 한다. 오징어 게임은 인간 내면에 잠재된 욕망의 실체를 적나라하게 드러내며, 믿는 이들이 그 욕망에 휘말려 무너지는 모습까지 보여주고 있다. 이것은 오늘의 그리스도인들에게 주어진 중요한 숙제이며, 신앙고백을 다시 점검해야 한다는 경종이기도 하다.

"이는 세상에 있는 모든 것이 육신의 정욕과 안목의 정욕과 이생의 자랑이니 다 아버지께로부터 온 것이 아니요 세상으로부터 온 것이라 이 세상도, 그 정욕도 지나가되 오직 하나님의 뜻을 행하는 자는 영원히 거하느니라"(요일 2:16-17).

생각해 보기

1. 크리스천은 현대 사회와 문화 속에서 나타나는 '물질 만능주의'와 '욕망'에 대해 어떻게 성경적 가치관으로 대응해야 하는가?

2. '생명 경시'와 '폭력의 정당화' 문제에 대해 크리스천은 어떤 신학적 입장과 실천적 대응이 필요한가?

3. 오늘날 그리스도인들이 겪는 신앙 내적 위선과 모순, 그리고 세속적 유혹에 대해 어떻게 진지하게 성찰하고 신앙고백을 새롭게 할 수 있을까?

05

기독교 포퓰리즘(populism)

모든 신앙에는 신비가 존재한다. 특히 기독교 신앙은 더욱 그러하다. 그 까닭은 이 신앙이 영이신 하나님과의 내밀한 관계 속에서 이뤄지기 때문이다. 그 관계는 전적으로 하나님의 일방적인 주권 아래 성립된다. 하나님께서는 각기 다른 삶의 정황 속에서, 그분의 주권적 섭리로 손을 내미시며 택하신 자들을 불러내신다. 이 같은 부르심은 전적인 은총이다. 신앙생활이란 곧 인생의 주권이 하나님께 있음을 인정하고, 자신의 삶의 자리에서 하나님의 선하시고 온전하신 뜻에 순종하며 살아가는 삶을 의미한다. 이는 단순한 지적 동의나 종교적 신념만으로는 결코 이룰 수 없는 경지이다.

이와 같은 신앙의 본질적 차원에서, 날마다 하나님과의 관계를 점검하는 일은 지극히 중요하다. 하나님께서 장구한 인류 역사를 통하여 우리에게 진정으로 주고자 하셨던 것이 무엇이며, 우리는 그 하나님께 궁극적으로 무엇을 바라고 있는지를 깊이 성찰해야 한다. 무조건 믿는 것은 '과신(過信)'이며, 무엇을 믿는지도 모른 채 믿는 것은 '맹신(盲信)'이다. 오늘날 기복신앙이나 신비주의와 같은 현세 지향적 신앙은 외형상 기독교와 닮아 보일 수 있으나, 실상은 인본주의에 불과하다. 그것은 진정한 기독교 신앙과는 본질적으로 무관한 것이다.

그렇다면 기독교 신앙이 추구하는 궁극적인 목적은 무엇인가? 이는 성경이 말하고 있는 바를 면밀히 살펴보면 분명해진다. 성경은 일관되게 예수 그리스도를 중심으로 관통되는 진리를 증언한다. 기독교 신앙의 목적은 교리의 체계화에 있는 것이 아니다. 심지어 교회조차 목적이 될 수 없다. 예수 그리스도를 통해 깨어진 하나님과의 관계가 회복되고, 그로 말미암아 하나님 나라가 이 땅 가운데 이루어지는 것, 이것이 기독교 신앙의 진정한 목적이다.

역사는 곧 하나님께서 이와 같은 목적을 이루시기 위한 '열심'의 발자취이다. 그러므로 예수를 구주로 믿는다는 것은 더 이상의 목적이 필요 없음을 의미한다. 사도 바울은 갈라디아서 2장 20절에서 이를 다음과 같이 명확히 고백하였다. "내가 그리스도와 함께 십자가에 못 박혔나니 그런즉 이제는 내가 사는 것이 아니요 오직 내 안에 그리스도께서 사시는 것이라 …."

초대교회를 통하여 우리는 하나님 나라의 모형을 목도한다. 그리스도를 목적으로 삼은 신앙은 자기 생명까지 아낌없이 내어주며 하나님 나라를 지켜낸다. 구원의 확신 위에 지상명령을 수행하며 세계 복음화의 주체가 되었던 초대 교회 신앙은, 이후 이 땅에도 도달했다. 샤머니즘과 미신, 유교와 불교의 뿌리가 깊던 한반도에 복음은 성령의 바람을 타고 들불처럼 퍼졌으며, 이 민족의 희망이 되었다. 하나님 나라를 경험한 자들은 가난과 질병을 신앙으로 극복하였고, 세상을 소금과 빛으로 변화시키는 주체가 되었다. 그 시절 기독교는 불신자들에게 존경과 신뢰를 받았으며, 교회에 다닌다는 사실만으로도 신임을 얻던 시절이 있었다.

그러나 오늘날 기독교 신앙의 현실은 어떤가? 냉정하게 말해, 교회와 교리는 남았으나 정작 그리스도는 보이지 않는다. 신앙은 종교화되고 기복화되었으며, 이념화되어 인본주의적 오염에 빠져들고 있다. 그 결과, 교회는 철저히 개인주의와 개교회 중심주의 속에 스스로를 가두었고, 영적인 면역력은 약화되어 세속의 도전에 속수무책으로 힘을 잃고 있다. 외쳐야 할 때 침묵하는 나약한 신앙이 되었다. 오늘날 세상은 교회를 통해 희망을 기대하기보다, 교회를 염려하는 지경에 이르렀다. 이는 신앙의 본질을 상실한 혹독한 대가다. 방향을 잃고 표류하는 배를 누가 타려 하겠는가? 진리를 변질시키고, 땅에서의 번영만을 추구하는 교회에 대해 누가 진정한 대안을 기대할 수 있겠는가?

복음은 절대 가치이다. 그럼에도 복음은 상대적 가치로 전락했다. 교인들은 점점 조건과 상황에 따라 불신앙의 자리로 후퇴하고, 신앙생활은 핑계와 구실로 가득 차 있다. 코로나 사태는 그 신앙의 실체를 여실히 드러내었다. 자신의 일상은 위험을 감수하며 지키면서도, 일주일에 단 한 번 드리는 예배는 다양한 이유로 회피하였다. 아마도 코로나는 마침 적절한 명분을 제공한 것일 수 있다. 기복적 토대 위에 세워진 신앙은 위기 앞에서 힘을 발휘하지 못하는 것이다.

많은 이들이 교회에 등록하고 정기적으로 예배드리는 것만으로 신앙인의 의무를 다했다고 착각한다. 그러나 복음이 목적이 되고, 복음적인 삶이 가치가 되어야 할 기독교가, 점점 세속적 가치를 추구하는 싸구려 종교로 변질되어 가고 있다. 하나님께서 궁극적으로 주시려는 것보다, 자신이 원하는 것을 성경 구절로 포장하여 '축복'이라 여긴다면, 그것은 더 이상 기독교가 아니다. 성경은 언제나 "영혼이 잘 됨같이 …"라는 관점에서 삶의 기준을 제시한다. 곧 하나님과의 올바른 관계가 복의 전제임을 뜻한다. "너희는 먼저 그의 나라와 그의 의를 구하라"는 예수님의 말씀에서도 신앙의 우선순위가 명확히 드러난다. 기독교 신앙은 이벤트가 아니라 관계이며, 점이 아니라 선(線)이다.

그러므로 무엇보다 주님과의 인격적인 만남이 있었는지를 점검해야 한다. 왜냐하면 그리스도인은 예수 그리스도 안에서 살아 계신 하나님을 중심으로 살아가도록 부름 받은 존재이며, 그런 이들이 모인 공동체가 교회이기 때문이다. 따라서 인격적인 만남은 기독교 신앙의 출발점이자 핵심이며, 이러한 체험은 증언할 수 있어야 한다. 이후의 영적 성장이나 성숙도 그 기반 위에서 가능하다. 이와 같은 인격적 접촉 없이 막연한 기대만으로 교회를 출입하는 이들은, 엄밀한 의미에서 기독교인이 아니다. 단지 좋은 감정, 관계, 분위기 등이 교회생활의 동기가 되고 있을 뿐이다. 이러한 이들은 신앙에 성장이 없고, 교회생활도 기분에 따라 들쑥날쑥하며, 언제든지 세속적 가치에 따라 살아갈 수 있다.

하나님께서 공급하시는 모든 것이 복이라는 포괄적 의미는 부정할 수 없다. 그러나 경제적 풍요와 삶의 윤택함이 신앙의 최종 목표로 자리 잡은 현상은 심각한 왜곡이다. 사람들의 간증을 들어보면, 주님과의 관계에서 비롯된 자기부정과 내적 승리의 고백은 찾아보기 어렵고, 대부분 물질의 회복, 건강, 사회적 성공과 같은 내용에 집중되어 있다.

그러나 예수를 믿고 나서 오히려 세상적으로는 실패한 이들도 있다. 예수 믿는 가운데 사고나 질병으로 생을 마친 이들도 부지기수이다. 그렇다면 그들은 복을 받지 못한 자들인가? 십자가를 지신 예수님과, 복음을 전하다 순교한 사도들은 복을 받지 못한 자들인가? 성경이 말하는 복은 분명히 하나님 나라, 곧 영적인 복이다. "영혼이 잘 됨같이 범사가 잘되고 강건하기를" 바란다는 말씀도, "그의 나라와 의를 먼저 구하라"는 가르침도 모두 복의 본질이 하나님과의 관계에 있음을 증언한다. 예수님께서 직접 말씀하신 팔복을 보라. 어디에도 물질적 축복을 언급한 대목은 없다.

이러한 맥락에서 "기독교 신앙 안에서 부자로 잘 산다"는 말은 틀린 말이다. 부자는 단지 부자일 뿐이며, 진정 '잘 산다'는 것은 하나님과의 올바른 관계 속에서 그분의 뜻대로 살아가는 것이다. 그러나 오늘날 신앙의 기준은 "풍요롭게 사는 자가 잘 사는 사람"이라는 세속적 공식을 따르고 있다. 장례식장에서 우리는 이 공식의 허구를 직면하게 된다. 세상의 지위를 누렸지만 하나님 없이 살다간 자와, 가난했지만 신실한 믿음으로 살다간 자 가운데 누가 진정 복을 받은 자인가? 확정적으로 말하자면, 진정한 복은 예수 그리스도 안에서 하나님 나라를 살아내는 삶에 있다.

근자에 교회는 정치적 이념 논쟁에 휘말려 심각한 내상을 입었다. 이념이란 정치적 사안에 대한 주관적 관점이며, 지극히 인본주의적인 영역이다. 반면 신앙은 진리 안에서 개인이 체험적으로 고백하는 내면의 실재다. 교회는 이념 공동체가 아니라 신앙 공동체이다. 그러므로 교회 안에 이념적 구호를 끌어들이거나, 성도들을 정치적 도구로 만드는 행위는 하나님 앞에서 죄악이다. 정치적 선동은 교회의 본질을 훼손하고, 전도의 문마저 닫히게 한다. 교회는 하나님의 목적이 분명한 공동체이며, 하나님 나라를 누리고 전하는 것이 그 사명이다.

끝으로, 오늘날 대형교회를 중심으로 목회자들의 윤리적 일탈, 세습, 부정과 같은 사건들이 빈번하게 발생하고 있다. 이는 한국교회의 이미지에 심대한 손상을 입히고 있다. 과연 주님께서 대형교회를 원하셨는가? 한 유명 목회자가 자신의 개척 스토리와 재정 규모를 자랑하듯 설교하는 장면을 본 적이 있다. 성도들이 아멘으로 화답하였다. 그러나 기독교 신앙의 본질은 물질적 성공이나 교회의 외형 확장이 아니다.

부흥의 열기가 식어가고, 세상의 냉소와 비판이 거세지는 가운데 교회는 깊은 딜레마에 빠져 있다. 교인의 수와 헌금이 감소하며, 교회는 점점 교인들의 '입맛'에 민감하게 반응하게 되었다. 복음의 본질인 죄, 심판, 내세, 십자가는 점점 설교에서 사라지고, 그 자리를 자기계발과 심리 위주의 메시지가 채우고 있다. 이른바 '목양의 포퓰리즘'이 만연하고 있는 것이다. 인본주의 위에 세워진 교회는 결국 무너질 수밖에 없다. 다시 교회의 본질, 신앙의 본질, 복음의 본질인 하나님 나라를 회복해야 한다. 그렇지 않다면, 이는 언 발에 오줌 누기일 뿐이다. 알고도 실천하지 못하는 것이 진정한 딜레마다. 성령께서 우리에게 담대함을 허락하시기를 기도할 뿐이다.

"아버지나 어머니를 나보다 더 사랑하는 자는 내게 합당하지 아니하고 아들이나 딸을 나보다 더 사랑하는 자도 내게 합당하지 아니하며 또 자기 십자가를 지고 나를 따르지 않는 자도 내게 합당하지 아니하니라 자기 목숨을 얻는 자는 잃을 것이요 나를 위하여 자기 목숨을 잃는 자는 얻으리라"(마 10:37-39).

생각해 보기

1. 기독교 신앙의 본질과 목적은 무엇이며, 오늘날 기복신앙과 이념화된 교회가 그 본질에서 어떻게 벗어나고 있는가?

2. 교회가 정치적 이념과 인본주의적 요구에 휘둘릴 때 어떤 문제점이 발생하며, 이를 극복하기 위해 신앙 공동체는 어떤 태도와 방향성을 가져야 하는가?

3. 현대 교회 내 목회자의 윤리적 문제, 세습, 부정과 같은 사건들이 신앙 공동체에 미치는 영향은 무엇이며, 교회와 신앙은 이를 어떻게 극복하고 정화해 나가야 하는가?

06

대답 없는 테스형

트로트 열풍이 식을 줄을 모른다. 아마도 코로나19로 인한 사회적 침체와 실황 공연의 중단이 맞물리면서, 방송사들이 대중에게 익숙한 리듬과 은근한 흥을 유도하는 트로트 장르를 통해 돌파구를 마련한 것이 주효했기 때문일 것이다. 누구의 기획이었는지는 알 수 없으나, 결과적으로 대성공을 거둔 것만은 분명하다. 채널마다 '미스터트롯', '미스트롯', '보이스트롯' 등 세대를 아우르는 트롯 경연이 줄을 이었고, 연일 대박 시청률을 기록하며 그 속에서 배출된 스타들은 각종 플랫폼을 통해 일약 전 국민적 인물로 부상했다. 어찌 되었든, 경직된 시대에 웃음과 희망을 선사하는 콘텐츠가 절실했던 상황에서 트롯 열풍은 그 역할을 톡톡히 감당하고 있는 셈이다.

사람의 정서에 가장 민감하게 작용하는 문화 콘텐츠가 음악이라는 사실은 부인하기 어렵다. 음악은 이미지 각인 효과가 크며, 거의 모든 마케팅이나 광고가 배경 음악을 활용하는 이유도 여기에 있다. 제품은 잊혀질 수 있어도 로고송은 입에 맴도는 경우가 허다하지 않은가. 음악의 각인 효과는 실로 대단하다. 생각해 보면, 어린 시절 부르던 노래의 리듬과 가사는 수십 년이 지난 지금도 선명하게 기억되지 않는가? 감수성이 예민하던 시절 즐겨 들었던 아바, 보니 엠, 퀸 등의 올드 팝이 디스코 리듬에 실려 나올 때면 지금도 무의식중에 귀가 열리고, 몸은 저절로 리듬을 탄다.

문화란 본질적으로 그 시대의 정서를 반영하여 생성되는 것이다. 장르를 불문하고 글이든, 소설이든, 영화든, 모두 그러하다. 그중에서도 대중가요는 시대적 애환을 사실적으로 담아내는 창구 역할을 한다. 일제 강점기나 독재 정권 아래에서는 민중의 저항 의지가 담긴 노래들이 다수 생산되었다. 포크록 가수이자 시인이며 화가였던 밥 딜런(Bob Dylan)이 2016년 노벨문학상을 수상한 이유도, 그의 예술적 표현의 바탕에 '인권'이라는 굳건한 철학이 자리 잡고 있었기 때문이다. 그는 인권운동가였으며, 그의 노래는 대부분 의식을 일깨우는 '저항가요'로 유명하다.

2020년, 한 방송사에서 특별 기획으로 마련한 '대한민국 어게인, 나훈아'라는 쇼가 큰 반향을 일으켰다. 실시간 시청은 하지 못했으나, 아침 라디오 뉴스를 통해 소개된 것을 계기로 관심을 갖게 되었고, 유튜브를 통해 일부 장면들을 찾아보며 나도 모르게 몰입하게 되었다. 무대 전체 영상을 찾아보려 했으나 쉽지 않았고, 단편적인 장면들만으로도 그 기획과 준비의 정교함에 놀라움을 금할 수 없었다. 전문가가 아니어도 감탄이 절로 나올 정도로 완성도 높은 쇼였으며, 온라인 시대에 맞춘 비대면 무대 구성과 팬들과의 소통 방식, 무엇보다도 나훈아 특유의 무대 장악력이 인상적이었다.

특히 그가 무대에서 남긴 발언은 정치권으로까지 번지며 설왕설래 회자되었고, 예상치 못한 노이즈 마케팅 효과마저 더해져 국민적 관심을 집중시켰다. 그의 이름은 한동안 실시간 검색어 상위권을 차지하였고, 평균 시청률 25.5%에, 부산 지역에서는 38%를 기록했다. 국민 4명 중 1명이 시청한 셈이니 놀라운 기록이 아닐 수 없다. 그리고 그 여운은 아직까지 쉽게 가시지 않고 있다.

그 무대에서 발표된 신곡 '테스 형'은 단연 화제의 중심이었다. 전형적인 트롯 리듬에 기반하면서도 한 번만 들어도 기억에 남을 만큼 중독성이 강했다. 그러나 그보다 더 시선을 끈 것은 제목과 가사였다. '테스 형'이라니, 처음엔 의아했다. 알고 보니 철학자 소크라테스를 친근하게 부르는 표현이었다. '웬 소크라테스인가' 하는 당혹감이 잠시 스쳤지만, 곧 인생의 깊은 물음을 던지기 위한 상징적 장치임을 깨닫게 되었다. 철인의 이름을 친근하게 '형'이라 부르며 소환하고, 풀리지 않는 인생의 질문을 그에게 던지며 절절히 넋두리하듯 호소하는 가사는, 오늘날 막막한 현실 속에서 답을 찾지 못한 이들의 정서를 정확히 짚어낸 것이었다. 특히 후렴구 "아 테스 형! 소크라테스 형!"은 반복적으로 등장하며 누구나 쉽게 따라 부를 수 있게 구성되어 있었고, 다양한 리메이크 버전이 빠르게 확산되었다.

그러나 필자로서는 이 노래를 마냥 흥겹게 따라 부르기에는 조심스러운 마음이 든다. 유행가는 이름 그대로 시간이 지나면 사라지는 것이며, 그동안 세상에는 말초적 감각만을 자극하는 가사로 채워진 노래들이 비일비재했지만, 음악의 영향력이 결코 가볍지 않기 때문이다. 흔히들 '노랫말대로 살다 죽는다'고 하지 않던가. 솔직한 심정으로는, 큰소리로 노래하며 테스 형에게 하소연하는 순간은 속 시원할 수 있을지 모르나, 노래가 끝난 후에는 답 없는 메아리에 오히려 현실의 허무감이 가중될 수 있다는 생각이 든다.

특히 기독교적 관점에서 보자면 이 노래는 '허무', '원망', '낙담', '절망', '우울', '내세' 등 여러 측면에서 기독교적 정서와 상충되는 면모를 지닌다. "먼저 가본 저세상 어떤가요 테스 형! 가보니까 천국은 있던가요 테스 형!"이라는 구절은 듣는 이에 따라 해석이 달라질 수 있겠으나, 전체적으로는 인생의 무상함과 천국에 대한 염세적 회의를 표현하고 있어, 기독교 신자가 생각 없이 따라 부르기에는 무리가 있는 내용이라 판단된다. 무엇보다 문제는 질문의 대상이 전혀 엉뚱하다는 점이다.

물론 "그래서 유행가 아니냐"고 반문한다면 더 이상 이의를 제기할 여지는 없을지 모른다. 사람들이 좋아하니까, 또는 가슴에 와 닿으니까 부르는 것이고, 노래 한 곡으로라도 위로를 얻는다면 그것만으로도 의미가 있을 수 있다. 유행가는 결국 시간이 지나면 잊혀질 운명이기도 하다. 그러나 이처럼 고단한 시대에, 해답을 찾지 못한 이들이 '테스 형'을 부르며 소크라테스를 찾아 하소연하는 현실은 안타깝기 그지없다. 동시에 존재론적 물음을 던지는 이 시대 앞에서, 기독교는 과연 무엇을 하고 있는가를 되돌아보게 되며, 이 시대를 향해 미안한 마음마저 든다.

"테스 형! 세상은 왜 이래!", "사랑은 왜 이래!", "가보니 천국은 있던가요?", "천국은 어떤가요?" 이 모든 물음은 단순한 현실적 질문을 넘어 실존의 근원과 내세의 본질을 향한 질문으로 확장된다. 지나치게 종교적이라 비판 받을 수 있겠지만, 필자가 목사라는 신분을 감안하여 양해해 주신다면, 분명히 말하고 싶다. "질문은 훌륭하지만, 질문의 대상은 잘못 선택되었다"고. 소크라테스 역시 생애 내내 질문을 던지고 답을 찾다간 인물이었을 뿐이다. 그는 정답이 아니었다.

기독교가 폐쇄적이라 비난받을지라도, 진정한 해답은 오직 성경에 있으며, 인생이 어디서 와서, 왜 살아가며, 어디로 향하는가에 대한 궁극적 해답은 '테스 형'이 아니라 하나님이시며, 그 정답은 오직 예수 그리스도라는 사실임을, 오늘도 겸허히 고백할 수밖에 없다.

"여호와여 위대하심과 권능과 영광과 승리와 위엄이 다 주께 속하였사오니 천지에 있는 것이 다 주의 것이로소이다 여호와여 주권도 주께 속하였사오니 주는 높으사 만물의 머리이심이니이다 부와 귀가 주께로 말미암고 또 주는 만물의 주재가 되사 손에 권세와 능력이 있사오니 모든 사람을 크게 하심과 강하게 하심이 주의 손에 있나이다"(대상 29:11-12).

 생각해 보기

1. 현대인이 인생의 근본적 질문에 답을 찾기 위해 '테스 형'과 같은 상징적 인물에게 의지하는 현상은 무엇을 의미하며, 기독교는 이에 어떻게 대응해야 하는가?

2. 대중문화 속 허무와 절망, 염세적 정서가 확산되는 현실에서, 기독교 신앙은 어떤 방식으로 진정한 위로와 답을 제공할 수 있을까?

3. 소크라테스와 같은 철학자가 던진 질문들과 기독교가 제시하는 궁극적 해답(예수 그리스도와 하나님)은 어떻게 구분되고, 왜 기독교 신앙이 최종적인 답이 될 수 있는가?

07

쩔쩔매는 기독교

　정치권이 불교계에 읍소하는 모습을 바라보며, 기독교인이자 목회자의 한 사람으로서 느끼는 심정은 솔직히 부러움 그 자체였다. 물론 선거라는 정치적 이해득실이 극대화되는 특수한 정국을 감안하지 않을 수는 없겠으나, 정치권의 불교계에 대한 지나친 눈치 보기는 이제 더 이상 새삼스러운 일이 아니다. 아무리 분석하고 고찰해보아도 불교계가 세상 속에서 행사하는 영향력은 실로 이해하기 어려울 만큼 크며, 이에 반해 사회적 신뢰와 영향력이 현저히 저하된 기독교의 현실은 참으로 민망하기 이를 데 없다.

　단순히 신도 수만을 비교하더라도, 2021년 기준 보고에 따르면 불자는 7,619,332명이다. 반면 개신교는 9,675,761명, 천주교는 3,890,311명으로, 두 교파를 합하면 기독교 신자는 불교 인구를 훨씬 상회한다. 게다가 불교계는 주로 사찰 중심의 수행과 내면 수양에 치중하는 반면, 기독교 목회자들은 세상 한복판에서 소통하며 사회활동에 적극적으로 참여하고 있음은 주지의 사실이다. 이와 더불어 종교의 사회적 책임을 강조하는 데 있어서도, 기독교가 불교보다 오히려 더욱 적극적인 입장을 취해 왔다.

그럼에도 불구하고, 사회적으로 민감한 이슈가 발생할 때마다 불교계의 목소리는 세상의 즉각적인 반응을 불러일으키는 반면, 기독교계의 외침은 외면당하기 일쑤이다. 이는 단순히 안타까움을 넘어, 때로는 불쾌감마저 불러일으킨다. 이러한 상황이 자업자득의 결과라면, 우리는 깊은 자성과 성찰이 필요한 시점에 와 있다고 생각하며, 이와 관련하여 몇 가지 생각해볼 지점들을 진술하고자 한다.

먼저, 기독교 신앙의 이중성이 불쑥 떠오른다. 곧, '믿음 따로, 삶 따로'라는 신앙의 이중성이 세상 사람들의 눈에 위선으로 비치게 되었고, 이는 기독교 신앙의 진정성에 대한 깊은 의심을 불러일으켜 결국 외면받는 근본적인 요인이 되었다고 판단된다. 다시 말해, 신앙이 일상과 삶의 구체적 영역에까지 영향을 미치지 못하는 겉과 속이 다른 모습은 오늘날 기독교가 사회적 영향력을 상실하게 된 주요 원인 중 하나라 하겠다.

교회 안에서는 경건하고 믿음이 좋은 신자들이, 교회 문을 나서는 순간부터 세속의 불신자들과 다를 바 없는 태도로 변모하는 경우를 자주 목격하게 된다. 나아가, 불신자들조차 이해하기 어려운 비도덕적이고 비양심적인 사례들이 교회 안에서 비일비재하게 발생하고 있는 현실을 부인하기 어렵다. 더구나 목회자의 타락과 교회 세습 등의 문제가 언론을 통해 빈번히 보도되면서, 기독교에 대한 대중의 신뢰는 근본부터 흔들리고 말았다. 십자가의 정신, 곧 사랑과 희생, 섬김과 나눔, 배려라는 기독교 신앙의 본질이 생활로 구체화되지 않고, 종교적 외식(外飾)과 말잔치로 전락했다는 사실은 오늘날 우리 모두가 뼈저리게 성찰해야 할 지점이다.

기독교 신앙의 이기성 또한 간과할 수 없는 문제이다. 기독교 신앙의 본질은 철저한 이타성에 있으며, "네 이웃을 네 몸과 같이 사랑하라"는 계명은 그 핵심이라 할 수 있다. 그러나 현실에서는 기독교가 이기적인 집단으로 인식되고 있으며, 이는 개인 구원과 기복신앙에 치우친 왜곡된 신앙 형태에서 기인한 결과라 확신한다. 이를테면 전도의 경우, 예수님의 지상명령임에도 불구하고 그 표현 방식이 전도 대상자들에게 불쾌감과 불편함을 줄 정도로 거칠고 일방적인 경우가 적지 않다. 사람과 세상을 배려하지 않는 방식으로 진행되는 전도는 세상 사람들의 눈에 '이기적'이라는 평가를 받을 수밖에 없는 것이다. 또한, 하나님의 축복을 현세적 번영으로 해석하는 기복신앙과 번영신학은 교회 안에서조차 차별과 위계의식을 심화시켰으며, 가난하고 병든 자들에 대한 설명과 위로마저 궁색하게 만들고 말았다.

기독교의 정체성과 신분 의식에 대한 근본적인 반성이 요구된다. 기독교 신앙의 정체성은 '구별됨'에 있으며, 이는 때로 죽음을 불사할 만큼 중요하게 여겨지는 가치였다. 이는 신앙고백에 기반한 것이며, 그 고백에 타협이 있을 수 없듯이 정체성에 대한 도전이 닥쳤을 때 기독교는 언제나 담대히 맞섰고, 그 결과로 숱한 순교자들을 배출해 왔다. 기독교는 지금까지 본질과 비본질, 절대적 가치와 상대적 가치를 분별하며 사랑과 공의 사이의 균형을 추구하는 신앙 안에서 세상에 거룩한 영향을 끼쳐왔다. 그러나 오늘날의 기독교는 세속과의 경계가 모호해졌을 뿐 아니라, 성경과 신앙 양심보다는 자기중심적이며 편향적인 자세로 세상과 마주하고 있는 것이 현실이다.

기독교 연합기관이 권력과 결탁하여 시녀 노릇을 자처하고, 교계 내부의 권력 투쟁에서 수단과 방법을 가리지 않는 추한 행태는 세상 사람들의 눈살을 찌푸리게 만들기에 충분하다. 이러한 현실 속에서 기독교는 세상의 조롱거리가 되어가고 있다. 게다가 일부 기독교 지도자들이 현실 정치에 깊숙이 개입함으로 교회를 신성한 공동체가 아닌 이념의 투쟁장으로 변질시키고 있으며, 이념을 신앙으로 포장하여 교회 내에서도 진영을 나누는 불행한 일이 벌어지고 있다. 목회자들조차 신앙과 이념을 분별하지 못하고 가짜뉴스를 신봉하며 애국자 혹은 투사인 양 목소리를 높이고, 순수한 성도들까지 이념의 투쟁장으로 끌어들여 선동하는 실정이다. 세상이 교회를 조롱하는 것은 어쩌면 너무도 당연한 결과일지 모른다.

교회는 그 목적이 분명한 거룩한 공동체로서 주님께서 친히 세우신 곳이다. 교회의 본질은 복음으로 세상을 구원하는 데 있으며, 이러한 관점에서 세상을 바라보는 것이 마땅하다. 따라서 어떠한 이유로든 교회를 세속적 정쟁의 장으로 만들어 그 본질을 훼손해서는 안 된다. 신앙과 이념은 본질적으로 다른 것이며, 절대적 진리를 추구하는 교회 안에서 상대적 가치에 불과한 이념을 논의의 대상으로 삼는 것은 근본적으로 있을 수 없는 일이다. 세상은 교회를 향하여 "적어도 교회만은 달라야 한다"는 강력한 메시지를 계속 보내고 있다. 그러나 오늘날 세상은 교회와 세상, 신자와 불신자 사이에서 큰 차이를 느끼지 못하고 있으며, 이로 인해 교회는 더 이상 '거룩함'의 영향력을 발휘하지 못하는 처지에 이르게 되었다. 이는 참으로 안타까운 현실이 아닐 수 없다.

아이러니하게도, 오늘날의 기독교 신앙은 '믿는 것에 목숨을 걸고 싶지는 않다'는 냉소적 현실을 보여주는 것은 아닐까? 단순 비교만 하더라도, 불교계는 정치적 불이익이나 종교적 침해가 있다고 판단되면 즉각적으로 집단적 응집력을 발휘하며 정치권을 향해 분명한 메시지를 보낸다. 지난 번 대선 국면에서도 특정 정치인의 불교 폄하 발언에 격분한 불교계는 집단적으로 들고일어나 정치인들을 당혹케 하였다. 심지어 일부 승려는 소신공양이나 소지공양을 불사하겠다고 공언하며 정권을 압박하였고, 결국 정치인들은 백기를 들 수밖에 없었다. 물론 이러한 행동이 종교인의 자세로서 과도하다는 비판적 시각도 존재하지만, 한편으로는 기독교계의 무기력한 현실과 비교할 때 부러움마저 느껴지는 것도 사실이다.

최근 기독교계는 사회적 현안에 일사불란하게 대응하지 못하는 모습을 자주 보여 왔다. 그 이유는 관료의식은 강한 반면 책임 의식은 현저히 부족하였기 때문이라고 판단된다. 자성의 목소리 같아 스스로 부끄럽기도 하나, 사실을 직시하지 않을 수 없다. 기독교를 대표한다는 여러 단체들조차 회장을 정점으로 교단별 안배를 명분 삼아 수많은 직책과 자리를 나누어 점유하고 있음에도, 정작 기독교의 입장을 일관되게 천명하거나 사회적 여론에 의미 있게 참여한 사례는 찾아보기 어렵다. 반면 정부 고위 관계자들과의 만남이나 공적인 행사에서는 스포트라이트를 즐기고, 이를 치적과 공로로 과시하는 장면은 낯설지 않게 목도하여 왔다.

특히 코로나 사태로 공예배가 직접적인 침해를 받는 엄중한 시기에도 교계의 대응은 갈피를 잡지 못하고 사분오열되어 중심을 상실한 채 우왕좌왕했다. 이러한 난맥상 속에서 세상은 더 이상 기독교의 목소리에 귀를 기울이지 않으며, 기독교인이 무엇을 말하든 '저러다 말겠지' 하는 냉소적 반응으로 일관하고 있는 것이 오늘의 현실이다.

오순절 이후 초대교회는 박해 속에서도 생명력을 지켜내어 마침내 로마 제국을 복음으로 변화시켰으며, 불과 20만 명 남짓하던 기독교 인구가 조선총독부 치하에서는 3·1 독립만세 운동을 주도하는 거대한 민족운동의 주체로 자리매김했다. 당시 기독교인은 전체 인구의 1%에도 미치지 못했으나, 그들은 믿는 바에 목숨을 걸었고, 그 믿음이 민족의 양심으로 이어졌다. 오늘날 1천만 명이 넘는 신자를 말하는 한국교회가 사회적 영향력이나 도덕적 신뢰 면에서 '말 아래 등경(燈檠)'에 불과하고, 맛을 잃은 소금과 같은 존재가 되어버린 현실은 실로 부끄럽기 짝이 없다. 그 원인은 명확하다. 그때는 믿음 위에 생명을 걸었으나, 지금은 그러하지 않기 때문이다.

오늘의 기독교는 '사표(師表)'가 될 만한 영적 지도자를 목말라하고 있다. 신앙적 차원을 넘어서 비교하더라도, 불교계는 총무원장을 중심으로 강한 조직력과 결속력을 발휘하고 있으며, 심지어 이단으로 규정된 신천지조차 순간 동원력에 있어서는 세계 최고 수준이라는 평가를 받고 있다. 실제로 최근 대선에서도 그들의 응집력이 선거 흐름에 결정적인 영향을 미쳤다는 점은 공공연한 사실로 회자된다. 공통점은 명확하다. 지도자, 즉 '보스'를 중심으로 조직이 일사불란하게 움직였다는 것이다.

불과 얼마 전까지만 해도 사회적 사안이 발생하면 유불선(儒佛仙) 대표들이 한자리에 모여 대책을 논의하였고, 그 중심에는 기독교의 목회자가 위치했으며, 그의 이름만으로도 사회는 신뢰와 권위를 느꼈다. 그러나 지금은 어떠한가? 소위 '유명 목회자'로 일컬어지는 인물들 중 상당수가 세속적 가치인 물질, 명예, 권력을 좇는 사익추구로 오명을 뒤집어쓰고 있으며, 이는 결국 기독교와 교회의 공적 이미지를 심각하게 훼손하는 결과를 낳고 있다. 목회자인 나 자신부터 변명할 여지가 없고, 부끄러움과 민망함을 느끼지 않을 수 없다. 오늘날 기독교계에는 분연히 앞장설 영적 지도자, 시대의 스승으로 존경받을 사표도 부재한 것이 현실이다. 그렇다면 세상이 기독교를 외면하는 것도 어쩌면 지극히 당연한 일인지도 모른다. 이러한 변질의 책임이 전적으로 목회자들에게 있다는 점에서 변명의 여지가 없다.

개신교는 영어로 '프로테스탄트(Protestant)'라 불린다. 이 말은 '항거하다'는 뜻의 라틴어 protestatio에서 유래한 것으로, 로마 가톨릭의 부패에 항거하며 자신의 신앙을 담대히 표명하고 종교개혁을 통해 새롭게 태어난 교회가 곧 개신교이다. 루터, 츠빙글리, 칼뱅 등 초기 개혁자들은 성경에 기초한 신앙을 중심으로 사회개혁에까지 이르렀고, 교회의 세속화와 타락을 단호히 저지했다. 오늘날의 교회 역시 이 시대적 맥락 속에서 새로운 신앙개혁을 이룩함으로써 세상 속에서 교회의 참된 이미지와 본질을 회복해야 할 중대한 사명을 부여받고 있다.

교회는 세상에 편승할 것이 아니라, 오히려 세상을 거슬러 성경적 가치와 기독교 고유의 정체성을 선명히 세워야 한다. 무엇보다 신앙의 본질과 교회의 본질을 흔들림 없이 붙들어야 할 것이다. 이것은 곧, 성경을 통해 하나님께서 궁극적으로 주시려는 것이 무엇인지를 올바르게 가르치며, 인간이 추구하는 욕망을 성경으로 포장하는 행태를 철저히 경계하는 데 있다. 하나님께서 주시려는 것은 복음이며, 예수 그리스도요, 구원이다. 사도 바울의 고백처럼 "우리가 주목하는 것은 보이는 것이 아니요, 보이지 않는 것이니, 보이는 것은 잠깐이요, 보이지 않는 것은 영원함이라"(고후 4:18)는 말씀에 천착하여 살아가는 그리스도인들이 많아질 때, 비로소 세상은 변화될 것이며, 기독교는 다시 세상 앞에 당당히 설 수 있을 것이다.

무엇보다 지금, 성령의 바람이 절실하다.

"악에게 지지 말고 선으로 악을 이기라"(롬 12:21).

"너희가 이방인 가운데서 행실을 선하게 하라. 이는 그들이 너희를 비방하다가도 너희 선한 일을 보고 오시는 날에 하나님께 영광을 돌리게 하려 함이라"(벧전 2:12).

생각해 보기

1. 기독교가 사회와 정치권에서 불교 등 다른 종교에 비해 영향력과 신뢰를 상실한 근본 원인은 무엇이며, 이를 회복하기 위해 어떻게 자성하고 변화해야 하는가?

2. 오늘날 기독교 신앙의 이중성('믿음 따로, 삶 따로')과 세속화, 이념화 현상이 교회의 본질과 사회적 신뢰에 어떤 부정적 영향을 미치고 있으며, 이를 극복할 방안은 무엇인가?

3. 과거 개혁자들이 추구한 성경적 가치와 신앙개혁 정신을 오늘날 어떻게 계승·적용하여, 세상에 구별된 '거룩한 공동체'로서의 기독교 정체성을 회복할 수 있을까?

08

입은 삐뚤어졌어도

지금 나는 마치 다른 나라에 와 있는 듯한 기분을 지울 수 없다. 정치적 입지나 지역적 정서, 혹은 개인적 신념이 아무리 중요하다고 하나, 어찌하여 이토록 분명한 '흑'을 '백'이라 우겨대는 일이 반복되는 것인가. 나는 지금 "사람은 무엇으로 사는가?" "인간에게 여전히 희망을 가져도 되는가?"라는 본질적인 질문을 다시금 스스로에게 던지며, 아픔을 넘어선 자괴감 속에 이 글을 쓰고 있다.

나는 목사로서 하나님의 나라를 바라보는 관점 외에 어떤 입장도 취하지 않기 위해 애써 왔으며, 교회당 안에서는 일체의 정치적 언급을 삼가는 것을 신념으로 삼아 살아왔다. 그럼에도 세상의 흐름과 현실에 민감하게 반응하지 않을 수 없는 목회자의 숙명을 살아내는 일이 근래처럼 버겁게 느껴진 적도 드물다. 차라리 눈을 감고 마음을 닫은 채 살아간다면 편할지도 모르지만, 그럴라치면 속에서부터 끓어오르는 괴로움이 나를 가만두지 않기에, 결국 이와 같이 반응하지 않을 수 없는 것이다.

우리 근·현대사의 궤적만 간단히 되짚어 보아도, 상반된 이데올로기로 수많은 선량한 이들이 겪어야 했던 희생과 상처는 지금껏 온전히 치유되지 못한 채, 시대를 넘어 여전히 피고름처럼 흐르고 있다. 일제 강점기, 그들의 잔혹한 만행으로 인해 각인된 민족적 상흔은 오늘날에도 여전히 생생하며, 제주 4·3 항쟁과 여순사건, 4·19 혁명 등은 극단적인 사상 대립이 남긴 아픈 흔적으로 한국 현대사에 깊은 상처로 남아 있다. 특히 6·25 전쟁 당시 공산당의 만행을 직접 겪은 세대들에게는 '때려잡자 공산당'이라는 구호는 단순한 정치 구호가 아니라 가슴에 새긴 응어리이며, 그로 인한 정신적 트라우마는 생의 마지막 순간까지 삶의 질을 파괴하는 요인이 되고 있다.

그러나 현대사의 가장 뼈아픈 기억이라 한다면, 군부독재로 인한 민주주의의 후퇴와 국민적 아픔을 언급하지 않을 수 없다. 10·26 사태로 유신 체제가 무너지고 마침내 민주화의 봄이 오는가 싶었지만, 역사의 혼란을 틈타 또다시 군부의 찬바람이 몰아쳤다. 민주주의의 희망이 싹도 틔우지 못한 채 꺾여버린 그 시절, 광주의 학생들과 시민들은 타는 목마름으로 거리로 나섰고, 이에 공수부대가 투입되어 무차별적인 총격과 칼질, 심지어는 헬기에서 기총사격까지 자행된 것이 바로, 이제는 누구도 부정할 수 없는 '5·18 민주화운동'의 실상이다. 이 사건은 청문회와 장기간의 재판을 통해 역사적 진실이 객관적으로 규명되었으며, 이에 따라 주동자들에 대한 역사적 단죄도 이루어졌다. 이와 별개로, 아직도 수많은 유족과 부상자들이 그날의 악몽 속에 갇혀 살아가고 있다는 사실은 우리 사회가 여전히 짊어져야 할 무거운 짐이다.

그런데 지난 2월 8일, 대한민국 국회의사당이라는 공적 공간에서, 국민의 세금으로 운영되는 그 자리에서, 결코 있어서는 안 될 역사왜곡과 망언이 공공연히 쏟아졌다. 모 정당은 자칭 보수 논객인 ○○○ 씨를 초청하여 공청회를 개최하였고, 그는 이미 온라인상에서 편향된 역사관으로 악명이 높은 인물이었다. 허무맹랑한 소설 같은 역사 해석과 극우적 시각을 가진 인물이 공당의 초청을 받아 국회 회의실에서 발언하고, 이에 일부 국회의원들이 동조하며 5·18 정신을 폄훼하고 그 주동자들을 영웅시하는 발언을 서슴지 않았다는 사실은 실로 충격이 아닐 수 없다.

물론 사람마다 각기 다른 사상과 정서를 가지고 있으며, 그에 따라 이념과 철학이 형성되는 것은 자연스러운 일이다. 이러한 다양성은 인류 사회가 발전하는 데 중요한 기초이기도 하다. 그러나 그럼에도 불구하고, '사실'에 근거한 '상식'의 범위는 결코 무너뜨려져서는 안 된다. 객관적으로 검증되고 역사적으로 합의된 사건에 대해, 사실 자체를 부정하는 행위는 개인의 신념이나 자유의 문제가 아니라, 후대를 향한 범죄에 가까운 행위라 하지 않을 수 없다. 그러한 점에서, 국회라는 대한민국 민주주의의 심장에서 벌어진 이 역사왜곡의 작태는 그 저의에 깊은 의구심을 갖게 만든다.

더욱 우려되는 바는, 성경을 끼고 살아가는 그리스도인들 가운데도 이러한 역사관에 동조하거나 무관심한 이들이 적지 않다는 사실이다. 나는 기회가 있을 때마다 강조한다. 그리스도인은 여야(與野)의 기준으로, 보수와 진보, 좌파와 우파의 프레임으로 역사를 판단해서는 안 된다. 그 기준은 오직 성경이어야 하며, 우리는 성경적 관점에서 옳고 그름을 판단하고, 성경이 지향하는 정의와 공의의 깃발을 붙들고 세상을 살아가야 한다. 이러한 점에서, 이 사안은 결코 '남의 나라 이야기'처럼 대할 문제가 아니며, 반드시 '예'와 '아니오'의 분명한 입장을 성경적 토대 위에 세워야 할 것이다.

그러거나 말거나 눈감고 살아가면 그만이라는 유혹이 때때로 몰려오지만, 뚫린 귀로 듣고 뜨거운 가슴으로 느껴지는 현실을 외면할 수 없다. 이 무거운 마음을 공의로우신 하나님께 맡겨 드리며, 다만 "주여, 뜻대로 하옵소서!"라고 기도할 따름이다.

"여호와께서 가인에게 이르시되 네 아우 아벨이 어디 있느냐 그가 이르되 내가 알지 못하나이다 내가 내 아우를 지키는 자니이까 이르시되 네가 무엇을 하였느냐 네 아우의 핏소리가 땅에서부터 내게 호소하느니라"(창 4:9-10.)

"오직 정의를 물 같이, 공의를 마르지 않는 강 같이 흐르게 할지어다"(암 5:24).

▎생각해 보기

1. 기독교인은 역사 왜곡과 사회 갈등 속에서 어떻게 성경적 정의와 공의를 실천하며 사회적 책임을 다할 수 있는가?

2. 신앙인으로서 정치적 편향이나 이념의 함정에 빠지지 않고 성경의 기준에 따라 옳고 그름을 분별하는 방법은 무엇인가?

3. 현대 사회의 혼란과 고통 속에서 목회자와 신자들이 희망과 평화를 유지하며 영적 사명을 감당하려면 어떻게 해야 하는가?

09

결정 장애를 가졌는가?

　세상 모든 것은 시간이 지남에 따라 변하고 '한 때'의 사건이나 흐름의 흔적을 남기고 또 다른 가치들로 대체된다. 즉 영원한 것이 없다는 말이다. 왜냐하면 역사를 만들어가고 주도하는 인간이 변하는 존재이기 때문이다. 때문에 '그때는 맞고 지금은 틀린' 역사의 흔적으로 오늘까지 이어졌고, 앞으로도 '지금은 맞는데 미래에는 맞지 않는 가치'를 위해 사람들은 피 터지게 투쟁하고 있는 것이라고 봐야 할 것이다.

　"세상 참 많이 변했다"는 말을 익숙하게 듣는다. 정말 변한 것이 맞을 뿐 아니라 변질을 얘기해야 할 만큼 변한 게 사실이다. 그리고 그 변화의 끝을 누구도 예단할 수 없다. 모든 것이 격세지감을 넘어 낯설고 적응이 안 될 만큼 빠르게 변하고 있다. 이 변화에 따라 세대가 갈라지고 그 틈이 점점 깊고 멀어져가고 있다. 문화와 문명으로 아날로그를 거쳤던 세대는 디지털을 넘어 '포스트 디지털' 시대를 사는 소위 MZ 세대를 따라갈 수 없다. 그들은 디지털 기술이 더 이상 새로운 것이 아니라, 삶의 일부로 완전히 녹아들어 특별히 인식하지 않고 당연한 것으로 받아들이는 세대이기 때문이다. 그러나 오늘은 디지털을 넘어 'AI'가 대세가 되어 세상을 지배하고 있다.

안타까운 것은 환경의 지형, 그리고 물질문명과 문화가 변화되는 것이야 어떡하든 배워가며 적응하겠지만 인간성의 변화는 적응하기 불가능할 정도로 어렵다. 인간이 벌여놓은 환경에 따라 인간이 변해 가는지, 인간의 본디 본성이 이 같은 환경을 만들어 놓은 것인지 모르겠지만, 소위 인간미가 메말라가는 것이 삶의 질이나 행복지수를 추락시키는 요인이 되는 것만은 분명하다. 이와 맞물려 전통적인 가치마저 하나 둘 축소되거나 소멸되는 것이 매우 안타깝다.

변화를 말할 때 환경이나 정서뿐 아니라 한때는 시대정신이라고 일컬어졌던 이념들을 빼놓을 수 없다. 필자는 반공과 멸공이 국시인 시대를 통과했다. 반공포스터, 반공웅변, 반공표어, 반공영화 등 감수성이 예민한 시기에 "공산당은 싫어요!"라는 구호들을 끊임없이 주입받으면서 자랐다. 그래서 공산당이라면 공포스러울 정도로 치가 떨렸고, 지금도 학교 강당에서 단체로 관람했던 반공영화의 끔찍했던 공산당의 만행이 생생하게 남아있다. 그래서 포스터에 공산당은 으레 빨간색으로 도깨비 형상처럼 그려야 했다. 그런데 요즘 어떤가? 만약 초등학교에서 반공 포스터나 글짓기, 웅변대회를 한다면 어떨까? 강당에 모아 놓고 반공영화를 보여주면 어떨까? 관점이 너무 달라져 있다.

사상이나 이념이나 이데올로기 등은 인간에게 중요한 가치 체계이며 기준이 된다. 개인뿐 아니라 사회와 국가를 움직이는 동력이기도 하다. 그래서 이념 때문에 갈등하고, 전쟁하고, 죽이고, 갈라지는 것처럼 이념이나 사상은 무섭게 작동한다. 이를테면 히틀러가 유대인을 학살한 이유에 복합적인 역사적, 사회적, 이념적 요인이 있지만 당시 유럽에 존재했던 반 '반유대주의(Antisemitism)'적 정서를 극단적으로 이용한 결과였다는 평가다. 그 때문에 유대인을 독일의 적으로 묘사하며, 인종

차별적인 아리아 우월주의 사상을 주입해 유대인을 독일 민족의 순수성을 해치는 존재로 간주하여 인종청소를 했다는 얘기다. 그런데 오늘날 극우 이데올로기는 나치즘(Nazism) 이념을 현대적으로 계승하거나 변형한 신나치주의(Neo-Nazism)를 표방하며 인종주의, 민족주의, 전체주의적인 이념을 지지하거나 미화하는 경향은 있지만 이미 힘을 잃은 이념이 되었다.

하나만 더 예를 들면 동서 냉전의 중요한 축이었던 과거 구소련이 지향했던 이데올로기인 막시즘과 레닌주의(Marxism-Leninism)는 어떤가? 자본주의가 노동자를 착취하는 체제라며, 이를 타도하기 위해 노동자(프롤레타리아)가 혁명을 일으켜서 부르주아 계급(자본가)을 제거하고 사회주의 국가를 건설해야 한다고 주장했지 않은가? 그리고 혁명 후에는 노동자 계급이 권력을 장악하고, 국가가 사회주의 체제로 전환할 때까지 독재를 유지해야 한다는 그럴싸한 사상이었다. 표면적으로 얼마나 매력 있는 이론인가? 이를 통해 자본주의 잔재를 청산하고 계급 없는 평등한 사회(공산주의)를 이루어야 한다며 공산주의가 태동하지 않았는가? 그러나 현실에서는 강한 중앙집권과 독재적 요소로 인해 결국 15개 공화국으로 분열되었고 소련이 해체되고 말았지 않은가?

비슷하지만 '이념'이란 추상적이고 이상적인 가치를 의미하고, '사상'은 개인이나 집단이 가진 철학을 의미하며 '이데올로기'는 특정 계층이나 사회적 그룹이 가진 신념 체계로, 현실 정치·사회와 강한 연관성을 가지고 있다. 그러므로 우리 사회가 몸살을 앓고 있는 갈등은 '이데올로기'와 관련 있는 것이다. 과거에는 좀처럼 들어보지 못한 자유, 보수, 진보, 사회, 공산, 파시즘, 전체주의 등의 단어들이 익숙해졌을 정도다. 각자의 생각과 가치체계가 다르기 때문에 획일적일 수는 없지만 사회를 통합하고, 건설적인 정치적 방향을 제시할 뿐 아니라 대립과 갈등을 유발할 수 있는 요소들을 대화와 타협으로 최소화할 수 있는 성숙한 의식이 중요할 텐데 비상식과 불법으로 극단으로 치닫는 경향을 보이는 것이 문제가 되고 있다.

요즘 특히나 대한민국은 이념 갈등으로 몸살을 앓고 있다. 대통령의 뜬금없는 계엄선포로 그렇지 않아도 양분된 좌우 이념의 갈등이 심화되었을 뿐 아니라 심지어 가족들까지 이념 논쟁으로 갈라치기 하는 우려스러운 상황이 벌어지고 있다. 식당을 경영하는 동생의 얘기다. 한 테이블에서 식사하던 손님들이 요즘 계엄 상황을 비판적으로 나누고 있는데 바로 옆 테이블에 앉아 있던 손님들이 갑자기 끼어들면서 말싸움이 되고 결국 두 팀이 식사를 못 하고 자리를 박차고 일어났다고 한다. 그것뿐인가? 우리 동네 어느 교회에서는 목사가 설교 중에 광화문 집회를 언급했다가 장로와 성도들이 벌떡 일어나 나가 버리는 촌극이 벌어지기도 했단다.

무엇보다 우리 사회에 양심과 정의의 최후 보루라고 할 수 있는 기독교, 특히 개신교가 이념과 이데올로기의 늪에 깊이 빠져있어 극단적인 혼란의 중심에 서 있는 것이 무척 우려스럽다. 교계에서 진보와 보수를 넘어 우파, 좌파로 진영의 골이 깊어졌고 공통분모인 '신앙'마저 그 틈을 매우기가 불가능한 게 현실이다. 똑같은 상황을 바라보는 관점이 극단적으로 갈려 있기 때문에 교회에서 정치적 언급이 아예 금기시되어 있을 정도다. 그렇지만 신앙을 세상과 분리해서 바라보는 것은 절대 성경적이 아니며 '신앙'이라는 전제에 '생활'이라는 말이 붙어있는 것이기에 성경적이고 신앙고백적인 차원에서 목소리를 내는 것은 매우 중요하다. 물론 좌든 우든 신앙적이라고 주장하는 것이 한계이긴 하지만 말이다.

이해관계나, 이데올로기 관점이 아니라 성경적인 '정의'와 '불의', '옳고 그름'의 관점에서 목소리를 내고 균형을 잡아줘야 마땅하다는 것이다. 그런데 안타깝게 이 역할을 하지 못하고 얼버무리거나 목소리가 강한 쪽으로 힘이 실리는 형국이다. 더욱 가슴 아픈 것은 보수라는 이름으로 분별력을 잃어버리고 거짓 정보와 가짜 뉴스를 신봉하며 망상에 사로잡힌 자처럼 안하무인인 것이나 애국 투사나 되는 것처럼 핏대를 세우고 가짜 뉴스를 퍼 나르는 목회자들을 볼 때 낯 부끄럽기 그지없다. 기독교가 뭇사람들의 조롱과 비웃음거리가 되는 것이 부끄럽고 민망할 따름이다. 무엇보다 이해가 안 되는 것은 대통령과 영부인을 중심으로 천공을 비롯한 주술, 법사, 무속이 얽혀있고 대통령실에까지 역술인이 행정관으로 근무한 사실이 밝혀지고 있음에도 목회자나, 소위 영성가들이 옹호하고 두둔하는 것을 보면 저 속엔 과연 어떤 영이 들어가 있을지? 정말 궁금하다.

기독교가 현실 정치에 참여해 그 영향력을 확대해 보려는 시도는 그 자체로 탈 기독교적 발상이 아닐 수 없다. 왜냐하면 예수님이 이 땅에 오신 목적이나 교회를 세우신 목적이 성경에 명시되어 있기 때문이다 (막 10:45, 요 10:10, 마 28:19-20, 행 1:8) 벳새다(막 8:22) 광야에서 오병이어 기적을 경험한 군중들이 예수님을 억지로 붙잡아 임금 삼으려 할 때 왜 제자들을 서둘러 가버나움으로 보내고 자신은 산으로 피신하셨는지를 생각해 보라. 돌로 떡을 만들어 먹고 성전 꼭대기에서 뛰어내릴 수 있으며, 사탄에게 절하고 세상을 차지할 수 있었지만 단호하게 거절하고 물리치신 것이 무엇을 의미하겠는가? 겟세마네 동산에서 "내 뜻대로 마옵시고 아버지의 원대로 되기를 원합니다"라고 자신을 허용하시고 기꺼이 십자가로 나아가신 이유가 무엇이었는가를 생각해 보라. 현실 정치와 기독교를 연결시키는 것은 위험하다. 오히려 보다 근본적인 차원에서의 성경적인 가치를 앞세워 '예'와 '아니오'로 선명하게 기준을 세워주고 진리의 불을 밝히고 앞서가는 것이 기독교의 자리임을 잊지 말아야 할 것이다.

'자리'를 지키는 것이 얼마나 중요한가? 입속에 있는 침이나 몸속에서 하루 7천 리터나 돌고 있는 피도 자리를 이탈하는 순간 더럽고 추해질 뿐 아니라 무서워진다. 지금 곳곳에서 집회와 시위가 벌어지고 있는데 커다란 집회 넷 중에 셋이 기독교인들이 주체가 되고 있단다. 주로 보수 우파 집회다. 태극기와 성조기, 그리고 이스라엘 국기까지 흔들어 대며 입에 담지 못할 험악한 말과 구호들을 쏟아내고 있다. 자리를 이탈한 기독교의 모습에서 무서운 모습을 보게 된다. 정국이 혼란스러울수록 자기 자리를 지키는 것이 얼마나 중요한지를 보여주는 모습이다.

최근 모 유력한 목사의 '판단유보'발언이 논란이 되고 있다. 영향력 있는 목사로서 무슨 말을 하든 비판을 받을 수 있는 민감한 시점에서 한 편 동정이가는 면도 없지 않지만 안타깝다. 차라리 확신 없으면 말을 말든지, 그간 뉴스에 도배가 되고, 얼마나 많은 국민들이 추위에서 떨며 밤잠을 설치고 고통받고, 이로 인한 국가 대외 신인도나 경제가 추락하는 등 나라가 뒤집어졌는데 이에 대한 옳고 그름을 판단하지 못해서 '판단 유보'라고 했나? 대체 누구를 향한 말인가? 누구 들으라고 한 말인가? 꼭 시간이 지나고 재판 결과가 나와 봐야 판단할 수 있단 말인가? 대체 어떤 기준으로 판단을 유보하라는 말인가? 언제까지 판단을 유보하라는 말인가? 이 엄중한 시기에 성직자의 위치에서 절대 할 말이 아닐 뿐 아니라 어떤 변명도 궁색할 수밖에 없다. 어처구니가 없는 무책임한 말일 뿐 아니라 이념에 편승한 기회주의적 종교의 수사로 밖에 들리지 않았으며 비판받아 마땅하다는 생각이다.

어쩌다 기독교가 세상에 이렇게까지 부정적으로 각인되었나? 변하는 세상에 치우쳐 있고, 세속적으로 변질되었기 때문이다. 한 마디로 녹이 슬었거나 좀이 먹어서 여기저기에서 무너지고 있는 파열음이 나는 것이다. 세월과 함께 변하고 변질될 수밖에 없는 것들을 붙들고 있기 때문이라는 진단이다. 사람에 의해서 양산되는 모든 것, 그것이 문명이든 문화든, 사상이든 이념이든 이데올로기이든 변한다. 그러나 모든 것이 변해도 변치 않는 진리는 오직 '복음'이다. 이 진리 위에 기독교 신앙과 교회가 세워져 있다. 번영신학, 기복주의, 신비주의, 시한부 종말론에 세속주의까지, 변질된 면이 없지 않지만 일부 대형 교회나 몇몇 일탈한 지도자들일 뿐, 여전히 조심스럽게 '제자도'를 실천하며 주님께서 걸어가신 좁은 길을 가고 있다. 이 땅의 모든 교회와 지도자들이 이 진리에서 한 치도 치우치거나 벗어나지 않는 자리에서 책임 있게 말하고 행동해야 할 것이다. 자신 없으면 말을 하지 말든지 ….

기독교의 가치는 사랑이다. 하지만 정의가 빠진 사랑은 방종이며, 사랑이 빠진 정의는 폭력이 되듯이 중심을 잃어버리면 신앙은 단지 인본적인 이데올로기로 전락해 버린다. 어지러운 상황 속에서 어렵지만 부화뇌동하지 말고, 분명하고 확실한 태도를 보이며 균형을 잡는 것이 중요하다. 자신을 배제하고, 진영 논리를 떠나서 변치 않는 진리를 붙잡고 각자의 자리에서 신앙 양심을 지켜내며 빛과 소금 같은 영향력을 드러내기를 소망한다.

"오직 너희 말은 옳다 옳다, 아니라 아니라 하라. 이에서 지나는 것은 악으로부터 나느니라"(마 5:37).

생각해 보기

1. 현대 사회와 교회 내에서 극심한 이념 갈등 속에서 신앙인들은 어떻게 성경적 진리와 정의를 지키며 균형 잡힌 태도를 유지할 수 있을까?

2. 기독교가 정치적 이념과 결합되면서 변질되는 현상을 극복하고, 복음의 본질에 충실한 '자리'를 지키기 위해서는 무엇이 필요한가?

3. 지도자와 신앙인들이 불확실하고 혼란스러운 사회 현실 속에서 확신을 가지고 책임 있는 목소리를 내기 위해 갖추어야 할 기준과 자세는 무엇인가?

교회는 예배를 통해 하나님의 임재를 경험하고,

그 임재로부터 삶을 이끌 수 있는 능력을 공급받는다.

또한 세상 가운데서도 여전히 예배자로 살아가도록 부름 받은 공동체다.

그러므로 예배가 회복되면 교회는 살아나며,

예배가 무너지면 교회 또한 무너질 수밖에 없다.

이 절대 구조 안에서,

우리는 지금 이 시기를 '예배 회복'의 기회로 삼아야 한다.

그 어떤 것도 예배를 방해하는 걸림돌이 되어서는 안 되며,

교회는 고도의 집중력으로 예배를 중심에 두고 다시 세워져야 한다.

Part 4
비대면 신앙, 대면의 은혜

01

텅 빈 예배당을 보며

이제서야 진정한 교회가 무엇인지를 몸으로 체득하고 있다. 그동안 "교회는 건물이 아니라 예수를 구주로 고백하는 신자들의 모임이다"라는 가르침을 배우고 또한 그렇게 가르쳐 왔다. 그러나 성경 전체를 살펴보면, 하나님께 나아가 성전에서 제사를 드리는 것, 곧 예배 장소와 방식에 대한 하나님의 명령이 엄중히 강조되고 있음을 알 수 있다. 예배는 단지 영적인 행위만이 아니라, 장소적·전통적 중요성을 지닌 신앙의 핵심이기도 하였다.

전통적으로 예배는 예배당에서 드려야 한다는 인식이 깊게 자리 잡고 있었고, 새로운 장소에 가면 가장 먼저 예배드릴 교회를 찾는 것이 자연스러운 일이었다. 예배당에 모여 예배드리는 것이 온전한 예배로 평가되었으며, 실제로 기독교 2천 년의 역사 속에서 믿는 자들의 증가와 함께 예배당은 무수히 세워졌고, 그 규모 또한 웅장해졌다.

특히 20세기 후반에 이르러 기독교는 이른바 황금기를 맞이하였고, 교파를 막론하고 예배당은 경쟁이라도 하는듯 초 대형화되었다. 예배당은 단순한 건축물이 아닌, 교인들의 자긍심이자 신앙의 상징이 되었으며, '교회'라는 말을 들으면 곧 예배당을 지칭하는 것으로 여겨질 정도였다.

그러나 20세기 말, 21세기에 접어들면서 세계는 급격히 변모하였다. 자본 중심의 경제 발전, 과학기술의 눈부신 성장, 디지털 문명의 도래는 인간 능력을 극대화시켰고, 이에 따라 인본주의와 다원주의가 급속도로 확산되었다. 그 결과 신앙의 열기는 식어갔고, 교인들은 썰물처럼 예배당을 떠나기 시작했다. 이는 유럽을 중심으로 서구 교회가 먼저 경험한 바이며, 지금도 그 지역의 웅장하지만 텅 빈 예배당들이 이를 증명하고 있다.

우리나라도 예외는 아니었다. 1980년대 중후반부터 1990년대에 이르기까지 한국교회는 전례 없는 부흥을 경험하였다. 전도의 열기가 뜨거웠고, 집회마다 인산인해를 이루었으며, 교회에 대한 사회적 평판도 우호적이었다. 당시의 상황은 교회 종소리 하나만으로도 알 수 있었다. 이른 새벽, 예배당에서 울려 퍼지는 종소리를 불신자들조차 소음으로 여기지 않고, 오히려 일상의 일부로 받아들이던 시대였다.

기도원 운동과 부흥회가 성행하고, 목회자와 선교사의 지원도 쇄도하였다. 신학교에서 배출된 수많은 목회자들에 의해 전국 각지에 예배당이 세워졌으며, 밤이면 도심 고지대에서 붉은 네온 십자가들이 물결을 이루었다. 교회 개척만 하면 성장하던 시대였기에 상가 하나 건너 교회가 들어섰고, 심지어는 하나의 건물에 두 교회가 입주해 입구에서 교인들을 나누어 맞이하는 진풍경도 연출되었다.

이러한 시대의 교회들은 일정 규모 이상의 교인이 확보되면 저마다 웅장한 예배당을 건축하는 것을 목표로 삼았으며, 이는 곧 축복과 성장의 상징으로 인식되었다. 대형 예배당은 단순한 예배 공간을 넘어 문화센터와 복지시설을 아우르는 복합단지로 기능하였고, 사람들로 가득 찬 이 공간은 예배 횟수를 늘려야 할 정도로 성황을 이루었다. 적어도 1990년대 초반까지는 그러하였다.

그러나 세대가 바뀌면서 교회 내 영적 온도에도 변화가 감지되기 시작했다. 부흥을 경험한 세대와 신앙을 관성적으로 이어가는 신세대 간의 영적 간극이 점차 커졌고, 부흥세대가 세상을 떠남에 따라 교회의 영성은 점차 약화되었다. 특히 스마트폰의 대중화는 교회 문화와 신앙생활 전반의 패턴을 급속히 변화시켰으며, 교회는 이에 발맞추어 빔 프로젝트와 화상 예배 등 다양한 시도를 하였지만, 전통적인 예배의 감격은 점차 퇴색되기 시작하였다.

첨단 시스템을 갖춘 대형 교회들의 예배가 인터넷을 통해 실시간 중계되면서, 성도들은 굳이 예배당에 가지 않더라도 예배에 참여할 수 있는 환경이 조성되었고, 이는 전통적인 예배 개념 자체를 흔들기 시작하였다. 어느 순간부터 교회는 모이는 데에 갈급해졌다. 교인 수는 감소하고 전도는 정체되었으며, 부흥회를 개최하여도 교인들조차 움직이지 않았다. 유튜브로 유명 강사의 설교를 미리 접한 성도들은 현장의 설교에 대한 신비감이나 갈망을 느끼지 않게 되었고, 교회는 다양한 프로그램을 통해 성도들을 붙잡으려 애를 쓰기 시작하였다.

예배당은 무대로 바뀌고, 예배의 감동과 경건성은 점점 빛을 잃어갔다. 세상이 혼탁해질수록 교회는 본질로 돌아가야 함에도, 세상 문화를 압도할 콘텐츠를 갖추지 못한 채 젊은 세대의 이탈은 더욱 가속화되었다. 교회학교가 없는 교회가 50%를 넘는다는 통계가 사실이라면, 한국교회의 미래는 어두울 수밖에 없다. 저출산·고령화의 가속은 교인 수의 감소와 직결되고 있으며, 공동체 모임 자체가 위기를 맞이하고 있다.

이러한 상황에서 코로나19라는 전대미문의 사태가 발생하였다. 더욱이 신천지라는 이단 집단이 슈퍼 전파자로 지목되며 사태의 중심에 교회가 놓이게 되었다. 미디어는 신천지와 정통 교회를 구분하지 않고 하나로 엮었고, 기독교에 대한 대중의 인식은 급격히 악화되었다. 교회는 그간 감추어져 있던 민낯을 드러내야 했고, 이로 인해 이중, 삼중의 딜레마에 빠지게 되었다.

회중 예배가 중단되고 온라인 예배로 전환되자, 목회자들은 극심한 목회적 공황 상태에 빠졌다. 첫째는, 회중 앞에서 예배를 집례하고 말씀을 선포하던 목회자들이 느끼는 존재감의 상실이다. 둘째는, 그간 신념처럼 여겨왔던 예배관의 변화가 불가피해졌다는 점에서 오는 내적 딜레마다. 셋째는, 회중 예배를 언제 재개할 것인가에 대한 결정의 부담이며, 넷째는 교인들의 반응에 대한 불확실성이다.

어떤 이들은 전체 성도의 3분의 1이 다시 교회로 돌아오지 않을 것이라는 절망적인 전망을 하기도 한다. 다섯째는, 회중 예배가 재개된 후 얼마만큼의 회복이 가능하겠느냐는 현실적인 부담이다. 여섯째는, 온라인 예배의 장기화에 따른 재정 압박이다. 외부에서는 교회가 '돈 때문에 예배를 고집한다'고 비판하지만, 예배를 통해 드려지는 헌금이 교회 재정의 주된 원천이라는 점은 현실이다. 회중 예배의 장기 중단은 재정에 큰 타격을 줄 수밖에 없다.

최근 몇몇 대형 교회의 온라인 예배를 모니터링하면서, 텅 빈 예배당에서 사역자들과 예배 담당자들이 중계하는 모습은 너무나도 초라하게 느껴졌다. 예배당의 공허한 울림은 마음을 아프게 하였고, 목회자들의 입에서는 회개와 탄식, 그리고 흩어진 성도들에 대한 그리움이 흘러나왔다. 동시에 하나님의 섭리를 향한 자성의 고백도 터져 나왔다.

분명한 것은, 하나님께서 교회를 이 엄중한 시점에 세상의 조롱과 비판 한가운데 세우신 데에는 이유가 있다는 점이다. 교회의 외형적 성장을 자랑하던 목회자들의 교만을 꺾으시려는 것은 아닌지, 기복신앙과 신비주의 등 신앙의 본질을 훼손시켜온 요소들을 정화시키시려는 것은 아닌지, 복음의 순도를 회복시키시려는 하나님의 뜻이 담겨 있는 것은 아닌지 되묻게 된다.

주님의 재림이 임박했음을 경고하시고, 더 큰 재난에 대비하도록 준비시키시려는 하나님의 경고는 아닐까? 하나님의 뜻이 무엇인지 우리가 완전히 헤아릴 수는 없으나 한 가지는 분명하다. 바로 텅 빈 예배당을 통해, 하나님께서 진정한 교회가 무엇인지를 다시 가르치고 계시다는 사실이다. 이 위기를 잘 견디어 낸다면 반드시 새로운 기회가 될 것임을 믿는다.

"그들이 예루살렘에 들어가니라 예수께서 성전에 들어가사 성전 안에서 매매하는 자들을 내쫓으시며 돈 바꾸는 자들의 상과 비둘기 파는 자들의 의자를 둘러 엎으시며 아무나 물건을 가지고 성전 안으로 지나다님을 허락하지 아니하시고 이에 가르쳐 이르시되 기록된 바 내 집은 만민이 기도하는 집이라 칭함을 받으리라고 하지 아니하였느냐 너희는 강도의 소굴을 만들었도다 하시매"(막 11:15-17).

생각해 보기

1. 교회가 예배당이라는 전통적 장소의 의미를 잃어가고 있는 오늘날, 진정한 '교회'의 본질은 무엇이며, 어떻게 회복할 수 있는가?

2. 온라인 예배와 디지털 시대에 맞춘 신앙생활이 확산되는 상황에서, 회중 예배의 영성과 공동체성을 어떻게 유지하고 강화할 수 있을까?

3. 코로나19 팬데믹과 같은 위기 속에서 교회가 직면한 신앙적·목회적 도전들을 극복하고, 복음의 본질을 지키며 새로운 기회로 삼기 위해 무엇을 해야 하는가?

02

하나님이 다시 찾으시려는 것

　필자는 예수 그리스도를 통하여 인류를 구원하신 하나님의 목적, 그리고 이 땅에 교회를 세우신 하나님의 뜻이 결국 '예배'에 있음을 확신한다. 예배는 넓은 의미에서 구원받은 성도의 전 생애를 포괄하지만, 성도들이 교회에 모여 정기적으로 드리는 공예배가 무너진 상태에서 '생활 예배'만 말하는 것은 불가능하다고 본다. 그러므로 교인들이 교회에서 함께 예배드리는 일은, 예배자의 삶 전체를 위해서도 절대적으로 중요하다.

　그러나 인류는 그 누구도 예견하지 못했던 전대미문의 재난을 맞았다. 바로 코로나19 팬데믹이었다. 이러한 사태 속에서 하나님께서 우리에게 진정 원하시는 것이 무엇인지를 숙고하게 되었고, 예배에 대한 갈망과 고백을 다음과 같이 정리해 보았다.

　7월 첫 주. 예년 같으면 여름성경학교와 수련회, 해외 미션트립 등으로 교회가 가장 활기를 띠는 시기다. 필자는 모태신앙으로 자라, 민감한 감수성을 지녔던 청소년기와 청년기를 오롯이 교회 울타리 안에서 보내며, 그 시절을 '영적 절정기'라 부를 만큼 전심으로 하나님을 섬기며 살았다. 그리고 자연스럽게 소명의 부르심을 받아 신학의 길에 들어섰으며, 오늘에 이르기까지 목회의 길을 걸어오고 있다.

이렇게 교회를 중심으로 일평생을 살아왔지만, 지금과 같은 시기는 어느 모로 보아도 경험해 본 적 없는 깊은 위기의 시기라 말할 수밖에 없다. 시대가 바뀌며 영적 토양 또한 급변하였다. 단적인 예로, 부흥회가 점차 사라지고 기도원도 텅텅 비는 모습을 보면 더 이상의 설명이 필요하지 않을 것이다. 저출산과 고령화 현상까지 더해지며, 다음 세대가 단절된 교회가 절반을 넘어서고 있고, 교인 수는 지속적으로 감소하고 있다. 이러한 상황 속에서도 그간 교회는 근근이 영적 흐름을 이어오고 있었으며, 부흥회와 행사들을 통해 성도들의 영적·정서적 필요를 채워 주었다.

특히 여름이면 기대와 설렘으로 다양한 사역들을 계획하고 실행하며, 교회의 공동체적 기쁨을 누렸다. 전문 사역자들이 청소년 집회와 문화행사를 기획하며 은혜를 나누기도 하였다. 그러나 코로나19라는 무시무시한 재난 앞에서 교회는 속수무책이 되었다. 세상은 순식간에 변화했고, "팬데믹 이전의 세상은 잊으라"는 말이 예사롭게 들리지 않을 만큼 시대의 전환점이 되었다.

최근 우리 교단 총회는 임원회를 통해 기존 3박 4일 일정이었던 총회를 1박 2일로 축소하기로 결정했다. 유사시에는 하루 일정으로도 가능하게 하겠다는 말이 뒤따랐다. 효율성과 비용 절감의 측면에서는 환영할 만하지만, 그만큼 코로나의 영향력이 교회의 최상위 행정기구까지 강하게 미치고 있다는 사실이 확인된 셈이다. 더불어 총회에서는 제9차 대응 지침을 마련하여, 여름성경학교 및 모든 여름행사를 교회 단위로는 숙박·식사를 금지하고 비대면으로 전환하라는 공고문을 발표했다. 이제껏 한국교회 부흥의 요람이자 소명의 현장이었던 여름 사역들이 모두 역사 속 장면이 되어버리는 듯한 현실이다.

요즘 필자는 목회자로서 할 일이 줄어들었다. 다만 "네 양 떼의 형편을 부지런히 살피며 네 소 떼에 마음을 두라"(잠언 27:23)고 하신 말씀을 따라 기도로 하나님 앞에 엎드릴 뿐이다. 한때는 '심방목회'와 '발품목회'라 하여, 목회자가 직접 성도들의 가정을 찾아가 축복하고 기도해 주는 것이 목회의 중심이었다. 성도들은 목회자의 방문을 예수 그리스도께서 오신 듯 반기며, 심방을 목양의 기준으로 삼았다. 필자도 초임 전도사 시절, 부임 심방으로 허리를 삐끗할 정도로 교우들을 찾아다녔던 기억이 생생하다. 당시 성도들은 전도사라 해도 '주의 종'으로 깍듯이 대하며 존경과 사랑을 표현했다. 그러나 이제는 시대가 달라져, 특별한 경우를 제외하고는 그 같은 목회 전통이 사라진 지 오래다.

연일 이어지는 코로나 관련 뉴스가 여전히 톱을 차지하고 있으며, 교회 감염 사례에 대한 언론의 보도는 의도적인 듯 과장되어 들릴 때조차 있다. 최근 국내에서 유행하는 바이러스가 초기의 S그룹이나 V그룹보다 전파력이 6배 강한 GH그룹으로 확인되면서, 집단 감염이 대유행으로 확산될 가능성이 제기되고 있다. 이로 인해 사회적 거리두기 2단계가 시행된 지역도 있으며, 전국적 확대 여부를 방역당국이 고심 중이다. 이렇게 되면 실내 50인, 실외 100인 이상의 모임은 전면 금지된다. 그야말로 교회가 큰 위기 앞에 서 있는 것이다.

이러한 시점에서 우리는 더욱 하나님의 얼굴을 구하며, 역사의 주관자이신 하나님께서 이 사태를 통해 말씀하시려는 뜻이 무엇인지를 숙고해야 한다. 필자는 하나님 편에서 교회와의 관계를 돌아보고, 하나님의 마음에 한 걸음 더 다가가고자 한다. 지금 교회에 남겨진 것이 무엇이며, 상실되었거나 상실될 위험에 놓인 것이 무엇인지 살핀다면 그 구분은 명확해진다. 결론은 하나다. 예배를 제외한 모든 것은 축소되었거나 불가능해졌다는 사실이다.

돌이켜보면 교회는 지금까지 본질과는 다소 거리가 있는 일들을 수없이 벌여왔다. 이름은 '사역'이나 '선교'였지만, 실제로는 하나님과 무관한 일이 적지 않았다. 출발은 좋았으나 시간이 지남에 변질된 사례들도 허다하다. 그럼에도 관행이라는 이름 아래 개혁은 불가능에 가까웠고, 소위 '빨대를 꽂은' 중진 성도들의 이해관계까지 얽혀 감히 손을 댈 수 없는 구조가 되었다. 대형 교회일수록 이러한 폐해는 더욱 뚜렷하였다.

교회의 모든 사역은 '예배'에 목적이 있다. 예배 공동체라 불릴 만큼, 예배는 교회의 존재 이유이자 본질이다. 그러므로 교회에서 이루어지는 모든 일들은 예배로부터 파생된 것이며, 예배를 위하여 존재해야 한다. 여기서 말하는 예배는 단지 '삶으로 드리는 예배'라는 추상적 개념이 아니라, 예배당에서 드리는 공적 예배를 중심으로 한 신앙의 실천을 의미한다. 공예배가 온전히 세워지지 않고서는 진정한 삶의 예배도 존재할 수 없다. 예배를 위하여 봉사하고, 전도하며, 조직을 세우고 공동체를 운영하는 것이다.

교회는 예배를 통해 하나님의 임재를 경험하고, 그 임재로부터 삶을 이끌 수 있는 능력을 공급받는다. 또한 세상 가운데서도 여전히 예배자로 살아가도록 부름 받은 공동체다. 그러므로 예배가 회복되면 교회는 살아나며, 예배가 무너지면 교회 또한 무너질 수밖에 없다. 이 절대 구조 안에서, 우리는 지금 이 시기를 '예배 회복'의 기회로 삼아야 한다. 그 어떤 것도 예배를 방해하는 걸림돌이 되어서는 안 되며, 교회는 고도의 집중력으로 예배를 중심에 두고 다시 세워져야 한다.

성경 전체를 관통하는 핵심이 무엇이겠는가. 그것은 다름 아닌 예배이다. 하나님께서 세상을 창조하시고 인간을 지으실 때 "보시기에 좋았더라"고 하신 말씀(창 1:31) 그대로, 창조의 목적은 하나님의 기쁨에 있었음이 분명하다(사 43:21, 골 1:16). 이러한 맥락에서 에덴동산은 최초의 예배당이라 할 수 있으며, 하나님과의 자유로운 교제는 곧 원초적 예배의 모습이었다.

예배란 무엇인가. 이것이 하나님께는 창조의 목적에 부합하는 기쁨이요, 인간에게는 거리낌 없이 하나님과 교제하며 하나님께서 본래 의도하신 행복을 누리는 것이다. 그러나 인간의 범죄 이후, 하나님과의 관계는 단절되었고, 그로 인해 죽음의 저주, 아니 죽음보다 더한 영적 단절의 비극이 닥쳤다. 이는 곧 예배의 붕괴라고 해석할 수 있다. 예배의 끊김, 이것이 인류 타락의 본질이었다.

하나님께서는 타락 이후 곧바로 회복의 역사를 계획하셨다. 아브라함을 부르시고 그의 후손을 택하신 선민의 역사를 통해, 하나님은 구속의 여정을 시작하셨으며, 그 중심에는 다시 회복된 예배가 자리하고 있었다. 마침내 독생자 예수 그리스도를 아브라함과 다윗의 혈통으로 이 땅에 보내사 십자가 위에서 인류의 죄를 대속하게 하셨고, 그 공로로 깨어졌던 하나님과의 관계가 복원되었다(눅 23:45, 엡 2:14). 이제 누구든지 예수 그리스도의 공로를 힘입어 하나님을 "아바 아버지"라 부를 수 있으며(롬 8:15, 갈 4:6), 아들의 이름으로 담대히 하나님께 나아갈 수 있게 되었다(엡 3:12).

사도 바울은 이 구속의 역사를 "찬송의 회복"(엡 1:12), 곧 예배의 회복으로 보았다. 이처럼 하나님은 예배를 위하여 인간을 지으셨고, 타락 이후에도 예배 회복을 위하여 구속의 역사를 계획하시고 성취하신 것이다. 요컨대 예배는 세상과 인류를 향한 하나님의 궁극적 목적이라 할 수 있다. 인류의 타락은 단순히 윤리적 타락이나 관계의 단절이 아니라, 예배의 상실이었고, 십자가의 구속은 곧 예배의 회복이었다.

예수를 믿는 자에게 주어진 유일한 목적은 바로 예배이다. 사도 바울은 "그런즉 너희가 먹든지 마시든지 무엇을 하든지 다 하나님의 영광을 위하여 하라"(고전 10:31)고 하였다. 이는 곧 그리스도인의 삶의 목적, 우선순위, 가치체계가 예배 중심이어야 함을 명확히 한 것이다. 예배는 단순한 종교 행위가 아니라, 존재의 이유요 사명의 핵심이다.

이러한 관점에서 우리의 예배를 돌아보아야 한다. 교회는 많고, 예배의 외형은 화려하며, 예배에 참여하는 이들은 가득하건만, 진정한 예배 본질을 알고 드리는 이는 과연 얼마나 될까. 예배가 삶이 되고, 삶이 예배가 되었다면 세상이 이토록 어두워졌을 리 없다. 에스겔 선지자가 본 마른 뼈들의 환상처럼, 하나님은 오늘날의 교회 안에서도 형식만 남은, 생명 없는 예배를 보고 계시지는 않을까. 예수께서 산상수훈에서 경고하신 바와 같이, "주여, 주여"하는 자들은 많지만, 진정으로 주의 뜻을 행하는 자는 적은 현실을 외면할 수 없다(마 7:21-23). 입술로는 주의 이름을 부르되, 중심에서 우러나는 예배자를 찾기 어려운 시대, 이 시대에 하나님께서 찾으시는 것이 무엇인지는 이제 분명해졌다. 예배다.

하나님께서 독생자를 십자가에 내어주심까지도 감수하신 것은 예배를 회복하기 위함이었다. 성령을 보내시고 열방에 복음을 전하라 명하신 이유도, 만민 가운데서 예배를 받기 위함이었다. 교회를 세우시고 택한 백성을 모으시는 목적도 마찬가지로 예배에 있다. 그러나 하나님의 이 간절한 갈망은, 엉뚱한 일들로 분주한 교회를 통해 수차례 좌절되었다.

우리는 다시금 가인의 예배가 왜 거절되었는지를 성찰해야 하며, 이사야 시대에 하나님께서 왜 제물을 혐오하셨는지를 살펴야 한다. 겉모양은 화려하지만, 중심은 하나님께로부터 멀어진 예배, 과연 하나님은 이를 어떻게 여기실 것인가. 십자가와 제자도의 고백이 빠진 오늘의 예배, 복음보다 기복에 치우친 예배, 사람의 감정을 만족시키려는 예배는 과연 하나님의 임재를 불러오는가.

이제는 예배를 점검해야 할 때다. 영이신 하나님께 영과 진리로 예배하는가, 아니면 사람을 즐겁게 하기 위한 예배인가. 회개와 자기부정을 통하여 하나님의 뜻에서 멀어진 예배를 돌아보고, 다시 진정한 예배로 돌아가야 한다.

코로나19 방역 조치로 정부는 교회 내 소모임과 식사모임 등 모든 비정규 활동을 금지했다. 정규 예배만 허용되었고, 그 외 모임과 활동은 일체 중단되었다. 찬송과 통성기도는 자제하라는 권고가 주어졌으며, 마스크 착용과 거리두기, 명부 작성 등 방역 수칙이 의무화되었다. 이를 위반할 시 벌금이나 운영 중단까지 부과될 수 있다는 통보에, 당혹감과 억울함을 감출 수 없었다. 수많은 다중시설과 종교들이 존재함에도 유독 교회만 겨냥한 듯한 이 조치는 형평성 논란을 불러일으키기에 충분하였다.

그러나 이 시점에서 우리가 해야 할 일은 감정적인 반응이 아니라, 하나님의 시각에서 이 상황을 통찰하고 해석하는 것이다. 왜 하나님께서는 예배만 남기고 모든 가지를 잘라내셨는가? 이 질문을 깊이 묵상해야 한다.

필자는 확신하건대, 하나님께서 그간 교회를 통해 소외되었다고 여기신 것이 바로 예배였다. 하나님께서 잃어버렸다고 느끼신 것도 예배였다. 그리고 코로나라는 시대적 위기를 통하여 하나님께서 회복하시고자 하신 것 또한 예배라 믿는다.

하나님은 이제 예배를 통해 참과 거짓을 분별하실 것이다. 하나님께서 받으시기에 합당한 예배를 통하여 은혜를 부어 주실 것이며, 이런 예배가 회복된 교회와 성도에게는 놀라운 부흥이 임할 것이다. 그러므로 교회는 과감한 가지치기를 실행해야 한다. 이것이 곧 개혁이라면, 마땅히 개혁되어야 한다.

세상의 열광을 따라 흉내 낸 프로그램들, 행정과 사업에 치중된 활동들, "뭔가 해야 한다"는 강박에서 비롯된 비본질적인 사역들을 정리해야 한다. 하나님의 영광이라는 명분 아래 벌여놓은 수익 사업도 멈추어야 한다. 생색내기에 불과한 사역의 가치는 예배 중심으로 재배치되어야 한다. 예배에 방해가 되는 모든 아디아포라(adiāphora, 비본질적 요소)를 정리하고, 예배 때문에, 예배를 위하여 살아가는 교회로 거듭나야 할 것이다.

"아버지께 참되게 예배하는 자들은 영과 진리로 예배할 때가 오나니 곧 이 때라 아버지께서는 자기에게 이렇게 예배하는 자들을 찾으시느니라 하나님은 영이시니 예배하는 자가 영과 진리로 예배할지니라"
(요 4:23-24)

예배자임을 기억합니다

복잡한 이해관계에 얽혀
얼굴이 붉어지고
심박이 빨라지는 순간에도
예배자임을 기억합니다.

분위기에 휩쓸려
믿음의 끈 느슨히 풀릴 수 있는
야릇한 상황에도
예배자임을 기억합니다.

억하심정 무너지는 억울한 일로
활화산처럼 감정이 북받칠 때도
예배자임을 기억합니다.

누구나 공감할 만한 구실로
타협할 수밖에 없는 순간에도
예배자임을 기억합니다.

눈 한번 질끔 감고

양심이 지르는 소리 귀를 막으면
엄청난 이득을 볼 수 있는 상황에도
예배자임을 기억합니다.
언제 어디서나 부르신 곳에서,
찾으시는 자리에서
여전히 발견되는
나는 예배자임을 기억합니다.

생각해 보기

1. 하나님이 교회를 통해 가장 원하시고 회복시키려는 본질은 무엇인가?

2. 현대 교회의 여러 사역과 활동 중에서, 예배를 중심에 두기 위해 무엇을 정리하고 개혁해야 하는가?

3. 코로나19와 같은 위기 상황 속에서 '영과 진리로 드리는 참된 예배'를 어떻게 회복하고 실천할 수 있을까?

03

다시 예배의 자리로

코로나19를 지나면서, 모여서 드리는 예배의 중요성을 절절히 깨닫게 되었다. 기독교 신앙의 본질적 특징 가운데 하나는 '공동체'를 통해 믿음이 세워지고 유지되며 성장한다는 점이다. 물론 주님과의 인격적인 만남을 통해 거듭나는 일은 지극히 개인적인 차원에서 주어지는 내밀한 체험이다. 그러나 이 믿음이 영적 양식을 공급받고 돌봄을 받으며 자라나는 과정은 전혀 다른 차원의 문제라 할 수 있다.

코로나 시기를 지나며 모임과 교제가 극도로 제한되었고, 이에 따라 교인들의 신앙생활 패턴에도 급격한 변화가 나타났다. 공식적인 통계는 아닐지라도, 공공연히 회자되는 말에 따르면, 교인의 약 40%가 교회 공동체와 일정한 거리를 두게 되었으며, 그 중 일부는 온라인 예배로 신앙생활을 이어가고, 또 다른 일부는 신앙생활을 중단한 상태라고 한다. 목회자 입장에서 이 모든 경우가 안타깝고 가슴 아픈 현실이 아닐 수 없다.

현재도 코로나는 완전히 종식된 것이 아니지만, 국내 집단면역 형성률이 75%에 이르고, 감염 이력이 있는 국민이 30%이며, 3차 백신 접종

완료자 비율이 64%에 달한다는 보도를 볼 때, 코로나 국면은 분명 새로운 단계로 접어들었다고 판단된다. 실외에서 마스크를 벗은 이후, 실내에서도 마스크 착용에 이전처럼 엄격한 기준을 적용하지 않는 분위기는, 코로나 상황이 점차 완화되고 있다는 긍정적 징조로 읽힌다. 거리두기 조치 역시 해제되어, 교회에서의 공예배와 소모임, 그리고 공동식사까지 가능해진 현재 상황은 분명 숨통이 트이는 듯한 안도감을 준다. 그러나 이러한 변화가 성급한 낙관은 아닌지 조심스럽게 되돌아보게 된다.

초유의 복병이라 여겨졌고, 때로는 정말 극복할 수 없을지도 모른다는 절망감을 안겨주었던 코로나 상황에서 이제 비교적 자유로워지면서, 교회는 코로나 이전 수준의 예배와 모임, 사역들을 재정비하기 위해 모든 가용 수단을 동원하고 있다. 그러나 이 과정은 결코 녹록지 않다. 이는 코로나 기간 동안 형성된, 공동체를 기반으로 하지 않는 신앙생활 패턴의 변화 때문이다. 비대면 예배를 중심으로 하는 신앙생활이 더 편리하게 느껴졌고, 여러 모임에 대한 부담감이 사라졌다. 사역 참여에 대한 압박이 줄어들었고, 무엇보다 공동체 중심의 신앙생활에 대한 정서적 거리감이 커졌기 때문이다. 결과적으로 공동체는 많은 이들에게 낯선 존재가 되었고, 이는 다시금 공동체 중심의 신앙적 흐름을 회복하는 데 큰 장애로 작용하고 있다.

코로나의 위중한 시기에도 유일하게 허용되었던 것은 예배였다. 물론 거리두기와 인원 제한이라는 조건이 따랐지만, '성전 예배'는 꾸준히 드릴 수 있었다. 개인적으로 예배에 대한 절대적 가치관을 평소부터 지니고 있었기에, 그 시기에는 이런 생각을 하게 되었다. "아, 하나님께서 교회의 본질인 예배 회복을 깊이 원하셨구나!" 그래서 하나님께서는 예배

하나만 남기시고, 그 외의 소위 '아디아포라(adiaphora, 비본질적인)'적인 교회 행사와 사역들을 과감히 다이어트 하셨다고 생각했다. 지금도 이 같은 생각에 변함이 없다. 다만 그 중심이 '성전 예배'라는 좁은 의미에 국한된 것이 아니라, 예배의 궁극적 완성이라 할 '생활 예배'에 두어졌다는 점이 다를 뿐이다.

이것은 지금도 변함없는, 목회자인 나의 예배관이자 신앙관이다. 그리고 가능하다면, 교인들을 다양한 사역이나 비본질적인 프로그램으로 교회에 붙잡아 두려 하기보다, 감격스러운 성전 예배를 함께 드리고, 그 여운을 생활 속 예배로 확장시켜, 세상 가운데서도 하나님께 예배자로 발견되는 삶을 살게 하며, 마침내 영원한 하늘나라에서 천상의 예배자로 하나님을 경배하게 하는 것이야말로 목회자와 교회가 감당해야 할 가장 중요한 사역이라 믿는다.

그러나 지난 2년여 간의 실험은, 이러한 이상적 예배관이 현실적으로는 매우 이상적일 뿐이라는 점을 인정하게 만든다. 성전에서의 예배만으로는 예배 수준의 신앙생활을 지속할 수 없다는 결론에 도달했기 때문이다. 물론 큐티 영상을 제작하여 배포하고, 가능한 모든 기회를 활용하여 말씀 묵상의 중요성을 강조하며, 교인들의 예배자로서의 삶을 격려하고자 하였으나, 그 효과는 기대에 미치지 못했음을 솔직히 인정하지 않을 수 없다. 감격스러운 예배를 드렸다고 해서, 그 감격만으로 세상에서 예배자로 살아가기에는 영적인 공급이 너무 빈약하고, 교회 공동체 속에서의 생활과 나눔을 통한 또 다른 차원의 영적 공급이야말로 필수 비타민과 같은 존재임을 절감하게 된다.

초대 예루살렘 교회의 경우를 보더라도, 그 엄중한 시대 속에서도 성도들이 믿음을 지킬 수 있었으며, 복음을 널리 전파할 수 있었던 것은 예배와 가르침에 더해, 성도의 교제와 영적 소통이 중요한 자양분이 되었기 때문임을 다시금 확인하게 된다. 이로써 오늘날의 교회 역시 그저 만들어지고 유지되는 기관이 아니라, '교회생활'이라는 총체적 삶의 양식으로 구성된 신앙생활 공동체임을 절감하게 되며, 전통적인 교회 모습을 넘어서려고 했던 시도들이 여전히 시기상조일 수 있음을 깨닫게 된다.

이제 다시 코로나 이전의 교회로 회복하고자 한다. 예배 중 소외되었던 찬양예배를 회복하고, 셀 가족 모임을 통한 은혜 나눔, 그리고 공동식사를 통한 교제를 시작하려 한다. 교인들의 의식과 정서, 그리고 신앙의 열망이 다시금 불붙기를 기도하며, 코로나 시기로 채워지지 못했던 영적 갈망이 회복되기를 간절히 바란다. 나아가 주님 다시 오시는 날까지, 지상에서 하나님 나라를 경험하고 구현하는 구별된 하나님의 가족 공동체로 확고히 자리매김할 수 있기를 소망한다.

예배 실험의 결과, 예배가 그리스도인의 삶의 궁극적 목적임은 분명하지만, 성전 예배만으로는 그 충만한 예배자의 삶을 유지하기 어렵다는 결론에 이르렀다. 이제 '다시 예배로, 다시 교제로, 다시 전도로' 심기일전(心機一轉)하여 나아가고자 한다. 성령께서 반드시 도우실 줄 믿는다.

역설적인 예배자

왜 날 부르셨을까?
왜 날 만나주셨을까?
저렇게 기고 나는 사람들도 많은데
왜 하필
무녀리 인생을 지명하셨을까?

부르심을 따라 가는 길은
너무 좁았다
외로웠다
그리고
마음을 졸여야 했던 순간의 연속이었다.

"평안하세요."
"염려마세요."
"다 잘 될 거예요."
따뜻한 말을 건네지만
돌아서서
쩌정쩌정 울어대는 살얼음 소리에
마냥 떨어야만 했다.

누군가를 붙잡고
"힘들다!"
"지친다!"
찍소리도 못한 채

숨죽여 살려 달라 애원해야만 했다.

태초부터
타는 목마름이 되셨을
예/ 배/ 자 …
그 자리에서
오늘도 하늘을 그리며
역설적인 예배자로 살고 있다.

"모이기를 폐하는 어떤 사람들의 습관과 같이 하지 말고 오직 권하여 그 날이 가까움을 볼수록 더욱 그리하자"(히 10:25).

"두세 사람이 내 이름으로 모인 곳에는 나도 그들 중에 있느니라"(마 18:20).

생각해 보기

1. 코로나19 이후 변화된 신앙생활 패턴 속에서, 어떻게 교회 공동체를 다시 회복하고 모여 드리는 예배의 중요성을 재확립할 수 있을까?

2. 성전에서의 예배와 생활 예배를 조화롭게 실천하며, 교인들이 세상 가운데서도 참된 예배자로 살아가도록 어떻게 돕는 것이 효과적인가?

3. 현대 교회의 예배 회복과 교제 회복을 위해, 교회는 어떤 구체적인 사역과 공동체 활동에 집중해야 하는가?

04

과연 예배당이 필요할까?

평소 당연히 여기며 살아오던 일상에 이토록 제한을 받았던 적이 있었던가 싶다. 그야말로 '개벽'(開闢)이 이루어진 듯한 현실 앞에 당혹감을 느끼는 것이 비단 나만의 감상은 아닐 것이다. 특히 모임이 생명이라 할 수 있는 교회에, 현재의 상황은 단 한 번도 경험해 보지 못한, 상상조차 어려웠던 전대미문의 현실임이 분명하다. 현실적인 대안을 모색하고 적응하기 위해 애써 왔지만, 수개월이 지난 지금까지 이 충격에서 벗어나지 못한 채, 멍한 마음으로 한 해의 끝자락을 맞이하고 있다. 그중에서도 가장 큰 우려는 '불확실성'이며, 다시는 이전 같은 상태로 회복되지 못할지 모른다는 절망적인 전망 때문이다.

건전한 신앙을 가진 이라면 누구나, 신앙의 생명이 '예배'에 있다는 데 이의를 제기하지 않을 것이다. 그만큼 예배는 신앙 유지와 성장, 그리고 교회 존재에 있어 가장 핵심적인 목적이자 원동력이다. 예수 그리스도의 십자가와 부활을 통하여 완성하신 구원은 하나님과의 근원적인 관계 회복이며, 이는 곧 창조의 목적이었던 예배 회복이라는 고백으로 귀결될 때, 예배의 의미는 더욱 뚜렷해진다. 그러나 예배당 중심의 전통적인 예배에 불가항력적인 장애가 생긴 오늘날, 예배에 대한 여러 말들이 설왕설래 오가고 있는 것이 현실이다.

지금까지 예수를 믿는 이들이 교회(예배당)에서 예배드리는 것을 특별한 일로 여기지 않았던 까닭은, 너무도 당연한 일이었기 때문이다. 주일이면 모든 일을 제쳐 두고 교회로 나가 예배드렸으며, '주일 성수'의 중요성은 귀에 못이 박히도록 들어왔다. 주일 하루를 온전히 교회에서 보내며 예배와 봉사에 헌신하는 삶은 하나의 전통처럼 이어졌고, 한국교회는 이러한 토대 위에 세워져 왔다. 시대의 변화와 함께 예배 의식과 형식에도 변화가 있었지만, '교회에 모여 예배를 드린다'는 가치만큼은 변하지 않았다.

그러나 오늘날의 상황은 모임의 형태 자체가 해체되어 가고 있으며, 예배 형식도 급격히 변하고 있다. 이 와중에 교인들의 예배 의식은 점차 느슨해지고, 예배의 경계마저 희미해지는 양상이다. 특히 예배에 대한 기준이나 형식이 지나치게 광범위하게 해석되면서, 이로 인한 충돌과 혼란이 적지 않게 일어나고 있는 현실 앞에 안타까움을 금할 수 없다. 이에 예배에 대한 본질적 차원의 고찰이 필요하다고 여겨, 필자가 평소 지녀온 예배관을 펼쳐 보려 하며, 최근 유튜브를 통해 회자되는 한 원로 목회자의 온라인 예배에 대한 견해에 대해서도 조심스럽게 소회를 밝히려 한다.

신학교 재학 시절, 예배학 교수님께서는 칠판에 '성언운반일념'(聖言運搬一念)이라는 여섯 글자를 쓰시며 예배에 대한 정의를 다음과 같이 가르치셨다. "예배란 창조의 역사와 예수 그리스도의 구속의 은총에 감격하여 하나님께 드리는 응답이다." 시간이 흘러 그 정확한 문구는 다소 희미해졌을지라도, '예배는 응답'이라는 정의만큼은 기독교 예배의 본질을 꿰뚫는 핵심임이 분명하다. 이는 교수님만의 견해가 아니라, 예배학계에서 일반적으로 통용되는 정의이기도 하다. 예를 들어 장로교 예배학자인 폴 훈(Paul Hoon)은 "예배란 계시와 응답이 만나는 지점"이라 하였고, 루터교 신학자인 페터 브루너(Peter Brunner) 또한 "예배란 우리 주 하나님께서 성령을 통하여 우리에게 말씀하시는 것이며, 우리는 기도와 찬송으로 이에 응답하는 것이다. 그 외의 다른 것은 행해져서는 안 된다"고 강조했다. 결국 '하나님의 은총에 대한 응답'으로서 예배의 본질은 누구도 부인할 수 없다.

그러나 오늘날 예배는 점점 본래의 '목적'이 아닌, 종교적 수단이나 기복적 조건으로 전락해 가는 실정이다. 교회는 왜곡된 부흥과 성장이라는 논리에 편승하여, 사람을 모으며 규모를 키우고 공간을 넓히는 데 집중해 왔으며, 그로 인해 예배 본질을 흐리게 만든 책임에서 자유로울 수 없다. 조건이 붙은 신앙은 반드시 변질되기 마련이다. 아무리 고귀한 사랑이라 하더라도 조건적으로 주어진 사랑은 언젠가 변하게 되어 있다. 그러므로 사랑이 조건에서 시작되었을지라도 결국은 '목적'으로 승화되어야 하는 것이다. 마찬가지로 하나님께서 우리를 조건 없이 구원하셨듯, 우리 역시 하나님을 조건 없이 섬기고 예배해야 마땅하다. 그러나 실제 우리의 헌신 속에는 여전히 수많은 조건이 도사리고 있으며, 이 같은 조건적 예배와 헌신은 결국 그 열매를 잃게 될 것이다.

예수 그리스도 안에서 거듭난 인생의 목적은 오직 하나, 하나님의 은총에 대한 온전한 응답이다. 가진 것이 많다면 많이 응답하고, 적다면 적게 응답하면 된다. 많이 배운 자는 많이 응답하고, 배우지 못한 자는 그만큼 응답하면 족하다. 그러므로 어떤 형편에 있든 교만할 이유도, 비굴할 이유도 없다. 인생이 곧 은사(恩賜)이기 때문이다. 이와 같은 차원에서 볼 때, 예배는 은총에 대한 응답의 결정체이며, 동시에 가장 높은 가치를 지닌 신앙 행위인 것이다.

며칠 전 우연히, 한 원로 목회자께서 온라인 예배에 대해 언급한 영상을 시청하게 되었다. 요한복음 4장에 나오는 수가성 여인과의 대화를 중심으로 "이 산에서도 말고 예루살렘에서도 말고 … 영과 진리로 예배할 때가 오나니 곧 이때라"는 말씀을 인용하시며, 코로나 상황 속에서의 비대면 예배를 마치 제2의 종교개혁으로 간주하셨다. 이어 "특정 공간을 절대화하는 예배는 아버지께 드리는 예배가 아니다"라고 역설하며, "공간이 문제가 아니라, 영과 진리로 예배하는 것이 중요하다"고 강조하셨다. 이 같은 말씀은 원론적으로 옳고 타당한 것이며, 본인도 그 취지에는 일정 부분 공감한다. 다만 그 말씀을 접하며 몇 가지 불편한 마음이 생겼기에 소회를 밝히려 한다.

첫째, 그 같은 인식을 왜 이제야 하게 되셨는지 묻고 싶다. 그간 목사님은 예배당 중심의 예배 사역을 충실히 감당하셨고, 수많은 성도들과 함께 예배당에서 예배드려 오셨다. 또한 은퇴 역시 예배당에서 드린 마지막 예배로 마무리하셨다. 그런데 이제 와서 예배당의 무의미함을 선언하시는 듯한 말씀은, 다소 경솔하게 느껴지는 것이 사실이다. 이 말씀은 마치 이제는 현장 사역에서 은퇴하고 자유로운 위치에 서 계신 분이, 예배당과 무관한 '프리랜서' 혹은 '유명 유튜버' 입장에서 하시는 무책임한 선언처럼 들릴 수 있다는 점을 간과해서는 안 될 것이다.

둘째, 예배당의 가치를 그렇게 쉽게 포기할 수 있는가 하는 문제이다. 특정 장소를 지나치게 신성시하는 것은 경계해야 마땅하나, 성경은 분명히 성전을 하나님의 백성과의 만남의 장소로 삼으셨으며, 하나님께서는 그곳에서 드려지는 예배와 모임을 기뻐하셨다. 신약시대에 들어 예배당이라는 용도로 구별된 공간이 세워졌고, 이곳은 주님의 이름으로 모이는 장소로서 세상과는 구별된 영적 의미를 지닌다. 교회를 단지 건물로 이해할 수는 없겠으나, 하나님을 예배하기 위해 모이는 공간을 경시하는 것도 바람직하지 않다.

셋째, "장소에 매이지 않고 어디서든 예배드릴 수 있다"는 말씀은 맞지만, 인간의 본성과 실제 현실을 지나치게 낙관적으로 보고 계신 것은 아닌지 우려된다. 온라인 예배자들 대부분은 "영과 진리"로 드리는 예배의 경지에 도달하지 못하고 있으며, 오히려 집중하기 어렵다고 토로하는 경우가 많다. 예배당은 장소의 문제가 아니라, 하나님을 향한 마음의 중심을 형성하는 데 결정적인 역할을 한다. 예배당에서조차 예배에 집중하기 어려운 이들이, 생활공간에서 온라인으로 온전히 예배드릴 수 있으리라 기대하는 것은 지나친 낙관이다.

넷째, 의식적인 예배와 삶으로 드리는 예배의 경계를 혼동해서는 안 된다. 거듭난 신자는 어디에서든 예배자로 살아야 한다. 그러나 그 출발점은 예배당에서 드리는 정규 예배로부터 비롯되어야 한다. 예배당에서의 온전한 예배 없이, 삶 전체를 예배로 삼겠다는 발상은 공허한 이상에 불과할 수 있다.

얼마 전, 신학생인 아들이 전해준 이야기다. 대면 수업이 재개된 이후 학생들을 대상으로 설문조사를 시행한 결과, 약 80%의 학생이 여전히 비대면 강의를 선호했다고 한다. 이유는 간단하다. 편하기 때문이다. 그러나 대면 수업과 온라인 수업이 같을 수 없듯, 예배 또한 대면과 온라인의 비중이 같을 수 없다. 만일 교인들이 점차 온라인 예배에만 익숙해지고 대면 예배를 기피하게 된다면, 한국교회의 미래는 과연 어떠할 것인가. 새로운 시대라 하여 이전의 것을 가볍게 여기는 풍조 속에서, 우리는 신앙의 본질을 지켜내기 위해 무엇을 고민하고 어떤 대안을 모색해야 할지를 진지하게 성찰해야 할 시점에 이른 것이다.

가장 아름다운 예배자

아침마다 오르는 성전,
너른 공간 빈 의자가 주는 공허가
거룩한 기운으로 채워지고
은총의 밤을 지낸 강단 위 꽃들은
생기 가득한 얼굴로 나를 반겨줍니다.

주일 예배를 드리며
하나님을 향해,
거룩한 무리를 향해 환한 미소로
사명을 다한 후에도
수도사처럼 내내 홀로 성전을 지킵니다.

빈 성전에서
몸에 남은 진액을 다 뽑아
은총에 겨운 붉은 가슴 활짝 터트려
마지막까지 존재의 아름다움을 드러내며
주님을 찬송합니다.

하루 또 하루

수반의 오아시스가 마르고
목마름조차 감이 오지 않을 때쯤
한 송이 또 한 송이
지극한 겸손으로 고개를 떨굽니다.

아무도 없는 성전에 홀로 남아
목숨이 다할 때까지
앞서거니 뒤서거니 꽃을 피워내고
자기를 부정하는 강단 위 꽃들은
세상에서 가장 아름다운 예배자입니다.

"이제 이곳에서 하는 기도에 내가 눈을 들고 귀를 기울이리니 이는 내가 이미 이 성전을 택하고 거룩하게 하여 내 이름을 영원히 그곳에 있게 하였음이라. 내 눈과 내 마음이 항상 거기에 있으리라"(대하 7:15-16).

"모이는 일을 폐하지 말고 서로 격려하여 그 날이 가까움을 볼수록 더욱 그리하자"(히 10:25).

생각해 보기

1. 오늘날과 같은 상황에서 예배당(교회 공간)은 과연 필수적인가? 예배당의 존재 의미와 필요성을 어떻게 재해석할 수 있을까?

2. 비대면 예배와 온라인 예배가 확산되는 현실 속에서, '영과 진리'로 드리는 예배의 본질을 지키면서도 교회 공동체의 연합과 신앙 성장을 어떻게 유지할 수 있을까?

3. 예배당 중심의 전통적인 예배와 삶으로 드리는 예배 사이의 균형은 어떻게 이루어져야 하며, 교회는 이 문제에 대해 어떤 방향으로 고민하고 대응해야 하는가?

05

예배 회복을 위한 몸부림

코로나 팬데믹이 2년여 지속되는 상황 속에서도, 예배의 가치를 최우선에 두고 예배할 수 있었으며, 지금도 예배하고 있고, 나아가 예배를 삶의 목적으로 삼고 살아갈 수 있음에 깊은 감사를 드린다. 그간 직접적인 모임이 어려웠던 시기를 지나며 우리는 신앙이 단순한 종교적 행위가 아니라 하나님과의 전인격적 관계임을 절실히 깨닫게 되었고, 이 관계의 중심에 예배가 있음을 실감하는 시간을 보냈다.

비록 교회라는 공간에서 드리는 예배가 깊든 얕든, 그 자체로도 주님과의 관계가 이어질 수 있음을 경험하였고, 반대로 교회에서의 예배가 단절되었을 때, 주님과의 관계에도 틈이 생기는 것을 느낄 수 있었다. 그리하여 교회가 왜 예배를 생명과 같이 강조해 왔는지를 새삼 실감하게 되었다.

하나님께서 인간을 창조하신 목적은 예배에 있다. 그리고 예배의 근본은 하나님과 막힘이 없는 친밀한 관계, 곧 교제이다. 하나님께서 사람을 만드신 후 '보시기에 심히 좋았더라'고 하신 것은 단지 외형이 아름다웠기 때문이 아니라, 하나님의 형상을 따라 영적 존재로 지으시고 소통하시며 교제하신 그것이 기쁘셨기 때문이었다. 바로 이 친밀한 영적 교제가 예배이며, 이 예배는 하나님의 본래 뜻이었다. 이런 차원에서, 죄로 말미암아 하나님과의 관계가 깨어졌다는 것은, 예배가 깨어진 것이며, 인간의 불행은 바로 이 예배의 상실에서 비롯된 것이었다.

하나님께서 예배에 대해 가지신 열망은 그 누구도 막을 수 없었다. 독생자를 이 땅에 보내시어 십자가를 통해 인간의 죄를 대속하게 하시고, 깨어진 관계를 회복시키신 것 역시, 본질적으로는 예배를 다시 세우기 위함이었다. 누구든지 예수 그리스도의 이름으로 하나님께 나아갈 수 있게 되었고, 둘째 아담이신 예수 그리스도 안에서 하나님과의 친밀한 관계를 회복할 수 있게 되었다. 바로 이 회복된 관계 안에서 창조주와 피조물인 인간 사이에 진정한 행복이 시작된 것이다. 그러므로 예배는 인간에게 주어진 하나님의 가장 크고 복된 선물이라 할 수 있다.

그러나 코로나 상황은 그간 당연하게 여겨졌던 예배에 대한 상식을 근본부터 흔들어 놓았다. 무엇이 참된 예배이며, 어떻게 드리는 것이 바른 예배인지에 대해 깊은 숙고를 하게 만들었다. "하나님은 영이시니 예배하는 자가 영과 진리로 예배할지니라"(요 4:24)는 말씀 앞에, 시간과 장소를 초월한 예배 개념이 급격히 부각되었고, 온라인 예배라는 형식이 불가피한 대안으로 자리 잡게 되었다. 성도들은 각자의 가정에서 컴퓨터나 스마트폰을 통해 예배에 참여했고, 헌금도 온라인으로 드리는 방식이 일상이 되었다. 그리고 2년이 가까워오는 지금까지 이러한 형태의 예배가 계속되고 있다. 여전히 예배 외의 모임이나 행사들은 재개하기 어려운 상황 속에 있다.

이제 백신 접종률이 높아지고, 위드 코로나(With Corona)가 현실화되면서, 교회들은 대면예배를 독려하기 시작하였다. 물론 예배당에 나와 함께 예배하자는 교회의 취지를 모르는 바는 아니나, 이러한 교회 행보에 교인들이 과연 어떻게 받아들이고 있을지 궁금하지 않을 수 없다. "계속 온라인 예배를 드리면 되는 것이 아닌가?", "그렇다면 온라인 예배는 이제 폐지하겠다는 것인가?", "결국 대면 예배만이 진정한 예배라는 뜻인가?"와 같은 물음이 자연스럽게 제기될 수밖에 없다. 평신도 입장에서는 교회의 예배에 대한 기준이 일관되지 않다고 느끼며 혼란에 빠질 수밖에 없는 상황이다.

다시금 강조하건대, 그리스도인에게 예배는 '구별됨'의 상징이다. 이는 단지 시간만의 구별이 아니라, 삶 자체를 구별하는 데서 비롯된다. 특히 주일은 일상을 멈추고, 예배당에 나아가 경건하게 예배드리는 것이 신앙생활의 중심이 되어야 하며, 이 가치를 어떤 환경 속에서도 지켜내는 것이야말로 진정한 신앙의 모습이며 교회 전통이었다. 그러나 온라인 예배 정착은 전통적인 예배관을 흔들어 놓았다. 많은 성도들이 온라인 예배를 통해 예배를 드렸다는 안도감은 얻었으나, 감동이나 감화를 경험하지 못하고, 예배를 드리고도 마음 한편에 꺼림칙함을 떨치지 못했다고 고백한다. 이러한 한계를 알고 있음에도 다시 예배당으로 나아가는 일은 결코 쉬운 결단이 아니다. 온라인 예배에 익숙해졌을 뿐 아니라, 예배 이후 시간들이 이미 자기 자신을 위한 시간으로 계획되고 정착되었기 때문이다. 더 나아가 교회 전반의 활동 참여에 대한 부담이 더 크게 느껴질 수밖에 없다.

문제 핵심은 교회의 예배에 대한 일관성 결여에 있다. 코로나라는 특수한 상황에서 교회가 공식적으로 온라인 예배를 허용했다면, 그 예배를 이후에 평가절하하거나 철회하는 일은 바람직하지 않다. 왜냐하면 교회가 스스로 공인한 예배였기 때문이다. 오히려 이 예배가 더 활발히 드려질 수 있도록 독려하며, 각자의 상황과 환경에 맞추어 예배할 수 있도록 시스템을 보완하고 적극적으로 지원하는 것이 책임 있는 자세일 것이다. 그런데 코로나가 다소 진정된 이후 갑작스레 교회로의 복귀를 요구하면, 성도들은 혼란과 당혹감에 빠질 수밖에 없다. 이와 같은 상황 속에서 교회는 분명한 기준과 방향을 제시하며, 책임 있는 자세로 성도들을 설득하고 이끌어야 한다.

세상과 시대는 끊임없이 변화하지만, 변하지 않는 것들이 있다. 그 가운데 하나가 바로 예배이다. 예배란 그 의미 그대로 가장 중요하고 중심되는 가치를 하나님께 드리는 것이기에, 편리성과는 거리가 멀다. 신앙인은 삶의 중심이 예배여야 하며, 삶의 목적 또한 예배여야 한다. 한 주간의 시작과 마침이 예배여야 하고, 거룩한 주일 예배를 기다리는 마음이 예배의 시작이다. 예배를 위하여 자신을 단정히 준비하는 시간도 예배이며, 교회당을 향해 걸음을 옮기는 그 여정 또한 예배이다. 이 모든 중심이 하나님을 향하고 있기 때문이다.

세상을 창조하시고 인간을 지으신 목적은 예배이다. 독생자 예수 그리스도를 십자가에 못 박으시어 인간의 죄를 대속하신 이유도 예배에 있고, 그 피로 값 주고 교회를 세우신 이유도 예배에 있으며, 이 세상에서 방황하는 영혼들을 불러 모으시는 하나님의 뜻 역시 예배에 있다. 성경을 처음부터 끝까지 관통하는 핵심 또한 예배이다. 그러므로 다른 것은 미처 갖추지 못하더라도 예배 중심의 삶이 바로 서면, 하나님과의 관계는 회복되고 은혜가 흐르며 축복은 자연히 따라오게 되어 있다. 예배자로서의 삶의 무게감과 책임을 지는 것이 곧 진정한 신앙생활인 것이다.

한 해의 끝자락에서, 우리는 코로나로 무너진 것이 무엇이며 여전히 남아 있는 것이 무엇인지를 깊이 돌아보게 된다. 본질적이지 않은 것들, 하지 않아도 신앙에 큰 영향을 주지 않는 일들, 즉 일일 찻집, 바자회, 공동체 식사 등은 자연스레 사라져갔다. 그러나 결코 무너지지 않았고, 무너뜨릴 수도 없었던 것이 있음을 우리는 확인하고 점검하게 되었다. 이것이 바로 하나님께서 끝까지 우리에게 원하셨던, '영과 진리로 드리는 예배'였다.

"사람들이 내게 말하기를 '여호와의 집에 올라가자' 할 때에 내가 기뻐하였도다"(시 122:1).

"그들에게 이르시되 기록된 바 내 집은 기도하는 집이라 일컬음을 받으리라 하였거늘 너희는 강도의 소굴을 만드는도다 하시니라" (마 21:13).

생각해 보기

1. 코로나 시대를 거치며 온라인 예배가 확산된 상황에서, 전통적인 예배당 예배와 온라인 예배의 균형과 조화는 어떻게 이루어져야 하는가?

2. 예배가 단순한 종교 행위를 넘어 삶의 중심이자 목적이 되기 위해, 교회와 신자들은 어떤 구체적 노력과 변화를 모색해야 하는가?

3. 예배 회복을 위한 교회의 책임과 역할은 무엇이며, 특히 코로나 이후 변화된 신앙 환경에서 어떻게 성도들을 올바로 인도하고 설득할 수 있을까?

06

세상 나라, 하나님 나라

오늘의 시대는 참으로 어수선하다. 개신교 목사로서, 이 혼란한 세상 앞에 마음속 깊은 울림을 감출 수 없어 몇 자 적어보려고 한다. 이는 어쩌면 내면의 답답함을 이처럼 글로나마 토로하지 않고서는 도저히 진정할 수 없기 때문이기도 하다.

무엇보다, 오늘날 세상은 교회를 도마 위에 올려놓고 연일 난도질하고 있으며, 교회는 그에 대한 최소한의 방어권조차 박탈당한 채 침묵을 강요당하고 있다. 더 나아가, 교회 내부에서는 서로를 향한 비난과 질시, 비판이 끊이지 않는 형국이니, '어쩌다가 교회가 이 지경에 이르렀는가?' 하는 생각에 가슴이 먹먹해진다.

코로나19라는 전례 없는 전염병 사태는 교회를 향한 정부의 압박을 더욱 노골적으로 만들었다. 시시각각으로 집회 자제와 폐쇄를 권고받으며, 언론은 과거에는 상상조차 할 수 없었던 교회의 내밀한 부분까지도 '취재'라는 명목으로 왜곡하고 폭로하기에 이르렀다. 또한 교회 내부 역시 심각하게 분열되어 있다. 한편에서는 정부 방침에 무조건 협조해야 한다는 입장이 있고, 다른 한편에서는 그럼에도 예배의 자유는 그 누구도 제한하거나 포기할 수 없다는 견해가 팽팽히 맞서고 있는 것이다.

현재로서는 정부의 지침에 협력하자는 측의 논리가 더 많은 힘을 얻고 있다. 이는 '신천지'로 인한 사회적 트라우마와 무관하지 않다. 당시 슈퍼전파자로 지목된 신천지로 인해 일반 대중은 물론 보건당국까지도 "모이는 예배가 코로나 확산의 주범"이라는 인식을 갖게 되었고, 이는 하나의 고정된 '믿음'처럼 자리 잡았다. 매스컴 역시 이러한 인식을 확산하는 데 크게 기여했다. 공영방송, 종합편성채널, 심지어 본방과 재방송을 막론하고 연일 교회를 코로나와 직결시키고 있는 것이다.

두 입장을 요약하면 이렇다. 하나는 "행정 당국이 모이지 말라는데 왜 굳이 모여서 민폐를 끼치는가?"라는 관점이고, 다른 하나는 "아무리 엄중한 시기라 할지라도 종교의 자유를 법적으로 제한할 수는 없는 것 아니냐?"는 시각이다. 전자는 세상이 교회를 바라보는 관점이며, 후자는 교회가 세상을 바라보는 시선이다. 세상의 관점에서 교회를 제한하려고 한다면 교회는 이를 박해로 인식하고 세상과 맞서려 할 것이며, 반대로 교회 입장에서 이를 무시하고 예배를 강행한다면 세상의 비난과 외면을 피할 길이 없게 된다. 나아가, 또다시 교회가 슈퍼 전파의 진원지가 되는 상황이 발생할 경우, 교회는 더 이상 사회 안에서 설 자리를 잃게 될지도 모른다는 위기감이 존재한다. 이처럼 교회는 어느 쪽으로도 쉽게 나아가지 못하는 난감한 처지에 놓여 있다.

분명 '교회'와 '세상'은 불가분의 관계에 있다. 일반적인 종교적 관점에서 보자면, 교회는 세상 속에서 인간의 선한 양심을 일깨우고, 윤리와 도덕의 기준을 제시하며, 사회를 보다 정의롭고 정직하게 만드는 데 이바지해 왔다. 반면 세상은 이러한 종교적 힘을 빌어 보다 균형 잡힌 사회를 구축하려 해 왔기에, 양자는 본질적으로 상호적이며 우호적인 관계를 유지해야 마땅하다. 정부 당국이 사회적인 갈등이나 위기 앞에서 종교계 지도자들을 만나 조언을 구하는 것도 이 때문일 것이다. 그러나 보다 본질적인 차원에서 살펴볼 때, 기독교가 세상을 바라보는 관점은 일반 종교적 시각을 초월한다. 여기서 우리는 루터의 '두 왕국론'을 떠올릴 수밖에 없다.

마르틴 루터의 '두 왕국론(Die Zwei-Reiche-Lehre)'은 그가 처한 정치적, 종교적 상황과 맞물려 등장한 사상으로, 역사적 이해에 따라 본래의 의도가 왜곡되기도 한다. 실제로 지난 500여 년 동안 이 이론은 좌파와 우파, 세속과 교회 양 진영에서 자신에게 유리한 방식으로 해석되어 왔다. 루터는 아우구스티누스 수도회 신부였기에 아우구스티누스 전통을 계승하며 이 세상을 악의 지배 아래 놓인 나라로, 그에 대항하여 종말론적으로 다가오는 하나님의 나라를 상정하였다. 그는 하나님의 나라와 땅의 나라, 그리스도의 지배와 악마의 지배, 영과 육 등 대립적 구도 속에서 세계와 역사를 이해하였고, 두 나라는 결코 공존할 수 없다고 보았다. 이러한 시각은 결국 하나님 나라 질서의 우월성을 드러내는 사상적 기반이 되었다.

그러나 굳이 루터의 사상을 차용하지 않더라도, 성경적 관점에서 그리스도인은 분명히 '두 왕국'에 속한 존재들이다. 곧 '세상 나라'와 '하나님 나라'다. 루터는 이를 '사탄의 나라'와 '하나님 나라'로 규정하였으나, 보다 넓은 의미로는 동일한 개념이라 할 수 있다. 우리가 살아가는 이 세상, 곧 '세상 나라'는 인간이 육신을 입고 살아가는 현실 세계이며, 그 안에서 법을 지키고 책임을 다하며 시민으로서의 의무를 이행하고 인간적 기쁨과 슬픔을 경험한다.

성경은 이러한 세상 나라에 대해 여러 차례 언급하고 있다. 예수님은 "가이사의 것은 가이사에게, 하나님의 것은 하나님께 바치라"(마 22:21) 하심으로써, 로마 제국이라는 세상 나라의 질서를 인정하고 그리스도인 또한 그 법 아래 살아야 함을 교훈하셨다. 사도행전 1장 6절에 나타난 제자들의 질문, "주께서 이스라엘 나라를 회복하심이 이 때니이까?"라는 물음은 그들이 오직 '세상 나라'의 회복에만 관심을 두고 있었음을 드러낸다. 그러나 주님의 관심은 '하나님의 나라'에 있었으며, 그 나라의 공의와 사랑의 통치가 이 땅 가운데 실현되기를 바라셨다.

사도 바울 역시 로마서 12장 이후, 그리스도인이 세상 속에서 어떤 자세로 살아가야 하는지를 가르쳤다. 특히 13장에서는 "모든 권세는 하나님께로부터 나지 않음이 없나니"(롬 13:1)라며 세상 권세에 대한 그리스도인의 자세를 명확히 하고 있다. 물론 이는 당대의 역사적 상황과도 관련이 있으나, 그럼에도 그 본질에는 변함이 없다. 세상 나라 안에서 살아가는 하나님의 백성들이 어떠한 윤리적 태도를 지녀야 하는지에 대한 근본적인 가르침인 것이다.

이처럼 성경적 관점에서 볼 때, 세상 나라와 하나님의 나라는 타락 이후에 명확히 구분되기 시작했다. 창세기 1장 1절은 "태초에 하나님이 천지를 창조하시니라"고 선언하며, 우주만물은 하나님의 창조와 주권 아래 있다는 사실을 분명히 하고 있다. "보시기에 좋았더라"는 반복되는 후렴은 하나님께서 당신의 기쁨을 위해 세상을 창조하셨고, 당신의 뜻 안에서 이 세상을 통치하신다는 의미를 담고 있다. 다시 말해, 세상은 하나님의 창조 목적 안에서 존재하며, 하나님의 주권적 섭리 아래 다스려지는 공간이라는 것이다.

그러나 이와 같은 하나님의 창조 목적은 인간, 곧 하나님의 형상으로 지음받은 창조의 최고 걸작이 사탄의 미혹을 받아 일방적으로 하나님과의 언약을 깨뜨리면서 어그러지고 말았다. 이로 인해 인류는 하나님을 부정하는 세상을 만들기 시작하였으니, 이것이 곧 '사탄의 나라', '세상 나라'의 기원이 된 것이다. 그럼에도 하나님께서는 당신이 창조하신 세상을 포기하지 않으셨다. 오히려 하나님의 창조 목적과 주권을 회복하시기 위해 독생자 예수 그리스도를 이 땅에 보내시고, 그를 통하여 깨어진 하나님과 인간의 관계를 회복시키셨다. 이로써 성경은 예수 그리스도를 '둘째 아담'이라 증언하고 있다(고전 15:47) 곧 첫째 아담이 범죄로 말미암아 하나님과의 관계를 단절시키고 인류를 죽음에 이르게 하였지만, 둘째 아담이신 예수 그리스도는 십자가의 대속을 통하여 하나님과 인간 사이의 중보자가 되셨다는 의미이다(딤전 2:5).

세상과 하나님 사이의 유일한 중보자 되신 예수 그리스도는 요단강에서 공생애를 시작하시며, 인류 구원이라는 하나님의 목적을 본격적으로 선포하셨다. 그 사역의 첫머리가 "하나님의 나라가 가까이 왔으니 회개하고 복음을 믿으라"(막 1:15)는 선언이었다. 이는 곧 예수 그리스도를 통하여 하나님의 나라가 이 땅에 도래했다는 선포이며, 동시에 하나님의 통치가 회복되었음을 알리는 선언이기도 하다. 주님은 십자가의 죽음을 통하여 인류의 죄를 대신 짊어지셨고, 죽음에서 부활하심으로써 하나님이 온전히 다스리시는 '하나님의 나라'를 회복하셨다. 그러므로 누구든지 예수 그리스도 안에 거하는 자는 하나님과의 관계가 회복되며, 아담이 잃어버린 영적인 에덴동산을 다시 누리게 되는 것이다. 따라서 하나님의 나라는 단순한 시간적·공간적 개념을 넘어 '관계적이고 통치적인 실체'로 이해되어야 한다.

예수 그리스도께서는 공생애 전반에 걸쳐 하나님의 나라를 가르치셨고, 수많은 기적과 표적을 통해 하나님 나라를 체험하게 하셨으며, 모든 말씀을 통하여 그 나라를 선포하셨다. 주님의 모든 행적은 곧 하나님의 통치가 구현된 삶이었다. 그리고 제자들 역시 하나님의 나라를 따르기로 결단했지만, 여전히 마음 깊은 곳의 근심과 염려를 떨쳐내지 못하고 있었기에 주님은 "너희는 먼저 그의 나라와 그의 의를 구하라"(마 6:33)고 말씀하시며, 삶의 우선순위에 하나님의 나라를 두도록 가르치셨다.

하나님의 나라는 분명 세상 나라와 구별되는 영적인 실체이지만, 동시에 그리스도인은 하나님의 나라에만 속한 자가 아니라 세상의 시민이기도 하다. 그러므로 세속적인 영역에서도 정당한 책임과 역할을 다해야 한다. 물론 국가가 불신앙적이고 반기독교적인 방향으로 흐를 때, 이것을 신앙적으로 변화시켜야 한다는 열정이 십자군 운동과 같은 역사적 실수로 이어진 바도 있다. 하나님의 뜻을 이룬다는 명분 아래 칼을 들었던 중세 십자군의 실패는, 물리적 힘으로 하나님의 나라를 확장하려 한 시도가 얼마나 위험한지를 말해준다. 그럼에도 국가는 하나님께서 세우신 창조 질서 안에 있으며, 하나님의 왕권 앞에 책임을 져야 하는 존재이다. 따라서 국가가 이 책임을 다하지 못할 경우, 교회는 잘못을 지적하고 책망할 의무가 있으며, 이는 전통적인 기독교의 분명한 입장이다.

현상적으로는 '세상 나라'와 '하나님의 나라'가 이원적으로 구분된 듯 보이나, 실상 두 나라의 주권은 모두 하나님께 속해 있다. 이러한 관점은 루터보다 오히려 칼빈의 신학에 가깝다. 루터는 두 나라의 질서를 병행하는 이원론적 입장을 취했으나, 칼빈은 그리스도의 주권 아래 세상 나라도 영적 지배를 받는다는 일원론적 입장을 견지하였다. 루터에 따르면 그리스도인은 하나님의 나라와 세상 나라를 동시에 살아가는 존재이지만, 칼빈에 의하면 그리스도인은 오직 그리스도의 주권에 따라 세상의 질서 속에서 살아가는 존재이다.

하나님은 만유의 통치자이시다. 그러므로 세상 나라 역시 하나님의 통치 영역에 속한다. 이런 맥락에서 천국의 시민 된 그리스도인은 세상 나라 안에서도 주님의 뜻이 이루어지도록 노력해야 하며, 신앙생활이 교회 안의 일로 제한되어서는 안 된다. 오히려 일상의 삶 전체에 걸쳐 영향력을 드러내야 하며, 그 영향력은 법이나 물리적 수단이 아니라 사랑과 진리, 그리고 성경의 가르침을 실천함으로써 드러나야 한다. 주님께서 "너희는 세상의 소금이요 세상의 빛이라"(마 5:13-14)고 하신 말씀은 이러한 신앙인의 사명을 일깨우는 선언이다.

교회는 하나님의 온전한 통치가 구현되는, 세상 속에 존재하는 하나님의 나라의 모형이다. 그러므로 교회 안에서는 철저히 하나님의 주권이 실현되어야 하며, 하나님의 나라의 질서가 온전히 적용되어야 한다. 교회는 세상 나라의 압력에 굴복하거나 타협하여서는 안 되며, 동시에 적대시하고 대결 구도로 나아가서도 안 된다. 오히려 하나님의 관점에서 세상 나라 또한 하나님의 통치 아래 있음을 인식하고, 사랑과 인내로 세상을 대하며, 세상 나라의 합리적 질서에는 자발적으로 순응할 줄 아는 것이 마땅한 그리스도인의 자세라 하겠다. 교회는 세상 나라가 하나님의 공의와 사랑의 통치 안에서 변화되도록 하는 거룩한 책임을 지니고 있으며, 지나친 분리주의적 태도나 이분법적 대결의식은 지양되어야 할 것이다.

오늘날 한국교회가 세상 질서에 대해 무관심하거나 방관하는 태도를 취한다면, 이는 직무유기라 하지 않을 수 없다. 하나님의 질서와 세상의 질서가 따로 존재하는 것이 아니라, 오직 하나의 질서, 곧 하나님께서 세상을 구원하시고자 세우신 통치의 질서만이 있을 뿐이다. 코로나19라는 사태는 우리로 하여금 세상 나라와 하나님 나라의 관계를 다시 성찰하게 하였으며, 양자의 조화와 협력의 필요성을 절감하게 했다. 교회는 세상 속에 존재하며, 공익적 차원에서 세상 나라의 법과 질서를 존중하고 협력하는 것이 마땅하지만, 동시에 교회의 거룩성을 보존하는 일이 더욱 중요함을 잊지 말아야 한다.

"예수께서 대답하시되 내 나라는 이 세상에 속한 것이 아니니라. 만일 내 나라가 이 세상에 속한 것이었더라면 내 종들이 싸워 나로 유대인들에게 넘겨지지 않게 하였으리라. 이제 내 나라는 여기에 속한 것이 아니니라"(요 18:36).

"그러나 우리의 시민권은 하늘에 있는지라 거기로부터 구원하는 자 곧 주 예수 그리스도를 기다리노니"(빌 3:20).

생각해 보기

1. 세상 나라의 질서와 하나님 나라의 통치가 어떻게 조화롭게 공존할 수 있을까? 그리스도인은 두 나라 사이에서 어떤 자세와 역할을 취해야 하는가?

2. 교회가 세상과 갈등하거나 분리주의로 나아가기보다, 세상의 법과 질서를 존중하면서도 교회의 거룩성과 정체성을 어떻게 지켜 나갈 수 있을까?

3. 코로나19 팬데믹과 같은 위기 상황 속에서 교회와 사회가 상호 협력하며 하나님의 뜻을 이루기 위해 어떤 구체적인 책임과 실천이 요구되는가?

07

구원 이후

　일반적으로 예수를 믿는 이유를 묻는다면, 대부분의 사람들은 자연스럽게 '영혼 구원'을 들며 대답한다. 이는 틀린 말이 아니다. 그러나 만일 오직 영혼 구원만을 위하여 예수를 믿는 것이라면, 구원받은 즉시 죄로 오염된 이 세상에 머물지 않고 곧장 하늘나라로 들려 올라가는 것이 마땅할 것이다. 그럼에도 불구하고 하나님께서는 구원 이후에도 우리를 이 땅에 남겨 두신다. 그 이유는 무엇인가?

　두 가지로 요약할 수 있다. 첫째는 구원의 감격을 누리며 하나님을 높이고 영화롭게 하는 삶을 살도록 하기 위함이다. 이러한 삶을 우리는 '예배적 삶'이라 부를 수 있다. 둘째는 유일한 구원의 조건인 복음을 증거하며 살아가도록 하기 위함이다. 이를 '선교적 삶'이라고 일컫는다. 즉, 예수를 믿고 구원을 받은 성도들이 이 세상에서 살아가는 존재 목적은 바로 '예배'와 '선교'에 있는 것이다. 그리고 우리 삶의 다양한 양상은 이 두 방향성과 목적 안에 귀속되어야 한다.

　예수 그리스도께서는 부활하시고 승천하시기 직전, 지상에서의 마지막 명령을 제자들에게 주셨다. 이른바 '지상 대명령'이라 불리는 이 말씀은 다음과 같다.

"예수께서 나아와 말씀하여 이르시되 하늘과 땅의 모든 권세를 내게 주셨으니 그러므로 너희는 가서 모든 민족을 제자로 삼아 아버지와 아들과 성령의 이름으로 세례를 베풀고, 내가 너희에게 분부한 모든 것을 가르쳐 지키게 하라. 볼지어다, 내가 세상 끝 날까지 너희와 항상 함께 있으리라 하시니라"(마 28:18-20).

또한 사도행전에는 다음과 같이 선포하신다.

"오직 성령이 너희에게 임하시면 너희가 권능을 받고, 예루살렘과 온 유대와 사마리아와 땅 끝까지 이르러 내 증인이 되리라 하시니라"(행 1:8).

이처럼 주님께서는 분명한 선교적 사명을 우리에게 맡기셨으며, 이 사명을 감당할 수 있도록 성령을 보내셨다. 오순절에 성령세례를 받은 초대교회 성도들을 통하여 예루살렘과 온 유대, 사마리아 그리고 땅 끝까지 복음이 전파되었으며, 이로써 복음의 세계화가 이루어졌다. 복음이 전파되는 곳마다 교회가 세워졌고, 교회는 '예배와 선교'라는 두 기둥을 통해 이 땅에서 하나님 나라를 누리고, 동시에 그 나라를 확장하는 사명을 감당하게 된 것이다.

신학자 에밀 브루너(Emil Brunner)는 "불이 타고 있기에 존재하듯 교회는 선교하기 위해 존재한다"는 명언을 남겼다. 일반적으로 '선교'라고 하면, 우리는 먼저 다양한 사역이나 활동을 떠올린다. 해외선교, 국내선교, 빈민선교, 음악선교, 스포츠선교 등 그 영역은 점차 확대되어 왔다. 그러나 성경적 의미에서의 선교는 하나님께서 이 세상의 죄악 된 현실을 보시고, 그 속에서 멸망할 인류를 구원하시기 위해 독생자를 이 땅에 보내시고, 그 구속 사역을 믿는 자들에게 구원을 주시는 일련의 하나님의 활동을 가리킨다.

　이처럼 우리는 하나님의 선교를 '당한' 자들이다. 선교는 우리 인간의 일이기 전에 하나님의 일이며, 우리는 그 선교의 대상이요 동시에 사명자이다. 그러므로 선교는 다음과 같이 세 단계로 설명될 수 있다. 첫째는 하나님께서 독생자를 이 땅에 보내신 하나님의 선교 행위이고, 둘째는 우리가 이 사실을 믿음으로 구원을 소유하게 되는 신앙의 응답이며, 셋째는 구원을 경험한 자들이 하나님을 대신하여 이 복음을 세상 끝까지 전하는 사명자의 삶이다. 이러한 의미에서 선교는 단순한 활동이 아니라, 하나님과의 인격적인 관계에서 비롯되는 거룩한 부르심이다.

　선교가 '내용'이라면 교회는 그 내용을 담는 '그릇'이다. 선교가 '정신'이라면 교회는 그 정신을 구현하는 '몸체'가 된다. 그러므로 선교와 교회는 분리될 수 없으며, 서로를 보완하고 긴장시키는 관계 속에 존재하는 것이다.

　오늘날 '초대교회로 돌아가자'는 운동이 곳곳에서 일어나고 있다. 이는 초대교회가 오늘의 교회가 지향해야 할 가장 바람직한 모델이기 때문이다. 그러나 구호로 초대교회를 회복할 수는 없다. 초대교회의 회복은 그 구성원들이 초대 성도들처럼 생명력 있는 삶을 살아갈 때 비로소 가능하다. 모이기를 힘쓰고, 사도의 가르침을 따르며, 성도 간의 교제를 나누고, 전심으로 기도에 전념했던 초대교회의 모습이 그러하였다.

　영국의 신학자 마이클 그린(Michael Green)은 초대교회 특성을 다음과 같이 요약했다. 첫째, 전도는 교회의 모든 활동의 최우선 과제였다. 교회는 전도를 위하여 존재하였고, 조직되었으며, 재정을 사용하고 계획을 수립하였다. 둘째, 불신자들에 대한 깊은 연민을 지녔다. 셋째, 성령의 인도하심에 민감하였다. 넷째, 성직자 중심이 아닌 헌신자 중심의 교회였다. 다섯째, 건물 중심이 아니었으며, 가정이 전도의 거점이 되었다. 여섯째, 복음은 지역 사회 전체의 화제가 되었고, 집단 개종이 빈번하였다. 일곱째, 성도 개인의 변화된 삶과 공동체의 특성이 가장 강력한 전도의 도구가 되었다.

토마스, 알렌, 언더우드, 아펜젤러 등 수많은 선교사들이 자신들의 피를 이 땅에 쏟아 복음의 씨앗을 심었다. 선교 1세기를 지나며 복음은 폐허 속의 한반도에서 이 민족을 일으키는 원동력이 되었다. 수많은 신앙의 선각자들이 믿음으로 민족을 깨우는 사명을 감당하였고, 한국 교회는 전례 없는 성장의 기적을 이루었다. 일본의 어느 교회는 107년의 역사를 지녔음에도 주일학교 학생 40-50명, 성인 성도 20여 명이라는 사실과 비교할 때, 우리는 실로 하나님의 크신 은혜를 입은 민족임을 부인할 수 없다. 이제 한국교회는 선교의 수혜자에서 파송자로, 받는 교회에서 주는 교회로 성장하였다.

현재 한국교회는 선교의 중흥기를 맞고 있다. 수많은 젊은이들이 선교사로 헌신하며 준비하고 있으며, 2025년 현재 162개 국가에 9,514명의 한국 선교사들이 사역하고 있다. 이는 전 세계 국가의 75%에 해당하는 수치이다. 특히 아시아 지역은 불신자 비율이 95.7%에 달하는 선교 전략지로서, 많은 한국 선교사들이 이곳에 집중적으로 배치되어 있다.

그러나 우려되는 점도 있다. 최근 6년간, 선교 사역을 중도 포기하거나 귀국한 비율이 18.4%에 달한다는 통계는 심각한 경고라 할 수 있다. 그 원인으로는 동료 선교사와의 갈등, 건강 문제, 사역의 변화, 소명감의 결여, 본국의 후원 부족, 선교단체와의 마찰, 문화 적응 실패 등이 지적되고 있다. 이러한 현실은 파송 선교사 본인의 문제도 있겠지만, 보다 큰 책임은 파송 교회와 후원자들에게 있다고 말할 수 있다. 영적 전쟁터의 최전선에 선교사를 보내고도 영적·물질적 무장과 지원 없이 방치하는 것은 비열한 죄악이며, 용서받기 어려운 행위이다. 우리는 지금 이 시간에도 치열한 영적 전쟁을 치르고 있는 선교사들을 위하여 무엇을 해야 할지를 깊이 고민하고 실천해야 한다.

선교사를 파송하는 일은 하나님의 특별한 개입 가운데 이루어지는 거룩한 역사이며, 여기에 동참하는 것은 특권이며 축복이다. 우리 교회는 비록 많은 면에서 부족하지만 선교적 비전을 품고 첫 번째 선교사를 태국에 파송했다. 무더운 이국의 작은 방에서 가족이 함께 사역을 감당하는 그들을 위해 기도와 물질로 후원하는 일은 우리 모두의 몫이다. 주님의 뜻이 허락하시는 대로 우리는 제2, 제3의 선교사를 지속적으로 파송할 것이며, 장기적으로는 현지 선교사를 포함하여 100명의 선교사를 후원하는 비전을 품고 나아갈 것이다.

하나님께서는 지금도 하나님의 선교를 이루기 위하여 순종할 사람을 찾고 계신다. 12제자를 부르셨고, 누가복음에서는 70명의 제자를 부르셨으며, 마가의 다락방에서는 120명을 세우셨던 것처럼, 오늘 우리를 부르신다. 지난 2,000년의 역사 동안 수많은 신실한 하나님의 사람들이 이 부르심에 응답해 열방으로 나아갔다. 전 세계 60억 인구 가운데 24,000여 종족 중 12,000여 종족이 복음을 들었다면, 이제 나머지 절반의 과업은 바로 우리의 몫이다.

"그러므로 너희는 가서 모든 민족을 제자로 삼아 아버지와 아들과 성령의 이름으로 세례를 베풀고 내가 너희에게 분부한 모든 것을 가르쳐 지키게 하라 볼지어다 내가 세상 끝날까지 너희와 항상 함께 있으리라 하시니라"(마 28:19-20).

생각해 보기

1. 하나님께서 구원받은 우리를 이 땅에 남겨 두신 이유는 무엇인가?

2. 구원받은 성도들이 이 세상에서 살아가는 궁극적인 존재 목적은 무엇이며, 이를 어떻게 실천해야 하는가?

3. 오늘날 교회와 성도들은 초대교회의 본질과 사명을 어떻게 회복하며, 이 시대의 선교 사명을 감당하기 위해 무엇을 준비하고 실천해야 하는가?

진정한 리더는

"나는 죽고 예수로 사는" 리더이며,

"내가 죽어야 교회가 살고, 내가 살면 교회가 죽는다"는

자기부정의 정신으로 교회를 이끌어 가는 이다.

교회의 주인은 오직 주 예수 그리스도이시며,

우리는 그분의 종임을 잊지 말아야 한다.

Part 5
사역, 사역자들

01

어떤 리더인가?

인간은 사회적 존재로서, 다양한 관계망 속에서 나름의 역할을 감당하며 일생을 살아간다. 사회란 거대한 집합체이며, 이는 다시 공적이든 사적이든 크고 작은 공동체들로 이루어져 있다. 이 속에 속한 개인은, 자의든 타의든 공동체의 일원으로 일정한 역할을 수행하며 살아가게 된다.

모든 공동체에는 반드시 그 조직을 이끄는 리더가 존재한다. 그리고 리더가 지닌 영향력은 공동체의 분위기와 흐름, 나아가 방향성과 목적에 절대적인 영향을 미치게 되는것은 자명한 이치다. 스포츠 세계만 살펴보더라도, 감독이 누구냐에 따라 팀의 색깔과 분위기, 경기력, 승률이 크게 달라진다. 이로 인해 감독 교체가 잦은 것도 이해할 수 있는 대목이다. 그만큼 리더의 위치는 중차대한 것이며, 그의 존재가 공동체 전체에 미치는 영향은 지대하다.

그렇다면 리더는 타고나는 것인가? 혹은 만들어지는 것인가? 선천적으로 리더십을 타고난 이는 없다. 물론 기업의 경우, 창업자의 자리를 세습받은 후대들이 '낙하산식' 오너로 경영권을 이어받는 일이 있기는 하다. 그러나 속된 말로 '재벌도 3대를 넘기기 어렵다'는 말처럼, 세습된 리더는 결국 한계를 드러내기 마련이다.

진정한 리더는, 자신이 속한 공동체의 이익을 도모할 수 있는 전문성을 갖추는 것이 필수적이다. 나아가 조직 문화를 배려하고, 구성원들의 처우를 개선하려는 정서적 노력 또한 간과할 수 없는 요소이다. 어떠한 공동체든 오직 리더 한 사람의 능력이나 소수의 전문가들만으로는 유지되기 어렵다. 공동체 구성원 모두가 공동의 목적을 위해 헌신할 때 비로소 성과를 이룰 수 있으며, 이상에 도달할 수 있다. 그러므로 리더는 만들어지는 존재이며, 리더가 만들어지는 환경과 정서야말로 결정적인 요소가 된다.

사람의 정서는 손가락의 지문처럼 모두 다르다. 따라서 모든 사람이 나와 같아야 한다는 생각은 처음부터 어긋난 전제다. 심리학적 연구에 따르면, 인간의 정서는 유전적 요소가 있으나, 그보다 더 큰 영향을 미치는 것은 성장 배경이라 한다.

정서 유형은 다양하게 분류되지만, 리더의 자격을 가늠하는 중요한 기준으로 '이기적 정서'와 '이타적 정서'를 주목할 필요가 있다. 리더는 집단을 위해 세워진 존재이며, 그에게 부여된 영향력을 바탕으로 구성원을 이끌어가야 하는 책임이 있다. 따라서 리더의 정서적 성향은 공동체의 분위기와 방향과 성과에 직결되며, 이는 결코 가볍게 여길 문제가 아니다.

정서는 성장 배경과 불가분의 관계에 있다. 특히 유년기의 환경은 평생의 정서 구조를 결정짓는 핵심 요소가 된다. 폭력이나 가난, 혹은 정서적 소외를 경험한 이는 대개 보상심리 혹은 지나친 개인주의적 경향을 보이며, 관계적 소통에 장애를 겪는 경우가 많다. 이러한 정서를 가진 이가 권력을 손에 쥐게 되면, 권위적 태도와 '갑질'로 이어지기 쉽고, 결국 공동체에 해악을 끼치게 된다. 나아가 어느 정도의 성과를 이룬 이후에는 제왕적 관리자로 군림하게 되는 것이다.

반면, 이와는 정반대의 사례도 존재한다. 어려운 환경을 경험한 자가 그 아픔을 극복하고, 동일한 고통 속에 놓인 이들을 위해 헌신하는 리더로 성장하는 경우이다. 한 기업의 창업자가 그와 같은 여정을 걸었다면, 그는 이기적 사익을 추구하는 제왕적 오너가 될 수 있고, 공익을 추구하는 섬김의 리더가 될 수도 있다. 전자의 경우, 기업과 직원들은 그에게 수단에 불과하나, 후자의 경우, 오너는 자신이 기업과 직원들을 위한 도구가 되는 것이다. 이러한 구도는 기업에만 해당하는 것이 아니라, 모든 공동체와 조직에 적용되는 원리다.

정치의 영역도 예외는 아니다. 해마다 수많은 이들이 리더가 되겠다며 정치판에 등장한다. 쉬운 자리는 아닐 터인데, 쏟아내는 공약과 언행을 보면, 그들의 말대로만 된다면 세상은 살기 좋은 곳이 될 것만 같다. 그러나 그들 대부분은 구세대 출신이다. 먹을 것이 궁했던 시절, 입신양명을 위해 분투하던 세대, 그리고 신분상승의 벽이 높았던 시대를 살아낸 이들이다. 군부독재 아래 정서적으로 억압받으며, 이념 갈등이 팽배하던 시절을 통과해 온 사람들이다. 그들 중 다수는 직·간접적으로 정서적 외상을 경험했을 가능성이 크며, 결과적으로 자기중심적이고 권위적인 성향, 또는 보상심리에 기인한 이기적 정서를 떨쳐내지 못한 경우가 많다.

그렇다면 교회의 리더는 예외가 될 수 있는가? 오늘날 많은 교회들이 리더십의 문제로 몸살을 앓고 있다. 구세대는 권위주의에, 신세대는 세속적 가치관과 인본주의에 치우친 리더십으로 교회를 이끌고 있는 것이 현실이다. 특히 대형교회의 경우, 후임 청빙에 제시되는 조건들을 살펴보면 그 까다로움이 대기업 채용 조건을 능가할 정도이다. 유학 경험, 외국어 능력, 박사학위 등이 기본 조건으로 명시되곤 한다. 정작 중요한 신앙고백, 균형 잡힌 신학적 이해, 목회적 소명과 인격, 영성 등은 뒷전으로 밀리는 경우가 허다하다. 결국 외적 자격 요건을 바탕으로 설교 한 차례를 듣고 투표를 통해 결정되는 것이 일반적인 절차로 굳어지고 있다.

그러나 한국교회 부흥의 역사 속을 살펴보면, 정규 신학교를 졸업하지 못한 성경학교 출신 목회자들이 진실한 헌신과 존경받는 리더십을 바탕으로 놀라운 성장을 이루어낸 사례가 적지 않다. 이들은 외형적 자격이 아닌, 오직 절대적인 소명감으로, 주님이 맡기신 양들을 위해 온몸을 불살랐다. 그야말로 사익이 아닌 공익, 아니 '주의 영광'을 위해 자신을 들였던 리더들이었다.

리더의 진면목은 그 끝을 보면 알 수 있다. 목회를 마치고 물러날 때, 그가 어떤 모습으로 퇴장하는지를 보면 그 리더십의 진가를 확인할 수 있다. 외적으로 구분하기는 쉽지 않지만, 그의 과거와 현재를 면밀히 살펴보며 반드시 자문해 보아야 할 한 가지 기준이 있다. 그는 사익을 추구하는 리더였는가, 아니면 공익을 추구하는 리더였는가?

진정한 리더는 "나는 죽고 예수로 사는" 리더이며, "내가 죽어야 교회가 살고, 내가 살면 교회가 죽는다"는 자기부정의 정신으로 교회를 이끌어 가는 사람이다. 교회의 주인은 오직 주 예수 그리스도이시며, 우리는 그분의 종임을 잊지 말아야 한다.

그 목자 교회는 가졌는가?

잃어버린 양을 찾아 어둠속을 헤매며
안타까운 마음에 목 놓아 이름을 부르며 눈물을 훔쳐내는
그 목자 교회는 가졌는가?

말이 아닌 삶으로
주님의 가르침을 따르며 앞장서서 양 무리를 이끄는
그 목자 교회는 가졌는가?

불의와 타협하지 않고
오직 진리만을 선포하며 기꺼이 소외를 이겨낼 용기를 가진
그 목자 교회는 가졌는가?

인본적인 마음을 배제하고
오직 주님의 마음으로 따끔히 가르쳐 바르게 살도록 훈계할
그 목자 교회는 가졌는가?

물량적인 가치보다
한 영혼을 소중히 여겨 기꺼이 일생을 바칠 수 있는
그 목자 교회는 가졌는가?

선한 목자 예수님을 따라
온유와 겸손으로 허리를 동이고 섬김을 다 하다가 주님 앞에 설
그 목자 교회는 가졌는가?

그 목자 교회는 가졌는가?
그 목자 교회는 가졌는가?

양떼의 형편을 부지런히 살피고 소떼에 마음을 두며
오직 사명을 위해 살다 죽을 각오로 무장된
그 목자 교회는 가졌는가?

성령의 열매 가득하여
누구에게나 풍성하게 복을 흘려보낼
그 목자 교회는 가졌는가?

주님 앞에 서는 날,
사랑으로 돌보던 양무리가 자랑의 면류관이 되는 것으로 만족 할
그 목자 교회는 가졌는가?

"나는 선한 목자라. 선한 목자는 양들을 위하여 목숨을 버리거니와, 삯꾼은 목자가 아니요 양도 제 양이 아니라 이리가 오는 것을 보면 양을 버리고 달아나나니, 이리가 양을 늑탈하고 또 헤치느니라"(요 10:11-12).

생각해 보기

1. 진정한 리더란 어떤 자질과 마음가짐을 가진 사람인가?

2. 교회 리더십에서 무엇이 가장 중요한 자격과 덕목인가?

3. 우리 공동체와 교회는 '선한 목자'와 같은 리더를 갖추고 있는가?

02

벌써 서약을 잊으셨나요?

코로나19 사태가 장기화됨에 따라, 사회구조와 삶의 형태 전반에 걸쳐 지금까지 한 번도 경험해보지 못한 새로운 패러다임이 요구되고 있다. 이로 인해 'BC/AC'라는 신조어가 생겨났다. 곧 'Before Corona'와 'After Corona'로 구분되는 새로운 시대 인식으로, 코로나를 기준으로 삶의 양상이 얼마나 극적으로 변화했는지를 상징적으로 보여준다. 특히 인간 사이의 거리와 소통을 중심으로 이루어지던 사회의 모든 영역은 그 흐름을 거스를 수 없는 제약을 받게 되었고, 모임을 근간으로 존재해온 공동체는 심대한 타격을 입게 되었다.

그 중에서도 '모임'이 곧 '생명'인 교회는 코로나로 인한 직격탄을 피할 수 없었다. 예배와 각종 모임이 중지되거나 대폭 축소되었으며, 이로 인해 교회 안팎에서는 신앙적, 정서적 갈등이 첨예하게 드러났다. 다행히 정부의 방역 노력과 국민적 협조로 어느 정도 안정세를 찾아가며 '생활방역'으로의 전환을 기대할 수 있게 되었지만, 여전히 충격과 불안, 후유증은 해소되지 않은 채 상황만 주시하는 실정이다.

이러한 상황 속에서 교회는 그간 예배당에서 드려오던 대면 예배가 금지되거나 제한되어, 교인들이 뿔뿔이 흩어진 채 소위 '예배 방황'의 시기를 지나고 있다. 다급히 인터넷망을 구축하여 온라인 예배로 전환하고 있지만, 예배당에서 드리는 예배와는 감동의 깊이나 본질에 있어서 확연한 차이가 있으며, 이는 교회 공동체에 새로운 숙제를 안겨주었다. 교회는 무엇보다 이 시련의 때에 교인들을 위로하고 격려하며, 다시 함께 모일 수 있는 날을 기다리고 있지만, 이전과 같은 활발한 모임의 회복은 기대하기 어려울지 모른다는 염려가 현실을 엄습하고 있다.

교인이 떠난 빈 예배당, 그 적막 속에서 교회는 자신을 성찰하고 본질을 회복할 수 있는 기회를 맞이해야 한다. 특히 이 어려운 시기에 교회 직분자들, 곧 항존직(장로, 집사, 권사 등)으로 대표되는 이들의 헌신과 본분을 다하는 자세는 더욱 중요하다. 왜냐하면 이들은 교회를 위하여 특별히 부름받은 자들이기 때문이다. 그러나 현실은 오히려 반대로, 일부 직분자들이 교회의 혼란을 틈타 질서를 무너뜨리고 상처를 입히는 사례마저 발생하고 있다. 이에 다소 딱딱하게 느껴질 수 있는 주제지만 '권징'(權懲)에 대해 다시 생각해보려고 한다. 이는 법적 기준이나 유권 해석을 논하려는 것이 아니라, 일반적인 목회적 관점에서 드리는 개인적 소신임을 미리 밝힌다.

'권징'이란 문자 그대로 교회의 영적 순결을 유지하고, 심각한 죄를 범하고도 회개하지 않는 교인에게 합당한 책벌을 가하는 것을 말한다. 칼뱅(John Calvin)은 권징을 다음과 같이 정의했다. "그리스도 교리에 반대하여 횡포를 부리는 자를 단속하고 교정하는 고삐와 같은 것이며, 연약한 자를 격려하는 박차와 같은 것이고, 심하게 타락한 자를 부드럽게, 그리고 그리스도의 영의 온유함으로 징계하는 아버지의 채찍과 같은 것이다." 그는 권징의 목적을 다음 세 가지로 정리하였다. 첫째, 하나님의 이름을 높이기 위함(특히 이단이나 분리주의자에 대한 단호한 조치). 둘째, 선량한 자들이 악인들과의 교제로 부패하는 일을 방지하기 위함. 셋째, 파문된 자가 회개하여 마침내 회복되도록 하기 위함이다.

성경 역시 권징을 교회를 거룩하게 세우기 위한 수단으로 강조하고 있다(고후 6:14-7:1, 13:2; 딤전 6:3-5; 딤후 3:1-5 참조). 교회 역사에 있어서도 '징계'는 '말씀의 선포' 및 '성례의 집행'과 함께 교회의 3대 사역 중 하나로 여겨져 왔으며, 이를 통해 교회는 건전한 교리를 유지할 수 있었다. 그러나 오늘날 교회에서는 이러한 징계가 점차 소홀히 다뤄지고 있으며, 일부는 "성경의 핵심은 사랑이지 심판이 아니다"라는 논리를 앞세워 징계를 회피하려는 경향도 있다.

그러나 예수님께서도 죄를 범한 자들을 공개적으로 경계할 것을 명하셨으며(마 18:15-17; 눅 17:3), 하나님은 사랑의 하나님이시면서 동시에 공의의 하나님이시고, 죄를 징계하는 분이심을 성경은 일관되게 증언한다(히 12장). 따라서 징계는 단순한 처벌이 아니라 우리를 온전하게 훈련시키는 하나님의 사랑의 표현이며(딤후 3:16; 고후 2:6-11), 결국 하나님의 자녀답게 거룩한 삶으로 이끄시는 구원사의 한 방편으로 이해되어야 한다.

목회 중 가장 후회스러운 일 중 하나는, 검증되지 않은 직분자를 세웠던 일이다. 교회는 직분자를 세움으로써 목회자의 협력자로 교회를 섬기고 성도를 돌보는 역할을 감당하게 한다. 일반적으로 교회 생활에 성실하고 교우 관계가 원만하며, 성품이 긍정적인 자를 기준으로 삼고 직분을 부여한다. 물론 기도 가운데 결정하지만, 대개는 주님께 직분자를 '선별'해 주시도록 맡기기보다는 이미 정해진 자들이 '잘 감당할 수 있도록' 은혜를 구하는 데 집중하게 된다. 이 지점이야말로 교회가 직분자를 세움에 있어 실패할 수 있는 핵심이라 할 수 있다.

특히 항존직은 성경에도 그 자격과 역할이 구체적으로 명시되어 있을 만큼(딤전 3장 등) 중요한 위치에 있으며, 교회는 오랜 시간 기도와 절차, 법을 따라 신중하게 세워야 마땅하다. 하지만 외적 판단만으로 인선이 이뤄지고, 교인들의 선택 역시 관계나 정서, 인지도에 의존한 경우가 많아 불완전함을 면하기 어렵다. 그 결과, 세워진 직분자들로 인해 교회에 내홍이 발생하는 일이 빈번하다. 교회의 문제는 대부분 목회자와 중직자에게서 비롯된다고 해도 과언이 아니다. 직분자들은 '세워 놓으면 잘하겠지'라는 막연한 기대가 얼마나 위험한지 자각해야 한다.

한국교회는 대형화되면서 특정 행사나 시기에 맞춰 다수의 직분자를 일괄적으로 임직시키는 사례가 많아졌고, 이로 인해 직분이 '매직'(賣職), 곧 직분을 '파는' 것으로 비춰지는 부작용도 발생했다. 교회 신축이나 목사 위임식 등에 맞춰 직분자를 대거 세우는 것이 과연 바람직한가에 대해 진지한 성찰이 필요하다. 대형교회일수록 개별 교인의 신앙 깊이나 인격을 세밀하게 파악하기 어려우며, 이는 추천과 심사 단계를 형식화하는 결과를 낳는다. 때로는 장기 출석, 재정 기여, 가족 구성원의 숫자 등 본질과 관계없는 기준이 작용해 결격사유가 있음에도 직분을 받는 경우도 발생한다. 이처럼 직분자 선발 과정 자체에 구조적인 문제점이 내포되어 있다고 보아야 한다.

직분자로 세워졌다면 특히 항존직의 경우, 교회를 위해 '뼈를 묻겠다'는 각오가 있어야 하며, 임직 시 회중 앞에서 드리는 서약은 하나님과 맺는 엄중한 공적 약속임을 잊지 말아야 한다. 교단에 따라 서약문 형식은 다소 차이가 있지만, 그 본질은 동일하다. 직분은 권리가 아니라 책임이며, 명예가 아니라 헌신이다. 하나님 앞에서 손을 들고 선서한 이상, 그 사명을 외면하거나 가볍게 여기는 것은 곧 하나님을 모독하는 일이 될 수 있다.

장로나 안수집사인 경우
1) 신구약 성경은 하나님의 말씀이요 또, 신앙과 행위에 대하여 정확 무오한 유일의 법칙으로 믿고 따르기로 서약합니까?
2) 본 장로회 신조와 요리문답과 교리는 신구약 성경의 교훈 도리를 총괄한 것으로 알고 성실한 마음으로 믿고 따르기로 서약합니까?
3) 본 장로회 정치와 권징 조래와 예배 모범은 정당한 것으로 알고 승낙하십니까?
4) 본 교회 화평과 연합과 성결함을 위하여 충성하시기로 서약하십니까?
5) 본교회의 직분을 받고 하나님의 은혜를 의지하여 진실한 마음으로 교회를 봉사하고 헌금을 수납하며 구제에 관한 일을 하기로 서약하십니까?
6) 예수 그리스도의 청지기로서 본 교회의 화평과 연합을 위해 충성하며, 교회의 어른들을 존경하기로 서약합니까?

권사인 경우
1) 여러분은 본 교회 권사로 택함을 받았은즉 당회의 지도대로 교역자를 도와 성도들을 심방하고 위로하며 맡은 일에 충성하기로 서약합니까?
2) 본 교회에 화평과 연합과 성결을 위해 전심전력하기로 서약하십니까?

위 질문에 분명 '예, 서약합니다!'로 선서를 한 후 안수 의식을 통해 직분자로 구별된다. 이것은 단지 의식적인 순서에 따른 형식이 아니라 하나님 앞에서의 서약임을 생각할 때 두렵고 떨리는 순간이 아닐 수 없다.

"사람이 마땅히 우리를 그리스도의 일꾼이요 하나님의 비밀을 맡은 자로 여길지어다. 그리고 맡은 자들에게 구할 것은 충성이니라"(고전 4:1-2).

생각해 보기

1. 코로나 이후 교회 공동체의 본질과 모임 회복을 어떻게 감당할 것인가?

2. 교회의 직분자(항존직) 임직 서약과 그 책임을 교인과 직분자들은 얼마나 진지하게 인식하고 있는가?

3. 현대 교회의 직분자 선발과 권징(징계) 체계에서 드러나는 문제점은 무엇이며, 이를 어떻게 바로잡아야 하는가?

03

목회권(Ministerial power)을 지켜내라

사람은 각자 자신이 속한 소속과 지위에 따라 일정한 권리와 의무를 지닌다. 대한민국 국민이라면 행복추구권, 평등권, 자유권, 참정권, 청구권, 사회권 등의 국민으로서의 권리를 보장받는다. 동시에 교육, 근로, 납세, 국방, 환경보전의 의무를 이행해야 하는 책임도 지닌다. 만일 어떠한 이유로든 권리를 침해당하게 된다면 이에 대한 저항이 따르게 되며, 의무를 이행하지 않을 경우에는 법의 강제적 제재를 피할 수 없다.

이와 마찬가지로 교회 역시 구성원에게 권리와 의무를 부여하는 공동체이며, 그 구조와 기능 또한 일정한 체계와 원리에 따라 작동한다. 교회 내 직분은 크게 성직자인 목회자와 평신도로 구분된다. 목회자는 하나님의 소명을 받아 정규 신학과정을 수료한 뒤, 오직 목양에 전념하도록 세워진 직분이다. 최근에는 평신도의 사역이 확대되어 일종의 성직적 역할을 감당하는 사례가 늘고 있으나, 여전히 목회자와 평신도는 구별되는 직분임은 부인할 수 없다. 이 양자는 각각 고유한 권리와 의무를 지닌다.

평신도는 공예배 출석, 헌금, 그리고 교회 치리에 순종해야 할 의무를 지니며, 성찬 참여와 공동의회 회원으로서의 권리를 부여받는다. 반면, 목회자는 성경에 기록된 바에 따라(렘 3:15, 벧전 5:2-4, 고후 5:20, 엡 6:20, 딤후 1:11, 딛 1:9 등) 목회자로서의 의무를 감당해야 하며, 예배권, 성례권, 치리권으로 요약되는 '목회권(Ministerial Power)'을 고유 권한으로 부여받는다.

이 가운데 특히 '예배권'은 목회자의 고유한 권리로서, 그 행사에 있어 누구와도 타협하거나 의결할 수 없는, 오직 하나님과의 깊은 영적 교통을 통해 결단되어야 할 신성한 권한이다. 목회자는 하나님과의 친밀한 관계를 유지하고, 무오한 하나님의 말씀인 성경을 통해 하나님이 원하시는 뜻과 기준을 확신 가운데 파악할 수 있어야 한다. 그리고 교회는 이러한 목회자의 목회권을 존중하고, 성심으로 따를 의무를 지닌다. 이는 곧 교회의 치리와 권위에 순종하는 것이며, 공동체적 신앙 질서를 지키는 일이다.

그런데 코로나19 사태는 이러한 목회권 중 '예배권'을 심각하게 흔드는 결과를 초래하였다. 이는 곧 목회자에게 부여된 고유 권리를 지나치게 쉽게 포기한 데에서 비롯된 사태라 아니할 수 없다. 코로나19의 초기 확산이 신천지 집단을 통해 이루어졌고, 이로 인해 정통 교회들마저 그 여파에서 자유로울 수 없게 되었다. 신천지는 명백한 사이비 이단임에도 불구하고, 대중과 당국은 정통 교회와 이를 혼동하였고, 예배가 감염의 온상이라는 오해 속에 정부는 예배에 대해 집중적인 경계와 제재를 가하기 시작했다.

교회는 이러한 상황에서 당혹감 속에 제대로 된 신학적, 목회적 성찰 없이, 단순히 '당국에 협조'한다는 명분으로 대형 교회를 중심으로 공예배를 중단하고, 급하게 온라인 예배나 가정 예배로 전환하였다. 이에 따라 예배당은 텅 비게 되었고, 교인들은 졸지에 예배 처소를 잃었으며, 익숙하지 않은 새로운 형태의 예배 속에서 예배 자체를 포기하거나 혼란에 빠지는 사례들이 속출하게 되었다. 일부 소형 교회는 여전히 현장 예배를 강행했으나, 당국의 반복적인 '안전 문자'와 비신자의 따가운 시선 속에서 예배조차 불안한 마음으로 드릴 수밖에 없었다.

그간 목회자들은 "예배는 생명이다", "예배에 목숨을 걸라"고 가르쳐 왔고, 예배의 어원을 설명하며 하나님께 '최상의 가치를 돌리는 행위'임을 강조해 왔다. 그럼에도 코로나 사태 앞에서 예배권을 지나치게 쉽게 포기하는 모습을 보였다는 점은 변명의 여지가 없다. "예배를 포기한 것은 아니다", "하나님은 예배당에만 계시지 않는다"는 항변이 있었지만, 성전 예배에 대한 아무런 단서나 신학적 기준 없이 공예배를 중단한 것은 목회권의 포기이며, 교회의 정체성을 혼란케 한 결정이었다. 무엇보다 대형 교회의 경우 당회의 의결을 통해 예배 방식을 결정하였을 터인데, 목회자가 과연 '예배권'에 대해 얼마나 신학적 주체성을 가지고 판단하였는지 의문으로 남는다.

오늘날 한국교회는 몇 가지 중대한 딜레마에 직면하였다. 첫째, 언제 다시 예배당에서의 공예배를 재개할 수 있을 것인가에 대한 불안과 초조감이다. 둘째, 교인들에게 기존의 예배 형태 외에 새로운 예배의 '제삼지대'를 제공한 결과, 전통적인 공예배의 개념이 훼손되었고, 이는 향후 예배학적 재정립 없이는 극복이 어려운 상황에 이르렀다. "성전에 모이기를 힘쓰라"는 구절은 이미 설득력을 잃어가고 있으며, 예배 형태를 둘러싼 견해 차이는 교회 내부 갈등과 분열의 단초가 될 수도 있다.

사태 초기, 신천지의 등장과 이단과의 혼동으로 교회 전체가 싸잡아 매도되던 상황 속에서 필자는 이런 현실을 지켜보며 강한 불안을 느꼈다. '사탄은 드디어 교회를 무너뜨릴 신무기를 발견하였구나!' 하는 생각이 들었기 때문이다. 예배를 통제할 수 있는 '공공의 명분'이 너무도 강력하게 제시되었고, 교회는 이에 속수무책으로 끌려갔다. 필자는 이미 이러한 상황을 예견하고 다양한 경로를 통해 목소리를 높여 경계하였으나, 대부분은 "교회도 협조해야 한다", "확진자 발생 시 감당할 수 없다"는 논리로 응답하였을 뿐이었다.

기독교 역사 속에서 예배는 생명의 본질이었으며, 그 어떤 세력도 이를 침해할 수 없었다. 수많은 순교와 박해는 이 거룩한 공동체에 대한 도전에서 비롯되었고, 신앙의 자유를 지키기 위한 싸움이었다. 이제는 세상이 예수께서 예언하신 종말의 시점, 이른바 오메가포인트를 향해 한 걸음씩 다가서는 듯하다. 시대는 점점 더 험악해지고 있으며, 평범한 신앙생활조차 위협받는 시점에 도달하였다.

그러나 시대가 어떠하든 교회의 정체성은 수호되어야 하며, 성직자에게 부여된 목회권은 결코 훼손되어서는 안 된다. 그 가운데에서도 가장 고유한 교회의 본질이자 사명인 '예배권'은 어떤 희생을 치르더라도 수호되어야 한다. 교회는 보건당국과의 협력 속에서 사회적 책임을 다함과 동시에, 당국의 과도한 간섭과 예배권 침해에 대해서는 예언자적 경고를 아끼지 말아야 한다. 지금은 그 경계를 분명히 할 때이다.

"감독은 하나님의 청지기로서 책망할 것이 없고 제 고집대로 하지 아니하며 급히 분내지 아니하며 술을 즐기지 아니하며 구타하지 아니하며 더러운 이득을 탐하지 아니하며 오직 나그네를 대접하며 선행을 좋아하며 신중하며 의로우며 거룩하며 절제하며 미쁜 말씀의 가르침을 그대로 지켜야 하리니 이는 능히 바른 교훈으로 권면하고 거슬러 말하는 자들을 책망하게 하려 함이라"(딛 1:7-9).

생각해 보기

1. 목회자의 '예배권'을 어떻게 지키고 행사할 것인가?

2. 목회자의 '목회권'과 교회의 권위는 어떤 원칙과 신학적 근거로 보호되어야 하는가?

3. 코로나 이후 변화된 예배 형태와 교회 내 갈등 속에서, 전통적 공예배의 가치와 '예배권'은 어떻게 재정립되어야 하는가?

04 징계가 사라진 교회

교회 안에 세워진 항존 직분자들은 담임목회자의 목회 방침을 이해하고 이에 순응하며, 은혜롭고 건강한 교회를 세우는 일에 앞장서서 협력하는 이들이다. 그들은 단지 특정 업무를 맡는 봉사자가 아니라, 담임목사와 더불어 교회를 섬기는 동역자로서 소명을 받은 자들이며, 이런 점에서 항존직은 담임목회자와 수평적 협력관계 속에서 존재한다고 말할 수 있다.

즉, 목회자가 제시하는 목회적 비전과 방향 아래, 각자에게 맡겨진 직무를 능동적이고 창의적으로 수행함으로써 교회를 세우는 일에 동참하는 것이 항존직의 본래적 사명이다. 이 사역의 궁극적인 목적은 에베소서 4장 12절의 말씀과 같이, "성도를 온전하게 하여 봉사의 일을 하게 하며 그리스도의 몸을 세우려 하심"에 있다. 직분은 위계적 권한의 상징이 아니라 섬기고 봉사하는 자리이며, 무엇보다 담임목회자의 사역을 협력하고 지원하도록 세워진 직분임을 잊지 말아야 한다.

모세를 도왔던 아론과 훌, 바울의 사역을 협력한 디모데와 수많은 동역자들처럼, 항존 직분자들 또한 담임목회자의 사역을 이해하고 돕는 신실한 동역자로서의 위치에 서 있어야 한다. 이는 단순한 행정적 협조 차원을 넘어, 교회 공동체 안에서 하나님 나라를 세우는 거룩한 사역에 동참하는 자세로 이어져야 한다.

이 지점에서 한 가지 덧붙이려는 바는, 교회로부터 위임된 권위에 대한 존중과, 거룩한 직분의 권위를 경시하지 않는 자세가 항존 직분자들에게 반드시 요구된다는 사실이다. 혹 직분자들에게 인간적인 부족함이 보일지라도, 공동체 안에서 모난 돌이 되지 않도록 협력하여 보완하며, 공동의 사역을 원만하게 이루어 가려는 지혜와 성숙한 처신이 무엇보다 중요하다. 이는 곧 하나님께서 주시는 말씀과 교역자의 축복을 온전히 받아 누리며, 충만한 영성으로 교회를 섬기기 위한 기초가 되는 덕목이다. 그러므로 항존직분자들과 교역자들 사이의 영적이며 정서적인 관계가 상처받거나 훼손되지 않도록 서로를 지혜롭게 관리하고 배려하는 태도가 요청된다.

그러나 오늘날 한국교회의 현실을 들여다보면, 오히려 직분자들로 인해 교회가 깊은 어려움에 빠지는 경우가 적지 않다. 직분자가 부정적 사건에 연루되어 사회적 물의를 일으키거나, 심지어 뉴스에까지 오르내리는 일은 더 이상 낯설지 않다. 일부 중직자들은 한 교회에서 문제를 일으킨 후, 회개나 반성 없이 다른 교회나 교단으로 옮겨가 동일한 혼란을 반복하는 경우도 있다. 뿐만 아니라, 개교회 차원에서도 직분을 감당하기 어려운 개인적 사정이나, 공동체 질서를 훼손하는 과오로 중대한 문제가 발생하는 사례가 빈번하다.

이러한 경우, 교회는 하나님의 거룩하심을 훼손하지 않기 위하여, 그 직분자에 대해 분명한 경고와 함께 적극적인 문제 해결을 도모해야 한다. 특히 해당 인물이 항존직분자라면 더욱 엄중하게 다루어야 한다. 항존직은 단순한 개인의 직무가 아니라, 평신도를 대표하는 공적 위치에 있기 때문이다. 예컨대 장로는 입교인의 3분의 2를 대표하고, 안수집사나 권사는 과반수를 대표한다고 볼 수 있다. 이들은 교회의 주요 부서와 모든 대소사에 관여하며 영향력을 행사하는 자들이므로, 그 언행과 행보는 곧 교회의 질서와 평화에 직결되며, 자칫 부정적인 선례와 흐름을 남길 수 있다는 점에서 신중하고도 엄정한 대응이 요구된다.

이러한 문제 상황을 해결하기 위해, 교회에는 '권징'이라는 제도적 장치가 마련되어 있다. 이는 교회의 정관, 교단 헌법, 혹은 자치 규약 등에 근거하여 사안의 경중을 신중하게 판별하고, 공동체의 질서와 영적 거룩함을 지키기 위한 목적으로 시행되는 것이다. 그러나 권징의 목적은 단지 범과자를 찾아내어 단죄하는 데 있지 않다. 오히려 예수 그리스도의 가르침에 따라, 사랑에서 비롯된 권면과 책망을 통하여 회복과 구원의 길로 이끄는 데 그 본질이 있다.

예수께서는 마태복음 18장 15절 이하에서 다음과 같이 말씀하셨다. "네 형제가 죄를 범하거든 가서 너와 그 사람과만 상대하여 권고하라. 만일 들으면 네가 네 형제를 얻은 것이요, 만일 듣지 않거든 한두 사람을 데리고 가서 두세 증인의 입으로 말마다 확증하게 하라. 만일 그들의 말도 듣지 않거든 교회에 말하고, 교회의 말도 듣지 않거든 이방인과 세리와 같이 여기라."

이 말씀은 권징의 절차가 일방적 제재가 아니라, 반복적이고도 인내 어린 권면의 과정임을 보여준다. 먼저 개인적인 권고가 이루어지고, 그 권면이 받아들여지면 문제가 해결된다. 그러나 이것이 거부될 경우 두세 명의 증인이 함께 다시 권면하고, 이것마저 거부하면 공동체 전체가 개입하여 문제를 해결하도록 한다. 그리고 최종적으로 회개하지 않으면 교회로부터의 분리, 즉 철저한 권징을 시행함으로 교회의 거룩함을 지켜내야 한다.

이러한 권징의 정신은 단순한 배제나 처벌이 아니라, 공동체 안에 거룩함을 회복하고 하나님의 영광을 드러내기 위한, 사랑의 명령이며 성경적 원리이다. 교회는 권징을 통해 하나님의 뜻에 부합하는 질서를 확립하고, 더불어 죄로부터의 회개와 회복의 길을 열어 줌으로 진정한 교회됨의 본질을 지켜나가야 할 것이다.

'권징(Church Discipline)'은 본 교단 헌법 제3편 「권징편」에서 자세히 규정하고 있다. 그 정의에 따르면, 권징이란 "예수 그리스도께서 교회에 주신 권리를 행사하며 그 법도를 시행하는 것으로서, 각 치리회가 헌법과 헌법이 위임한 제 규정 등을 위반하여 범죄한 교인과 직원 및 각 치리회를 권고하고 징계하는 것"이라 명시되어 있다.

아울러 '권징의 목적'에 대하여는 다음과 같이 밝히고 있다. "범죄를 미연에 방지하고 교회의 신성과 질서를 유지하며, 범죄자의 회개를 촉구하여 올바른 신앙생활을 하게 함을 그 목적으로 한다." 또한, 권징이 적용되는 '범죄'에 대해서는 다음과 같이 여섯 가지로 규정하고 있다.

신앙과 행위가 성경이나 헌법, 또는 본 헌법에 의거하여 제정된 제 규정을 위반한 행위
예배를 방해한 행위
이단 행위 및 그에 동조한 행위

기독교인으로서 현저히 부도덕한 행위
치리회 석상에서의 폭언, 폭행, 기물 파괴 행위 등
타인에게 범죄를 유도하거나 범하게 한 행위

이상과 같은 범죄는 교회의 질서와 거룩함을 심각하게 훼손하는 것이므로, 단호히 권징이 시행되어야 한다. 물론 이상적인 교회라면 권징과 같은 법적 절차가 불필요할 정도로 모든 구성원이 성령의 인도하심과 말씀에 따라 화평하고 온전히 행하는 것이 마땅하다. 그러나 교회가 공교회로서의 거룩한 정체성과 복음의 순전함을 수호하기 위해서는 필요한 경우 권징의 시행을 주저해서는 안 된다.

사실, 신앙의 초심을 지킨다는 것은 인간의 의지만으로 가능한 일이 아님을 우리는 인정할 수밖에 없다. 그럼에도 묵묵히 자기에게 맡겨진 직분을 성실히 감당하는 모습은 실로 큰 감동이며, 이는 하늘의 상급과 축복으로 이어질 줄 믿는다. 하지만 현실은 때때로 우리의 신앙과 다짐이 상황에 따라 흔들리는 연약한 존재임을 일깨워준다. 베드로의 부인, 사도 바울의 탄식, 가룟 유다의 배신은 이러한 인간의 연약함을 단적으로 보여주는 예다. 특히 예수님조차 제자들에게 배신당하셨다는 사실은 때로 오늘날 직분자들의 무책임한 모습에 상처받는 자들에게 위로가 되기도 한다.

그럼에도 항존직 직분자라면, 어떤 상황에서도 하나님과 교회 앞에서 서약한 바에 따라 그 사명을 성실히 감당하여야 한다. 부족한 모습이 드러날 때는 하나님의 은혜를 간절히 구하고, 교회의 도움을 받아 회복의 길로 나아가야 한다. 만일 실수나 과오가 있다면 진심으로 회개하고, 하나님 앞에서뿐 아니라 교회 앞에서도 용서를 구하며 더욱 겸손하고 진실한 자세로 직분을 감당해야 한다.

또한 자신의 과오가 분명하거나, 납득할 만한 개인적인 사유로 직분을 감당할 수 없는 상황이라면, 본인이 먼저 신앙적이고 양심적인 판단 아래 직분에 대한 신분을 정리하는 것이 마땅하다. 이는 본인의 선택에 대한 정당성을 부여할 뿐 아니라, 새로운 마음으로 교회를 섬길 수 있는 길을 열어주는 것이기도 하다.

이에 따라 본 교단 헌법은 항존직 직분자의 신분을 정리할 수 있는 두 가지 법적 제도를 명시하고 있으니, 그것이 바로 '사임'과 '사직'이다. 이 둘은 서로 다른 개념이다. '사임'은 자신에게 맡겨진 업무를 내려놓는 것이며, '사직'은 직분 자체를 반납하는 것이다.

'사임'에는 '자의 사임'과 '권고 사임'이 있다. 자의 사임은 특별한 사정이 있을 때 직무를 스스로 사임하는 경우를 말하며, 권고 사임은 교인의 과반수가 직무 지속을 원하지 않을 경우 당회의 결의에 따라 사임을 권고하는 것이다.

한편, '사직' 역시 자의 사직과 권고 사직으로 나뉜다. 자의 사직은 범법을 하지 않았으나 교회에 덕이 되지 않는다고 판단될 경우 본인이 스스로 직분을 사직하는 것이고, 권고 사직은 당회의 결의에 따라 사직을 요청할 수 있도록 하는 제도다.

결국 항존직은 단순히 명예적인 직함이 아니라, 엄중한 책임을 수반하는 자리이다. 첫째는 모범적인 신앙생활에 대한 책임이 있고, 둘째는 공동체를 이끄는 주도적인 신앙생활의 책임이 있으며, 셋째는 교회의 평안과 질서를 위한 무한한 책임을 함께 짊어져야 한다.

그럼에도 일부 항존직 직분자들이 자신의 직분을 가볍게 여기거나, 모범이 되지 못하는 경우가 있다. 예배나 모임, 봉사활동에 소극적이거나 기도생활과 경건생활에 게을리하는 행태는 모든 성도들에게 악영향을 끼칠 뿐만 아니라, 목회자에게도 큰 부담을 주어 교회의 전반적인 침체를 가져올 수 있다. 더욱이 특별한 사유 없이 교회를 이탈하는 경우에는 교회 공동체 전체에 적지 않은 충격과 혼란을 야기하게 된다.

교회는 권징을 남용해서는 아니 되나, 전혀 시행하지 않는 것 또한 교회의 거룩한 질서 유지에 심각한 문제가 된다. 그러므로 직분과 사명을 소홀히 하여 교회에 본이 되지 못하고 목회자에게 부담이 되는 직분자들에 대해서는 적절하고 과감한 권징을 단행할 필요가 있다. 하나님께서 교회를 통하여 주님을 섬기도록 맡기신 직분의 소중함을 깊이 인식하며, 부득이한 사유로 직분을 지속할 수 없는 경우에는 직분을 회수하여 부담을 덜어주는 일 또한 매우 중요하다 할 것이다.

교회 항존직 직분자들은 교회 직원으로 세워졌기에 직분을 단순한 명예로 여기지 말아야 한다. 부득이한 사정으로 직분을 감당하지 못하거나 본 교회를 떠나야 할 때에는 마땅히 '직분을 사직'하거나 '사임'하는 것이 바람직하다. 이는 마치 회사에서 맡은 직급을 가지고 업무를 수행하다가 회사를 떠날 때 '사직서'를 제출하는 것과 같은 이치이다. 그렇게 함으로 본인 또한 새로운 교회를 자유롭게 선택하여 섬길 수 있으며, 직분에 대한 부담을 내려놓을 수 있다. 또한 이러한 경험이 미래에 직분을 다시 맡게 될 때 진실한 충성의 밑거름이 될 것이다.

교회는 은혜의 공동체이다. 목사를 비롯한 모든 직분자 가운데 온전하거나 완전한 자는 한 사람도 없다. 우리는 매 순간 '나 같은 사람을 구별하여 쓰시는 하나님의 은혜'에 감격하며, 그 은혜로 쓰임 받는 존재일 뿐임을 잊어서는 안 된다. 또한 주님께서 교회를 섬기도록 구별하여 세우셨으므로, 직분에 대한 결산이 반드시 있음을 명심하고 자기 십자가를 지는 마음으로 끝까지 충성해야 할 것이다.

목회 여정 중에 항존직 직분자가 중도에 교회를 옮기는 경우를 종종 경험한다. 우리 교회로 옮겨온 경우도 있고, 우리 교인이 다른 교회로 옮긴 경우도 있다. (우리 교회는 원칙적으로 항존직, 특히 장로에 대해서는 등록을 받지 않는다.) 목사로서 솔직히 고백하면, 옮겨온 경우나 옮겨간 경우 모두 큰 부담이다. 옮겨온 경우에는 한동안 의심 어린 눈길로 지켜보게 된다. 특히 요즘은 신천지와 같은 이단의 위협이 극심하므로, 신자의 면면을 살펴보고 여러 경로를 통해 상당 기간 검증하는 과정을 거친다. 영적 토양에 대한 상호 이해와 공감이 향상되면서 무리 없이 교회 생활을 하지만, 이전 교회에서 굳어진 편향적인 신앙 성향이 쉽게 바뀌지 않아 기도 제목이 되기도 한다. 평안할 때는 드러나지 않다가, 문제가 발생하면 본색이 드러나는 경우가 많아 경계를 늦출 수 없다. 그리고 이러한 경계심은 쉽게 풀리지 않는 것이 현실이다.

또한 우리 교회에서 타 교회로 옮겨가는 경우도 마찬가지로 부담이 크다. 이유가 어떠하든, 한 번 돌이킨 마음을 돌려세우려 애쓰지는 않으나, 그로 인한 상실감과 마음의 불편함은 어느 정도 지속된다. 다만 시간이 지나면서 상황을 받아들이고 마음을 정리하게 된다.

신앙은 개인마다 편차가 있고, 정서와 개성이 각각 다르기에 모두가 기계처럼 일사불란하게 움직일 수는 없다. 또 직분자들의 삶의 자리와 환경이 다양하므로, 지나치게 직분과 사명에 무거운 부담을 지워 교회 생활에 어려움을 겪게 하는 것도 바람직하지 않다. 목사로서 바라는 바는, 십자가를 지고 주님을 따르는 희생적인 헌신이 귀한 것임을 인정하면서도, 적어도 겉으로 드러나는 기본적인 교회 생활에 충실할 수 있기를 바란다.

교회가 평안한 가운데 거룩한 질서 안에서 하나님의 나라를 누릴 수 있기를 간절히 소망한다. 엄중한 권징이 빈번히 행사되는 일이 없도록 상호 사랑과 섬김으로 맡은 직분에서 충성할 수 있기를 기원한다. 주님께서 다시 오시는 날에, "그 주인이 이르되 잘하였도다 착하고 충성된 종아 네가 적은 일에 충성하였으매 내가 많은 것을 네게 맡기리니 네 주인의 즐거움에 참여할지어다"(마 25:21)라는 칭찬을 받는 복된 직분자가 되기를 소망한다.

항존 직분자를 세울 때 적어둔 기도문을 다시 꺼내 읽어본다.

'역사를 섭리하시는 살아 계시는 하나님 아버지, OOO씨가 지금 (장로, 집사, 권사)의 중임을 맡기 위하여 하나님 앞에 무릎을 꿇었나이다. 주님께서 쓰시기 위하여 성별한 종이오니 이 직책을 감당할 수 있는 능력과 지혜와 건강을 더하여 주시옵소서. 집사의 직분은 하나님이 주신 중요한 직분으로 사람의 힘만으로는 감당할 수 없사오니, 위로부터 새로운 힘과 은혜를 내려주시고 성령으로 기름부어 주셔서 직책을 감당하게 하여 주옵소서. 집사의 직책은 혼자의 힘만으로 감당하기 어려운 직책이오니 사랑하는 가족들로 하여금 좋은 협력자가 되도록 은혜 내려 주시옵소서. 집사의 직분은 직책이오니 사랑하는 종이 지배자로서가 아니라 봉사자로서, 받는 자로서가 아니라 주는 자로 충성하게 하시고 자신과 가정과 교회가 함께 복을 누릴 수 있게 하여 주시옵소서. 집사직은 항존직인즉 임직을 받는 이 순간의 감격과 결심이 일평생 동안 변치 않게 하시사 즐거우나 괴로우나 사명을 감당하는 충성된 종들이 되게 하시옵소서. 이제 후로는 주님의 종들을 붙드셔서 영적으로는 성령으로 충만하게 하옵시고, 육신적으로는 건강을 주옵시며, 생업과 사업에는 지경을 넓히시고 번창 하게 하시며, 가정에는 평강을 더하여 주시옵소서. 이제 종들을 통해 교회가 더욱 건강한 교회로 부흥 성장하게 하시고 열방을 구원하시기를 원하시는 주님의 꿈을 이루어 드릴 수 있도록 사용하여 주옵소서. 일평생 동안 에녹과 같이 주님과 동행하며 주님을 기쁘시게 하는 종들이 될 수 있기를 간절히 원하오며. 교회의 머리가 되신 주 예수그리스도의 이름으로 안수하며 기도하옵나이다. 아멘!'

"네 형제가 죄를 범하거든 가서 너와 그 사람만 있는 데서 책망하라. 만일 들으면 네가 네 형제를 얻은 것이요. 만일 듣지 않거든 한두 사람을 데리고 가서 두세 증인의 입으로 말마다 확증하게 하라. 만일 그들의 말도 듣지 않거든 교회에 말하고 교회의 말도 듣지 않거든 이방인과 세리와 같이 여기라"(마 18:15-17).

생각해 보기

1. 항존직 직분자들이 교회 내에서 건강한 동역자로서 책임과 권위를 어떻게 균형 있게 감당할 수 있을까?

2. 교회 내 권징(징계) 제도의 역할과 중요성은 무엇이며, 권징이 실제로 올바르게 시행되기 위해 필요한 조건은 무엇인가?

3. 직분자가 직분을 감당하지 못할 때, 개인과 교회 공동체가 취해야 할 책임 있는 태도와 절차는 무엇인가?

05

권리보다 우선인 가치

세상은 다양한 관계로 얽혀 있다. 이해관계에 의해 맺어지기도 하고, 이를 초월하여 서로 다른 능력과 기질, 그리고 정서를 가진 사람들이 상호 연결되어 형성된 거대한 집합체라 할 수 있다. 각기 다른 역할을 지닌 구성원들은 자신이 속한 집단을 위한 일이 결국 자신을 위한 일로 귀결됨을 인식하여, 소속된 집단을 위해 최선을 다한다. 이처럼 사람들이 모여 이루어진 집단은 각자가 지향하는 방향과 목적을 갖게 되는데, 예를 들어 회사를 들면 이윤 추구가 그 목적이며, 이를 위해 직원을 고용하고 역할을 분담함으로 목표를 달성해 나간다. 비영리 집단이라 하더라도 세상에 기여하려는 목적을 가지고 설립된 경우, 구성원들의 역할 분담을 통해 그 목적을 수행한다는 점에서 이익집단과 그 생리 면에서 크게 다르지 않다.

이와 같이 집단이 이루어지는 곳에는 반드시 '규약'이라 불리는 기본적인 규칙이 마련된다. 이를 '법' 혹은 '내규', '방침'이라 부르지만, 그 맥락은 다르지 않다. 곧, 해당 집단에 속한 구성원들이 지켜야 할 규칙이라 볼 수 있다. 이러한 규칙은 집단이 추구하는 목적을 효율적으로 달성하고, 집단 내 공공질서를 유지하기 위해 필요하며, 이에 따라 조직

내 역할 분담과 처우가 이루어지는 것은 상식에 속한다. 그리고 이러한 규약에는 반드시 '권리'와 '의무'라는 두 가지 요소가 사슬처럼 연결되어 있다.

'권리'란 조직원으로서 당연히 누릴 수 있는 권한을 의미한다. 예컨대 국가 역시 헌법이라는 규약을 가진 거대한 집단이다. 대한민국 국민이라면 평등권, 자유권, 사회권, 청구권, 참정권 등을 보장받으며(헌법 제10조), 이와 같은 권리를 행사할 자격과 힘을 헌법이 보장한다. 국가나 공권력도 이 권리를 함부로 침해할 수 없다. 그러나 국민의 '권리'는 '의무'와 맞물려 있다. 권리에는 이에 따른 의무, 즉 교육, 근로, 납세, 국방, 환경보전의 의무가 전제되어 있음을 의미한다. 그렇다면 '권리'가 먼저인가, '의무'가 먼저인가?

권리에는 반드시 의무가 수반되며, 의무가 권리보다 우선한다. 상식적으로 생각해보자. 국민이 의무를 다하지 못한다면 국가가 제대로 설 수 있겠는가? 이러한 상태에서 국민의 권리를 제대로 누릴 수 있겠는가? 국민이 의무를 다하는 것은 국가 존립의 선행 조건이며, 권리는 그 의무 이행의 대가로 주어지는 혜택이라 할 것이다. 이를 쉽게 이해하려면 직장을 예로 들어 보자. 한 사람이 직장에 들어가 임무를 성실히 수행하지 않아 직장에 어려움이 생기거나 파산에 이른다면, 그 사람의 직장 내 권리는 어떻게 되겠는가? 반대로 맡은 바 임무를 충실히 수행해 직장 발전에 기여했다면, 그의 권리는 더욱 확고해질 것이다. 따라서 권리는 의무의 결과물임이 분명하다. 그러므로 권리보다 의무가 우선한다는 말에 이견이 있을 수 없다.

이러한 관점에서 교회를 바라보면 어떠한가? 교회는 조직체다. 영리를 목적으로 하지 않으며, 모든 이해관계를 초월한다. 또한 신앙을 바탕으로 자발적으로 모인 공동체이기에 분명한 목적과 확실한 미션, 그리고 법이 존재하며, 그에 따라 '권리'와 '의무'도 명확하다. 우리 교단 총회 헌법 제16조는 '교인의 권리'를 "세례교인(입교인)은 성찬 참례권과 공동의회 회의권이 있다. 단, 공동의회 회원권은 18세 이상으로 한다"고 명시하고 있다. 또한 총회 헌법 제15조는 '교인의 의무'를 "공동예배 출석과 헌금, 교회 치리에 복종하는 것"으로 규정한다. 즉 예배 출석 의무, 헌금 의무, 치리에 복종하는 의무라 할 수 있다. 이 '권리'와 '의무' 가운데 당연히 우선되는 것은 '권리'가 아니라 '의무'이다. 교인이 의무를 다하지 않으면 교회는 존립할 수 없다. 예배와 헌금, 치리에 복종하지 않는다면 교회가 설 수 있겠는가? 따라서 '교인의 의무'를 이행하여 건강한 교회를 세우는 일에 최우선 순위를 두고 최선을 다한 후 '교인의 권리'를 누리는 것이 상식적 이치이다. 그러나 때때로 이를 거스르는 교인들이 있다. 즉 교인으로서 의무는 무시한 채 권리만 주장하는 사람이 그러한 경우이다.

교회는 유기적 공동체임을 성경은 '그리스도의 몸'(엡 1:23, 고전 12:12)이라 표현한다. 몸의 각 지체가 고유한 역할을 감당함으로 건강한 몸이 유지되고, 지체는 그에 상응하는 권리를 누린다. 만약 지체가 자신의 역할, 즉 '의무'를 다하지 못한다면, 그 몸은 이미 병들었으며 지체로서 권리를 누릴 수 없다. 교회의 직분 역시 이와 같은 차원에서 이해되어야 한다. 목사, 장로, 안수집사, 권사, 서리집사 등 교회 안 여러 직분은 수직적 위계가 아니라 역할 분담에 따른 수평적 조직이다. 직분 간 지위의 고하가 없으며, 오직 그리스도의 몸인 교회를 통해 세상을 구원하는 사명 공동체라 해야 할 것이다(엡 4:11-12). 따라서 교회의 머리 되신 그리스도(엡 4:15, 골 1:18)의 명령에 따라 공급하시는 능력으로 지체는 그 책임과 의무를 우선 감당해야 한다. 그러나 교회 내 갈등과 분열이 빈번히 발생하는 것을 보게 되는데, 이는 '교인의 권리와 의무'에 대한 혼선에서 비롯된다. 특히 교인들 간 분쟁의 중심에는 '의무'는 무시한 채 '권리'만 주장하는 경우가 많다.

필자는 일찍이 '항존직, 기본만 하라!'는 칼럼을 통해 항존직 직분자들에게 도전한 바 있다. 또한 직접 집필하여 제자훈련 교재로 사용하고 있는 『그리스도인으로 세상사는 이야기』는 '수레바퀴의 삶'을 주제로 한다. 수레바퀴의 삶이란, 그리스도를 중심축으로 예배, 섬김, 기도, 말씀, 증거, 교제가 '순종하는 생활'을 통해 굴러가야 한다는 뜻이다. 이는 특별한 것이 아니라 건강한 신앙인이라면 당연히 감당해야 할 기본에 해당한다. 즉 신앙생활과 교회를 통한 직분 수행은 특별한 일이 아니라 기본에 충실한 삶을 의미한다.

교인 중에는 특별히 열심 있는 헌신자도 필요하며, 그런 이들이 가끔 존재하기도 한다. 그러나 거듭난 후 교회라는 거룩한 조직을 통해 일생을 주님께 드리며 주어진 직분에 따라 사명을 감당하는 것이 성도의 삶이라면, 특출난 사람이 아니더라도 일상적 '교인의 기본적인 의무'에 충실한 것만으로도 훌륭한 신앙의 본보기가 될 수 있음을 확신한다. 예배출석, 헌금, 치리에 복종하는 자는 좋은 교인으로 인정받으며 행복한 신앙생활을 누릴 수 있다. 반면 '권리'만 강하게 주장하고 '의무'는 낙제 수준인 사람은 언제나 교회 내 문제의 불씨가 됨을 명심해야 한다.

특히 중요한 직분과 사명이 부여된 교인은 반드시 '의무'를 먼저 점검할 것을 권한다. 만약 의무가 턱없이 미달된다면, 직분을 감당할 자격이 부족함에도 맡겨졌음을 깨닫고, 하나님 앞에 충성의 고백을 드리며 능력을 구하여 묵묵히 최선을 다해야 할 것이다. 또한 목회자와의 영적 교감이나 눈높이가 맞지 않는 상태에서 단순히 열심만 내어 앞서려 해서는 안 된다. 교회는 목회자에게 위임된 사역의 장이며, 목회자를 리더로 하여 인도되는 공동체이기 때문이다. 목회자와 영적·정서적 부조화가 발생하면 잦은 충돌이 불가피하고 교회생활에 큰 상처를 남기며, 결국 교회를 자주 옮기며 불안정한 신앙생활을 하는 원인이 된다. 따라서 고도의 지혜가 요구된다.

마지막으로 문제의 핵심은 기도에 있다. 주님을 사랑하고 교회를 사랑하며 목회자와 협력하여 주님의 사역을 감당하기 위해 기도할 때, 성령께서 하나 되게 하시는 은혜를 부어 주신다. 그 은혜 안에서 평안과 축복을 누리며 의무를 감당하고 권리 또한 누릴 수 있다. 은혜 없이는 의무를 감당할 수 없고 권리를 누리는 것도 불가능하다. 그러므로 오직 은혜를 간절히 구해야 한다. 특히 교회의 중요한 정책이나 방향에 관여하려고 할 때는 목회자의 기도 수준에 맞춰 기도하며 은혜 안에서 마음과 뜻을 일치시키려 노력해야 한다. 아울러 교인 자신도 목회자와 교인 모두의 눈에 띌 정도로 기본적인 의무를 다해야 한다. 하나님은 영적 질서 안에서 믿음의 분량대로 일하시기를 원하시기 때문이다.

"형제들아 너희가 자유를 위하여 부르심을 받았으나, 오직 사랑으로 서로 종 노릇하라"(갈 5:13).

생각해 보기

1. 교회 공동체에서 '권리'보다 '의무'가 우선되어야 하는 이유와 그 의무의 구체적 내용은 무엇인가?

2. 교인과 항존직 직분자들이 '권리'만 주장하고 '의무'를 소홀히 할 때 교회 내 갈등과 분열이 발생하는 원인과 해결 방안은 무엇인가?

3. 교회 내 모든 구성원이 '은혜'를 통해 의무를 감당하고 권리를 누리기 위해 기도와 영적 일치를 어떻게 실천해야 하는가?

06

교회 리더십과의 관계

사람의 행복은 관계에 달려 있다. 아무리 물리적 환경이 최적이라 하더라도 관계가 깨어지면 행복 또한 무너지고 만다. 이러한 점을 생각할 때, 인간의 행복은 결국 정서에 좌우된다고 보는 것이 타당할 것이다. 그간 아무리 좋은 관계를 유지해왔다 하더라도 그 관계가 끝까지 지속되지 못한다면, 그동안 쌓아 온 모든 관계는 순식간에 허무한 물거품으로 전락할 수밖에 없다. 그러므로 관계는 피차의 행복을 위해 평생에 걸쳐 가장 신중하고도 철저히 관리해야 할 인생의 대명제임에 틀림없다.

그럼에도 관계는 일방적으로 지켜 낼 수 없다는 한계를 지니고 있다. 각자가 지닌 정서가 깊이 관여하며, 정서는 마치 지문과 같아서 완전히 동일한 사람이 단 한 명도 없기 때문이다. 이로 인해 어느 한 지점에서는 충돌이 불가피하다. 따라서 관계를 지키기 위한 최선의 방법은 존중과 배려, 이해와 협력을 바탕으로 서로의 공감 능력을 넓혀 가는 것뿐이다. 이러한 노력에도 정서적 충돌이 발생했을 때, 그 위기 상황을 현명하게 해결해 나가는 기술은 매우 중요한 관계의 능력이라 하겠다.

특히 크리스천으로서의 관계 관리는 더욱 어렵다. 그 까닭은 크리스천이 두 나라에 속한 존재이기 때문이다. 즉 세상 나라와 하나님 나라에 동시에 속한 이들이라는 점이다. 세상 나라에서는 사랑과 섬김으로 그리스도인의 품격을 잃지 않는 것이 중요하다. 예수님께서는 '소금과 빛', 그리고 '착한 행실'로 그리스도인의 삶을 규정하셨다. 불이익이 따른다 하여도 믿음의 도리를 따라 살아가야 하며, 관계를 지켜내기 위해서는 대가를 감수할 줄 알아야 한다. 이러한 노력에도 관계가 깨질 수 있으나, 이는 이해관계로 맺어진 세상 나라의 관계이기에 또 다른 관계를 형성하면 된다.

그러나 하나님 나라를 상징하는 교회 내의 관계는 전혀 다른 목적을 지닌다. 교회 내의 관계는 이해관계가 전혀 개입되어 있지 않으나, 삶의 안정과 행복에 지대한 영향을 미친다는 점에서 더욱 신중하게 관리되어야 한다. 존중과 배려, 경청과 섬김은 세상 나라의 관계와 다르지 않으나, 여기에 '질서와 예절'을 더하는 것이 무엇보다 중요하다.

교회의 주인은 오직 주님이시다. 교회는 하나님을 영화롭게 하며 세상을 구원하기 위한 전진기지로서 친히 세우신 거룩한 공동체이다. 국가로 비유하면 하나님 나라에 해당하므로 당연히 하나님께서 왕이시며, 교인들은 하나님 나라의 백성이다. 그러므로 교회는 하나님의 명령을 따라 그분의 뜻을 이루는 공동체이다. 또한 교회는 '한 몸의 지체'이기에 관계의 의미가 더욱 깊은 공동 운명체인 것이다. 각 지체가 역할은 다르나 결국 한 몸을 위한 역할이라는 점에서, 어느 한 지체가 겪는 고통과 행복, 질병과 건강이 곧 몸 전체에 영향을 미친다. 이로써 건강한 교회는 건강한 몸이며, 건강한 몸은 건강한 지체들로 이루어진 유기적 공동체임을 알 수 있다.

교회의 관계 가운데 특히 목회자와의 관계는 지혜가 필요하다. 동일한 공동체 구성원이지만 목회자와 평신도 사이에는 명확한 역할 분담이 있다. 성경에 따르면 목회자는 "기도하는 일과 말씀 사역에 힘쓰리라"(행 6:4) 하신대로 목자로서 성도들을 중보기도로 축복하고 말씀으로 섬기는 목양사역을 감당한다. 평신도는 주로 '구제와 봉사'를 중심으로 한 섬김의 사역을 담당한다. 이러한 역할 분담을 통해 상호 보완하며 그리스도의 몸 된 교회를 세워 가는 것이다. 이를 '사역'이라 부르며, 효과적인 사역 수행을 위해 '직분'을 부여한다. "그가 어떤 사람은 사도로, 어떤 사람은 선지자로, 어떤 사람은 복음 전하는 자로, 어떤 사람은 목사와 교사로 삼으셨으니 이는 성도를 온전하게 하여 봉사의 일을 하게 하며 그리스도의 몸을 세우려 하심이라"(엡 4:11-12). 그러므로 교인 상호 간의 관계뿐만 아니라 목회자와의 건강한 관계도 행복한 신앙생활을 위한 필수 조건이다.

때로는 목회자와 평신도 사이에 정서적, 영적 충돌이 발생하기도 한다. 양측 모두 명분은 주님과 교회를 위하는 것이지만, 평소 정서적 소외나 상처, 묘한 주도권 경쟁이 있을 경우 갈등이 심화될 수 있다. 처음에는 사소한 문제로 시작하였으나 점차 본질적인 문제로 비화할 위험도 크다. 따라서 서로의 영적 수준을 맞추어 사사로운 갈등을 사전에 차단하는 것이 매우 중요하다.

여기서 말하는 '영적 수준'이란 영적인 눈높이를 의미한다. 이 눈높이를 맞추는 유일한 길은 성령 안에서 함께 기도하는 데 있다. 또한 목회자는 평신도의 삶을 충분히 이해하고 그들의 의견을 존중하며 경청하는 태도를 견지해야 하며, 평신도 역시 목회자의 리더십을 존경하는 마음으로 수용해야 한다. 어떠한 이유로도 상호 간에 도전하거나 비난하며 공격적인 태도를 취해서는 안 된다. 이는 말씀과 축복의 통로를 막는 행위이며, 싸움을 일으키려는 신호로 받아들여져 관계가 극도로 악화되기 때문이다. 더욱이 이러한 긴장은 사탄이 교묘히 파고들어 갈등을 부추기는 빌미가 된다. 수습되더라도 부정적인 이미지가 오래 남아 교회생활의 부담과 불편을 초래하며, 결국 교회를 떠나는 원인이 되기도 한다.

목회자는 어떠한 경우에도 교인들을 말씀으로 양육하여 '믿음과 순종'으로 인도하고자 하는 의지가 강하다. 목회자가 바라는 것은 단지 예수님을 굳게 믿는 지체들이 되는 것이다. 예수님을 잘 믿는다는 것은 주님과 인격적인 교제를 건강하게 유지하는 것을 뜻하며, 마지막 순간까지 예수님을 최우선 가치로 삼는 데 있다. 이에 최종 승리가 담겨 있기 때문이다. 그러므로 목회자는 예배, 기도, 말씀, 증거, 봉사 등을 강조하며 신앙이 성숙하도록 최선을 다한다. 평신도는 거친 세상에서 받은 상처와 스트레스를 치유 받고 위로받으며, 믿음의 가족들과 삶을 나누며 회복되기를 기대한다. 또한 목회자를 통해 따뜻한 사랑과 격려를 받으며 위로받기를 소망한다. 이 모든 것은 오직 하나님의 은혜 안에서 가능하다.

목회자가 가장 귀히 여기는 성도는 묵묵히 순종하며 기도를 통해 주님과 친밀하게 동행하려 애쓰는 성도이다. 특히 기도의 자리에서 하나님과 교감하는 성도는 영이 통하는 지체로 존경받는다. 한마디로 목회자는 기도하는 성도를 존중하며 신뢰한다. 그 이유는 하나님의 은혜 안에서만 사랑과 신뢰, 협력이 지속되기 때문이다. 아무리 겉으로 친밀감을 높이려 해도 은혜가 없으면 지속성이 위협받기 마련임을 목회자는 잘 알고 있다.

교회는 주님의 몸이며, 오직 신앙고백으로 맺어진 관계이다. 그러므로 교회 내에서 정서적 평안만을 요구해서는 안 된다. 늘 강조하듯, 교회는 유람선이 아니라 전함과 같은 곳이다. 교회의 평안과 성장은 그 자체가 목적이 아니며, 영적 전쟁을 수행하는 데 있다. 따라서 공동체성, 즉 한 몸 된 의식을 지키는 일은 생명과도 같다. 각자의 자리에서 기도하며 겸손과 지혜로 관계를 유지해야 한다. 목회자와 교인, 그리고 교인 상호 간에 따뜻한 존경과 사랑이 흐르는 36.5도의 영적 체온으로 건강한 그리스도의 몸을 세워 갈 수 있기를 간절히 소망한다.

"너희를 인도하는 자들에게 순종하고 복종하라. 그들이 너희 영혼을 위해 잠잠히 기쁘게 직무를 행하게 하라. 그래야만 그들이 기쁨으로 이것을 하고 억지로 하지 않게 하려 함이라"(히 13:17).

생각해 보기

1. 목회자와 평신도 사이에 존재하는 역할 분담과 영적 '눈높이' 차이를 어떻게 조화롭게 맞추어 교회 내 건강한 관계를 유지할 수 있는가?

2. 교회 내에서 정서적·영적 충돌이나 주도권 경쟁이 발생했을 때 이를 현명하게 극복하고 교회 공동체의 일치와 화합을 회복하는 방법은 무엇인가?

3. 교회 공동체의 '한 몸'으로서 각 지체가 맡은 역할과 책임을 다하며, 목회자와 교인이 서로를 존중하고 신뢰하는 건강한 영적 협력 관계를 구축하려면 어떤 마음가짐과 태도가 필요한가?

07

항존직 일꾼들에게

　신령한 복은 직분을 통하여 주어짐을 굳게 믿는다. 이는 거룩한 직분이 하나님의 부르심이며, 이 부르심을 받은 일꾼들에게 각양 은사와 능력을 공급하사 직분을 감당하게 하시기 때문이다. 하나님으로부터 오는 능력과 은사는 개인의 일생에 크나큰 복으로 임한다. 하나님께서는 불필요한 사람을 택하여 세우지 아니하시며, 은사와 직분을 무분별하게 남발하지 않으신다. 따라서 직분자로 세워졌다는 사실은 하나님께서 적재적소에 필요하심을 따라 사용하시기 위함이며, 그 사람은 특별한 하나님의 관심과 사랑을 입은 자임이 분명하다.

　한 생애를 살아가면서 복음을 생명으로 믿고 천국의 약속을 유일한 소망으로 삼아 사는 것보다 더 귀한 복은 없다. 그러나 단순한 신앙고백으로 종교 생활하듯, 주일 예배를 중심으로 미지근하게 끌려 다니듯 신앙생활을 할 수 있으며, 대형교회 변두리에서 분위기에 따라 흘러가듯 신앙을 유지할 수도 있다. 그러나 구원의 감격으로 하나님의 영광을 위해 자기 십자가를 지고 사명을 감당하며 응답으로 살아가는 삶과는 결코 비교할 수 없다. 이런 의미에서 특별히 구별되어 직분을 맡았다는 것은 놀라운 복이라 하지 않을 수 없다.

항존직은 교회 공동체의 리더이다. 그러므로 교단 헌법에 따라 공동회의를 거쳐 온 성도의 지지를 받아 선출하는 중대한 직분이다. 전통적인 항존직 역할과 사명을 거론하지 않더라도 이는 중대한 직분임이 분명하다. 항존직 직분자는 묻지도 따지지도 않고 인정받을 만큼 교회 안팎에서 모범된 신앙 생활을 하는 사람이어야 한다. 오늘날 교회의 영성이 전반적으로 식어가고 직분을 가볍게 여기는 풍조가 만연하여, 웬만하면 서리 집사를 임명하고 특별한 결격 사유가 없으면 항존직으로 세우는 경향이 있으나, 그럼에도 항존직은 그 자체로 존귀하며 중대한 의무와 책임이 따른다. 이에 피택자들이 반드시 기억해야 할 바가 있다.

첫째, 교회를 위하여 불러내셨음을 기억해야 한다. 곧 직분은 교회 밖에서는 사용할 수 없는 직분이라는 뜻이다. 앞서 말씀드린 바와 같이 교회는 하나님의 사업장이다. 본질적 사업은 예배와 전도, 그리고 선교이다. 교회는 이 본질을 생명처럼 지켜야 하며, 어떠한 이유로든 본질에서 벗어나면 곧 거룩한 능력을 잃게 될 것이다. 일꾼으로 부르심을 받은 것은 바로 이러한 사역을 맡기시기 위함이다. 따라서 피택자들은 주님께 특채된 간부라는 자각을 가지고 책임감 있게 사역에 임해야 한다. 직분은 명예직이 아니다. 언제나 '사역자'라는 의식으로 교회를 섬겨야 하며, 직분을 받기 전처럼 '누군가는 하겠지'라는 방관적인 태도를 버려야 한다. 어떠한 사역이든 그 중심에서 쓰임 받는 것이 직분자의 사명이다.

둘째, 성령의 은혜를 간절히 구해야 한다. 이는 내 일이 아니라 주님의 일이기에 구별되고 부름 받았음을 의미한다. 그러므로 주님께서 원하시는 뜻을 올바로 깨닫고, 그 뜻대로 순종하는 것이 직분자의 가장 중요한 사명임을 잊어서는 안 된다. 결코 자기 힘으로 감당할 수 없기에 은혜가 필요하며, 이 은혜를 간절히 사모해야 한다. 하나님께서 쓰시는 이는 '약한 사람'이라 하셨다(고전 1:27). 스스로 강하다고 여기는 자는 하나님께 쓰임받지 못한다. 자기를 의지하기 때문이다. 성령의 은혜가 임하면 더 이상 약한 자가 아니게 된다. 내 힘을 의지하면 인본주의자가 되고, 사람을 따르게 되어 하나님의 일꾼이 될 수 없다(갈 1:10). 교회는 언제나 공로주의와 영웅주의를 배격한다. 주님께서 원하시는 일을 주님이 주신 능력으로 주님의 뜻에 따라 감당할 뿐, 오직 주님의 공로만 있을 뿐이다. 크고 작은 일을 모두 주님이 주시는 힘으로 감당해야 한다.

셋째, 무엇보다 예배에 목숨을 걸어야 한다. 예배는 신앙생활을 평가하는 가장 중요한 척도이자 영적 생활에 있어 최고의 가치이다. 하나님과 사람에게 가장 정확히 드러나는 것이 예배이며, 예배를 통해 그 사람의 신앙이 정확히 평가받는다. 특히 모범이 되는 신앙생활에서 성도들에게 확연히 드러나 평가받는 부분은 예배뿐이라 해도 과언이 아니다. 기도와 헌금, 헌신 등은 성도들이 쉽게 감시하거나 평가하기 어렵기 때문이다. 예배를 소홀히 하면 항존직자의 권위와 영향력은 세워질 수 없으며, 목회자에게도 큰 부담이 된다. 그러므로 항존직자는 예배 시간에 하나님의 눈에 띄는 동시에 성도들에게도 모범이 되는 좋은 예배자가 되어야 한다. 예배에 충실하기만 해도 신앙 전반에서 높은 평가를 받고 권세 있는 리더십을 발휘할 수 있다.

넷째, 교만을 경계해야 한다. 수많은 사람 중에서 택함을 받았든, 적은 무리 중에서 선택되었든, 또는 지명되어 부름 받았든, 자신이 그만한 능력과 자격이 있어서 부름 받은 것이 아님을 평생 가슴 깊이 새겨야 한다. 뿐만 아니라 교회 직분은 역할 분담이며 섬김의 직분이기에, 수직적인 서열 의식을 가지고 교만에 빠지면 직분이 오히려 자신을 망가뜨리고 공동체 질서를 무너뜨리는 결과를 낳는다. 그러므로 어떤 경우에도 교만을 경계해야 한다. 하나님은 겸손한 자를 쓰시고 교만한 자는 물리치신다(약 4:6). 겸손으로 허리를 낮추고 주님처럼 섬기기에 힘써야 할 것이다. 바울이 "내가 나 된 것은 하나님의 은혜로 된 것이라 내게 주신 그 은혜가 헛되지 아니하여 내가 모든 사도보다 더 많이 수고하였으나 내가 한 것이 아니요 오직 나와 함께 하신 하나님의 은혜로라"(고전 15:10)고 고백한 것처럼, '하나님이 하셨습니다'라는 고백이 늘 살아 있어야 한다. 이러한 모습이 교회의 아름다운 전통이 될 것이다.

다섯째, 주님께서 직분을 감당할 능력을 반드시 공급하심을 믿어야 한다. 하나님은 일을 맡겨놓고 방관하시는 분이 아니다. 맡겨진 일은 하나님의 일, 곧 성직이며, 하나님의 명예가 걸린 일이기에 자신의 이름을 걸고 감당할 능력과 힘을 공급하신다는 믿음을 가져야 한다. 그러므로 어떠한 일이라도 "못합니다"라는 말은 입 밖에 내어서는 안 된다. 다만 "부족하지만 감당하겠습니다", "하나님께서 능력 주실 줄 믿습니다. 기도해 주십시오"라는 믿음으로 직분을 감당해야 한다. 그리고 어떤 일이든 자신이 주도하려 해서는 안 된다. 성경은 "주장하는 자세로 하지 말라"(벧전 5:3)고 경고한다. 열심을 낸다는 것이 고집과 아집으로 비쳐지지 않도록 늘 경계하며, 어떠한 일이든 협력하여 감당해야 한다. 모세를 부르시고 바로에게 보내실 때 그의 손에 '하나님의 지팡이'를 쥐어 주셨음을 잊어서는 아니 된다.

여섯째는 목회자에게 신실한 협력자가 되는 것이다. 평신도와 목회자는 본질적으로 다른 소명을 부여받았기에 교회 내에서 각기 다른 역할과 사명이 주어졌다. 목회자에게는 택하신 영혼을 맡아 목양하는 중대한 사명이 주어졌고, 평신도 직분자들은 목회자를 협력하여 그리스도의 몸인 교회를 든든히 세워가도록 부르심을 받았다. 바울과 그를 도왔던 제자들의 역할이 상이하였듯, 평신도와 목회자는 각각의 자리에서 서로 보완하며 사명을 감당해야 한다. 모세 곁에는 아론과 훌, 여호수아와 갈렙이 있었고, 바울 곁에도 수많은 협력자가 있었다. 주님의 사역은 한 사람의 능력만으로 감당할 수 없는 것이기에, 교회가 각양 은사를 가진 지체들로 이루어진 몸이 되도록 하셨다.

따라서 평신도 직분자들은 영적 지도자인 목회자를 신뢰하고 존경하며, 성경을 기준으로 삼아 목회자의 목회 방침에 순종하고 협력해야 할 의무가 있다. 목회자의 부족한 점이 보일 때에는 기도하는 마음으로 살피되, 존중하는 태도로 문제를 알려 함께 감당하도록 돕는 지혜를 가져야 한다. 로마서 16장에 기록된 바와 같이 바울에게 협력했던 이들은 한 사람 바울을 위해 목숨을 바친 것이 아니라 주님께 충성된 사람들이었으며, 성경은 그들의 헌신을 귀히 여기고 이름을 밝히고 있다. 영화가 끝난 뒤 '엔딩 크레딧'에 이름이 오르듯, 교회 사역도 목회자뿐 아니라 협력자 모두의 헌신 위에 세워진다. 그러므로 목회자에게 충실한 협력자가 되는 일은 곧 주님의 협력자가 됨을 뜻한다고 할 수 있다.

일곱째, 교회의 공동체성을 생명처럼 소중히 여겨야 한다. 교회는 '공동체'이며, 성경에서는 이를 '몸'에 비유하고 방주에 비유하기도 했다. 몸의 작은 지체라도 병들면 온몸이 제대로 기능하지 못하듯, 교회 역시 모든 지체가 머리 되시는 그리스도와 성경의 기준을 중심으로 하나가 되어야 한다. 만일 어느 한 사람이 교회에 상처와 분열을 일으킨다면 이는 가장 중대한 죄악이 될 것이며, 사랑으로 권면하여 질서를 세워야 한다. 권면을 듣지 않는다면 치리를 통해서라도 평화로운 공동체성을 지켜내야 한다. 자기 집에 불을 지르는 사람은 미련한 자일 뿐 아니라 스스로 망하는 자이다. 불이 난 곳에서는 함께 힘써 불을 끄고, 강도나 도둑이

들었을 때는 협력하여 방어해야 하듯, 교회도 하나님의 집, 주님의 몸임을 잊지 말고, 공동체의 평화를 해치는 어떠한 행위도 결코 용납해서는 안된다. 혹 공동체에 상처를 주는 자가 있다면 온유한 마음으로 권면하며 평화를 지켜내는 데 최선을 다해야 할 것이다. 초대교회가 평안하여 든든히 세워졌음을 본받아, 공동체성을 지키는 일에 힘써야 한다.

여덟째, 믿음이 연약한 성도들을 격려하고 세우는 일에 힘을 기울여야 할 것이다. 믿음의 깊이와 순서는 선후배나 직분의 유무로 판단되지 않으나, 항존 직분자가 되었다는 것은 일정한 믿음의 성숙과 교회의 신뢰를 받았다는 증표이다. 직분자에게는 성도들을 돌보고 섬길 수 있는 능력이 공급되므로, 따뜻한 인사와 격려, 칭찬을 아끼지 말아야 한다. 이를 통해 성도들이 자존감을 높이고 하나님을 섬기며 교회에 헌신할 수 있도록 이끌어야 할 것이다. 새가족이 교회에 올 때에는 누구보다 반갑게 맞이하고, 기회가 있을 때마다 친절히 섬기며 격려해야 한다. 또한 믿음에 시험을 받거나 시련을 겪는 성도들을 주님의 마음으로 위로하고 권면할 수 있어야 한다. 이제는 자신의 신앙을 지키는 것을 넘어서, 교회를 넓은 영적 시야로 바라보며 지체 한 사람 한 사람에게 관심과 사랑을 다하는 사명을 늘 잊지 말아야 할 것이다.

아홉째, 온전한 십일조 생활을 실천하여야 한다. 옛말에 '하나를 보면 열을 안다'는 말이 있듯, 신앙인의 삶에서 십일조 생활은 그의 신앙 전반을 가늠할 수 있는 중요한 척도이다. 신앙이란 하나님의 주권을 인정하고, 예수 그리스도의 은혜에 대한 응답이기 때문이다. 예수를 믿는다는 것은 곧 주님을 내 안에 '주인'으로 모시고, 생사화복의 주권을 하나님께 맡기는 신앙고백을 의미한다. 이같은 고백을 외적으로 드러내는 가장 대표적인 방법이 십일조 생활이다. 물질이 하나님께로부터 맡겨진 것이며, 이를 하나님의 기쁨을 위하여 사용하는 것임을 입증하는 행위이다.

따라서 십분의 일을 구별하여 드리는 것은 하나님의 명령이자, 하나님의 주권을 인정하는 신앙고백임을 깊이 깨달아야 한다. "하나님의 영광을 위하여 목숨을 드리겠다"는 고백은 쉬울지라도, 자신에게 주어진 물질의 십분의 일조차 구별하지 못한다면 참된 신앙고백이 될 수 없을 것이다. 십일조는 내 것이 아니다. 내 인생도 내 것이 아니다. 주님께서 피 값으로 사셨으며, 온전히 하나님께 바쳐진 인생으로 살아야 할 것이다. 이제까지는 십일조를 대충 타협해 왔더라도, 앞으로는 하나님의 약속을 굳게 믿고 온전하게 구별하여 드려야 한다. 십일조는 신앙의 본질이자 물질 신앙의 척도이며, 구별함으로 말미암아 하나님께서 반드시 신실하게 복 주시는 역사를 경험하게 하실 것이다. 성도들에게도 좋은 믿음의 본보기가 되어야 할 것이다. 십일조를 온전하게 드림으로써, 약속하신 대로 넘치도록 복을 누리시는 은혜를 체험하게 될 것이다.

열 번째, 개인 영성에 힘쓸 것을 권면한다. 기도생활은 호흡과도 같아 매일 꾸준히 행하여야 하며, 성경 말씀은 영혼의 양식이므로 식사하듯 매일 큐티(QT)를 통해 섭취해야 한다. 이는 주님의 일을 감당함에 있어 믿음과 충만한 영성이 반드시 필요하기 때문이다. 만일 직분자가 영적으로 메말라 있다면, 교회 전체가 영적인 힘을 잃고 급격히 변질되는 위험에 처하게 된다. 더불어 사탄은 이러한 연약한 교회를 시험하여 무너지게 하며, 교인들은 씻을 수 없는 상처를 입게 된다. 그러므로 직분자는 늘 충만한 영성으로 깨어 있어야 하며, 개인 영성의 최고봉은 단연 '새벽기도'이다. 시대가 어려워지고 성도들의 삶이 바쁘고 피곤하여 새벽기도에 소홀히 하는 경향이 있으나, 새벽기도는 직분자에게 필수적인 의

무임을 다시 한 번 깊이 새겨야 한다. 과거에는 새벽기도 출석 여부가 항존 직분자 선정의 중요한 기준이었으며, 직분자가 새벽기도를 결석하는 것은 상상조차 할 수 없는 일이었다. 매일 출석하지 못할지라도 격일, 혹은 주말이라도 새벽을 깨우며 기도에 대한 열망을 잃지 말아야 할 것이다. 또한 균형 잡힌 영성을 위하여『그리스도인으로 세상사는 이야기』제자훈련의 이수도 반드시 권장한다.

열한 번째, 성전을 가까이 하여 늘 돌보는 자세를 견지해야 한다. 교회의 주인은 주님이시지만, 교인들은 주인 의식을 갖고 교회를 사랑해야 한다. 시시때때로 성전을 방문하여 기도하고 구석구석을 살피며 정돈하고, 필요한 성물을 채워 성도들이 불편함 없이 은혜를 누릴 수 있도록 직분자들이 솔선수범하여 성전을 돌보아야 할 것이다. 관심은 곧 사랑이며, 관심을 가지면 어지럽혀진 곳과 필요한 것이 자연스레 보이게 된다. 누구나 성전을 오가며 영적으로 충전하고 소통하는 것이 건강한 신앙생활의 기본임을 잊지 말아야 할 것이다. 또한 성전을 방문할 때마다 기도하며 성도들과 따뜻한 교제를 나누어야 하며, 가능한 성전 가까이에서 거주하는 것도 축복임을 기억해야 할 것이다.

열두 번째, 도덕적으로 깨끗할 것을 강조한다. 신앙은 가장 높은 차원의 도덕성을 요구하며, 거룩한 리더십은 작은 흠결이라도 생기면 더 이상 사명을 감당할 수 없다. 교단의 법에서도 "무흠한 세례교인으로 5년 이상 경과한 자"를 임직의 기준으로 삼고 있음을 유념해야 한다. 따라서 교인과 금전적인 이해관계가 얽히지 않도록 주의해야 하며, 이성 간 지나친 신체 접촉이나 노골적인 언사는 삼가야 한다. 마귀는 이와 같은 틈을 노려 거룩한 관계를 깨뜨리고 공동체에 분열과 갈등을 일으키기 때문이다. 또한 지나치게 이기적이거나 경솔하게 처신하여 중요한 일에서 권위를 상실하지 않도록 늘 신중을 기해야 한다. 스스로를 살피며 덕을 잃지 않도록 삼가고 경계하는 자세를 결코 소홀히 해서는 안 될 것이다.

열세 번째, 임직하기 전에 반드시 실천할 것을 권면한다. 신앙은 하나님의 은혜에 대한 응답이며, 직분은 영광스러운 부르심이다. 하나님께 보답하는 가장 귀한 방법은 영혼의 열매를 맺는 것이다. 그 열매를 드린 후 직분을 받는다면 큰 복임이 분명하다. 특히 성령강림주일(6월 9일) 임직일까지 작심하고 성경 1독을 완성하며, 최소 3분 이상 전도하여 영혼의 열매를 맺을 것을 권장한다. 이는 커다란 영적 자산이 될 뿐 아니라 하나님께도 큰 기쁨이 될 것이다.

마지막으로, 서로 깊이 사랑할 것을 간절히 부탁드린다. 사랑이 없으면 모든 것이 무의미하다. 사랑은 수많은 죄를 덮는 능력이요, 사람은 사랑으로만 변화된다. 주님을 사랑하고 교회를 사랑하며, 성도 한 사람 한 사람을 깊이 사랑하는 마음을 품어야 한다. 믿음과 소망도 중요하지만, 무엇보다도 사랑이 으뜸임을 명심해야 할 것이다. 이 모든 권면은 간단히 적었으나, 실질적으로 교회를 통해 주님의 일을 감당해야 할 직분자에게 필요한 기본 교양이다. 깊이 새기고 결코 잊지 말아야 할 진리임을 다시 한 번 강조한다.

팔짱을 끼고 뒤에서 지시만 하는 이는 진정한 리더가 아니다. 참된 리더는 언제나 앞에 서서 장애물과 위험을 먼저 맞서며, 부상을 입거나 심지어 죽음에 이를지라도 그 자리를 지킨다. 안전한 뒤편으로 숨는 자는 리더라 할 수 없다. 사도 바울은 "우리를 그리스도의 일꾼이요"(고전 4:1)라 칭하였는데, 여기서 '일꾼'(휘페레테스)은 '노를 젓는 자'를 의미한다. 교회라는 배의 키는 주님께서 잡고 계시며, 항로는 성경이다. 일꾼은 주님을 믿고 성실히 노를 젓는 일에 충실한 사람이다. 그러할 때 교회는 순풍을 맞아 주님이 원하시는 항구에 안전히 도달할 것이다. 이것을 기억해야 할 것이다. 충성된 일꾼에게는 반드시 상급이 약속되어 있다(마 25:21, 계 2:10, 22:12). 반면, 직분에 불충한 자에게는 심판도 함께 있음을 명심해야 할 것이다(마 25:30, 눅 16:10).

"여러분은 자기를 위하여 또는 온 양 떼를 위하여 삼가라. 성령이 그들 가운데 여러분을 감독자로 삼고, 하나님이 자기 피로 사신 교회를 보살피게 하셨느니라"(행 20:28).

"너희 중에 있는 하나님의 양 무리를 치되, 억지로 하지 말고 자원함으로 하며, 더러운 이익을 위하여 하지 말고, 기꺼이 하며, 맡은 자들에게 주장하는 자세를 하지 말고, 양 무리의 본이 되라"(벧전 5:2-3).

▌생각해 보기

1. 항존직 직분자로서 하나님의 부르심과 직분의 책임을 깊이 자각하며 사역할 때 가장 중요한 마음가짐과 자세는 무엇인가?

2. 항존직 직분자가 영적 은혜와 능력을 사모하며, 교만을 경계하고 겸손하게 사역하기 위한 실제적인 영적 훈련과 실천 방안은 무엇인가?

3. 목회자와의 신실한 협력 관계를 이루고, 교회의 공동체성과 믿음이 연약한 성도들을 세우며, 십일조 생활과 교회 성전 돌봄 등 일상 사역에서 항존직자가 갖추어야 할 영적·도덕적 덕목은 무엇이며 이를 어떻게 지속할 수 있는가?

그럼에도 불구하고,

교회는 여전히 세상을 구원할 유일한 희망이며,

하나님의 뜻을 이 땅 가운데 실현할 마지막 기관임을 잊지 말아야 한다.

상식의 눈으로 신앙을 다시 점검하고,

건강한 교회관을 회복하여 세상을 향해 다시 손을 내밀어야 할 때이다.

지금은 교회에 대한 하나님의 주권을 바로 세우고,

변명보다는 성찰과 회개로 나아가야 할 때이다.

왜냐하면, 교회는 세상의 빛이기 때문이다.

그리고 교회는 끊임없이 개혁되어야 하기 때문이다.

Part 6
다시 주님의 교회로

01
교회는 안녕들 하십니까?

최근, 또다시 모 대형교회 목사를 둘러싼 부정적인 보도가 언론에 등장했다. 이와 같은 소식은 예고 없이 터지는 불쾌한 사건처럼, 잊을 만하면 반복적으로 수면 위로 떠오르곤 한다. 그때마다 순전한 복음에 집중하며 영혼 구원을 위해 모든 것을 바쳐 헌신하는 대부분의 목회자들과 교회들이 얼마나 깊은 고통과 아픔을 겪고 있을지 생각하면 마음이 무겁다.

쌍방 간의 고소와 고발, 성명서 발표, 나아가 수천 명을 동원한 방송국 앞 시위 등은 진실 규명을 위한 몸부림일지라도, 결과적으로 교회의 민낯을 적나라하게 드러내는 모습으로 비치고 만다. 그 진위 여부를 떠나, 이로 인해 교회가 감당해야 할 도덕적 부담은 날로 커져만 가는 실정이다.

무엇보다 심히 우려되는 점은, 이러한 상황 속에서 세상은 과연 누구의 손을 들어줄 것인가 하는 문제이다. 이미 교회에 대한 세상의 실망은 그 깊이를 가늠하기 어려울 정도에 이르렀으며, 세상의 동정이나 이해를 기대하는 것 자체가 어불성설처럼 느껴지는 시대가 되었다. 물론, 교회와 세상의 시각과 가치관은 본질적으로 다르다. 그러나 초대교회가 외인들에게도 칭송을 받았고, 수많은 이들이 교회로 나아왔던 사실을 상기할 때, 오늘날의 교회가 처한 상황을 단지 세상의 편견으로 치부하며 정당화하기는 어렵다.

세상이 교회를 향하여 왜곡된 평가를 내리고, 때로는 음해성 공격을 감행한다 하더라도, 교회 스스로가 만들어 온 부정적인 이미지에서 벗어나기란 결코 쉬운 일이 아니다. 이 같은 진단이 지나치게 비관적이라 평가될 수 있고, 교회와 목회자에 대한 자존감 부족에서 비롯된 체념이라 책망받을 수도 있을 것이다. 그러나 오늘의 현실은, 교회 내부의 시선으로조차 세상의 비판을 일방적인 오해라 일축하고 교회를 감싸기조차 민망한 상황임을 부인할 수 없다.

세상의 구원을 위하여 예수 그리스도의 피 흘리심으로 세워진 교회가 어쩌다 이토록 위태로운 지경에 이르렀는지를 깊이 자성하지 않을 수 없다. '개혁'이라는 구호를 외치지 않는다 하더라도, 교회는 다시금 세상 앞에서 그 위상을 회복해야 할 과제를 안고 있는 것이 현실이다. 그러므로 이 시점에서 조심스럽게 묻고자 한다. "여러분의 교회는 과연 안녕하십니까?"

교회는 세상 속에 존재하지만, 세상에 그 가치와 목적을 두는 공동체는 아니다. 오히려 교회는 세상을 거슬러, 때로는 피 흘리기까지 바른 기준을 세워야 하며, 세상의 그늘지고 소외된 곳곳에 소망의 빛을 비추어야 할 '희망의 공동체'이다. 그러나 오늘날 교회는 양적 성장에 몰두한 나머지, 점차 대형화되며 본질적 사명을 상실해가고 있다.

양적 성장 중심의 교회는 두 가지 대표적 부작용을 낳는다. 첫째, 사람 중심의 사고가 복음을 희석시켰다는 점이며, 둘째, 건물 중심의 구조로 운영에 막대한 재정적 부담을 떠안게 되었다는 점이다. 이 두 요소가 서로 맞물려 악순환을 형성하고 있다. 사람들을 끌어 모으기 위해 '희망의 복음'이라는 이름 아래 지나치게 달콤하고 부드러운 메시지만 전하다 보니, 교인들은 진리의 칼날 앞에서 불편함을 느끼고, 고통을 감내하지 않으려는 영적 기호에 길들여지고 말았다. 그 결과 신앙의 기준도, 삶의 기준도 약화되었고, 세상과 교회, 믿음과 불신의 경계는 점점 희미해져 가고 있다. 교회는 커졌으나, 세상은 오히려 더 어두워졌다는 기이한 역설 앞에 우리는 서 있다.

이 같은 현실을 직시하기 위해 우리는 스스로에게 몇 가지 자성적 질문을 던져야 한다. 신앙의 양심 때문에 실제 손해를 감수하고 있는 교인은 얼마나 되는가? 신앙을 이유로 오래도록 익숙했던 삶의 방식을 과감히 끊어낸 이는 누구인가? 모두가 '예'라고 말할 때, 오직 신앙의 이유로 '아니오'라고 말할 수 있는 사람은 얼마나 되는가?

물론 믿음 안에서 신실하게 살아가는 이들을 생각하면 이러한 질문이 송구스러울 수도 있다. 그러나 그럼에도 불구하고 위의 질문들에 대하여 자신 있게 긍정할 수 있는 교회와 교인이 많지 않다는 사실은, 부정할 수 없는 오늘날의 실상이다.

이러한 상황 속에서, 외형적으로 거대해진 교회는 세상과 타협하여 살아가는 교인들을 향해 날카롭게 경책하거나 책망할 수 없는 처지에 이르렀다. 오히려 성경 말씀을 왜곡된 방식으로 사용하여 그들의 일그러진 신앙생활에 정당성을 부여하거나, 애매한 메시지를 반복하며 자기만족에 빠진 형국이다. 교인의 이탈을 두려워한 나머지, 불편한 진실을 외면하고 회초리 대신 달래기에 급급했던 것은 아닌지 돌아보아야 할 것이다.

오늘날 많은 교회들이 외부의 부정적 인식으로 전도의 동력을 상실하고 있으며, 내부적으로는 복음의 약화로 인한 영적 갈증과 갈등이 심화되고 있다. 더불어 외형적 성장에 대한 기대감 속에서 대형 예배당을 건축하다 감당할 수 없는 부채에 허덕이는 현실 또한 간과할 수 없다.

이 모든 상황을 종합해 볼 때, 우리는 "오늘의 교회는 안녕한가?"라는 물음 앞에 주저 없이 이렇게 고백할 수밖에 없다. "현재의 교회는 결코 안녕하지 않다." 이는 단순한 비관이 아니다. 우리의 현실을 직면하고, 다시 시작하기 위한 정직한 고백이어야 한다.

"만일 내가 지체하면 너로 하여금 하나님의 집에서 어떻게 행하여야 할지를 알게 하려 함이니 이 집은 살아 계신 하나님의 교회요 진리의 기둥과 터니라"(딤전 3:15).

생각해 보기

1. 오늘날 교회가 반복되는 내부 문제와 도덕적 위기로 인해 세상으로부터 신뢰를 잃은 현실을 어떻게 회복할 수 있을까?

2. 양적 성장과 대형화에 집중한 교회의 모습이 본질적인 복음 사명과 신앙의 순수성을 어떻게 훼손시키고 있는가?

3. 신앙의 진정성과 영적 각성을 위해 교회와 교인은 자신과 공동체를 향해 어떤 자기 성찰과 개혁적 결단을 내려야 하는가?

02

사업인가? 사역인가?

얼마 전, 인근 교회의 후배 목사 부부가 사회복지사 자격증 취득을 위해 매주 서울의 모 대학에 출석하고 있다는 소식을 전해 들은 바 있다. 처음에는 그들의 열정과 부지런함에 감탄을 금할 수 없었다. 그러나 머지않아 자격증 취득 목적이 단순한 학문적 성장이나 사역의 확장을 위한 것이 아닌, 교회 운영을 위한 수단이었음을 알게 된 순간, 감탄은 실망으로 바뀌고 말았다. 곧, 교회 내 수익 사업을 통한 재정 확보를 위하여 해당 자격이 필요했다는 것이었다.

예수 그리스도께서는 공생애 동안 천국 복음을 전파하시고, 진리를 가르쳐 영적 소경의 눈을 뜨게 하셨으며, 자신을 철저히 낮추는 섬김으로 이 땅에 생명을 불어넣으셨다. 십자가의 죽음과 부활을 통하여 사역을 완성하신 그분은, 승천 후 '지상 명령'을 통하여 그 사역을 교회에 온전히 위임하셨다. 그러므로 교회의 모든 사역은 예수 그리스도의 삼중 사역, 곧 선교와 교육과 봉사에 근거해야 하며, 그 중심에는 생명을 살리고 하나님 나라를 확장하는 가치가 반드시 지켜져야 한다.

그러나 오늘날 교회의 본질적 사명과 방향이 심각하게 흔들리고 있음을 부인하기 어렵다. '봉사'와 '섬김'이라는 외형을 띠고 있으나, 내면은 점차 세속적 이익을 추구하는 사업과 다를 바 없게 되어버린 사례들이 적지 않기 때문이다. 지역 사회를 위한 섬김의 명목 아래 운영되는 어린이집, 노인요양원, 다문화 사역, 각종 문화 프로그램 등이 과연 본래의 순수성을 유지하고 있는지에 대해 진지한 성찰이 필요하다. 본래의 목적은 희석되고, 수익 창출이라는 현실적 목적이 전면에 부각되는 상황은, 교회의 공공 이미지를 훼손할 뿐 아니라, 장기적으로 교회가 지닌 영적 생명력 자체에 치명적 타격을 가하고 있다.

물론, 교회가 외부 사역을 수행함에 있어 일정 수준의 조직과 재정을 필요로 하는 것은 자명한 사실이다. 사역의 수혜자들이 일정한 비용을 감당하는 일도 불가피할 수 있다. 또한 수익이 발생하더라도 그것이 오롯이 순수한 동기에서 비롯되어 주님의 사랑을 실천하는 데 쓰인다면, 귀하고 복된 일이 아닐 수 없다. 그러나 문제는, 본말이 전도되어 거룩한 사역 속에 세속적 욕망의 냄새가 배어나오고 있다는 점이다. 마치 통가리 속에서 썩어가는 고구마처럼, 겉은 그럴듯하나 속은 썩어 있는 현실이 우려스럽기만 하다.

최근에는 기독교 단체가 운영하는 복지 재단이 각종 비리, 분쟁, 이권 다툼으로 내홍을 겪고 있다는 보도가 빈번히 이어지고 있다. 어떤 교회에서는 사모와 교인들이 협의체를 구성하여 요양 대상 노인을 유치하기 위해 경쟁을 벌이고 있으며, 담임목사는 어린이 수송용 봉고차를 운전하는 것이 일상이 되어버린 경우도 있다.

몇 해 전, 인근 교회에서 신앙생활을 성실히 해오던 한 성도가 우리 교회로 이적한 일이 있었다. 그는 예배당 건축을 마친 직후, 담임목사가

"앞으로는 어린이 사역을 교회의 중심 사역으로 전환하겠다"고 선포하며, 이에 동의하지 않는 교인은 떠나줄 것을 요청했다고 전했다. 결국 그는 오랜 고민 끝에 교회를 떠나야 했으며, 현재 그 예배당은 헬스클럽과 어린이집 중심의 복합공간으로 운영되고 있다고 한다. 그 앞을 지날 때마다 마음 쓰이는 일이 한두 번이 아니다.

사회적으로 큰 반향을 불러일으켰던 영화 「도가니」는 공지영 작가의 실화를 바탕으로 한 소설을 원작으로 한 작품이었다. 영화가 개봉되었을 당시 필자 역시 관심을 가지고 사건의 전말을 조사하였고, 사건의 중심이었던 광주 인화학교를 검색해 본 기억이 있다. 당시 해당 학교의 홈페이지는 깔끔하게 정돈되어 있었고, 누구든 접속하여 정보를 확인할 수 있도록 공개되어 있었다. 그러나 '설립 이념'을 확인한 순간, 죄를 지은 사람처럼 당혹스러움을 느끼지 않을 수 없었다. "그리스도의 정신에 입각한 사랑으로 장애를 극복하고 자주 근면 활동하는 자활인 육성"이라는 문구가 설립 이념으로 명시되어 있었기 때문이다. 다시 말해, 이 학교는 기독교 정신에 근거한 '크리스천 스쿨'이었던 것이다. 한 학생이 "「도가니」는 반기독교 영화래요"라고 했던 말이 그제야 이해되었다.

교회가 무엇보다 경계해야 할 것은 바로 '이권 개입'이다. 이는 교회의 본질적 사명을 심각하게 훼손할 수 있는 중대한 요소이기 때문이다. 교회는 교육기관이 아니며, 단순한 봉사단체도 아니다. 오직 하나님 나라의 확장을 위하여, 죄로 기울어진 세상을 복음으로 바로잡고 하나님의 통치를 이 땅 가운데 실현하기 위해 부름받은 '생명 공동체'이다.

이와 같은 고귀한 소명을 감당하기 위해서는, 사역의 전반에 걸친 패러다임 전환이 필요하며, 그 모든 사역들이 주님께로 향하는 '가교'가 되어야 함은 두말할 나위가 없다. 실제로 다수의 교회들이 이러한 본질을 순수하게 지키며 아름다운 열매를 맺고 있음 또한 사실이다. 그러나 '봉사'의 이름 아래 무분별하게 확장되는 사역들이 점차 이권 중심으로 변질되는 현실을 방치한다면, 교회는 거룩한 향기가 아닌 세속의 악취로 가득한 존재가 될 것이며, 오히려 세상을 정화하기는커녕 오염시키는 주범으로 전락하고 말 것이다.

지금이야말로, 속히 처음 정신으로 돌아가야 할 때이다. 교회는 본질로 회복되어야 한다. 왜냐하면, 오직 본질만이 진정한 생명력을 지니고 있기 때문이다.

"자녀들아 우리가 말과 혀로만 사랑하지 말고 행함과 진실함으로 하자 이로써 우리가 진리에 속한 줄을 알고 또 우리 마음을 주 앞에서 굳세게 하리니 이는 우리 마음이 혹 우리를 책망할 일이 있어도 하나님은 우리 마음보다 크시고 모든 것을 아시기 때문이라"(요일 3:18-20).

생각해 보기

1. 오늘날 교회 사역이 본질적인 '생명 공동체'의 역할을 지키면서도, 세속적 사업이나 이권 개입으로 변질되는 문제를 어떻게 극복할 수 있을까?

2. 교회가 운영하는 복지나 사회봉사 사역에서 '봉사'와 '사업'의 경계가 흐려지는 현실 속에서, 어떻게 진정한 섬김과 순수한 목적을 유지할 수 있을까?

3. 교회와 목회자들이 사역의 본질을 지키며, 외형적 확장과 재정 확보를 넘어 예수 그리스도의 정신과 '지상 명령'에 충실하려면 어떤 구체적 변화와 자기 성찰이 필요한가?

03

내 교회를 세우리니

    필자는 구원관 다음으로 중요한 것이 '교회관'이라고 확신한다. 이는 교회가 분명한 목적을 위하여 주님께서 친히 세우신 거룩한 기관이며, 주께서 다시 오시는 그날까지 사도적 전통과 개혁신앙의 고백을 통하여 택하신 영혼들을 추수하는 사명을 지녔기 때문이다. 따라서 교회는 "주는 그리스도시요 살아 계신 하나님의 아들이시니이다"라는 신앙고백 위에 "내가 이 반석 위에 내 교회를 세우리니 음부의 권세가 이기지 못하리라"(마 16:18) 하신 말씀처럼, 주님이 주인 되시는 공동체로서 그 본질을 온전히 지켜낼 때에만 마땅한 사명을 감당할 수 있는 것이다.

    최근 들어 교회 세습 문제가 사회적 이슈로 재부상하고 있다. 물론 이 사안은 과거에도 꾸준히 문제 제기되어 왔으며, 한동안 수면 아래 잠잠해지는 듯 보였으나, 오늘날 다시금 메가톤급 논쟁의 중심으로 떠오르게 된 것이다. 이는 그 중심에 있는 교회가 지닌 상징성과 영향력 때문이라 여겨진다. 세습 강행 이전부터 교계는 이를 반신반의하는 시선으로 주시하였고, 사회적 파장이 불을 보듯 뻔한 상황이었음에도 불구하고 설마 하는 기대가 없지 않았던 것도 사실이다. 그러나 그 '설마'는 현실이 되었고, 그로 인한 세상의 냉소와 비난은 온·오프라인을 막론하고 우리 사회 전반을 뒤덮었다.

교회 세습에 대한 교회 안팎의 시각은 극단적으로 갈린다. 일각에서는 제사장적 승계나 교회의 안정적 운영을 근거로 세습을 옹호하는가 하면, 반대편에서는 교회의 사유화 및 사회적 불신을 이유로 강하게 반발하고 있다. 양측의 주장은 저마다 일정 부분 근거를 지니고 있으나, 필자는 이 문제를 단순한 시각의 차원에서 접근하기보다, 교회를 지상에 세우신 하나님의 목적과 뜻에 비추어 신학적으로 성찰하고 성경적 기준에 따라 진단해 보아야 한다고 본다. 곧, 성경적 팩트체크(fact check)가 무엇보다 우선되어야 할 것이다.

성경이 말하는 교회의 본질을 가장 분명히 드러내는 장면은 베드로의 신앙고백 위에서 예수께서 친히 교회에 대하여 선언하신 말씀이다. "내가 이 반석 위에 내 교회를 세우리니"라는 이 구절은, 교회가 예수 그리스도와 본질적으로 어떤 관계 속에 있는지를 명백히 보여준다. 또한 사도 바울은 "자기 피로 사신 교회"(행 20:28)라 하여, 교회에 대한 예수님의 절대적인 소유권을 강조하고 있다. 이러한 신앙고백은 우리가 날마다 고백하는 '사도신경' 가운데 "거룩한 공교회"라는 고백 안에도 담겨 있으며, 이는 교회가 특정인을 위한 공간이 아닌, 모든 사람을 위한 보편적 교회(universal church)라는 신앙고백의 표현이다. 결국 교회 세습 문제의 핵심은 "과연 교회의 주인은 누구인가?"라는 질문이며, 이 질문에 대한 진정성 있는 성경적 대답이 가능하다면 그리 어려운 문제가 아니라는 것이 필자의 견해이다.

교회는 세상을 구원하기 위하여 주님께서 친히 세우신 공동체이다. 그래서 우리는 교회를 '구원의 방주' 또는 '도피성'이라 부르지 않는가.

그런데 오늘날 교회가 세상 사람들조차 상식적으로 납득하기 어려운 일들을 자행하며, 오히려 세상의 조롱과 비난을 받는 현실 속에서 과연 어떻게 세상을 향하여 구원의 손을 내밀 수 있겠는가? "예수님은 좋은데 교회는 싫다"며 교회를 떠나는, 이른바 '가나안 성도들'이 늘어나는 현실을 우리는 과연 무지의 소치로만 치부하고 외면해도 되는 것인가?

최근 발표된 교세 통계를 살펴보면, 거의 모든 교단에서 교인 수가 일제히 감소한 것으로 나타난다. 우리 통합 측 교단만 하더라도 약 6만여 명의 교인이 줄었다는 보도를 접한 바 있다. 단순 수치로는 가늠하기 어렵지만, 이를 교회 단위로 환산해 보면 1만 명 규모의 교회 6개, 혹은 1천 명 교회 60개, 혹은 100명 교회 600개가 문을 닫은 셈이다. 겉으로는 각종 전도 전략과 프로그램을 동원하여 열심을 다하고 있지만, 교회가 사회적 신뢰를 잃고 본질을 놓친 상황 속에서 교세의 감소를 단순히 시대나 세대의 탓으로 돌리기에는 무리가 따르는 것이다.

교회의 주인이 하나님이시라고 고백하면서도, 다양한 명분을 들어 사람이 중심이 되어 교통 정리를 하려 한다면, 이는 결국 교회에 대한 하나님의 주권을 심각하게 훼손하는 일이 아닐 수 없다. 진정으로 하나님이 주인이시라면, 리더십의 교체나 운영 방식, 목회의 승계에 대한 모든 염려와 기우를 내려놓고 전적으로 하나님께 맡겨야 한다. 또한 법적인 정당성만을 내세우며 "문제가 없다면 왜 안 되느냐"는 식의 태도는 자제해야 하며, 세상의 비판을 단지 교회를 모르는 자들의 얕은 소리로만 치부해서도 안 될 것이다. 하나님께서 과연 세상의 그와 같은 질책을 '시끄러운 잡음'으로만 여기실지에 대해서는 더욱 깊이 숙고해야 할 일이다.

오늘날 목회 현장에선 헌신적으로 사역하는 수많은 목회자들이, 대형교회에서 촉발된 사건의 여진으로 당혹감을 금치 못하고 있다. 그로 인해 변론의 책임을 져야 하는 일선 목회자들의 무게감은 이루 말할 수 없을 정도다. 상징적인 대형 교회에서 발생한 영적 지진으로 내진 설계가 부실한 작은 교회들이 연쇄적으로 흔들리고 무너지는 형국이다. 이제는 교회 안의 문제가 교회 안에만 머무르지 않는다. 곧장 세상으로 확산되어 교회가 건드리지 못했던 이들의 마음을 더욱 굳게 잠가버리고 있는 것이다.

그럼에도 불구하고, 교회는 여전히 세상을 구원할 유일한 희망이며, 하나님의 뜻을 이 땅 가운데 실현할 마지막 기관임을 잊지 말아야 한다. 상식의 눈으로 신앙을 다시 점검하고, 건강한 교회관을 회복하여 세상을 향해 다시 손을 내밀어야 할 때이다. 지금은 교회에 대한 하나님의 주권을 바로 세우고, 변명보다는 성찰과 회개로 나아가야 할 때이다. 왜냐하면, 교회는 세상의 빛이기 때문이다. 그리고 교회는 끊임없이 개혁되어야 하기 때문이다.

"또 내가 네게 이르노니 너는 베드로라. 내가 이 반석 위에 내 교회를 세우리니 음부의 권세가 이기지 못하리라"(마 16:18).

생각해 보기

1. 교회의 본질적 주인 되시는 하나님을 인정하지 않고 인간 중심으로 교회 운영과 세습이 이루어질 때, 교회는 어떻게 본질을 상실하고 세상의 신뢰를 잃게 되는가?

2. 교회 세습 문제를 신학적·성경적 관점에서 어떻게 진단하고, 교회가 하나님의 주

권 아래 본래 사명을 온전히 회복하기 위해서는 어떤 태도와 실천이 요구되는가?

3. 교회가 사회적 비판과 교세 감소라는 위기를 겪고 있는 오늘날, 어떻게 '거룩한 공교회'로서 세상에 빛과 소금의 역할을 다시 감당할 수 있을까?

04

다시 주님의 교회로

교회의 규모가 크든 작든, 주님의 몸 된 교회는 본래 하나님께서 친히 디자인하신 공동체로, 그 본질을 생명처럼 지켜 나가야 함을 믿는 목회자로서, 금번 총회를 기도하는 마음으로 지켜보았다. 특히 이번 총회는, 오랜 시간 동안 한국교회는 물론 사회 전반에 걸쳐 심각한 논쟁과 비판의 중심에 서 있던 명성교회의 세습 문제에 중대한 결정을 내려야 하는 시점이었기에, 관심은 더욱 클 수밖에 없었다.

마침내 여러 진통 끝에 수습전권위원회를 통하여 수습 안이 제시되었고, 그 내용을 접하는 순간 실망을 금할 수 없었다. 오랜 세월 동안 사회의 혹독한 비판을 받아왔고, 교단 내 정서를 극단적으로 분열시켰던 세습 문제에 대하여 결국 교단이 이를 사실상 용인하는 결정을 내렸다는 점에서, 깊은 낙담을 느끼지 않을 수 없었다. 수습안의 여타 조항들은 도무지 눈에 들어오지 않았다. 이는 곧 금권과 교세, 그리고 일개 인물이 지닌 영향력 앞에 교단이 무릎 꿇은 것이며, 교단 내 법과 권위가 공정하게 적용되지 않는 현실에 대한 자괴감으로 이어졌다.

아니나 다를까, 교계 곳곳에서 탄식의 소리가 터져 나왔고, 급기야는 교단 마크를 근조기로 대체하자는 상징적 저항에서부터, 교단 탈퇴를 주장하는 극단적 목소리에 이르기까지, 온라인 공간이 들끓었다. 필자는 마음을 가라앉히고 기도하는 심정으로 당시 총회의 상황과 분위기를 면밀히 살피며, 수습안의 각 조항들을 조목조목 검토해 보았다.

분명히 말하건대, 이번 수습 안은 '최선'이 아니었다. 총회는 교계는 물론 사회적으로도 큰 주목을 받은 재심 판결의 결과를 깨끗이 수용하고, 법 앞에 그 누구도 예외가 될 수 없다는 교단의 법치와 권위를 분명히 세웠어야 했다. 더불어 무너진 교회의 대사회적 이미지를 회복할 수 있는 마지막 기회를 보여주었어야 마땅하였다.

그러나 여러 정황을 종합해 볼 때, 이러한 최선의 선택은 이미 물 건너간 일처럼 보였다. 사회와 교계의 이목이 명성교회의 세습 문제에 집중된 가운데, 무엇이든 해결책을 제시해야 한다는 절박함 속에서 구성된 수습전권위원회는 오랜 논의 끝에 7개 항의 수습안을 마련하였다. 그 결과, 교단 내에서 더 이상의 이의 제기가 불가능한 구조가 형성되었으며, 수습안대로 사안이 원만히 진행되기를 기도하며 지켜보는 일만이 남게 되었다.

이 수습 안은 과연 절망과 탄식을 자아내는 '빌라도의 선택'이었는가? 결론부터 말하면 그렇게만 단정지을 수 없다는 것이며, 누구도 교회와 교단, 그리고 수습전권위원회에 무책임한 비난의 돌을 던져서는 안 되는, 매우 복합적인 결단이었다고 평가하고자 한다.

김○○ 목사가 은퇴 전, 즉 아직 현역으로 사역하고 있을 당시부터 세습에 대한 조짐은 감지되기 시작하였다. 당시만 해도 교회 세습에 대한 비판 여론은 신자와 비신자를 가리지 않고 거셌으며, 특히 감리교를 중심으로 대형 교회의 목회 대물림이 사회적 지탄의 대상이 되고 있었다. 그런 가운데 명성교회 역시 동일한 논란의 중심에 서게 되었고, 김 목사가 아들에게 목회를 대물림할 것이라는 소문이 퍼지기 시작하였다. 처음에는 '설마' 하는 마음이 앞섰다. 만일 그 일이 현실화된다면, 명성교회가 지닌 교계 내 상징성을 고려할 때 그 파급효과는 실로 엄청날 것이기 때문이었다.

2013년, 명성교회에서 열린 제98회 총회에서 870대 81, 무려 84%라는 압도적 표차로 '세습금지법'이 통과되었고, 김○○ 목사 역시 공식 석상에서 세습을 하지 않겠다고 밝힘으로써, 한때는 우려가 기우에 불과하였다는 안도감도 들었었다.

그러나 '설마'는 결국 '현실'이 되었고, 한국교회는 명성교회의 부자 세습이라는 초유의 사태를 맞이하며 전례 없는 혼란에 빠지게 되었다. 교단 내부의 정서는 양분되었고, 자칫하면 교단 분열로 이어질 위기에까지 이르렀다. 이후 지난 8월 6일 재심 재판국이 '청빙 결의 무효'라는 판결을 내림으로써 사태는 일단락되는 듯 보였다.

하지만 금번 총회는 명성교회 세습 문제를 최종적으로 매듭지을 수 있는 결정적 회기로서 주목받았다. 총대 920명 중 76%의 찬성으로 수습안이 통과되었고, 이로써 특례 조항을 통해 김○○ 목사의 청빙이 허용되기에 이르렀다. 특히 이번 결정은 재론 불가의 조항을 포함하고 있어, 교단 내외의 절망과 탄식을 더욱 증폭시키는 결과를 낳았다.

헌법 정치 제28조 제6항이 여전히 효력을 지닌 상황에서, 명성교회에만 특혜를 허용한 이번 결정은 교단의 법적 권위와 공정성에 중대한 손상을 입혔다는 비판을 피하기 어렵다. 향후 이 문제로 인해 발생할 갈등과 소모적 논쟁은 누구도 정확히 예측할 수 없는 형국이다.

그러나 단순히 김○○ 목사의 청빙만을 놓고 '금권과 교세 앞에 교단도 하나님도 무력했다'고 단정짓는 것은 너무 이른 판단일 수 있다. 조금 더 넓은 시야로 수습안을 바라본다면, 절망 속에서도 나름의 의미 있는 진전과 정리의 시도가 있었음을 확인할 수 있다.

첫째, 명성교회와 동남노회가 재심 결정을 수용하고 재재심을 철회한 것은, 김 목사의 청빙 무효를 인정한 것이며, 이는 그가 공식적으로 담임목사로 재직한 적이 없음을 명확히 한 중대한 진전이라 할 수 있다.
둘째, 명성교회가 그간 총회 재판국의 결정을 거부해 온 태도를 거두고, 총회 앞에 사과하며 그 권위에 복종한 점은, 교단 질서 회복이라는 차원에서 의미 있는 행보였다.
셋째, 명성교회가 2020년 가을 노회까지 총대를 파송하지 못하도록 한 조치는, 총회가 교회의 행정적·법적 정당성을 회복하려는 의지를 드러낸 것이라 평가된다.
넷째, 김수원 목사가 노회장직을 수행할 수 있도록 한 결정은, 향후 공정하고 원칙적인 수습을 가능하게 하는 제도적 기반을 마련한 조치로 간주할 수 있다.
다섯째, 이후 그 어떤 이의 제기도 허용하지 않는 결정은, 논란과 분쟁을 원천 차단하고 교단의 단합과 안정화를 꾀한 현실적 조치로 이해될 수 있다.

가장 논란이 된 조항은, 2021년 1월 1일 이후 명성교회가 김○○ 목사를 위임목사로 청빙할 수 있도록 허용한 부분이었다. 이는 지난 모든 결정을 뒤집은 것으로 여겨졌기에, 깊은 실망과 절망을 불러일으켰다. 그러나 이에 대하여 필자가 강조하려는 바가 있다. 어떤 이는 '고작 1년 유예'라며 무의미하다고 평가할 수 있으나, 필자는 그 짧은 시간조차도 하나님께서 인간의 불완전한 결정을 바로잡으시기에 충분한 시간이라 믿는다.

이제는 기도하며 기다릴 때이다. 하나님의 공의가 어떻게 실현될지를 인내심을 갖고 지켜보아야 한다. 우리는 하나님의 수많은 지혜의 수단과 섭리를 결코 다 헤아릴 수 없다는 진리를 잊지 말아야 한다.

차선책에 불과할지라도, 수습전권위원들이 감당한 고뇌와 충정을 폄하해서는 안 될 것이다. 인간의 결단은 언제나 불완전하나, 그 뒤에 숨어 계신 하나님의 섭리는 완전하다는 사실을 신뢰하며, 이제는 더 이상 교회를 향한 무분별한 비방과 절망을 멈추어야 한다. 교회의 주인이신 하나님의 선하신 인도하심을 소망하며, 한국교회 안에는 여전히 한 영혼을 위하여 생명을 내어놓을 참된 주님의 교회와 종들이 있음을 잊지 말아야 할 것이다.

"너희는 재판할 때에 불의를 행하지 말며, 가난한 자의 편을 들지 말며, 세력 있는 자라고 두둔하지 말고 공의로 네 이웃을 재판할지며"(레 19:15).

생각해 보기

1. M교회 세습 문제에 대한 총회의 수습안 결정은 교단의 법치와 공정성을 어떻게 훼손했으며, 이로 인해 한국 교회 전체에 미치는 영향은 무엇인가?

2. 교회와 교단 내 갈등과 분열을 막고 하나님의 주권과 교회의 본질을 회복하기 위해, 앞으로 교회는 어떤 원칙과 태도를 견지해야 하는가?

3. 불완전한 인간의 결정과 하나님의 완전한 섭리 사이에서 신앙인들은 어떻게 인내하며 하나님의 인도하심을 신뢰하고 교회의 희망을 붙들어야 하는가?

05

세습이란 주홍글씨

'윗물이 맑아야 아랫물이 맑다'는 속담은 선현들의 지혜가 담긴 경구로, 오늘날에도 깊은 통찰을 제공한다. 높은 지위에 있는 이들이 청렴하고 법과 규칙을 성실히 준수할 때, 그 아래에 있는 이들 또한 그 본을 따라 바르게 살아간다는 의미다. 이는 "윗단추가 잘못 끼워지면 나머지도 모두 어그러진다"는 말과 일맥상통한다.

우리 교단 총회는 지난 수년간 하나의 법을 일관되게 적용하고 집행하는 데 있어 유난히 우유부단하고 편향된 태도를 보여 왔다. '법'이란 공동체가 공익과 질서, 평화를 위하여 합의한 사회적 약속이며, 모든 구성원은 법 앞에 평등하고 이를 준수할 의무를 지닌다. 해석상의 이견이나 다툼은 있을 수 있으나, 그 어떠한 이유로도 입법 취지나 상위법을 정면으로 거슬러서는 안 될 것이다.

우리 교단은 2013년 제98회 총회에서 7개 노회의 헌의를 받아들여, 총대 1,033명 중 870명이 찬성하는 압도적 지지를 통해 '세습방지법'을 통과시켰고, 이듬해 2014년 12월 8일, 헌법 정치 제28조 제6항이 공포·시행되기에 이르렀다. 이는 교회의 공공성과 공교회성을 대내외에 천명한 중대한 선언이었으며, 교회 사유화를 차단하는 법적 장치를 마련함으로 교파를 초월해 찬사를 받았다. 사회 또한 그 도덕적 진일보에 박수를 보냈다.

그러나 M교회의 세습 문제가 불거지면서, 이 법은 점차 왜곡되고 훼손되기 시작하였다. 교회의 규모와 자금력, 전방위적 인맥 앞에서 거룩한 교회법은 무력화되었고, 결국 세상은 "역시나"라며 조롱과 비난의 화살을 퍼부었다. 교회와 교단이 대중매체의 조명을 받으며 그 민낯이 여과 없이 노출된 적은 과거에 유례가 없었다. M교회 문제는 세상이 교회를 비판적으로 바라보는 기준과 틀을 확립하는 계기가 되었고, 사건 처리 과정도 그 자체로 관심의 대상이 되었다.

급기야 104회 총회에서는 "법을 잠재한다"는 전례 없는 표현을 사용해 M교회 사태 수습안을 졸속으로 통과시키고 말았다. 이는 명문화된 법이 생존해 있는 상황에서 이를 무력화시키는 심각한 법적 모순이었고, 교단 스스로 법적 신뢰를 저버린 자해적 행위였다. 결과적으로 교단은 이 결정으로 법치의 근간을 스스로 허물고, 교단 내 정서를 친명성과 반명성으로 분열시키는 씨앗을 뿌리게 되었다.

이후 수년간 이어진 법적 공방을 통해 노출된 교회의 추한 민낯은 세상의 교회에 대한 불신을 더욱 깊게 만들었고, 순수한 소명감으로 목양에 헌신하는 수많은 목회자들에게는 씻을 수 없는 상처와 좌절을 안겨주었다. 전도가 점점 더 어려워지는 시대 상황에 코로나19 재난까지 겹치면서 교회는 이중삼중의 고통을 겪게 되었고, 고금리와 경기 침체 속에 재정적 어려움으로 고통 받는 교회와 목회자들도 부지기수에 이르렀다. 이 와중에 교회를 떠난 이른바 '가나안 성도'가 200만 명을 넘었다는 언론 보도는 한국교회 전체에 심각한 경고음을 울리고 있다.

법적 차원에서의 M교회 논란은 이제 일단락된 듯 보이며, M교회의 교단 내 지위도 일정 부분 회복된 것으로 여겨진다. 그러나 헌법 정치 제28조 제6항은 여전히 살아 있으며, M교회 수습안에 대한 부정과 저항의 흐름 또한 교단 내부에 뚜렷이 존재하고 있다. 이 같은 상황에서 교단은 최소한 자숙의 자세로 M교회와 관련된 이슈를 자제하고, 다시금 논란을 야기할 수 있는 행동은 신중히 삼가야 했다.

그런데 최근 총회 임원회(제10차)가 M교회를 제108회 총회 장소로 확정했다는 보도가 나왔다. 우려가 현실이 된 것이다. 이미 해당 결정을 둘러싼 소문은 교단 내에 무성했으며, 노회들 간의 의견 충돌과 성명 발표가 이어져 왔다. M교회 당회는 한 차례 정중히 거절의 의사를 밝혔고, 총회장 역시 "기도해보겠다"는 발언으로 조심스러운 입장을 보였다. 그러나 임원회는 다시금 요청을 재개했고, M교회가 이를 수용하면서 총회 장소가 최종 확정되었다.

총회 임원회는 아마도 여러 이해득실을 고심했을 것이다. M교회의 불법적 세습을 법적으로 덮은 만큼, 이제는 품어야 한다는 논리, 총회를 통한 화해와 치유를 기대한다는 해석, 나아가 교단 내 분열된 정서를 봉합하겠다는 명분이 복합적으로 작용했을 것이다. 그러나 M교회는 불과 며칠 전까지만 해도 교단과 신학교에 대해 동성애 이슈를 들먹이며 공개적으로 비판한 바 있으며, 총회 보이콧을 운운하는 일부 노회들의 언행도 여전한 상황이었다. 이러한 현실 속에서 교단이 한 교회를 상대로 읍소에 가까운 행보를 보이며 총회 장소를 구한 것은 심히 부적절하며 교단의 품격을 훼손하는 처사라 하지 않을 수 없다.

또한 총회 장소 선정 과정에서의 절차적 정당성도 의심받고 있으며, 이로 인해 "짜고 친 고스톱"이라는 비판까지 나오는 실정이다. 과연 총회를 M교회에서 개최함으로써 교단과 M교회 간의 진정한 회복이 가능하다고 판단한 것일까? 아니면 총회를 열 수 있는 장소가 그토록 마땅치 않았던 것인가? 혹은 또 다른 정치적 계산이 있었던 것일까?

설령 총회를 통해 형식적 화해가 이뤄진다 하더라도, "다 그놈이 그놈"이라는 냉소적인 세상의 시선을 우리는 어찌 피할 것인가. 이번 결정으로 인해 타 대형교회들이 등을 돌리게 된다면, 그때는 또 어떤 명분으로 법과 질서를 세워 통제할 수 있겠는가? 왜 우리는 항상 단세포적 악수(惡手)를 두고 마는 것일까.

진정으로 M교회를 위하고, 교단의 화합을 바란다면 최소한 M교회에 대한 사회적 민감성과 정서적 반감을 고려했어야 한다. 진정성 있는 사과와 수습이 먼저 선행된 후라면, 언제든 M교회에서 총회를 열 수 있었을 것이다. 그러나 지금은 그 시점이 아니다. 총회 날짜가 다가올수록 부정적인 여론은 더욱 거세질 것이며, 총회 개회일이 플래카드와 피켓 시위로 얼룩지는 상황이 현실화된다면, 순전한 마음으로 사역하는 수많은 교회와 목회자들은 또다시 2차, 3차의 피해를 입게 될 것이다.

이 모든 과정을 바라보며 안타까운 마음으로 기도한다. 과연 M교회에 각인된 '세습'이라는 주홍글씨는 지워질 수 있을 것인가? 그 해답은 총회와 교단이, 그리고 교회를 사랑하는 우리 모두가 어떻게 행동하느냐에 달려 있다.

"인자야, 너는 이스라엘의 목자들에게 예언하라. 그들 곧 목자들에게 예언하여 이르기를 주 여호와께서 이같이 말씀하시되 자기만 먹는 이스라엘 목자들은 화 있을진저 목자들이 양 떼를 먹이는 것이 마땅하지 아니하냐? … 너희가 그 연약한 자를 강하게 아니하며, 병든 자를 고치지 아니하며, 상한 자를 싸매 주지 아니하며, 쫓기는 자를 돌아오게 하지 아니하며, 잃어버린 자를 찾지 아니하고 다만 포악으로 그것들을 다스렸도다"(겔 34:2-4).

생각해 보기

1. 교단의 '세습방지법'이 M교회 세습 사건으로 어떻게 훼손되고 무력화되었으며, 그로 인해 한국교회가 겪는 사회적 신뢰 하락과 내부 분열의 문제는 무엇인가?

2. 총회 임원회가 명성교회에 총회 장소를 허용한 결정은 교단 내외부에 어떤 갈등과 비판을 초래했으며, 이 결정이 교단 법치주의와 공교회성 회복에 미치는 영향은 무엇인가?

3. '세습'이라는 주홍글씨를 지우고 교단과 교회의 진정한 회복과 화합을 이루기 위해 우리 모두가 지켜야 할 원칙과 자세는 무엇이며, 어떻게 실천할 수 있을까?

06

명예를 지켜라

　누군가 내 부모나 가족을 비판하거나 욕설을 퍼부을 경우, 분노가 치밀어 오르는 것은 인간으로서 지극히 자연스러운 감정이라 할 것이다. 얼마 전 한 모임에서 타 교단 목사들이 우리 교단에 대해 무분별한 가십을 나누는 장면을 목격하면서, 필자 역시 그러한 감정을 경험했다.

　그들 중에는 외국에서 신학을 수학한 아들을 자신의 후임으로 앉히고 이를 자랑삼는 이도 있었으며, 개척하여 중형 교회로 성장시킨 교회를 조카에게 물려주고 조기 은퇴한 이도 있었다. 이들은 필자가 통합교단 소속임을 알면서도 우리 교단을 마치 '캉가루 교단'인 양 폄훼하였다. 그들의 비판에 자존심이 상했으나, 변명하지 못했던 까닭은 그들의 지적이 일정 부분 사실에 기반하고 있었기 때문이다.

　어떻게 하여 우리 교단이 이처럼 세상의 조롱거리로 전락하였는지, 평소 교단에 대한 깊은 자긍심으로 목양해 온 필자로서는 슬픔과 원망을 금할 수 없었다.

　필자가 M교회 세습 문제에 일관되게 문제를 제기하는 까닭은, 부와 권력을 자녀에게 대물림하는 행위 자체도 문제이나, 무엇보다 교단 헌법에 명백히 금지되어 있음에도 권력과 금력으로 무력화시키고 불법을 용인한 교단 당국의 불공정한 처사가 더욱 심각한 문제이기 때문이다.

일부에서는 104회 총회에서 76.4%의 찬성으로 수습안이 가결되었으니 정당하다고 주장한다. 그러나 수습안은 결코 교단 헌법 위에 존재할 수 없으며, 헌법을 잠재우고 거스를 수 없다는 것은 상식에 해당한다. 이러한 상식을 무시하고 파렴치한 논리로 여론을 호도하는 것을 보며 참담한 심정을 금할 수 없다.

M교회 세습 문제는 법이 존재하는 한 반드시 원점에서 명확히 해결해야 할 과제이다. 헌법의 본래 가치를 회복하지 않는 한, 이 문제는 교단의 어두운 역사로 기록될 뿐 아니라 제2, 제3의 M교회가 나타나 교단을 더욱 혼란에 빠뜨릴 것이다.

얼마 전 한 분과 '만일'을 전제로 대화를 나눈 바 있다.
"만일 김 목사께서 아들에게 교회를 물려주지 않고 법대로 명예롭게 은퇴하셨더라면, 만일 M교회가 불법 세습을 강행하였을 때 총회가 엄중하게 이를 저지하였더라면, 과연 상황은 어떻게 되었겠는가?"

아마 김 목사는 위대한 지도자를 넘어 성자 반열에 올랐을 것이며, M교회도 더 큰 영향력으로 건강한 교회의 본보기가 되었을 것이고, 교단은 위상과 권위가 한층 견고해져 평화롭고 질서 있는 총회가 되었을 것이다. '만일'이라는 생각이 더욱 마음을 무겁게 한다. 그러나 이미 엎질러진 물과 같으며, 그간 쌓여온 교단의 권위와 명예는 크게 훼손되고 말았다.

더욱이 108회 총회 장소를 M교회로 선정함으로 불법을 정당화하려는 시도가 감지되고, 이를 저지하려는 진영과의 갈등이 깊어지고 있다. 세습 문제는 여전히 교단의 미해결 과제로 남아 있으며, 교단은 점점 블랙홀로 빨려 들어가는 듯한 암울한 기운을 떨칠 수 없다.

최근 방사능 오염수 문제로 일본에 대한 국민감정이 민감한 시기인 점을 감안하여 한 가지 이야기를 전하고자 한다. 한 선배 목사께서 일본 여행 중 호텔 객실에 귀중품을 두고 나오셨다가 다시 돌아가 찾아보았으나 발견하지 못했다고 한다. 객실 청소를 맡은 직원에게 문의했더니, 그 사람이 이렇게 답하였다. "나는 일본 사람입니다." 처음에는 그 말뜻을 이해하지 못하였으나 곧 '일본인은 정직하며 거짓말하지 않는다'는 의미임을 깨달았다고 한다. 이 이야기를 듣고 일본인이 무엇을 가장 소중히 여기는지 깊이 생각해 보았다. 우리가 일반적으로 생각하는 것과 달리, 그들이 가장 중요하게 여기는 것은 바로 '명예'였다.

명예(名譽)는 한순간에 얻는 칭호가 아니다. 만인의 공로와 도덕적 존엄에 대한 찬사(讚歌)를 통해 획득하는 이름이다. 명예는 쉽게 붙일 수 있는 칭호가 아니기에, 그들은 목숨을 걸고라도 명예를 지키려 한다. 동서고금을 막론하고 명예는 출세의 최고 수단이며, 돈이나 권력보다 훨씬 더 소중한 가치이다. 명예를 잃는 것은 모든 것을 잃는 것과 같다.

교회, 교인, 교단, 그리고 목사라는 이름에는 거룩한 명예가 걸려 있다. 그 명예는 단순한 신앙인의 칭호를 넘어, 오랜 시간 동안 높은 도덕성과 윤리적 실천을 통해 세상으로부터 인정받은 이름이다. 따라서 그 이름에 걸맞은 책임과 사명감을 갖는 일이 무엇보다 중요하다. 모두가 자신만을 위할 때에도 기꺼이 서로를 배려하며, 모두가 주저할 때 용기 있게 나서고, 모두가 '아니오'라고 할 때 신앙 양심에 따라 '예'라고 할 수 있어야 한다. 반대로 모두가 '예'라 할 때 담대하게 '아니오'라고 말할 줄 알아야 한다. 이러한 신앙인의 자세는 불이익과 희생을 감수해야 하겠으나, 이것이 기독인의 소중한 가치이며 오늘날까지 지켜온 명예이다.

한편 우리나라 5대 종단인 개신교, 천주교, 불교, 원불교, 이슬람교에 대한 호감도 조사(2020년 한국리서치)에 따르면, 불교와 천주교가 상대적으로 높은 평가를 받은 반면, 개신교는 28.0점으로 원불교(30.8점)보다 낮은 점수를 받았다. 세상이 그리스도인을 평가하는 잣대는 단순하다. '그들이 과연 신자답게 살아가는가?' 하는 주관적이고 일반적인 기준이다. 이 기준에 부족하다고 평가받는 교회는 세상과 거리를 두게 되며, 교회 내부에서도 젊은 층을 중심으로 실망한 신도들의 이탈이 가속화되어 교회의 미래를 어둡게 한다. 개인의 경건도 중요하나, 이제는 교회, 특히 상징적인 대형교회와 교단이 속 보이는 행위를 멈추어야 할 때이다.

최근 '해병대'가 자주 언급되고 있다. 필자 아들도 해병대 출신인데, 해병대원이 얼마나 명예를 소중히 여기는지 새삼 깨닫게 되었다. 방송에서 들은 60대 해병 출신 말이 지금도 마음에 남는다. "해병 정신으로 했다면 그것으로 증명된 것입니다." 이는 구차한 설명이나 변명이 필요 없다는 뜻이다. 진정으로 해병 정신으로 임하였는지 여부가 중요하며, 그것만으로 진실은 증명된다는 신념이다. 이처럼 해병대의 명예는 매우 소중한 것이다.

우리 교회와 그리스도인의 명예가 적어도 해병대의 명예에 미치지 못해서는 안 될 것이다.

"그리스도인의 이름으로 했다면 그것으로 증명되었을 것이다."

"총회의 이름으로 했다면 그것으로 증명되었을 것이다."

그만큼 교회와 총회의 명예가 살아 있어야 한다고 생각하며, 이에 깊은 참회의 마음을 갖는다.

108회 총회 장소 문제로 교단이 어지러운 이때, 다시 한 번 '만일'을 전제로 기분 좋은 상상을 해본다. 만일 M교회가 법대로 리더십을 세웠더라면, 김 목사께서 거룩한 교회의 가치를 높이 세우고 명예롭게 은퇴하셨더라면, 총회가 불법 세습을 엄중히 막았더라면, 108회 총회 장소를 M교회로 정하지 않았더라면, 총회 장소에 대한 우려를 받아들여 변경하였다면 ….

지난 10년간 M교회와 교단이 명예를 저버리고 챙긴 것이 무엇인지 돌아보며, 아쉬움과 미련으로 자신을 돌아보게 된다. "돈을 잃는 것은 적게 잃는 것이고, 명예를 잃는 것은 크게 잃는 것이며, 용기를 잃는 것은 모든 것을 잃는 것이다." - 윈스턴 처칠.

"우리를 위하여 기도하라 우리가 모든 일에 선하게 행하려 하므로 우리에게 선한 양심이 있는 줄을 확신하노니"(히 13:18-19).

▎생각해 보기

1. 우리 교단이 명예를 상실하게 된 주요 원인은 무엇이며, 특히 M교회 세습 문제와 교단 당국의 처사는 어떻게 교단 명예에 부정적 영향을 미쳤는가?

2. 명예의 중요성을 강조하며, 그리스도인과 교회, 교단이 지켜야 할 도덕적 책임과 신앙인의 자세는 무엇이며, 이를 실천하기 위해서는 어떤 용기와 희생이 필요한가?

3. M교회 세습 사건과 총회 장소 선정 논란 등 최근 교단 내 갈등 상황을 통해, 교단 명예 회복과 건강한 교회 공동체를 위해 우리가 나아가야 할 방향과 원칙은 무엇인가?

07

틀어진 잣대

필자가 초등학교에 다니던 시절, 학용품은 참으로 빈약했다. 몽당연필을 볼펜 깍지에 끼워 침을 묻혀가며 썼고, 표지에 그림이 있고 줄이 그어진 노트는 그저 그림의 떡일 뿐이었다. 우리는 누렇게 바랜 연습장에 대나무 잣대를 대고 일일이 줄을 그어가며 글씨를 써야 했다. 지금처럼 투명 플라스틱 자에 정확한 눈금이 표시된 것도 아니었으므로, 눈대중으로 수평을 맞춰가며 조심스레 줄을 그었다. 하지만 아무리 신중하게 그어도 중간쯤 가면 한쪽이 좁아지거나 넓어져 버렸고, 마지막 줄에서는 '한 줄을 더 그어야 하나 말아야 하나' 고민하며 마음이 상하곤 했다.

'캐논(canon)'이라는 단어를 위키백과에서 찾아보니, '측정', '표준'이라는 의미의 고대 그리스어 카논(κανών)에서 유래된 어휘라고 한다. 고대 헬라어 κανών, 라틴어 canon은 문자 그대로 '곧은 막대기', '자'라는 뜻이었으나, 점차 상징적으로 '규범'을 의미하는 말로 사용되었다. 기독교 역사 속에서 교부들은 이 용어를 성경을 가리키는 데 사용했으며, 유대 역사학자 요세푸스는 Contra Apionem 1.42-43에서 "정경이란 하나님의 영감을 통해 특정한 시기에 기록된, 한정된 수량의 현존 문헌"이라고 정의했다. 그래서 오늘날 우리가 하나님의 말씀으로 읽고 묵상하는 성경을 '정경', 즉 '캐논'이라 부르는 것이다.

성경, 곧 정경(canon)은 기독교 신앙과 삶의 절대적 기준이며 잣대이다. 이 정경의 권위가 무너지면 기독교 신앙은 뿌리부터 흔들릴 수밖에 없다. 이는 교회만이 아니라 국가와 사회 역시 마찬가지다. 한 공동체의 근간을 이루는 규범이 무너지면, 무질서와 혼란 속에서 결국은 무너질 수밖에 없다. 기준이 틀어지면 균형을 잃고 본질이 훼손되며, 기울어진 공동체는 언젠가 반드시 붕괴된다.

우리 교단은 신앙과 신학에 있어 균형 잡힌 개혁주의 고백 위에 세워졌다고 자부한다. 단지 교세의 크기나 외형적 규모만으로 '장자 교단'이라는 호칭을 얻은 것이 아니다. 교단에 속한 교회들과 목회자들은 이에 대한 긍지와 자부심을 갖고 있으며, 교단의 교리, 헌법, 규칙 역시 다른 교단의 모범이 되고 있음에 자랑스러움을 느낀다. 물론 코로나 팬데믹을 거치며 교세가 일시적으로 위축되었으나, 여전히 말씀 중심, 십자가 중심의 건강한 신학 기반 위에 주요 6개 교단 가운데 우위를 점하고 있다.

그런데 이러한 자긍심은 '명성교회의 부자 세습' 문제로 큰 타격을 입었다. 교단을 넘어 한국교회의 상징과도 같던 교회에서 벌어진 세습 사태는 언론의 조명을 받으며 사회적으로도 메가톤급 충격을 안겨주었다. 그 여파는 상상을 초월하여 교회에 대한 부정적 이미지를 삽시간에 확산시키고 재생산했으며, 특히 실망한 청년 세대의 급격한 이탈로 이어지고 있다.

사실 교회의 사회적 책임에 대한 논의는 어제 오늘의 일이 아니다. 그러나 명성교회 세습 문제는 이 모든 논쟁의 '방아쇠'를 당긴 결정적 계기가 되었다는 점에서 누구도 이견을 제기하기 어려울 것이다. 사회가 교회를 평가하는 기준은 신학이나 교리가 아니다. 그것은 바로 '도덕성'이다. "그리스도인은 성경을 읽지만, 세상은 그리스도인을 읽는다"는 말처럼, 세상은 그리스도인들이 믿는 대로 살고 있는지를 날카롭게 평가한다. 그리고 그 삶이 기준에 미치지 못한다고 여겨질 때, 냉정하게 등을 돌린다.

그러므로 교회는 세상 앞에서 더욱 높은 차원의 도덕성을 유지해야 한다. 그런데도 우리 교단은 제104회 총회에서 '헌법 정치 제28조 6항'을 사실상 무력화하는 수습안을 통과시킴으로 헌법의 기준을 스스로 무너뜨리고 말았다. 이는 "헌법은 살아 있으나, 명성교회에는 적용하지 않겠다"는 선례를 만든 셈이며, 교단의 '캐논'이 권력과 금력 앞에 굴복한 비극적 사태라 아니할 수 없다.

이로 인해 교단의 법정신은 심각하게 훼손되었다. 헌법은 힘없는 자들에게만 적용되는 규율이 되었고, 법을 지키는 이는 무능하거나 바보라는 인식이 뿌리내렸다. "왜 나만 갖고 그래!"라는 자조가 더 이상 우스갯소리가 아닌 냉소적 현실 인식이 되었다. 우리 교단은 어떤 법을 집행하더라도 '이중 잣대' 또는 '틀어진 잣대'라는 비판을 면할 수 없게 되었다. 이 틀어진 잣대를 바로잡는 길은 단 하나, 지금이라도 법치를 회복하든지, 명성교회가 교단을 떠나든지, 양자택일 외에는 없다.

그런데 교단 임원회는 오히려 이 사태를 더욱 악화시키는 결정을 내렸다. 제108회 총회 장소로 명성교회를 선정한 것이다. 그 명분은 "문제는 다 해결되었고 이제는 치유와 화해로 나아가야 한다"는 것이다. 이에 더해 총회 기간 중 '1만 명이 모이는 대각성 치유 집회'까지 기획되어 있다. 그러나 대체 누구를 위한 치유인가? 무엇을 위한 화해인가? 왜 이토록 온도 차가 나는가?

이미 총회 장소 선정에 반대하는 서명운동이 확산되고 있고, 서명자는 1,500명을 넘어섰다. 심지어 7개 대형교회는 "우리 교회가 협력할 테니 총회 장소를 변경해 달라"고 요청하고 있으며, 숙소 문제 등 현실적 부담이 있다면 장로회신학대학교에서 개최하고 모든 비용을 부담하겠다는 제안까지 내놓았다. 이는 말 그대로 가뭄 속의 단비 같은 제안이며, 이 제안을 통해 교단의 희망이 다시 보이기 시작했다.

그러나 교단 임원회는 법을 앞세워 "장소 변경은 어렵다"고 고집한다. 그러면서도 정작 헌법까지 무력화했던 명성교회 수습안은 별문제 없이 통과시켰던 선례를 외면한다. 대체 어떤 문제가 더 중대한가? 이것이야말로 전형적인 이중 잣대의 모습이 아닌가?

어린 시절, 줄이 삐뚤어진 연습장을 보며 속상했던 기억이 떠오른다. 어쩌면 오늘날 교단의 대다수 목회자들은 줄조차 그어지지 않은 연습장 같은 현실에서 대나무 잣대 하나 들고, 몸으로 버티며 사역의 선을 그어가고 있다. 그러나 교단은 이중 잣대로 그려놓은 틀어진 선 하나로, 많은 이들의 수고와 헌신을 헛되게 만들고 있는 것은 아닌가?

우리는 이제라도 하나님과 교회, 그리고 세상 앞에 납작 엎드려 회개해야 한다. 단순히 형식적 사과가 아니라, 구체적 행동으로 사죄하고, 틀어진 잣대를 과감히 던져버려야 한다. 그리고 초심으로, '캐논' 정신으로 되돌아가야 한다. 나는 오늘도 간절한 마음으로 외쳐본다.

Ad Fontes! 원천으로 돌아가자!

정의를 배신한 선택적 정의

역시 해 아래 완전한 것은 없다
그때그때 다를 뿐,
감정에 따라
분위기에 따라
이해관계에 따라 …

일관성 없는 모습은
내면 깊이 감춰진 두 얼굴,
오늘은 이 사람에게 이 소리,
내일은 저 사람에게 저 소리하며
얼굴을 바꾼다.

어떤 선택이든
한 가지만 해야 하는
절박한 순간임에도
이기적인 자아는 꿈쩍도 안 하고
왕의 자리에 앉아
유불리만을 살핀다.

결국
자신이 정의며
돈과 권력으로

얼마든지 주무를 수 있는
강자의 이익으로 변질된
선택적 정의뿐,

정의를 실행한다며
눈을 가린 채 저울과 칼을 든
법의 여신 디케가 어른거린다.
보편적 정의를 잃어버린 사람들의
울화증과 무력감,
울부짖는 소리가 들린다.

사람에 대한
희망을 버리고 살아야 하는
세상이 무겁다
회색지대에서
두루뭉술하게 처신하는 것이
현명한 세상이 역겹다.

누굴 탓하랴!
자신을 위해서라면
모든 것을 수단으로 삼아버리고
공공성을 유린하는
그 세상에
내가 있고
네가 있고
다 그렇고 그런 것을 …

예수 그리스도!
그분의 은총으로만
하나님 앞에 설 수 있음을 고백하며
누더기 모습으로
십자가 앞에서
참회의 눈물을 흘리게 되는
은총의 아침이다.

"오직 너희 말은 옳다 옳다, 아니라 아니라 하라 이에서 지나는 것은 악으로부터 나느니라"(마 5:37).

▌생각해 보기

1. M교회 세습 문제와 교단 헌법 무력화가 우리 교단의 법정신과 도덕성에 어떤 부정적 영향을 미쳤으며, 이것이 '틀어진 잣대'라는 비판으로 이어진 원인은 무엇인가?

2. 교단 임원회의 M교회 총회 장소 선정 결정이 내부 구성원과 대형교회들의 반발을 불러일으킨 배경과 이 결정이 교단의 법치주의와 공정성 회복에 어떤 문제점을 초래하는가?

3. 교단과 목회자들이 '캐논', 즉 성경과 헌법 정신에 충실하기 위해 회복해야 할 자세와 구체적인 행동은 무엇이며, 어떻게 '틀어진 잣대'를 바로잡을 수 있을까?

08

교단 총대들에게

1,500여 총대 여러분! 우리는 예수 그리스도를 만나 거듭난 이후에 인생과 세상을 바라보는 관점이 전혀 달라졌습니다. 주님이 보고 싶은 것을 보고, 주님이 좋아하시는 것을 좋아하게 되었고, 주님이 싫어하시는 것을 우리도 싫어하게 되었습니다. 주님은 사랑과 정의를 좋아하셨고 우리도 이것을 좋아합니다. 나아가서 언제든 하나님 앞에 서게 될 때 나타날 자신의 모습을 바라보며 종말론적인 삶을 조심스럽게 살아가고 있습니다.

이 같은 삶에 가장 두드러진 특징은 '예'와 '아니오'의 기준이 선명해졌다는 것입니다. 그 결정의 바로미터는 '복음과 신앙의 양심'입니다. 즉 예수님의 기준으로 옳고 그름이 분별이 되면 더 이상 이도저도 아닌 회색지대에서 머뭇거리지 않고 주님께서 그러셨던 것처럼 신앙의 양심에 따라 분명한 말과 행동을 표현하게 됩니다. 이는 교회 안과 밖에서도 다르지 않습니다.

작금 우리 교단 내에서 벌어지는 그야말로 웃픈 현실은 안타까움을 넘어 모두를 서글프게 하고 있습니다. 총회 장소가 세습 논란으로 세상을 떠들썩하게 했던 명성교회로 정해지면서 일파만파 불쾌한 먼지를 일으키고 있습니다. 버젓이 성문화된 헌법을 짓밟으며 해괴한 정당성을 부여받았을 뿐 아니라 세상 법정에서까지 다툼을 벌이는 과정에서 세인들의 조소를 받고 교회에 대한 부정적인 정서를 확산시켰던 바로 그 교회에서 판결문 잉크도 마르기 전에 굳이 총회를 치르려는 비상식적 오만함에 공분하고 있는 것입니다.

이에 반발하는 사람들의 정당한 목소리를 읍소전략으로 구렁이 담 넘어가듯 돌파하고 있으며 급기야 종래기 같은 언론들까지 진영에 가세하여 징계 운운하는 겁박기사를 쏟아내면서 공분을 부추기고 있습니다. 지겹지만 다시 묻고 싶습니다. 꼭 명성교회에서 총회를 치러야만 치유와 회복이 가능한 것입니까? 그렇다면 오히려 그 일로 인해 깨어진 교단의 더 큰 상처와 균열은 무엇으로 치유하시렵니까?

어떤 사안이든 명분이 중요하고, 더 중요한 것은 동기와 목적이라고 생각합니다. 그런데 M교회에서의 총회는 동기나 목적, 명분과 실리를 모두 잃어버린 최악의 결정이 아닐 수 없습니다. 이 같은 지적에 혹자는 '하나님의 뜻이 있을 것이니 교단이 결정했으면 그대로 받아들이고 그만 떠들어야 한다'고 비아냥대기도 합니다. 그러나 눈총을 받고 겁박을 받으면서라도 아닌 것은 '아닙니다'라고 목소리를 내는 것이 진정한 신앙인, 목양자의 자세라고 여깁니다. 이같은 반응이 결코 영웅 심리나 공명심 때문이 아니라는 것을 안다면 그렇게 쉽게 비난할 수는 없을 것입니다.

그렇지 않아도 코로나와 금리 폭등으로 개 교회와 노회는 정상 운영이 힘들 정도로 버티기를 하고 있을 때에 노회 상회비와 총회 헌금까지 엄격하게 챙기는 총회의 상식에 맞지 않는 발상과 밀어붙이기식 행정에 공분의 수위가 올라가고 있다는 것을 얼마나 체감하고 있는지 궁금합니다. 이 같은 불필요한 소모전으로 겪게 되는 갈등과 분열의 책임은 오롯이 총회의 책임 있는 분들에게 있다는 것을 분명히 해두고 싶습니다.

얼마 전 총회장께서 7개 대형교회 지도자들을 만나서 총회장에게 일임된 1만 명 대각성 치유집회를 열지 않기로 함과 동시에 대신 M교회에서의 총회는 천재지변이 일어나지 않는 한 변경 될 수 없다고 못을 박았다는 보도를 보았습니다. 그리고 언론을 통해 총회가 크게 양보한 것처럼 보도되고 있습니다. 그야말로 교묘한 물 타기요, 소위 '신의 한 수' 같은 빅딜로 비쳐집니다. 실재로 이 같은 보도를 통해서 여론이 다소 가라앉은 듯 보입니다. 그리고 과격하게 떠드는 사람들의 입막음 효과도 나타나고 있습니다. 그러나 이로 인해 본질을 호도하는 술책인 것을 아는 사람들이 더 크게 자극을 받고 있다는 것을 왜 모르십니까?

이제 한 가지 일만 남은 듯합니다. 그것은 바로 '108회 총대들의 결단'입니다. 언제부턴가 노회 총대로 선출되어 총회에 참석하는 것이 명예로 자리매김 되었고 총대 횟수가 훈장처럼 여겨졌습니다. 총대로 가면 짧게는 2박 3일, 길게는 3박 4일 내내 먹고 자고, 그리고 동기들과 지인들을 만나 소통하는 것으로 마치 공적인 휴가를 보내고 오는 것이 전부인 경우가 대부분이라는 것을 양식 있는 사람들이라면 인정할 것입니다. 그럼에도 노회는 마치 인기투표를 하듯 가볍게 표를 행사하고, 당연직처럼 선출되는 대형교회 목사들과 지연, 학연 등 전략적인 이합집산으로 표를 모아 일단 선출되어 총대가 되는 영광(?)을 누리는 관행은 여전히 지속되고 있습니다.

이제까지 어떤 가치를 가지고 총대 역할을 하셨는지 모르나 금번 108회 총회 총대의 어깨에는 교단의 진로가 결정 될 수 있는 중요한 책임이 지워져 있다는 것을 인식할 수 있기를 바랍니다. 이 말을 소위 총회 보이콧을 선동하는 것으로 읽는 사람이 없기를 바랍니다. 만약 그렇게라도 해야 한다고 느낀다면 그것은 총대 자신의 개인적 소신을 따라 하면 될 것이고 교단을 사랑하는 사람으로서 총회에서의 총대의 역할을 주문하고 싶을 뿐입니다.

오는 108회 총회는 지난 104회 총회를 통해서 교단의 법정신이 크게 훼손되긴 했지만 그럼에도 여전히 총회의 법치가 작동되고 있다는 것을 행동으로 보여줄 수 있는 분수령이 되게 해야 한다는 점에서 총대의 사명은 무겁습니다. 따라서 총대 여러분은 우리 총회가 다시는 금력이나 권력 앞에 무릎 꿇지 않으며 편법이나 불법을 용인하지 않겠다는 의지를 천명할 수 있게 해야 합니다. 이런 의미에서 필자는 총대들께 두 가지를 제안하고 싶습니다. 만약 총회가 정상적으로 개회가 된다면 양심과 소신에 따라 다음 두 가지 사안에 대한 공개적인 사과를 요구해주시기 바랍니다.

첫째 부자세습을 통해 교계와 사회 앞에 교회와 교단의 명예를 떨어뜨린 명성교회의 공개적 사과를 요구해 주십시오. 헌법 정치 제28조 6항은 2013년 제98회 총회 장소인 바로 이곳 명성교회에서 가결된 법이기 때문에 10년째 되는 올해 똑 같은 장소에서 열리는 108회 총회에서의 공개 사과는 역사적인 의미가 크다는 생각입니다.

둘째 M교회를 총회 장소로 선정하고 혼란을 야기 시킨 총회 임원들에게 공개적인 사과를 요구하고 재발 방지 약속을 천명토록 해주십시

오. 자칫 교단 분열 위기까지 몰고 갈 만큼 명성교회에서의 총회가 중요했던 이유가 무엇인지를 명확하게 묻고 갈등을 초래한 임원들은 정중하게 사과를 표할 수 있도록 해야 합니다.

1938년 9월 평양 서문밖예배당에서 조선예수교장로회 제27회 총회 둘째 날 신사참배를 결의했습니다. "신사참배는 종교의식이 아니요 국가의식"이라고 설명하고 가부를 물었었을 때 불과 몇 사람이 '예'라고 대답했지만 '아니오'는 묻지도 않고 통과시켰습니다. 그 후 교회는 급격히 변질되고 말았습니다. 우리 교단의 큰 어른이신 고(故) 한경직 목사님은 1992년 6월 18일 종교계의 노벨상으로 불리는 템플턴상을 수상하면서 "일제 때 신사참배를 했는데 그 죄를 제대로 참회하지 않았다"면서 "일생의 짐이었는데 우상숭배의 죄를 이제야 참회 한다"며 눈물을 흘리셨습니다. 그 후 순천노회가 104회 노회에서 84년 만에 신사참배를 회개하는 등 회개의 물결이 일기도 했습니다.

1,500 총대 여러분, 역사적 과오는 주역이 아니었더라도 반드시 책임을 져야 하는 회개가 따라야 합니다. 그러므로 회개해야 할 일을 피하는 것도 지혜이며, 피할 수 없다면 신앙의 양심을 따라 말하고 행동하는 것이 훗날 교회와 역사 앞에, 그리고 후대들에게 떳떳한 유산을 남길 수 있으며 올바른 가르침이 될 수 있습니다. 이제 총회가 코앞으로 다가와 있습니다. 주변에서 아무리 떠들고, 비판해도 총대들의 신앙 양심에 따른 말과 행동이 아니면 기울어진 우리 교단을 바로 세울 수 없다고 확신합니다. 훗날 108회 총회가 신사참배를 결의했던 27회 총회와 오버랩이 되지 않기를 간절한 마음으로 바랍니다. 성령께서 담대한 용기를 주시기를 기도하며 응원하며 지켜보겠습니다.

"이제 내가 사람들에게 좋게 하랴 하나님께 좋게 하랴 사람들에게 기쁨을 구하랴 내가 지금까지 사람들의 기쁨을 구하였다면 그리스도의 종이 아니니라"(갈 1:10).

생각해 보기

1. M교회에서의 108회 총회 개최 결정이 교단 내외부에 불러온 갈등과 분열의 본질은 무엇이며, 총대들이 이 문제에 대해 어떻게 책임 있는 태도를 보여야 하는가?

2. 총회 임원회 결정과 관련해, 명성교회 및 총회 임원들에게 공개 사과와 재발 방지를 요구하는 것이 교단 회복과 명예 회복에 어떤 의미를 가지며, 총대들의 역할은 무엇인가?

3. 과거 신사참배 결의와 그로 인한 교회 변질 사례를 교훈 삼아, 현재 교단이 직면한 세습 문제와 갈등 상황에서 총대들이 신앙 양심에 따라 어떻게 역사적 책임과 회개의 자세를 실천할 수 있을까?

09

교계 정치꾼들에게

'꾼'이라는 단어를 사전에서 찾아보니, "직업적인 일이나 전문적인 행위를 나타내는 일부 명사 뒤에 붙어, 그러한 일이나 행위를 전문적으로 혹은 습관적으로 하는 사람"이라 정의되어 있었다. 호기심에 온라인 사전을 검색해 보니, '~꾼'으로 끝나는 단어가 무려 799개에 이른다고 하여 적잖이 놀라지 않을 수 없었다. 그중에는 친숙하거나 긍정적인 의미로 사용되는 단어도 있었지만, 대부분은 부정적이고 조롱 섞인 의미로 쓰이는 경우가 많았다. 속담에 '~ 눈에는 ~만 보인다더니', 필자 눈에는 유독 '예수꾼'이라는 단어가 또렷이 들어왔다. "기독교 신자를 속되게 이르는 말"이라는 주석이 함께였다.

과거 '생활의 달인'이라는 프로그램이 감동을 주었던 기억이 있다. 오직 한 길, 한 분야에 평생을 바친 이들이 저마다의 영역에서 숙련의 경지에 이르러 눈을 감고도 작업을 해내는 모습은 진심으로 존경스러웠다. 이들 대부분은 성실하고, 순박하며, 자신이 걷는 길에 대한 소명의식을 품고 있었다. 그들을 바라보며 문득 떠오른 생각이 있었다. 그렇다면 '신앙의 달인'이나 '목회의 달인'은 왜 없는 것일까? 신앙생활이나 목회가 평생을 바쳐야 할 소명이라면, 충분히 달인의 경지에 이를 수 있을

법도 한데, 그런 말을 들어본 기억이 없다. 아마 앞으로도 없을 것이다. 왜냐하면 신앙과 목회는 경험이나 경륜으로 숙련될 수 있는 영역이 아니기 때문이다. 그 모든 과정은 날마다 새롭게 부어주시는 하나님의 은혜 안에서만 감당할 수 있는 것이며, 그 속성상 결코 달인이 될 수 없는 길이다. 아니, 달인이 되어서는 안 되는 길이다.

그럼에도 불구하고, 교회 안팎에는 일종의 '달인 신드롬'에 빠져 있는 이들이 있다. 대체로 소위 중직자라 불리는 이들 가운데 많다. 성경 지식도 제법 갖추었고, 교회생활도 오래 하였기에 신앙의 여러 영역에 익숙하다. 그 익숙함이 오히려 관성(慣性)으로 작용하여, 신앙의 진정성이나 하나님을 향한 사모함은 점점 희미해지고, 대신 자신과 직결된 이해관계에만 민감하게 반응하게 된다. 이들은 대안을 제시하지 않으면서, 문제에 대해서는 목소리를 높이고 선동하며 자신의 존재감을 드러내려 한다. 영향력을 행사하며 주도권을 잡으려는 태도는 전형적인 '꾼'의 속성과 맞닿아 있다. 이런 이들이 교회 내에서 지도력을 가지게 되면, 필연적으로 진영이 나뉘고, 갈등이 표면화될 수밖에 없다. 교회 리더십이 깊은 고민에 빠질 수밖에 없는 이유가 바로 여기에 있다.

반면, 흔치는 않지만 참으로 귀한 성정(性情)을 지닌 이들도 있다. 이들은 언제나 평온한 분위기를 조성하고, 누구도 차별하지 않으며, 겉치레가 아닌 내면에서 우러난 겸손으로 사람들을 대한다. 자세히 살펴보면, 단순히 믿음 때문이라기보다는 성품 자체가 그러한 경우도 있다. 이러한 이들은 타인의 시선을 지나치게 의식하지 않으며, 자신의 이익에 따라 말을 바꾸거나 행동을 조율하지 않는다. 모든 사람을 공정하게 대하며, 사심이 없기에 눈빛에는 흔들림이 없고, 언행에는 신뢰와 무게가 실린다. 이들은 진영 논리에 휘둘리지 않고, 편가르기에 앞장 서지도 않으며, 세를 규합하여 의도를 관철시키려 하지 않는다. 오히려 사려 깊고 진중한 태도로 주변 사람들에게 무언의 신뢰를 얻는다. 앞서 말한 '꾼'들과는 전혀 다른 부류이다.

이와 같이 상반된 인간 군상의 특성이 가장 두드러지게 나타나는 현장이 바로 '정치판'이다. 사람들이 모이면 조직이 생기고, 그 안에는 자연스럽게 이해관계에 따라 이념이나 정서가 비슷한 집단과 그렇지 않은 집단이 형성된다. 같은 사안을 두고도 전혀 다른 시각을 가지는 양 집단은 충돌할 수밖에 없으며, 이를 조율하고 합의하며, 결국 민의(民意)를 얻어 뜻을 관철시키려는 모든 활동이 정치라 할 수 있다.

필자는 정치란 "같은 뜻을 가진 이들이 이합집산을 통해 권력을 획득하고, 이 권력을 바탕으로 집단 또는 개인의 이익을 추구하는 주도권 싸움"이라 정의하려고 한다. 일반 정치이든 교회 정치이든, 본질과 목적은 다를지라도 그 양상은 매우 유사하다. 권력을 통한 정치적 실현 자체를 비난할 수는 없지만, 정치 자체가 목적이 되어버린 이른바 '정치꾼'들의 행태는 반드시 경계해야 한다. 정치꾼은 정치적인 말, 정치적인 행동, 정치적인 관계를 형성하며, 권모술수와 임기응변을 능란하게 구사한다.

정치는 분명 필요하다. 모든 사람이 정치에 나설 수 없기에 '대의 정치'가 존재한다. 그러나 문제는 대의자로 세워진 이들이 시간이 지나면서 '정치가'가 아닌 '정치꾼'으로 전락할 수 있다는 데 있다. 일단 권력을 손에 넣게 되면, 집단은 이 권력자의 영향력 아래 놓이게 된다. 권력자가 합리적이고 공익적인 사고를 지닌 사람이라면 다행이겠지만, 정치꾼에 의해 권력이 사유화되거나 남용된다면 그 공동체는 크나큰 고통을 감내해야 한다.

교회 정치도 예외는 아니다. 속성상 세상의 정치와 별반 다르지 않다. 교회 안에도 정치꾼이 존재한다. 그들을 분별하는 기준은 단순하다. 정치적인 행동을 통하여 결국 자기 자신이 중심이 되려는 사람, 바로 그런 이가 정치꾼이다. 이들은 신념보다 계산을 앞세우며, 정치적 가치 판단이 아닌 정치공학적 셈법에 따라 움직인다. 결과적으로 사익과 정치적 야망이 행동의 동기가 된다.

반면, 진정한 정치인은 전문성을 갖췄을 뿐 아니라, 가치와 공익을 우선하며, 목적이 달성되면 물러날 줄 아는 이들이다. 야망을 좇기보다 올바른 가치 실현을 위해 움직이며, 자리에 연연하지 않고, 불순한 프레임을 씌워 타인을 공격하거나 진영 정서에 편승하지 않는다. 이러한 이들이 권력을 갖게 된다면 그 자체가 복이겠으나, 그들은 능력에 맞지 않는 것을 탐하지 않으며, 맡겨진 역할에 대해서는 공정함과 겸손함으로 임한다.

이제 곧 노회와 총회 등 교단 정치의 계절이 돌아온다. 이미 출마자들의 이름이 오르내리고, 편향된 언론 보도와 이른바 '찌라시 뉴스'가 난무하고 있다. 대부분의 움직임은 철저히 사익을 위한 것이다. 권력을 얻기 위해 사람을 만나고, 관계를 형성하며, 편을 가르고, 진영을 나눈다. 천문학적인 비용을 들이기도 한다. 그들의 궁극적인 목표는 권력, 명예, 그리고 이에 따른 재정적 이익이다. 그 이상은 없다. 이들은 전형적인 정치꾼이다. 불법을 그럴듯한 논리로 포장하여 합법인 듯 여론을 호도하고, 속으로는 물질적 이익의 줄기에 집요하게 매달린다. 이들의 말과 행동에는 모순이 도사리고 있다.

분별력을 잃고 진영논리에 매몰된 이들로 인해, 교계 정치판은 갈수록 혼탁해지고 있다. 원칙도, 상식도 사라지고 있다. '내 편이냐, 네 편이냐'가 모든 판단의 기준이 되었다. 심지어 법이 있음에도, 목적 달성을 위해 교회 권력과 정치력, 재정력을 총동원하여 법을 유린한다. 법치가 무너진 공동체는 결코 존속할 수 없음을 간과한 채, 자신만 무사하면 된다는 식의 무책임하고 이기적인 이익 추구에만 몰두한다. 그 결과, 저항하는 이들을 무리하게 짓누르고 여론을 왜곡하여 밀어붙이는 일이 반복되고 있다. 이것이야말로 정치꾼의 전형적인 행태이다.

그러므로 노회든 총회든 리더십을 세움에 있어 단 한 가지 기준만 분별할 수 있다면, 그 선택은 성공이라 할 수 있을 것이다. 공익을 추구하는 사람인가, 사익을 추구하는 사람인가? 정치인인가, 정치꾼인가?

"너희 중에 있는 하나님의 양 무리를 치되 억지로 하지 말고 하나님의 뜻을 따라 자원함으로 하며 더러운 이득을 위하여 하지 말고 기꺼이 하며, 맡은 자들에게 주장하는 자세를 하지 말고 양 무리의 본이 되라"(벧전 5:2-3).

생각해 보기

1. 우리는 교회 안에서 '정치인'과 '정치꾼'을 어떻게 분별할 수 있는가?

2. 나의 신앙은 '달인'의 관성에 머물러 있지는 않은가?

3. 교회 정치의 목적은 공익인가, 사익인가?

10

개혁은 선거법에서 부터

교회는 세상 속에 있지만 세상과 구별된 조직과 규율, 그리고 질서를 가진 특별한 공동체다. 따라서 세상에 빠지면 안 되고 세상을 벗어나서도 안 되는 변증법적 존재 가치를 지켜내야 한다. 바로 이 지점에서 신앙적인 갈등과 싸움이 생긴다. 만약 교회가 본질을 저버린 채 회색지대에서 좌고우면한다면 경계인 취급을 받으며 세상에서 설 자리를 잃을 수밖에 없다. 예수님은 '좁은 문', '협착한 길' 그리고 '자기부정'과 '자기 십자가'를 지고 따라오라고 하신다. 교회는 이 역설적인 삶으로 세상의 도전에 맞서 하나님 나라 가치를 실현해나가야 한다.

힘과 규모, 그리고 물량을 앞세워 호령하는 세상에 강력한 도전을 받고 있는 교회는 밀알 정신으로 저항하며 그리스도의 공평과 정의를 세워나가야 한다. 특히 교회 연합체인 노회와 총회는 불합리하고 공정하지 못한 흐름과 관행을 과감하게 정리하고, 합리적이고 균형 잡힌 제도로의 개혁을 시도해야만 한다. 그 첫째 과제가 선거법 개정이라고 본다. 그도 그럴 것이 선거로 선출된 총대들을 통해 총회의 입법과 행정이 이루어지기 때문이다. 이런 점에서 서울 서남노회 100회기 노회에서 최초로 결의되고 추진되었던 선거법 개혁 시도는 의미 있는 첫걸음으로 평가될 수 있을 것이다.

　서울 서남노회는 2023년 4월 100회 정기노회(고촌중앙교회당)에서 총대 선거법에 대한 획기적인 결의안을 통과시켰다. 그것은 '교회 당 목사 1표, 장로 1표'로 투표권을 행사하자는 안으로 한국교회 최초로 1교회 목사, 장로 1표에 대한 선거법 개정이 대회의 결의로 이루어진 것이다. 요지는 대형 교회나 소형교회나 노회에서 동등한 권리를 행사해야 한다는 것이었다. 현실적으로 교단을 초월하여 노회는 중대형교회가 정치와 행정의 주도권을 가지고 있으며 이 같은 쏠림 현상은 점점 도를 넘어 몇몇 중대형교회의 담합으로 노회정치와 행정이 휘둘리고, 좌지우지되고 있다. 심지어 대형교회는 상회비를 앞세워 노회 임원 및 총대 선거에서 대놓고 자기 교회의 지분을 요구하며 노회를 직, 간접적으로 압박하는 등 세상에서도 통용되지 않는 비상식적인 행태가 공공연하게 벌어지고 있으며 이같은 기득권이 고착 되어 있는 상황이다.

　상대적으로 소형교회는 자력으로 모종의 역할을 할 수 있는 기회조차 주어지지 않을 뿐 아니라 주체성, 주도성을 잃어버린 채 대형교회에 끌려 다니며 눈치 보기, 줄서기 등 소위 큰 교회와 영향력 있는 목사 밑에서 아부하고 충성하는 역겹고 민망한 모습을 보게 된다. 대형교회 목사나 장로들은 교회 규모만으로 온갖 기득권을 누릴 뿐 아니라 은근히 작은 교회를 길들이고 혹여 눈 밖에라도 나면 국물도 없는 현행 선거 구조가 바뀌지 않는 한 교단의 미래는 어둡다. 이 같은 관행과 풍토를 과감하게 쇄신하는 것이 교단 발전의 시금석이 될 수 있음을 생각할 때 서울 서남노회의 선거법 개정 결의는 선거 문화의 이정표가 될 수 있었다.

중대형 교회의 독점 권력

의회 민주주의의 꽃은 선거다. 선거를 통해서 모종의 정치적 꿈을 실현해가는 것이기에 주도권 경쟁에 사활을 건다. 노회나 총회도 예외는 아니다. 선거철이 되면 편 가르기가 심화되고 정서적인 갈등이 빚어지는 등 부작용도 상당하다. 특히 대의정치의 꽃이라 할 수 있는 노회의 총대선거는 총회 정치의 산실이기 때문에 해마다 치열한 경쟁 구도 속에서 치러진다. 이 과정에서 대형교회는 수 십 명의 부목사 장로의 수적 우의를 앞세워 선거 판세를 주도하고, 표를 많이 가진 대형교회 마음을 얻기 위해서 암암리에 읍소하고 담합하는 일들이 벌어진다. 대부분 대형교회는 내부적으로 교회가 밀 후보가 누구인지를 정하여, 작성된 후보명단을 가지고 선거를 치르는 것을 관례로 여길 만큼 불법과 편법이 판을 친다. 이에 상대적으로 작은 교회는 몇몇 교회가 힘을 합한다 해도 대형교회 하나만도 못한 영향력으로, 상대적인 박탈감을 느낄 수밖에 없는 것은 대부분 노회가 안고 있는 딜레마일 것이다.

이처럼 노회에 권력을 독점하는 그룹이 생기고, 정치적인 욕구불만이 쌓이는 등 갈등과 긴장, 알력과 잡음이 지속되다가 뇌관이 될 만한 이슈가 터지면 결국 갈라지는 수순을 밟게 된다. 3년 전 법적 분립 조건을 갖추지 않은 채 갈라 세운 서울서남노회와 서울강서노회의 조건부 분립이 대표적인 예가 될 것이다. 표면적으로는 성장이나 행정의 효율 등을 앞세우지만 십중팔구가 정치적 독점과 소외의 구도 속에서 깊어진 갈등이 원인이라고 보아야 할 것이다.

문제는 표를 가지고 노회를 쥐락펴락하며 자기 교회의 기득권을 관철하고 노회 행정을 좌지우지하는 중대형교회의 횡포다. 서울 동남노회의 경우 명성교회 세습 문제로 첨예했던 기간에 명성교회 파송 노회원들과 명성교회의 세습을 지지하는 측이 회의에 대거 불참하거나 회의장에 앉아 있었지만, 서기 호명에 대답하지 않는 등의 방식으로 조직적인 노회 파행을 유도했다. 회의를 개회하고도 진행 발언 등을 통해 회의 질서를 무너뜨리고 파행시켰을 뿐 아니라, 반대하는 목사를 면직시키는 등 무소불위의 권력을 휘둘렀다. 지금도 마음만 먹으면 목사직을 면직시킬 수도 있는 초법적인 권력을 초대형교회 한 교회가 행사하고 있는 것이다.

총회 역시 대형교회를 중심으로 파송된 총대들에 휘둘리는 구태를 보이는 것은 마찬가지다. 노회 총대는 노회를 대표하여 파송받아 노회의 권익 뿐 아니라, 총회 행정이 법과 원칙에 따라 공정하고 정의롭게 이루어질 수 있도록 대의적인 사명에 충실해야 한다. 그런데 현 선거제도 하에서는 중대형 교회 목사와 장로들이 고정적으로 파송될 수밖에 없으며 개혁적인 총회를 기대할 수 없는 상황이다. 이렇게 파송된 총대 가운데 성실하게 역할을 하는 분도 있지만 벤치워머, 거수기 역할만 하다 돌아오는 경우가 대부분인 것을 보면 분명 금력, 인력, 시간 낭비가 아닐 수 없다.

노회에 젊고 참신할 뿐 아니라 정치적 마인드나 행적 능력을 갖춘 인재들이 많은데도 교회가 작다는 이유로 총대는 언감생심, 노회와 총회를 위해 일할 기회를 얻지 못하는 선거 구조는 시급히 바뀌어야 한다. 그중 권력 지향적인 소위 야심가들은 이미 언급했듯이 대형교회와 영향력 있는 목사에게 빌붙어 아부하고 살살거리며 정치적 입지를 얻으려 노력하고, 이렇게 입지가 생기면 대형교회나 목사의 꼭두각시와 이중대로 변질되어 위화감을 가중시키는 구태의 연결고리가 되는 형국이다. 선거제도의 개혁은 정치적 물갈이를 통해 노회 뿐 아니라 총회까지 개혁할 수 있는 길을 열어 놓는다는 점에서 매우 중요하며 시급한 과제가 아닐 수 없다.

서울 서남노회에서 야심차게 발의하고 결의됐던 선거제도 개혁이 비록 절차적 하자가 명백한 노회를 통해 부결 처리되었지만 한국교회 역사상 선거문화의 시금석이 될 개혁의 불씨를 살려야 한다는 소명으로 몇 가지 당위성을 정리해 본다.

'1교회 목사, 장로 1표 선거제도'는 모든 교회의 고유하고 동등한 가치와 본질에 대한 선언적 의미가 있다.

14억 인구를 가진 중국이나 6만 인구를 가진 산마리노나, 1인당 GDP 7만8천불인 미국이나 2백30불인 부룬디나 UN에서는 똑같이 1표를 행사한다. 하물며 교인수가 많고, 상회비를 많이 낸다는 이유로 기득권을 행사하는 것은 공교회의 고유하고 동등한 가치와 권위를 부정하는 행위다. 교회는 큰 교회 작은 교회, 조직교회 미조직교회만 있을 뿐 본질과 역할, 그리고 사명과 권위는 고유하고 동등하다. 그런데 총대 수와 상회비를 앞세워 기득권을 행사하는 것은 형평성에 어긋날 뿐 아니라 고유한 교회의 존재가치를 훼손하고 부정하는 일이다. 큰 교회든 작은 교회든 1교회 목사, 장로 1표로의 선거 개혁은 교회에 대한 올바른 가치 정립에 있어 선언적인 의미가 있다.

'1교회 목사, 장로 1표 선거제도는 노회와 총회에서 대형교회의 독주를 막고 보다 평등한 공동체 형성의 기초가 된다.

노회는 참신한 일꾼들을 발굴하고 총대로 파송하여 발전적으로 일할 수 있는 기회를 주어야 한다. 중대형교회 목사나 장로가 수적 우위를 바탕으로 고정적으로 총대 파송을 받지만 상대적으로 정치적 의지도 있고 참신한 노회원들의 총회 진출은 가히 하늘의 별 따기 정도로 어려운 것이 현실이다. 선출된 총대들이 노회 내에서 총회 현안에 대한 중론을 모으고, 적극적으로 발언하고 정책에도 참여하여 실효성 있는 성과를 내는 것이 중요하다. 그러나 안타깝게도 총대를 명예 정도로 여길 뿐, 회의장에서 친구나 지인들을 만나 교제하며 먹고 쉬다 오는 경우가 대부분임을 부정할 수 없을 것이다. 이것은 시간, 재정, 행정력 낭비가 아닐 수 없다. 노회는 총대들의 역할을 냉철하게 평가하고 이를 바탕으로 다음 회기의 총대 파송 여부를 결정하는 기준으로 삼는 것이 중요하다고 본다. 1교회 목사, 장로 1표 제도는 총대 물갈이를 통한 총회 개혁의 시발점이 될 수 있다는 점에서 중요하다.

'1교회 목사, 장로 1표 선거제도는 선거 과열과 부정을 막을 수 있다. 딱히 총대로서의 소명감이나 노회나 총회 현안에 관심이 없고, 평소 총회 이슈에 적극적이지 않음에도, 교회가 크다거나 노회 전입이 오래 되었다는 이유로 총대가 되려 한다. 그런가 하면 노회 전입이 얼마 안 됐고, 정치적 관심이 없음에도 대형교회 당회원들은 공공연하게 자기 교회 당회장이 총대로 나가야 한다는 생각을 갖고 있다. 그리고 자의반 타의반 후보로 이름을 올려놓으면 상위권에 당선된다. 다른 후보들은 남은 표를 얻기 위해 표를 구걸하고 읍소 문자폭탄을 수십 통씩 주고받아야 한다. 뿐만 아니라 이합집산을 통해 자기 편 당선을 위해 상대편을 떨어뜨리려 모략까지 하는 진풍경이 펼쳐진다. 이 같은 과열을 막기 위해 몇 년 전부터 규칙개정을 통해서 '등록제'를 시행하고 총대 출마자에게 30만원씩 등록금을 받고 있지만 과열은 여전하다. 그러나 1교회, 1표 제도가 실행되면 중대형 교회든 이제 막 개척한 신생 교회든 목사 장로 각 1표씩만 행사하기 때문에 공정한 선거가 이뤄질 뿐 아니라 선거 과열로 인한 부작용을 방지할 수 있다.

'1교회 목사, 장로 1표 선거제도는 상위법을 거스르지 않는 합법적인 제도다.

혹자는 회원권을 제한하는 것이기 때문에 규칙을 개정하여 실행해야 한다고 주장한다. 그래서 우리 노회가 선거법 개정에 대한 논란이 첨예하게 맞서게 되자 노회장은 총회 헌법위원회에 '노회총대 선출 시 투표권을 노회 소속 지 교회별로 목사 1표, 장로 1표를 기준으로 하는 것을 실시하자는 안건을 총회 헌법 개정 없이 노회 결의로 할 수 있는지'에 대해 질의했다. 이에 헌법위원회는 "재판(책벌) 외의 방법으로는 회원권(결의권, 선거권, 피선거권을)을 제한하지 못한다, 노회 소속 지 교회별로 목사 1표, 장로 1표를 노회에서 결의할 경우 위법한 결의이며, 헌법 시행규정 제2조 2항에 근거해 무효이다"라고 해석하였고 총회 임원회가 이같은 해석을 언론에 유포하였다.

그러나 총대 선출을 어떤 방식으로 해야 하는지에 대한 헌법적 규정이 없다. 각 노회 규칙에서 정한대로 시찰별로 하든, 전입 순으로 하든 선출하면 되는 것이다. 따라서 노회는 노회 규칙에 따라 다양한 방법으로 총대를 선출할 수 있으며 이는 회원권을 제한하는 것이 아니다. 그러므로 상급 치리회인 총회가 투표방식을 가지고 서로 다른 투표 방식을 가진 하급 치리회인 노회를 규정하는 것 자체가 자기 오류다. 노회의 결의는 재판이나 회원의 재결의를 통해 변경되는 것이지 헌법위원회의 해석으로 결정되지 않기 때문이다. 또한 과거 경서노회장이 제출한 "경서 제15-20호 노회 총대선거 규칙 질의(2015.2.16)" 건에 대한 헌법위원회 해석인 "총회 헌법 제63조 제3항에 의거 노회가 제정한 해 노회 규칙대로 총대를 선출할 수 있다"고 해석한 것만 보더라도 금 번 헌법위의 해석은 결이 다른 해석을 내 놓은 것으로 법적 문제가 전혀 없다.

아직 희망은 있다

지난 2023년 10월 17일 가을 서울서남노회 101회 정기노회(김포중앙교회)는 100회기 결의에 따른 수임 안건인 '1 교회 목사, 장로 각 1표'에 대한 규칙부 보고 과정에서 장시간 치열한 쟁론이 있었다. 정상적인 절차대로 진행되었더라면 결의된 대로 101회부터 실행되었어야 할 안건이었다. 100회기 임원회는 선거법 개정에 따른 결의를 확인하고 규칙부에 수임 안건으로 처리해달라는 공문과 함께 이첩했으나, 100회기 규칙부는 내부적으로 결의의 진위와 찬반 의견이 첨예하여 처리하지 못 한 채, 101회기 규칙부로 넘어온 것이다. 이에 101회기 규칙부는 조직 구성을 하자마자 선거법 개정에 대한 문안을 만들어, 전원 합의하에 '내년 총대 선출부터 투표권을 노회 소속 지 교회별로 목사 1표, 장로 1표 기준으로 실시하기로 하다'는 내용을 노회에 보고했다. 이 과정에서 결의 여부와 찬반 토론으로 오후 회무를 정상적으로 진행할 수 없을 만큼 장시간 소모적인 논쟁을 해야 했고, 결과적으로 지난 102회 노회에서 장시간 격론 끝에 '1교회 목사, 장로 1표'건은 부결처리 됐다. 그러나 분명 절차적 하자가 있는 노회였던 만큼 선거법 개정에 대한 불씨는 여전히 살아있다는 생각이다.

시대적 요구

어느 집단이든지 침묵하는 다수가 있다. 노회나 총회에도 옳고 그름에 대한 분명한 기준을 가지고 있으면서도 나서지 않는 소위 '샤이 회원'들도 많다. 이번 서울 서남노회의 선거법 개정에 대한 개혁의 움직임에 다수의 노회원들이 묵시적인 동의와 응원을 보냈지만 한계가 있었음을 실감했다. 그러나 이같은 시도와 노력은 공감을 얻는 노력을 지속하여 반드시 이루어내야 할 개혁 과제임이 각인되었다는 평가다. 결국 사람이 중요하다. 올바른 교회관, 목회관, 정치와 행정에 대한 의지를 가진 분들이 기득권의 장벽에 막혀 제대로 된 목소리조차 낼 수 없는 환경은 공동체 발전을 위해 하루 빨리 개혁되어야 마땅하다. 이에 대한 첫 번째 걸음에 한계와 벽을 느꼈지만 교회와 교단은 급변하는 세상에 온전한 복음을 흘려보내기 위해 상식적이지 않은 법과 관행을 과감하게 고쳐나가려는 노력이 필요하다. 서울 서남노회의 선거법 개정에 대한 시도가 수북이 쌓인 눈을 밟고 지나간 첫 발자국이었다면, 그 발자국이 이정표가 되어 개혁의 후예들이 줄을 이을 것을 기대한다.

"여호와께서 사무엘에게 이르시되 그의 용모와 키를 보지 말라. 내가 이미 그를 버렸노라. 내가 보는 것은 사람과 같지 아니하니 사람은 외모를 보거니와 나 여호와는 중심을 보느니라 하시더라"(삼상 16:7).

생각해 보기

1. 현행 선거법 하에서 대형교회가 노회와 총회 정치에서 독점적 권력을 행사하는 구조가 교단 내 갈등과 분열을 어떻게 심화시키고 있으며, 이를 해결하기 위한 '1교회 목사·장로 1표' 선거법 개정이 갖는 의미는 무엇인가?

2. 서울 서남노회에서 시도된 선거법 개정이 헌법위원회의 해석과 총회 임원회의 반대 등 절차적·법적 장벽에 부딪힌 현실 속에서, 교단이 공정한 선거문화와 권력 분산을 위해 어떻게 대응해야 할까?

3. 교회가 세상 속에 있지만 세상과 구별된 공동체로서, 신앙의 본질과 공교회의 균형을 지키기 위해 교단 정치와 행정에서 반드시 개혁되어야 할 가장 시급한 과제는 무엇이며, 선거법 개정이 그 출발점이 될 수 있는 이유는 무엇인가?

역설, 그것은 예수님을 따르는 사람들에게 요구되는 삶이다.

곧 "자기를 부정하고 자기 십자가를 지고 주님을 따르는 삶"이며

"좁은 문으로 들어가고, 좁고 협착한 길로 가는 삶"이다.

"네 오른편 뺨을 치거든 왼편도 돌려 대며

 또 너를 고발하여 속옷을 가지고자 하는 자에게 겉옷까지도 가지게 하며

또 누구든지 너로 억지로 오 리를 가게 하거든 그 사람과 십 리를 동행하고

네게 구하는 자에게 주며 네게 꾸고자 하는 자에게 거절하지 말라"(마 5:39-42)

고 하신 예수님의 가르침을 따르는 삶이다.

그야말로 세상의 방식을 뒤집는 삶이다.

그 같은 삶이 액기스처럼 농축된 것이 바로 십자가다.

안타깝게도 오늘의 교회와 신앙인들은 이미 갈릴리를 떠나

예루살렘 도성에 앉아 버렸다. 누추한 곳을 피하는 부요한 귀족이 된 것이다.

이것이 교회가 빠져있는 신분적 딜레마다.

Part 7
누워서 침 뱉기

01 한 점 부끄럼 없기를

'해환'(海煥)이란 말은 바다처럼 넓고 깊게 빛난다는 뜻으로, 일제강점기 맑고 순수한 언어로 인간적인 고뇌를 시로 노래한 윤동주의 호(號)다. 필자는 그의 모든 시를 좋아하지만, 특히 서시(序詩)를 좋아해서 가끔씩 속으로 읊는다. 구구절절이 가슴에 닿는 내용이지만 "죽는 날까지 하늘을 우러러"라는 첫 구절에서 성직자로서 나의 삶과 고백이 투영되어 있는 것 같아 매번 숙연함을 느낀다.

'오십 보 백 보', '똥 묻은 개 겨 묻은 개 나무란다'라는 말이 있다. 일맥상통하는 주님의 말씀이 "외식하는 자여 먼저 네 눈 속에서 들보를 빼어라 그 후에야 밝히 보고 형제의 눈 속에서 티를 빼리라"(마 7:5)는 말씀일 것이다. 한마디로 다 그렇고 그렇다는 얘기다. 세상에 흠결 없는 사람이 없고, 어느 집단이든 부조리와 비리가 없는 집단도 없으며 비판할 만한 사람이 세상에는 없다는 말이다. 맞는 말이다. 이것이 인간사 세상이다. 따라서 세상을 관대하게 보면 아무것도 문제 삼을 이유도 없고, 자기 눈에 삐딱하게 보여도 공연히 욕을 먹어가면서까지 입바른 소리 할 필요도 없다. 어쩌면 역설적으로 잘잘못을 가리고 따지기 좋아하고, 비판하는 사람에게 더 많은 흠결이 있다는 것이 통념인 것을 보면 누군가에게 또는 어느 집단을 향해 바른 소리하고 비판하는 것에 대한 부담이 여간 큰 것이 아니다.

그럼에도 불구하고 자신의 부족함을 인정하고, 채찍하는 심정으로 바른 소리를 내는 사람이 개인이든 사회든 필요하며, 이런 사람을 통해서 잘못된 관행과 흐름이 바뀔 수 있다고 믿는다. 성경을 통해서도 암울한 시대에 하나님께서 선지자들을 통해 하나님의 목소리를 내주었다. 그래서 시대가 회개하고 하나님께 돌이킨 역사가 얼마나 많은가? 그러나 오히려 선지자를 죽이고 마이웨이를 선택한 시대도 있다. 우리는 그 시대의 종말을 너무 잘 알고 있다.

오늘날 교회의 가장 큰 문제는 도덕적 수준이 크게 추락한 것이라고 평가한다. 도덕이나 윤리는 사회 구성원들이 서로를 위해서 지켜야 하는 '내적 규범'이다. 이 같은 내적 규범이 잘 작동될 때 평안하고 건강한 사회가 이뤄지지만, 그렇지 못할 때 선의의 피해를 주고받으며 불편한 사회가 된다. 이같은 피해를 막기 위해 법을 만들게 되는데 법은 강제력과 구속력을 가진 '외적 규범'이다. 법이 통제하는 사회는 삭막하다. 법 이전에 내적 규범인 높은 도덕성과 윤리의식을 가지고 상호적으로 관계할 때 행복한 사회가 이뤄지는 것이다.

종교는 앞에서 말한 '내적 규범'과 '외적 규범'을 넘어서 '신앙적 규범'을 가진 집단이다. 따라서 종교인은 세상의 규범을 초월한 종교적 규범을 삶의 모토로 삼고 살아가기에 세상의 비난과 비판을 받아서는 안 된다. 적어도 종교인은 자신이 믿는 '절대자' 앞에서 '신전의식'을 가지고 자신을 관리하며 세속적인 규범을 초월하는 높은 차원의 윤리와 도덕적인 가치를 가지고 세상을 선도하는 사람들이기 때문이다.

요즘 종교인, 특히 기독교인에 대한 세상의 비난 수위가 점점 높아지고 있다. 교회의 목적이 세상을 구원코자 함인데 오히려 세상의 지탄을 받고 있기 때문이다. 전도나 선교적 관점에서 커다란 장애물이 아닐 수 없다. 왜 이렇게 되었나? 교회가 구원 교리만 강조했을 뿐, 삶을 점검하지 않았기 때문이라고 진단한다. 즉 진정 예수를 믿는다는 것은 예수와 같이 사는 것을 의미하는데 죽어서 천당이나 가는 교리만 강조한 것에 대한 열매를 보고 있는 것이다. 즉 '예수 천당 불신 지옥' 밖에는 없는 것이다. 그 같은 교회의 모습을 단적으로 보여주는 것이 '교회 세습'이며 '도덕성 리스크'로 표면화 되었다. 그 중심에는 '리더십'이 있다. 교회의 문제는 단지 지도자들을 통해 불거지는 문제만 있다고 해도 과언이 아닐 만큼 교회 리더십이 썩어 있는 것이다.

초대형 교회의 세습, 목사들의 성적 타락 내지 도덕적인 흠결은 세상에 대한 선지자적 메시지를 둔하게 만들었으며, 영적인 기독교적 가치를 세속적이고 신비적인 가치로 포장해 기복신앙과 비성경적인 신비주의가 마치 고구마 통가리 속에 썩은 고구마처럼 기독교 신앙을 왜곡시키고 있는 것이다. 강단에서는 현세적인 축복에 목마른 사람들의 구미에 맞는 메시지가 쏟아지고, 우매한 교인들은 아멘을 연발하며 받아먹고 있다. 그러나 신앙은 도깨비 방망이처럼 쓸 수 있는 도구가 아님을 모르는가? 백날 천 날 구해보시라. 목적이 분명하고, 진실한 믿음이 확인되지 않은 곳에 복의 문을 개방하실 하나님이 아니심을 경험하는 것에서부터 진정한 신앙이 무엇임을 알게 될 것이다.

역설, 그것은 예수님을 따르는 사람들에게 요구되는 삶이다. 곧 "자기를 부정하고 자기 십자가를 지고 주님을 따르는 삶"이며 "좁은 문으로 들어가고, 좁고 협착한 길로 가는 삶"이다. "네 오른편 뺨을 치거든 왼편도 돌려 대며 또 너를 고발하여 속옷을 가지고자 하는 자에게 겉옷까지도 가지게 하며 또 누구든지 너로 억지로 오 리를 가게 하거든 그 사람과 십 리를 동행하고 네게 구하는 자에게 주며 네게 꾸고자 하는 자에게 거절하지 말라"(마 5:39-42)고 하신 예수님의 가르침을 따르는 삶이다. 그야말로 세상의 방식을 뒤집는 삶이다. 그 같은 삶이 액기스처럼 농축된 것이 바로 십자가다. 참된 기독교 신앙은 바로 그리스도를 따르겠다고 선언하는 것에서부터 시작되고, 참 신앙과 거짓 신앙이 구별된다. 안타깝게도 오늘의 교회와 신앙인들은 이미 갈릴리를 떠나 예루살렘 도성에 앉아 버렸다. 누추한 곳을 피하는 부요한 귀족이 된 것이다. 이것이 교회가 빠져있는 신분적 딜레마다.

주님이 꿈꾸고 디자인하신 교회는 어떤 교회일까를 생각해 본다. 소위 메가처치가 주님이 바라시는 교회일까? 주님이 유언으로 남긴 것은 '증인 되라!'는 것 일뿐, 또한 "내가 이 반석 위에 내 교회를 세우리니 음부의 권세가 이기지 못하리라"고 교회의 주인 되심에 대한 분명한 교회관도 세워주셨다. 사람이 모이고, 예배당 규모가 커지는 것이 결코 인위적인 것은 아니라지만 교회의 본질을 잃어버려서는 안 된다. '복음', '공교회관', '영혼' '하늘나라' 등 본질적인 가치가 더 이상 가려지거나 훼손되어서도 안 될 것이다. 왜냐하면 이것이 주님이 디자인하신 교회의 본질이며, 다시 오실 때까지 교회가 짊어진 사명이기 때문이다.

지금까지 규모를 키우고 시스템을 늘리는 것이 목적이 되었고, 어느 정도 이루었다 싶더니 그 속에 들어가 주인이 되어 버린, 교회와 목사의 모습을 본다. 본질에서 벗어난 결과 썩었고, 그 냄새가 세상에까지 진동하여 역설적이게도, 교회에서 나는 악취로 세상이 역겨움을 호소하고 있는 형국이다. 오순절을 통과한 120명의 제자들이 세상을 바꿨으며,

5-10%의 기독교인이 4세기 로마제국을 복음으로 변화시켰듯이, 신앙의 야성(野性)을 회복하고 하늘을 우러러 한 점 부끄럼 없는 교회가 되기를 바라는 마음으로, 누워서 침 뱉기 같은 양심의 소리와 함께 다시 서시의 구절을 떠올리며 음미해본다.

> 죽는 날까지 하늘을 우러러
> 한 점 부끄럼이 없기를,
> 잎새에 이는 바람에도
> 나는 괴로워했다.
> 별을 노래하는 마음으로
> 모든 죽어가는 것을 사랑해야지.
> 그리고 나한테 주어진 길을
> 걸어가야겠다.
> 오늘 밤에도 별이 바람에 스치운다.

"면책은 숨은 사랑보다 나으니라. 친구의 아픈 책망은 충직으로 말미암는 것이나 원수의 잦은 입맞춤은 거짓에서 난 것이니라"(잠 27:5-6).

생각해 보기

1. 세상에 흠결 없는 사람이 없고 어느 집단에도 부조리와 비리가 존재하는 현실 속에서, 개인과 교회는 어떻게 자신의 부족함을 인정하며 바른 소리를 내는 역할을 감당할 수 있을까?

2. 오늘날 교회가 '예수 천당 불신 지옥'에 머무르고 '교회 세습'과 '도덕성 리스크' 등으로 세상의 비난을 받는 근본 원인은 무엇이며, 이를 극복하기 위해 필요한 리더십과 신앙의 자세는 무엇인가?

3. 주님이 꿈꾸고 디자인하신 교회의 본질적 가치는 무엇이며, 오늘날 규모와 시스템에 집중하는 교회가 어떻게 벗어나 신앙의 야성을 회복하여 '한 점 부끄럼 없는 교회'가 될 수 있을까?

02

결국 음란으로 무너지는가?

한때 'Me Too' 운동의 폭로가 연이어 터져 나오면서, 아이들과 뉴스를 보기가 민망할 정도로 불편함을 느낀 적이 있었다. 철옹성처럼 명성이 높던 유명 인사들의 위상이 하루아침에 무너지는 모습을 보면서, 왜곡되고 일탈된 성범죄가 그 어느 사회적 이슈보다도 민감하며 강력한 파장을 일으키고 있음을 절감하지 않을 수 없었다. 성적인 문제는 본질적으로 은밀하게 이루어지기에, 특별한 경우가 아니면 그 실상이 쉽게 드러나지 않는 것이 현실이다. 가해자와 피해자 모두 도덕적 상처를 입고, 그로 인한 가족 관계의 붕괴까지 감내해야 하기에, 아무도 쉽게 공개하지 못하는 까닭이다.

그러나 이해관계와 권력 구조 속에서 단단히 억눌려, 스스로 거부하지 못한 채 당할 수밖에 없었던 피해자들이 장구한 세월을 넘어 바로 어제 일처럼 생생한 기억으로 그 치욕과 고통을 견뎌야 했다는 사실을 생각하면, 이 문제는 단순한 개인적 성적 일탈을 넘어선 중대한 사회적 문제임이 분명하다.

무엇보다 피해자 입장에서 가해자가 저명한 인사이거나 사회적 지위가 높은 인물, 혹은 대중적으로 큰 영향력을 가진 스타일 경우 그 심적 부담과 고통은 상상조차 할 수 없을 만큼 크다는 점은 거듭 강조할 필요가 없다. 가해자는 마치 아무 일도 없었던 듯 세상을 활보하는 반면, 피해자는 마치 죄인인 양 마음속에 깊은 상처를 안고 살아야 하는 이 역설적인 현실 속에서, 전통적인 사회 정서가 단단히 막혀 있어 피해자들이 숨 쉴 출구조차 찾기 어려웠던 것은 분명하다.

그 와중에 서지영 검사의 용기 있는 폭로가 피해자들의 입을 열게 한 계기가 되었고, 오늘날 "나도 당했다!"라는 외침으로 'Me Too' 운동이 확산되기에 이르렀다. 이 운동이 앞으로 언제까지, 또 어느 영역까지 번질지 아무도 예측할 수 없는 상황에 이르렀다. 특히 교계에 몸담고 있는 필자 입장에서는, 여러 악재로 어려움을 겪고 있는 교회에까지 이 문제가 번지지 않기를 간절히 바라고 있었으나, 벌써 교계 내 폭로가 이어지고 있다는 안타까운 소식에 접하고 말았다.

성경은 특히 성적인 문제에 대하여 엄격한 기준을 제시하고 있다. 십계명 중 "간음하지 말라"는 명령을 분명히 내렸을 뿐만 아니라, 근친상간이나 수간에 이르기까지 구체적인 범죄 유형과 그 처리 방법을 명시하였다(레 18:7, 10, 15, 20:15, 신 27:21). 예수님께서도 "나는 너희에게 이르노니 음욕을 품고 여자를 보는 자마다 마음에 이미 간음하였느니라"(마 5:28)고 말씀하심으로써, 단순히 행위뿐 아니라 음욕을 품는 동기까지 간음으로 엄격히 간주하심을 증거하고 계신다.

뿐만 아니라, 초대교회가 세워졌던 이방 지역에서 공공연히 일어나던 간음 문제에 대하여 사도 바울은 강력한 경고의 목소리를 냈다. "음행을 피하라 사람이 범하는 죄마다 몸 밖에 있거니와 음행하는 자는 자기 몸에 죄를 범하느니라"(고전 6:18)고 하여, 간음죄가 단순한 윤리적 범죄를 넘어 하나님과 인간의 관계를 심각히 훼손하며 영혼을 황폐하게 만드는 중대한 영적 범죄임을 명백히 밝히고 있다. 하나님께서도 이와 같은 죄를 결코 묵과하지 않으심을 성경은 분명히 증언한다.

과거라면 손가락질을 받고 얼굴을 들지 못할 일이 오늘날에는 아무렇지도 않은 일상처럼 변해가고 있다. 기독교 신앙을 가진 이들 사이에서도 '혼전 순결'이나 '혼전 임신'을 대수롭지 않게 여기는 풍조가 일어나고 있다. 이는 과거 재혼이 본당에서 결혼예식조차 금지되던 시절과 비교할 때 경계가 한층 느슨해진 결과라 할 수 있다. 또한, 이혼에 관한 성경적 기준조차 제대로 가르치지 못하는 현실 또한 부인하기 어렵다. 따라서 오늘날 교회가 이러한 사회적 분위기를 조성하는 데 일정 부분 책임이 있음을 인정하지 않을 수 없다.

이제 남녀가 공존하며 상호 협력하여 하나님의 나라를 확장해 나가야 할 교회는 여느 때보다도 강력한 도전에 직면해 있다. 과거에는 목회자의 안수가 축복의 통로로 여겨졌으나, 오늘날에는 안수 또한 당사자의 동의와 증인들 앞에서 공적으로 행해져야 하며, 여성 교인과의 악수나 교회학교 어린이들의 머리를 다독이는 행위조차 조심스럽게 다뤄져야 하는 시대가 도래하였다.

우리 사회에서 'Me Too 문제'가 어제오늘의 일이 아닌 것은 분명하다. 그러나 "죄악이 머리까지 넘쳐서 무거운 짐이 되어 감당할 수 없게 되었을 때"(시 38:4), 하나님께서 'Me Too 운동'을 통해 그 심각성을 드러내신 것이라 믿는다. 이번 기회를 통해 용기 있게 나선 피해자들이 조금이나마 치유받고, 사회가 경각심을 갖는 계기가 되기를 간절히 소망한다.

특히 오늘날 교회의 영광과 복음이 어떠한 방식으로든 가려지지 않게 하기 위해서라도 교회는 반드시 죄악으로부터 청정한 공동체가 되어야 할 사명이 크다. 이제는 '빛과 소금'으로서 대사회적 책임을 다해야 할 때이다. 예수님께서 "만일 네 오른 눈이 너로 실족하게 하거든 빼어 내버리라 네 백체 중 하나가 없어지고 온 몸이 지옥에 던져지지 않는 것이 유익하며, 또한 만일 네 오른손이 너로 실족하게 하거든 찍어 내버리라"(마 5:29-30)고 하신 말씀은, 철저한 자기 관리와 높은 수준의 도덕성을 요구함을 분명히 한다.

또한, 오늘날 일어나고 있는 'Me Too 운동'에 대하여는, 밧세바를 범하고 "우슬초로 나를 정결하게 하소서 내가 정하리이다. 나의 죄를 씻어 주소서 내가 눈보다 희리이다. 하나님이여 내 속에 정한 마음을 창조하시고 내 안에 정직한 영을 새롭게 하소서"(시 51:7, 10)라며 눈물로 참회했던 다윗 왕의 마음으로 음란한 세상을 끌어안고 회개의 눈물을 흘려야 할 때임을 깊이 깨달아야 할 것이다.

"불의한 자가 하나님의 나라를 유업으로 받지 못할 줄을 알지 못하느냐 미혹을 받지 말라 음행하는 자나 우상 숭배하는 자나 간음하는 자나 탐색하는 자나 남색하는 자나 도적이나 탐욕을 부리는 자나 술 취하는 자나 모욕하는 자나 속여 빼앗는 자들은 하나님의 나라를 유업으로 받지 못하리라"(고전 6:9-10).

생각해 보기

1. 오늘날 'Me Too 운동'을 통해 드러난 성범죄 문제는 교회와 사회가 직면한 어떤 근본적인 도덕적·영적 위기를 반영하는가?

2. 교회가 성경적 기준에 따라 성적인 죄악으로부터 청정한 공동체로서의 역할을 다하기 위해서는 어떤 구체적인 변화와 자기 관리가 필요할까?

3. 음란과 성적 타락이 만연한 현대 사회에서 신앙인과 교회가 회개와 참된 영적 정결을 회복하기 위해 나아가야 할 방향은 무엇인가?

03

누워서 침 뱉기

지난 한 해 동안 한국 교계에서 가장 큰 파장을 일으킨 뉴스는 단연코 대한예수교장로회 총회장에 대한 소위 불륜 의혹과 그가 담임하고 있는 교회, 그리고 제109회 총회에 관한 것이었을 것이다. 이 사건은 단순한 도덕적 의혹을 넘어, 사실 관계를 떠나 신자와 비신자를 가리지 않고 삽시간에 사회 전반으로 퍼져나가며 거대한 충격을 안겼다. 그 결과, 교단과 교회 위신은 땅에 떨어졌을 뿐 아니라, 기독교 전체가 세간의 조롱거리로 전락하게 되었다.

당사자의 해명이 있었음에도, 사건은 눈덩이처럼 불어났다. 총회장직을 수행하기 어려울 정도로 교계의 온라인 공간은 관련 뉴스로 도배되었고, 각계 각층에서는 공직에서 사퇴할 것을 요구하는 성명서와 입장문이 잇따랐다. 전직 총회장들마저 '결자해지'를 촉구하며 압박했지만, 정작 당사자는 공식 사임 없이 부총회장에게 권한을 위임한 채 주로 해외에 체류했다. 그사이 더 이상 부정하기 어려운 수준의 부끄러운 동영상과 보도들이 교계 안팎으로 확산되었고, 사회 전체에까지 그 실상이 드러나기에 이르렀다.

이후 상황은 더욱 충격적이었다. 의혹의 당사자는 총회장 임기가 만료된 후 교회로 복귀하지 않는 조건으로 전별금 10억 원을 요구하였고, 교회의 당회와 제직회는 그 요구에 응답하여 9억 원을 지급하기로 결의하였다. 2024년 10월 16일 수요일, '치유하는 교회'의 공동의회는 온 교계와 사회 이목이 집중된 가운데 개최되었고, 과연 불륜 의혹을 받는 목회자에게 천문학적인 전별금을 지급할 것인지 여부를 최종 결정하는 자리가 되었다. 필자 역시 이 회의를 예의 주시하였다. 결국 출석 교인 475명 중 347명(73%)의 찬성으로 십일조를 제외한 8억 1천만 원을 지급하기로 결의되었다는 사실은 다시금 깊은 회의와 실망을 안겨주었다.

교회는 왜 존재해야 하는가? 교회가 추구하는 진정한 가치는 무엇인가? 어쩌다 교회가 예수 그리스도와 성경보다 리더십의 가스라이팅에 길들여지게 되었는가? 교인들은 과연 어떤 생각으로 교회를 출석하고 있는가? 그들의 궁극적 목적은 이 땅인가, 하늘인가? 자신인가, 하나님인가? 복잡한 마음을 안고 수없이 자문하게 된다.

해당 교회는 이미 오랜 시간 같은 문제로 상처를 받아왔기에, 또다시 흔들리는 일이 발생하는 것을 우려했을 것이다. 그리하여 문제를 조속히 수습하고 안정된 일상을 회복하려는 열망이 있었으리라 생각된다. 그러나 그것만이 전부일까? 목회자에 대한 연민이었을까, 혹은 과거 목양에 대한 일말의 예우였을까? 교회가 이번 결정을 통해 얻은 것은, 결국 '불안한 안정'에 지나지 않았다.

총회장 재임 시절 제기된 여러 의혹과 관련하여, 실질적 증거를 확보하고 있으면서도 외부에 공개하지 않은 채, 단지 교회의 평화를 위한다는 명분으로 내부 협상에 나섰던 장로의 음성이 아직도 귓가에 맴돈다.

그 행태는 교회를 공교회로 인식하지 못하고, 단지 '우리 교회만 무사하면 된다'는 태도를 여실히 드러낸 전형적인 사례로 읽힌다. 그러나 그로 인해 파생될 후유증은 이제부터 시작일지도 모른다.

교회가 도덕적 의혹을 받는 목회자에게 전례 없는 거액의 전별금을 지급하기로 결의한 사실은 교회와 사회 앞에서 '그 목사에 그 교회'라는 민낯을 적나라하게 드러낸 것이다. 이는 교회에 대한 사회적 불신과 비판을 더욱 깊게 각인시키는 결과로 이어졌다. 해당 조치는 곪은 상처에 단순히 약만 바른 격으로, 이기적이며 무책임한 결정이 아닐 수 없다.

그렇다면 묻고 싶다. 과연 자기 교회만 조용하면 끝인가? 이 땅의 교회는 과연 어떤 길을 가고 있는가? 정작 교회의 주인이신 주님의 뜻은 철저히 외면한 채, 인간적 계산과 타산만으로 이루어진 결정을 누가 선하다고 평가할 수 있겠는가? 목회자는 공교회에 부름받은 공적 사역자로서, 공적인 기준에 따라 평가받아야 하며, 그 이전에 주님 앞에서 판단받아야 하는 존재이다. 이 점은 교회 역시 예외가 아니다.

만일 교회가 이번 일을 계기로 교단의 어정쩡한 처사에 애통해하며 진실로 회개하고, 이와 같은 부도덕한 행위에 성도들의 귀한 헌금을 사용할 수 없다고 단호히 거절했다면 어땠을까? 교회의 거룩한 영성이 아직 살아 있다는 것을 세상에 증명하는 기회가 되지 않았을까 하는 아쉬움이 진하게 남는다. 과연 주님은 이 같은 결정을 어떻게 바라보셨을까? 세상적 기준에 부합한다고 할 수 있을까? 그리고 앞으로 교회에 미칠 부정적인 영향에 대해 어떻게 책임질 것인가? 우리는 기도하며 지켜보아야 할 것이다.

다소 자조적인 표현 같지만 그래도 말하지 않을 수 없다. 목회자들 사이에서 우스갯소리처럼 회자되는, 그러나 실상은 슬픈 농담이 있다. "은퇴 시점에 교회가 시끄러우면 전별금을 더 많이 받을 수 있다." 이번 사건은 그 말이 단순한 농담이 아님을 현실로 입증해 준 셈이다.

시간과 물질, 일생을 바쳐 헌신하는 수많은 목회자들, 교회에서 사례비조차 받지 못한 채 분투하는 이들에게는 참으로 송구한 마음뿐이다. 하지만 이 사건을 통해 우리는 다시금 '소명'과 '사명'이라는 목회의 본질 앞에 자신을 성찰해야 한다. 과연 사례비가 없더라도 '목회'라는 십자가를 감당할 사람이 지금 얼마나 될 것인가. 오늘도 깊은 회한과 기도로 고개를 숙일 수밖에 없다.

"너는 이스라엘 자손의 온 회중에게 말하여 이르라 너희는 거룩하라. 이는 나 여호와 너희 하나님이 거룩함이니라"(레 19:2).

▍생각해 보기

1. 교회와 신앙 공동체가 목회자의 도덕적 의혹과 부도덕한 결정으로 인해 신뢰를 잃었을 때, 어떻게 회복하고 거룩한 본질을 되찾을 수 있을까?

2. 교회 내에서 '우리 교회만 무사하면 된다'는 안일한 태도가 교회 전체와 사회에 미치는 부정적 영향은 무엇이며, 이를 극복하기 위한 방안은 무엇인가?

3. 목회자의 '소명'과 '사명'이 위협받는 현실 속에서, 진정한 목회자와 신앙인의 자세는 어떠해야 하며, 교회가 이를 위해 어떤 역할을 해야 할까?

04

'예'와 '아니오'를 분명히 하라

"왜 적을 만드시나요?" 이름만 대면 알만한 영향력 있는 어느 인사의 말이다. 필자에게 한 말은 아니지만 이 말이 가슴에 심어져 한동안 사라지지 않고 되새김질 되었다. 과연 그렇게 사는 것이 현명한 처세술일까? 두루뭉술하게 관계하며 사는 것이 옳은 처신일까를 고민하게 했다. 무엇보다 그 말이 올바른 길을 제시하고, 앞서 가야 하는 위치에 있는 영적 지도자의 말이기에, 그 말에서 그분의 인생철학이 읽혀져 다시 보게 되었다. 물론 그 말의 의미를 모르는 바는 아니지만 옳고 그른 것에 대한 분명한 기준을 제시하고, 선택을 요구할 수 있어야 하는 위치에서 '다른 것'도 아니고 진리에 근거하여 "그건 주님이 기뻐하지 않으신다!"고 진술하는 사람에게 겁박하듯 "왜 적을 만드느냐!"며 누르는 듯한 모습을 보며, 그렇게 사는 것은 이기적이고 무책임한 삶이라고 말해주고 싶어졌다.

사람은 다르다. 외모뿐 아니라 내면으로 들어가면 그야말로 천차만별이다. 어쩌면 이리도 다를까? 창조의 신비를 다른 데서 찾을 필요가 없을 정도다. 그러니 세상에 나 같은 사람이 하나라도 있을까? 한 배에서 나온 형제들이나 일란성쌍둥이로 나왔어도 다르지 않은가? 따라서 다름을 인정할 뿐 아니라 다름을 전제하고 살아야 한다는 생각이다.

'다른 것'과 '틀린 것'에는 의미의 차이가 크다. '다른 것'은 서로 같지 않고 차이가 나는 것을 의미한다. 이를테면 'A와 B는 서로 다른 점이 많다'고 할 때 비교 대상 사이에 차이점이 있다는 얘기다. 그러나 '틀린 것'은 옳지 않거나 잘못된 것을 의미하며, 정답이나 기준에 맞지 않을 때 쓰는 말이다. 그래서 '다른 것'과 '틀린 것'을 분별하는 것이 중요하다. 다른 것은 얼마든지 조율해야 한다. 그러나 옳고 그른 것에 대한 절대적 기준을 전제하고 분명 틀린 것임에도 이해관계나 공공의 이익을 위한다는 명분으로 타협할 수는 없다. 그것은 야합이며 신념과 가치를 버리는 일일 뿐 아니라 결국은 함께 무너지는 일이 되기 때문이다.

그런데 문제는 분명 '다른 것'인데 '틀리다'고 읽고 싸우자고 덤빈다. 분명 '틀린 것'인데 '다르다'고 우기며 타협하잔다. 신념이든, 철학이든, 삶의 방식이든 그 판단 중심에는 '자기'가 있다. 특히 어떤 원인으로든 자아가 일그러진 사람일수록 이분법적이고 이원론적인 사고의 틀을 벗어나지는 못하는 경향이 있다. 이런 사람이 사회적인 지위나 경제적인 우위를 점하면 위력이나 소위 갑질과 같은 형태로 자아가 발현되고, 그가 속한 공동체에 골칫거리가 된다. 자기 기준에 맞지 않으면 '다른 것'도 '틀린 것'으로, '틀린 것'도 '다른 것'으로 여기고 고집하는 사람이 '적'을 만드는 전형적인 타입이다.

흔히 '중용(中庸)'을 바람직한 처세술로 많이 얘기한다. 즉 극단을 피하고 과하지도 부족하지도 않게 중간 지점에서 적절한 상태를 유지하는 삶의 태도와 행동으로 관계하고 소통하라는 것이다. 중용이 처세술에서는 장점이 있어 보이나 무엇인가 명확하고 절대적인 기준이 제시될 때는 우유부단으로 오인될 수 있다는 맹점도 있다. 그러므로 규범과 공공성에 기초하여 옳고 그름을 명확하게 분별하고 소신 있게 처신해야 한다. 여기에서 소위 '적'이 생길 수 있고, 다툼도 생길 수 있지만 그것은 다양한 관계와 사회구조 속에서 일어나는 자연스러운 현상일 뿐이다. 따라서 '적'을 만들지 않기 위해서 '틀린 것'조차 '다른 것'으로 묵인하고 두루뭉술하게 넘어가는 것은 이기적인 처세술이다.

중요한 것은 가치와 이념, 나아가서 신앙까지 바라보는 각도에 따라 서로 다른 입장일 수 있기 때문에, 특정 이념 집단이나 기계가 아닌 이상 소위 관점을 달리하는 대상이 생길 수밖에 없다는 것을 인정하는 것이 중요하다. 그런데 이를 '적'으로 판단하고 그야말로 적대시할 때는 다툼이 생길 수밖에 없다. 앞에서도 언급했지만, 그것은 입체적이고 다양한 세상이 만들어지는 과정이기에 꼭 부정적으로 볼 필요는 없다. 오히려 갈등에 휘말리지 않고, 소위 적을 만들지 않기 위해 몸을 사리고, 어정쩡하게 처신하는 것이 자신이나 공동체를 위해서 바람직한 처신은 아니다. 진정 좌우를 아우를 수 있는 포용력에 근거한 것이라면 몰라도, 겉과 속을 달리하지 않으면 불가능한 이기적이고 위선적인 처세술이기 때문이다.

이런 의미에서 기독교 신앙에서 '중용(中庸)'은 올바른 처세술이 아니다. 기독교 신앙에는 분명한 진영이 있고 회색지대를 허용하지 않기 때문이다. 자유의지를 따라 좌든 우든 선택을 요구하고 선택에 대한 책임 또한 강조한다. 분명 옳은 길을 제시하고 강조하지만 강요하지는 않는다. 모세는 "너희가 살기 위하여 생명을 택하라"고 촉구했으며, 여호수아는 "너희가 섬길 자를 택하라"고 도전했다. 바울 역시 "하나님의 약속은 그리스도 안에서 '예'가 되나니", '예'와 '아니오'를 분명히 하라고 강조했다. 예수님도 "옳다 옳다 아니라 아니라 하라"고 가르치셨다. 그러므로 기독교 신앙에서 이것도 옳고, 저것도 옳다는 중간지대는 없는 것이다.

만약 예수님이 중용의 자리서 타협하셨다면 굳이 십자가를 지지 않아도 되었을 것이며, 믿음을 고집하다 순교(殉敎)하는 일도 없었을 것이다. 그러나 예수님은 하나님 나라 관점에서 '예'와 '아니오'를 분명하게 하셨다. 그래서 소위 '적'들이 많았지만, 신념을 굽히지 않고 돌파하셨다. 그로인해 십자가를 지셨지만 결과적으로 예수님이 옳았고, 십자가의 길은 온 인류를 구원하는 선택이 되었을 뿐 아니라 그를 반대하고 십자가에 못 박았던 사람들이나 극렬하게 박해하던 바울까지도 예수님이 옳으셨음을 인정하고 돌이켜 십자가의 증인이 되었다.

바보가 아닌 이상 일부러 적을 만드는 사람은 없다. 진리를 따르는 소신을 굽히지 않는 삶의 자리에서 이를 대적하는 사람들과 타협하지 않을 뿐이다. 이 같은 신앙에 근거한 신념조차 관계를 고려하여 타협한다면 더 이상 할 말은 없다. 생각해 보라. 분명 신앙과 고백에 근거하여 옳은 것이 아닌데도 동조해야 하겠는가? 못 본 체 침묵해야 하겠는가? 그것도 아니라면 모른 척하고 넘어가야 하겠는가? 그리고 그렇게 적당한 거리에서 비위를 다 맞춰가며 중간 지대에서 사는 것이 과연 현명한 처세술인가?

진리를 따라 사는 길에는 소위 '적'이 생길 수밖에 없다. 타협하지 않기 때문이다. 일부러 적을 만든 것이 아니라 자연스럽게 만들어진다. 즉 적을 만든 것이 아니라 관점을 달리한 사람이 적이 된 것이다. 그러거나 말거나 자기 철학대로 살면 그만일 텐데 타인의 신념을 침해하면서까지 다른 것도 아니고 틀렸다고 공격한다면 대체 적을 만드는 자는 누구인가? 진리를 따르는 사람인가? 자기 뜻이 아니라며 스스로 '적'이 된 사람인가?

오늘 기독교의 문제는 '중간 지대를 넓혀 놓은 것'이라고 파악한다. 본래 기독교 신앙은 중간지대가 없는데, 사람들을 끌어 모으려는 목적으로 중간 지대를 많이 만들어 놓았다. 예배당의 첨단 시설이나 장비, 그리고 극장식 의자와 편리한 시설 등도 이에 무관하지 않다. 그러면서 점점 진리와 본질은 빛을 잃어가고, 교인들의 입맛도 변해가고 있을 뿐 아니라 타협 없는 순교적 신앙의 힘을 빼는 요인이 되고 있다. 어차피 믿음은 선물이다. 인위적인 노력이나 설득, 나아가서 친밀한 관계로 얻을 수 있는 것이 아니다. 단지 적을 만들지 않고 좋은 관계를 유지하는 것은 수단이지 목적은 아니다. 오히려 기독교인답게 타협하지 않는 삶이 사람도, 세상도 바꿀 수 있는 것임을 간과하지 말아야 한다.

"왜 적을 만드십니까?", 이 말대로 그는 그렇게 살았기에 그렇게 큰 교회도 만들고, 교계에서 영향력 있는 위치에 오르게 되었는지 모르겠다. 그러나 이처럼 한국교회가 신앙과 이념을 구분 못하고 진흙탕 속에 빠져 들어갈 때, 영향력 있는 자리에 있으면서 교계와 세상에 쓴 소리 한 번 못하고 부평초 철학으로 살아왔다면 그를 더 이상 편하게 바라볼 수는 없겠다. 예수를 진리로 믿고 그분의 뒤를 따르는 사람으로 양심적인 목소리 한 번 내지 못 하면서 오히려 순수한 믿음으로 "그건 아닙니다!"라고 소신 있게 외치는 자에게 위력을 느낄만한 태도로 "왜 적을 만드느냐!"며 따지는 그분에게 "당신, 그렇게 살면 안 된다!"고 말해주고 싶다.

'적'을 만들지 않고 묵시적으로 동조하며 순탄하게 그 자리에까지 갈

수 있었다면, 그리고 그것이 기반이 되어 어느덧 올챙이 시절도 잊어버리고, 진리를 처음 경험했을 때의 그 진실이 오히려 세상적인 영향력을 확대하는 데 걸림이 되어, 두루뭉술한 처세술로 안정된 자리를 지키려 하고 있다면 그가 무슨 소리를 내든, "그냥 그렇게 잘 먹고 잘 살라!"고 말해주고 싶다. 적들이 생기고, 그로 인해 시련이 올지라도, 각성하고 돌이켜 진리 편에 서면 좋겠지만, 그렇게 윗물에서 처세하다가 주님 앞에 서게 된다면, 육신 덩어리 장례식에 조화는 즐비하겠지만, 주님은 "너는 너의 상을 이미 받았느니라"라고 하실 것 같아 두려움마저 생기는 것이 솔직한 심정이다. 그나저나 또 적을 만드는 것 같아 씁쓸하다.

땅에서 크지, 하늘에서도 큰 것이더냐!

"웅장하다!"
"대단하다!"
"정말 위대하다!" …
입을 다물지 못하고 쏟아내는 탄성들은
대부분
땅에서 올려다뵈는 것들입니다.

높이,
좀 더 높이 올라
땅에서 점점 멀어질수록
그렇게 웅장하고
위대하게 보였던 것들은
좁쌀만큼 작고 시시하게 보입니다.

마음이 땅에 머물러 있으면
자신보다
높고
웅장하고
대단하게 보이는 것들 앞에서
작고 초라해질 수밖에 없습니다.

마음이 저 높은 하늘에 있으면
눌릴 만큼 높던 것도
언감생심
쳐다볼 수도 없을 만큼
위대해 보였던 것들조차도
보일랑 말랑
작고 초라한 것들로 보입니다.

높고 낮음,
위대함과 초라함의 차이는
현상이 아니라
결국 마음의 자리에 달려 있습니다.
땅에서 높은 것이지
결코 하늘에서도 높은 것은 아닙니다.

"너희가 행할 일은 이러하니라. 너희는 이웃과 더불어 진리를 말하며 너희 성문에서 진실하고 화평한 재판을 베풀고"(슥 8:16).

생각해 보기

1. 신앙과 삶에서 '옳고 그름'을 분명히 구분하고 '예'와 '아니오'를 명확히 하는 태도는 왜 중요한가? 그리고 이를 지키기 위한 용기와 책임은 어떻게 발휘되어야 하는가?

2. '적'을 만들지 않으려는 두루뭉술한 처세술과 타협이 신앙과 공동체에 미치는 부정적인 영향은 무엇이며, 올바른 신앙인의 자세는 어떠해야 하는가?

3. 오늘날 한국교회가 신앙의 본질과 진리를 훼손하고 중간 지대를 넓혀가는 현실 속에서, 신앙의 순수성과 진리를 지키기 위해 교회와 신앙인들은 어떤 결단과 변화를 추구해야 하는가?

05

윗물이 맑아야지

최근 인공지능의 비약적인 발전이 인간의 통제를 벗어나 오히려 인류에 위협이 될 수 있다는 우려의 목소리가 높아지면서, '도덕성'의 중요성이 새삼 주목받고 있다. 비영리단체인 '생명의 미래연구소'는 지난해 4월, 인공지능 개발에 대한 일시적 동결을 촉구하는 공동 성명을 발표하였다. 흥미롭게도 이 성명에는 오픈AI의 공동 설립자인 일론 머스크와 애플 공동 창업자인 스티브 워즈니악을 비롯한 1,300여 명의 기업 경영자와 연구자들이 동참하였다. 특히 머스크는 "AI는 핵무기보다 더 위험하다"는 경고까지 남겼다.

이처럼 최첨단 AI를 개발하는 주체들이 그 위험성 또한 경고하는 이유는 다름 아닌 '도덕성' 때문이다. 곧, 도덕적 판단 능력이 배제된 기계가 인간을 대체하여 정보를 남발하고, 인간의 삶을 좌우할 경우, 그것이 얼마나 위험한 결과를 초래할 수 있는지를 깊이 우려하는 것이다.

능력의 유무를 떠나 인간과 기계를 구분 짓는 결정적인 요소는 바로 '도덕성'이다. 굳이 사전적 정의를 인용하지 않더라도, 대부분의 사람들은 '도덕성'이란 말 속에 '이기성'과 대조되는 개념이 내포되어 있음을 직관적으로 이해한다. 즉, 타인을 도구나 수단으로 여기는 사고방식을 '이기성'이라 한다면, '도덕성'은 타인과 생명체를 존중하고 귀히 여기는 삶의 태도를 의미한다. 이러한 점에서 도덕성은 인간을 기계나 동물과 명백히 구별 짓는 고유한 가치이며, 인간에게 도덕성이 결여된다면 결국 기계나 짐승과 다를 바 없다는 결론에 이르게 된다.

그렇다면 다양한 신분과 계층이 얽혀 있는 사회에서 가장 높은 수준의 도덕성을 요구받는 이는 누구인가? 우리는 흔히 기업 오너의 갑질로 기업 이미지가 실추되고 존폐 위기에 몰리는 사례를 통해, 사람들의 평가는 경제적 지표나 성과에만 근거하지 않음을 확인하게 된다. 마찬가지로, 잘 나가던 유명인이나 연예인들이 도덕성에 흠집이 생기면서 한 순간에 추락하는 모습을 통해, 사회는 영향력이 클수록 더 높은 도덕적 기준을 요구하고 있음을 알 수 있다. 심지어 가까운 관계라 하더라도 도덕성의 문제 앞에서는 거리두기가 생기며, 가족 간에도 도덕적 갈등이 발생하곤 한다. 이러한 현상은 도덕성이 인간의 삶에 결코 가볍게 여길 수 없는 핵심적이고 포괄적인 가치임을 여실히 보여준다.

특히 종교인에게 도덕성은 '생명'이라 표현해도 결코 과하지 않다. 종교는 단지 윤리적 규범을 넘어서, 초월적 존재와의 관계를 지향하는 삶의 체계이며, 자신이 믿는 신의 성품을 닮아가려는 것을 목표로 한다. 도덕이나 윤리가 인간의 사회적 약속이라면, 종교적 도덕성은 그것을 넘어서는 절대적 기준이 되며, 이에 따라 종교인은 누구보다도 높은 도덕적 자기 관리와 책무를 요구받는다. 특히 성직자는 더욱 그러하다. 따라서 종교 지도자의 도덕적 일탈은 사회 전체의 도덕률에 영향을 미치며, 심지어 세상의 도덕적 기준을 대표하는 지표로까지 비화된다.

기독교는 예수 그리스도를 믿고 따르는 것을 생의 목적으로 삼는 신앙이다. 도덕과 윤리를 강조하나, 이것을 신앙의 본질적 목표로 삼지는 않는다. 그러나 살아 계신 하나님과의 인격적인 관계를 삶의 최우선 가치로 삼는 신앙이기에, 타종교와는 구별된 신관(神觀)을 지니며, 그만큼 더 높은 도덕적 기준에 노출된다. 그래서 불신자조차 "예수 믿는 사람이 왜 이래?", "교회가 왜 이래?", "목사가 왜 이래?"라며 기독교를 도덕적 잣대로 평가하려는 경향이 있다. 이는 그만큼 세상이 기독교에 요구하는 도덕적 기준이 높다는 방증이다. 물론 세상으로부터의 비판이 곧 진리를 흔드는 것은 아니며, 신앙의 본질이 변하는 것도 아니다. 그러나 그 수위가 점차 도를 넘고 있다는 것은, 오늘날 기독교인의 신앙과 생활 간의 불일치가 심각하다는 반증으로 받아들여야 마땅하다.

목회자는 하나님의 부르심을 따라 구별된 사명을 감당하는 자로, 하나님의 말씀을 선포하고 가르치며 성례전을 집행하는 사람이다. 그러므로 교회 안팎에서 목사의 존재는 도덕적으로도 분명히 구별되어야 하며, 도덕성은 성직 수행에 생명과도 같다. 이는 목회자가 개인적 차원을 넘어 대중과 사회에 정신적 영향을 끼치며, 바른 가치를 선도하는 위치에 있기 때문이다. 따라서 도덕성에 치명적 흠결이 발생할 경우, 이것은 곧 목회자로서의 생명이 단절되는 일과 다름없다. 특히 돈, 명예, 이성과 관련된 유혹은 가장 큰 시험이 되기에, 이에 대한 고도의 자기관리가 절대적으로 요구된다.

현재 우리 교단에 제기되고 있는 도덕성 문제는 교단 내부에 국한되지 않고, 타교단과 사회 전반에서도 지속적이고 빈번하게 언급되고 있어 깊은 우려를 금할 수 없다. 온라인 커뮤니티와 언론에서는 관련 의혹에 대해 구체적인 증거까지 제시하며, "허위라면 법적 대응하라"고까지 도발하고 있음에도, 정작 교단 내부에서는 공식 해명이나 조치가 거의 이뤄지지 않는 실정이다. 만일 이러한 의혹들이 단순한 제기 수준을 넘어 사실로 밝혀진다면, 이는 작은 구멍을 방치하다 대형 붕괴로 이어지는 것 같은 대가를 초래할 것이다. 이미 '식물총회'라는 오명이 공공연히 회자되고 있는 현 상황에서, 과연 우리 교단이 이러한 위기를 얼마나 인식하고 있으며, 어떻게 대비하고 있는지 안타까운 마음 금할 수 없다.

더욱이 차기 총회장 선거를 앞두고 부총회장 후보자들 가운데 일부에게 이미 도덕적 흠결이 심각하게 제기되고 있음은 우려스러운 일이다. 선거전이 본격화되면서 후보자에 대한 신상 털기가 가속화될 경우, 사회적으로 큰 파장을 일으킬 충격적 사실들이 드러날 가능성도 배제할 수 없다. 이러한 상황에서 누가 당선되든 그렇지 않든, 그 중심에 있는 인물은 회복하기 어려운 치명적 손상을 입게 될 것이 자명한데, 그럼에도 왜 공적 자리에 집착하는 것인지 의문을 품지 않을 수 없다. 혹여 명예로 자신의 허물을 가리려는 시도는 아닌지 의심스럽다.

그를 추천한 노회 역시 후보자의 도덕적 결함을 알고 있었음에도 만장일치로 추대한 배경은 무엇인가? 혹시 그 과정에 부정적인 이해관계가 개입되지는 않았는가? 하나님께서는 결국 공의로 심판하실 것이며, 그 중심에 있었던 자뿐만 아니라 묵인하고 방조한 자들의 부정도 밝히 드러내실 것이다. 만일 이 같은 의혹의 중심에 있는 인물이 당선되기라도 한다면, 교단의 도덕성은 회복 불가능한 수준으로 추락하게 될지도 모른다. 이는 단지 우려를 넘어 깊은 비통함과 함께 지켜볼 수밖에 없는 현실이다.

1980년대, 인터넷이 존재하지 않던 시절, 미국의 유명 목회자였던 짐

베커(Jim Bakker)와 지미 스와갓(Jimmy Swaggart)의 불륜과 성적 타락 스캔들은 전 세계 기독교계에 큰 충격을 안겼다. 당시 필자는 '팀 라헤이' 목사의 『목회자가 타락하면』이라는 책을 읽었던 기억이 있다. 지금도 그 책은 줄이 그어진 채로, 빛바랜 표지를 지닌 채 서가에 꽂혀 있다. 이 책은 성적인 죄를 범한 목회자들의 참담한 고백과 그로 인해 교회가 치러야 했던 대가를 적나라하게 보여준다. 목회자의 성적 타락은 개인에게만 국한되는 것이 아니라, 그 가족, 상대방, 그 가족, 교회 공동체, 나아가 불신자들에게까지 지대한 악영향을 미친다. 결코 가볍게 여겨서는 안 될 중대 범죄임이 분명하다.

성경은 이스라엘의 왕들에 대한 평가에서 개인적 죄악만을 지적하지 않는다. "그가 여로보암의 길로 행하며, 그가 이스라엘로 죄를 범하게 한 그 죄 중에 행하였더라"(왕상 16:19)는 말씀은 리더십의 죄가 백성으로 하여금 죄를 짓게 만든 죄로 간주됨을 보여준다. 그러나 다윗에 대해서는 "헷 사람 우리아의 일 외에는 평생에 여호와 보시기에 정직하게 행하였다"(왕상 15:5)고 평가하신다. 이는 다윗이 자신의 죄를 하나님 앞에서 회개하고 정직하게 고백하였기 때문이다. 오늘날 우리에게 결여된 모습이 바로 이 '경외심'이다.

완전한 의인이 어디 있겠는가? 누구나 허물을 지니고 산다. 그러나 자신의 죄를 스스로 알고, 양심에 거리낌이 있음에도 그것을 공적 명예로 가리려는 시도를 하나님께서 어떻게 보실 것인지, 우리는 깊이 성찰해야 한다. 하나님 앞에 회개하고 공적 자리에서 스스로 물러나는 것이야말로 최소한의 신앙 양심이 아니겠는가. 현 총회의 도덕성 의혹이 차기 부총회장 선거를 계기로 돌이킬 수 없는 먹구름이 되지 않기를 간절히 바란다. 윗물이 맑아야 아랫물이 맑다는 말처럼, 우리 교단도 이제는

'자격'이 아니라 '자질'과 '도덕성'을 기준으로 인물을 판단해야 할 때다.

"여호와의 산에 오를 자가 누구며 그의 거룩한 곳에 설 자가 누구인가? 곧 손이 깨끗하며 마음이 청결하며 뜻을 허탄한 데 두지 아니하며 거짓 맹세하지 아니하는 자로다"(시 24:3-4).

생각해 보기

1. 인공지능과 같은 첨단 기술 발전 속에서 '도덕성'이 왜 인간과 사회를 구분 짓는 가장 중요한 가치이며, 이를 지키는 일이 우리에게 어떤 의미를 갖는가?

2. 특히 종교인과 목회자에게 요구되는 도덕성의 중요성과 책임은 무엇이며, 오늘날 교단 내에서 제기되는 도덕성 문제들이 교회와 사회에 미치는 영향은 어떠한가?

3. 교단 지도자들의 도덕성 문제와 관련하여 '윗물이 맑아야 아랫물이 맑다'는 말처럼, 교회가 올바른 인물 선발 기준과 자질을 갖추기 위해 어떤 변화와 결단이 필요할까?

06

점입가경(漸入佳境)이네

　현재 거주하고 있는 지역에서 가장 오랜 역사를 지닌 교회가 심각한 내홍에 휩싸여 있다. 원인은 담임목사가 평소 절친하게 지내던 친구의 딸이자 교회 청년부 소속 교인을 성폭행하려다 미수에 그친 사건에 기인한다. 사건이 세상에 드러나고 언론에 보도되자, 그는 목회를 지속할 수 없음을 시인하며 공식적으로 사임을 선언했다. 그러나 이후 돌연 입장을 바꾸어 강단을 끝까지 지키겠다는 입장을 밝히며 논란을 가중시켰다.

　더욱 충격적인 사실은 그가 피해 여성을 이단으로 몰아가는 등 2차 가해를 서슴지 않고 있으며, 과거 그가 시무하던 교회의 일부 교인들이 탄원서를 제출하며 구명운동까지 벌이고 있다는 점이다. 동역자로서 이러한 상황은 실로 자괴감을 느끼게 한다. 그는 여전히 강단에 서서 자신의 죄과를 간접적으로 해명하는 설교를 이어가고 있으며, 이로 인해 역사와 전통을 자랑하던 교회는 심각한 분열을 겪고 양들은 상처 입고 뿔뿔이 흩어지고 있다.

이러한 현실 속에서, 문득 필자의 초임 전도사 시절에 겪었던 일이 떠올랐다. 시무하던 교회를 사임한 후 얼마 지나지 않아, 당시 담임목사의 외도 사건이 드러나 그는 즉시 교회를 떠났다. 충격이었다. 필자가 경험한 그는 단정하고 깔끔했으며, 설교 역시 문어체로 간결하면서도 은혜로웠고, 교육목회를 지향하며 성경적 확신으로 성도를 양육하던 목회자였다. 더욱이 자기 관리에도 철저한 분이었기에 그런 일이 실제로 일어났다는 사실은 도무지 믿기 어려웠다. 하지만 그것은 엄연한 사실이었고, 결국 교회는 심각한 시험에 빠졌으며, 관련된 당회원들과 성도들 중 다수가 회복이 어려울 정도의 깊은 상처를 입었다.

그로부터 시간이 꽤 흐른 후 길에서 우연히 그 목회자와 마주쳤을 때, 그는 필자가 이미 모든 사실을 알고 있음을 짐작했는지 내 손을 꼭 잡으며 "박 목사, 나 목회 실패했어!"라고 고백하였다. 그의 눈빛에는 여전히 그 일로 인한 죄의식과 아픔이 배어 있었다. 이후 그는 경기도 외곽에 교회를 개척했으나 오래지 않아 접었고, 한 중소도시의 중형 교회로 부임해 목회를 마무리하였다는 소식을 들었다.

이처럼, 오래전 사회적으로 큰 파장을 일으켰던 소위 '스타 목회자'의 성범죄 사건은 지금까지도 회자되고 있으며, 유사한 사건이 발생할 때마다 관련 검색어로 소환되곤 한다. 목회자의 성적 타락은 쉽게 잊히지 않는 속성을 지니며, 인터넷 공간에는 당시의 영상과 기록이 여전히 남아 있어 누구나 열람할 수 있는 오명으로 남는다. 이는 분명 하나님의 징계가 아닐 수 없다.

그럼에도 불구하고 하나님은 회개하는 자에게 다시 기회를 주시고, 때로는 여전히 사용하시기도 하신다. 앞서 언급한 그 목회자 역시 자신의 죄를 인정하고 사임했으며, 교계와 사회의 비난 속에서도 새로운 교회를 개척하여 다시 목회를 시작했다. 그는 아마도 주님 앞에서 뼈저리게 회개하였고, 참회의 심정으로 사역을 이어가고 있을 것이다. 이러한 점에서 그 사례는 현재 우리 교단이 직면한 위기를 해결할 수 있는 중요한 모델이 될 수 있다고 본다.

필자는 어제 홀로 뒷동산에 올라, 점점 깊은 수렁으로 빠져들고 있는 교단의 현실에 대해 깊은 사색에 잠겼다. 여러 정황을 종합해 볼 때, 이제는 더 이상 구차한 변명이 통하지 않는 국면에 접어들었으며, 진퇴양난에 빠져버린 총회장 모습이 안타깝기까지 하다. 자연인으로서도 도덕적 책임을 피할 수 없는 상황이거늘, 한국 최대 교단의 수장으로서 교단과 기독교 전체에 미치는 부정적 영향을 고려하면 이는 결코 가볍게 넘길 수 있는 사안이 아니다.

무엇보다, 사건의 중심에 있는 본인이 가장 분명한 증인일 터인데, 그는 여전히 결백을 주장하며 증거를 제시하라고 윽박지르고, 일부 지인들에게 읍소하는 등 억지와 강변으로 일관하고 있다. 그러나 하나님 앞에서 결자해지(結者解之)의 자세로 문제 해결에 나서는 것만이, 더 큰 피해 없이 사태를 수습하고, 자신 역시 새롭게 출발할 기회를 얻는 유일한 길이 될 것이다.

현대 사회는 관음증적 성향에 물든 듯, 타인의 불행과 추락을 흥미롭게 소비하는 경향이 강하다. 언론과 온라인 매체들은 이러한 심리를 적극적으로 활용하며, 논란이 되는 인물과 사건을 집요하게 파헤쳐 '소비'한다. 그러므로 총회장의 성추문 같은 중대 사안은 조속히 정리되어야 하며, 더 이상 시간을 끌거나 물타기를 시도해서는 안 된다.

그럼에도 불구하고, 총회장은 차기 총회까지 버티려는 계산이 깔린 입장문을 발표했다. 이는 명백히 도의적 책임을 회피하고, 자신에게 제기된 의혹을 '음해'로 몰아가려는 프레임 씌우기에 불과하다. 더 나아가, 그의 배후에는 총회장 당선에 결정적 역할을 한 특정 인물이나 교회가 있는 것이 아니냐는 의혹도 제기되고 있다. 그러나 하나님께서 이 사건을 밝히시겠다고 작정하셨다면, 어떤 인위적 장막으로도 가릴 수 없고, 어떤 인간적 고집으로도 버틸 수 없을 것이다. 하나님까지 속이려는 시도는 실로 어리석은 짓이다.

변명과 해명을 늘어놓을수록 오히려 교단과 본인의 명예는 더럽혀질 뿐이다. 현재 각종 언론 보도와 영상 매체를 통해 해당 사건은 널리 알려졌고, 대다수 국민과 교인들은 사실상 유죄로 인식하고 있다. 사실을 감추고 덮으려 할수록 악취는 더욱 짙어지며, 결국 추악한 실체는 드러나고 만다. 그럼에도 통합 측 교단은 침묵으로 일관하고 있다. 명성교회의 세습 문제에는 적극적으로 나섰던 신학자들과 목회자들조차 이번 사안에 대해서는 침묵하고 있으며, 그로 인해 교계 안팎에서는 불편한 시선이 모아지고 있다.

이제는 사실 여부를 따지는 일조차 의미를 상실하였고, 오직 행동만이 남아 있다. 교단은 즉시 대책위원회를 구성하여 징계 절차에 착수하거나, 당사자가 하나님과 교단 앞에 진실을 인정하고 회개한 후, 스스로 총회장 직을 내려놓아야 한다. 선택의 폭은 결코 넓지 않다. 기만적인 입장문 몇 줄로 그 자리를 유지하려는 시도는 교계와 교단 목회자들의 공분을 자극하고 있다는 사실을 직시해야 한다. 총회장의 눈과 귀를 가리고 있는 배후 세력의 실체를 규명하는 것도 시급하다. 법률적 해석으로 문제를 호도하고, 여론을 왜곡하며 사태를 악화시키는 자들에 대한 징계 역시 병행되어야 한다.

하루빨리 하나님과 사람 앞에 용서를 구하고, 스스로 자리에서 물러나는 것이 마땅하다. 교단은 비상대책위원회 체제로 전환하여 이 사태를 수습해야만 한다. 이것이야말로 하나님의 공의 앞에, 그리고 교회를 사랑하는 신앙공동체 앞에 최소한의 양심을 지키는 길이다.

교단의 원로들, 특히 증경 총회장들께서 이제는 보다 단호하게 나서 주시기를 간곡히 요청드린다. 단순히 총회장에게 직무정지 권고를 내리는 데 그칠 것이 아니라, 스스로 사임할 수 있도록 도덕적이고 위엄 있는 압박을 가해 주시기를 바란다. 유구한 역사와 전통을 자랑하는 본 교단의 총회 역사상 이와 같은 수치스러운 일은 전례가 없었다. 그동안 귀하게 세워진 선배들의 헌신과 전통이 하루아침에 무너져 내리는 것을 좌시할 수는 없는 일이다.

총회장 스스로의 입장문대로 임기를 마치게 된다면, 증경 총회장들께서는 그분을 그 고귀한 반열에 함께 세우실 것인가? 생각해 보시기 바란다. 매년 총회가 열릴 때마다 증경 총회장들께서 총회장의 가운을 입고 위엄 있게 입장하실 때, 도덕적 흠결로 얼룩진 그분의 모습이 함께 한다면 과연 그 장면에서 위엄을 느낄 수 있겠는가? 증경 총회장들께서 과거 교단이 위기 상황에 처했을 때마다 제시하셨던 해법 또한 그 권위와 무게를 상실하게 될 것이다. 그러므로 지금이야말로 증경 총회장들께서 더욱 위엄 있고 엄정하게 행동하실 때이다.

사무총장은 위기 관리능력을 보여주어야 한다.

사무총장은 지금 이 위기 속에서 자신의 위기관리 능력을 분명히 보여주어야 한다. 총회 규칙 제4장 제6조 제2항에 따르면 "사무총장은 총회장의 지시와 임원회의 결의에 따라 총회본부의 제반 사무와 국내외 교회 연합사업 등 제반 업무를 관장하고 소속 직원을 지휘·감독하며 총회 임원회, 각 부, 위원회의 언권회원이 된다"고 명시되어 있다. 이는 곧 사무총장이 총회장과 함께 교단 전반의 행정과 사업을 총괄하는 중대한 자리에 있음을 의미한다. 단순한 실무가 아니라 교단의 권위와 위엄을 함께 수호하는 직책이라는 것이다.

따라서 사무총장은 총회장의 신변과 처신까지도 면밀히 살피고, 총회 행정이 원활히 수행되도록 장애 요소를 조율·처리하는 중책을 맡고 있다. 총회 행정의 단순 관리자가 아니라, 교회의 형편과 목회자들의 정서를 섬세하게 살피며, 민심을 헤아려 총회장에게 직언을 아끼지 않아야 할 위치에 있는 것이다. 총회 산하 69개 노회, 9,476개 교회를 대표한다는 마음으로 총회를 지혜롭게 이끌어가야 한다. 만일 사무총장이 총회장이나 임원들의 눈치를 살피며 자신의 직을 보존하는 데만 몰두한다면, 그 직위는 명예로 기억되지 않을 것이며, 오히려 교단의 손실로 남게 될 것이다.

사무총장은 자신의 취임사에서 "성경과 복음과 총회 헌법을 수호하고, 세상을 이끌어가며, 단비를 기다리는 마른 땅에 서 있는 뭇 백성들에게 '땅을 적시는 소낙비'(시 72:6)와 같은 총회가 되기를 바란다"고 고백한 바 있다. 이 고백을 다시 상기하며, 지금의 위기 앞에 민첩하게 대응하기를 바란다.

선출직 부총회장을 비롯 임원들은 사태를 직시하고 좌고우면하지 말아야 한다.

총회 부총회장을 포함한 임원들께서도 사태의 본질을 외면하지 마시고, 좌고우면하지 않기를 바란다. 임원들께서는 총회장과 관련된 여론을 충분히 모니터하고 계실 것이며, 이에 대한 사실 관계 또한 인지하고 계실 것이다. 그럼에도 보호막을 치는 데 급급한 모습은 매우 안타까운 일이다. 과연 그렇게 감싸고 덮는다고 문제가 사라질 것이라 믿고 계시는가? 오히려 그와 같은 안이한 대응은 의혹을 더욱 키우고, 대중의 조롱거리로 전락시킬 뿐이다.

진정 총회장을 보필하고 교단을 위하려면, 문제를 정확히 인식하고, 법률을 앞세워 회원들을 위협하는 방식은 지양해야 한다. 총회 임원이라는 자리는 분명 영예로운 자리일 수 있으나, 이대로 가다간 '제108회 총회 임원'이라는 칭호가 수치의 상징이 될 수 있음을 자각해야 한다. 부디 임원들 중 한 사람이라도 총회장을 제대로 보좌하지 못한 것에 대한 도의적 책임을 통감하고, 하나님과 교회 앞에 신앙 양심을 따라 자진 사퇴할 수는 없는가? 만일 누군가가 십자가를 지는 마음으로 의로운 결단을 보여준다면, 그는 교단의 양심으로 오래도록 기억될 것이다. 총회장의 문제는 곧 총회의 문제이며, 임원들의 문제이며, 나아가 교단에 속한 모든 교회와 목회자의 문제임을 인식하고, 의로운 결단을 내려주시기를 촉구하는 바이다.

일부 왜곡 편향된 언론에게 고한다.

언론의 생명은 '정론(正論)'에 있다. 이는 곧 중립적 입장에서 사실을 공정하게 보도함으로써 국민의 알 권리를 충족시키고, 사회를 감시하며 건전한 변화를 이끌어야 할 책임이 있다는 뜻이다. 판단과 평가는 독자의 몫이지 언론의 몫이 아니다. 언론마다 일정한 성향이 존재함을 부정하지 않으나, 그럼에도 불구하고 사실을 있는 그대로 전달하는 일은 언론의 최소한의 책무이다.

　특히 기독교의 이름을 내건 언론이라면, 하나님을 증거하는 매체로서 예언자적 소명을 잊지 말아야 한다. 그러나 오늘날의 기독 언론은 본래의 사명을 저버린 채 편파적이고 불공정하며 이해관계에 얽혀 기능을 상실했다는 비판을 받고 있다. 일부 온라인 매체는 객관적 보도를 외면한 채 장문의 편향적 기사로 여론을 오도하며, 언론이라는 외피를 입힌 개인적 견해를 사실인 양 무차별적으로 유포하여 여론을 조작하고 있다. 이는 명백한 윤리적 범죄이다.

　총회장 사태에 있어서도, 총회장이 일부 언론을 호텔에 초청하여 해명한 일이 있었다고 하나, 오히려 그 언론들의 편향적 보도는 여론을 더욱 싸늘하게 만들었을 뿐이다. 표면적으로는 기독교를 위하는 듯 하나, 실제로는 조회수를 노리고 가십성 기사를 확대 재생산하는 태도는 도저히 용납할 수 없다. "인간의 판단은 불완전하다"(롬 2:1)는 사실에서 출발하여, 완전한 판단은 오직 "하나님의 말씀뿐"(잠 16:10-11)이라는 것을 깊이 인식하라.

　며칠 전, 길을 걷다가 이어폰을 끼고 총회장의 과거 간증과 설교를 들은 바 있다. 그 말씀은 때로 감동을 주었고, 어떤 순간에는 눈물을 흘리기도 하였다. 마음 한켠에서는 깊은 안타까움이 몰려왔다. "어찌하여 그리 되었는가?" "어쩌다 이 지경이 되었는가?" 고난 속에서 쌓아올린 공든 탑이 한순간에 무너져 내린 현실 앞에서 탄식을 금할 수 없었다.

　물론 세상에 완전한 사람이 어디 있겠는가? "너희 중에 죄 없는 자가 먼저 돌로 치라"(요 8:7)고 하신 말씀처럼, 우리 모두는 하나님 앞에 죄인이요 실수할 수 있는 존재다. 그러나 중요한 것은 진실하게 인정하고 회개하는 일이다. 그때 우리는 더 이상 돌을 던질 수 없고, 던질 이유도 사라진다. 이제는 남은 생애를 하나님 앞에 자숙하며, 주님을 대면하게 될 그날을 소망하며 경건히 살아가기를 바란다. 이 사안은 단지 법적 문제가 아니라 영적 문제이며, 회개만이 교단을 살리는 길이요, 본인도 살 길임을 잊지 않기를 간절히 기도한다.

'점입가경'이라는 말은 본래 "점점 더 아름다운 지경으로 들어간다"는 뜻을 지닌 성어이다. 그러나 오늘날에는 오히려 상황이 악화되어가는 조롱의 의미로 쓰이는 경우가 많다. 현재 총회와 총회장을 둘러싼 수많은 논평과 입장문, 언론 보도, 영상물들 가운데 '점입가경'이라는 말이 이토록 자주 회자되는 것은 매우 안타까운 현실이다.

그러나 이제라도 이 사태가 진정한 의미의 점입가경이 되기를 바란다. 교단뿐 아니라 한국교회 전체가 하나님의 살아 계심과 공의로우심을 다시금 체험하는 전환점이 되기를 기도한다. 목회자와 교회가 더욱 경각심을 갖고, 주 앞에 바로 서는 계기가 되기를 진심으로 소망한다.
말 그대로, '점입가경'의 은혜가 우리 모두에게 임하기를 학수고대한다.

"사람아, 주께서 선한 것이 무엇임을 네게 보이셨나니 여호와께서 네게 구하시는 것은 오직 정의를 행하며 인자를 사랑하며 겸손히 네 하나님과 함께 행하는 것이 아니냐?"(미 6:8).

생각해 보기

1. 교회 내 목회자의 성범죄 사건이 가져오는 교단과 공동체 내 갈등과 분열은 어떤 심각한 영향을 미치며, 이러한 상황에서 목회자의 책임과 회개의 중요함은 무엇인가?

2. 총회장과 교단 지도부의 도덕성 논란과 위기 대응 과정에서 나타나는 문제점들은 무엇이며, 교단의 신뢰 회복을 위해 임원들과 원로들이 취해야 할 바람직한 태도와 역할은 무엇인가?

3. 현대 사회와 기독교 언론이 목회자의 도덕성 문제를 다루는 방식과 그에 따른 여론 형성은 어떠한 문제를 내포하고 있으며, 기독교 공동체가 진정한 회복과 치유를 이루기 위해 가져야 할 영적 태도와 행동은 무엇인가?

07

나는 저항한다

"나는 저항한다, 그러므로 우리는 존재한다."

이 말은 프랑스의 소설가이자 철학자, 언론인이며, 부조리 철학(Philosophie de l'absurde)의 대표 사상가인 알베르 까뮈가 그의 『반항하는 인간』(L'Homme révolté, 1951)에서 언급한 바 있는 문장이다. 까뮈는 '저항'을 단순한 반발이 아닌 하나의 실존적 태도로 규정하면서, 인간이 억압과 부조리에 맞서 반항할 때 비로소 존재의 진정한 의미를 회복할 수 있다고 역설하였다. 이러한 그의 사상에 깊은 공감을 느끼며, 오늘날 우리 교회와 교단 현실 앞에서 침묵 대신 몇 자 적는다. 침묵은 때로 불의에 대한 동조일 수 있기 때문이다.

타락 이후 인간은 부조리의 근원이 되었다. 인간이 개입한 모든 영역에는 어김없이 부조리가 나타나며, 이에 맞서는 이들이 등장하면서 싸움과 대화, 타협을 거쳐 공동체의 윤곽과 인간성을 형성해 왔다. 오늘날 우리 사회에 이만큼의 정의와 질서가 자리 잡게 된 것도 수많은 저항과 갈등, 그리고 이 과정 속에서 치러진 고귀한 희생이 있었기에 가능했다. 그러므로 오늘 우리가 누리는 자유와 평화, 정의와 질서는 결코 당연한 것이 아니며, 마땅히 소중히 지켜야 할 유산이다. 나아가 더 나은 세상을 향해 나아가기 위해서라도 부조리에 대한 저항은 피할 수 없는 필연적 과정임을 부인할 수 없다.

부조리를 판단하는 기준은 대체로 세 가지 영역으로 나뉜다. 하나는 사법적 기준이고, 또 하나는 도덕적·윤리적 기준이며, 마지막으로 종교적 기준이다. 일반적으로 사법적 판결이 내려지면 그것으로 사건은 종결된 것으로 간주되고, 시간이 흐르며 대중의 기억 속에서 사라지기 마련이다. 그러나 도덕적·윤리적 판단은 그 여운이 지속되며, 당사자의 삶에 깊은 그림자를 드리운다. 특히 종교적 양심 앞에서의 판단은 생애 전반에 걸쳐 영혼을 채찍질하고, 사후에도 심판에 대한 의식으로 괴로움을 안기게 된다.

지난 2월 11일, 총회 재판국은 '직전 총회장에 대한 영등포노회의 불기소 처분에 대한 재항고 사건'을 심리하였다. 재판국원 15명 중 1명이 사임하고, 14명이 표결에 참여한 결과, 찬성 7표, 반대 6표, 기권 1표로, 단 1표가 부족하여 재항고는 기각되었고, 불기소 결정이 유지되었다. 그 주요 사유는 '증거 불충분'이었다. 그러나 무인텔에서 촬영된 10여 개의 영상과 여러 개의 녹취 파일이 제출되었다는 점을 고려하면, 이 판결은 상식적으로 납득하기 어려운 결과라 하지 않을 수 없다.

물론 재판은 법리적 다툼의 산물이기에 다양한 결과가 나올 수 있고, 피고인은 판결을 통해 자신의 결백을 주장할 수 있을 것이다. 그러나 정의의 관점에서 본다면, 이번 판결이 혹여 정치적 이해관계에 의해 좌우되었거나 공정한 판단에서 벗어난 것이라면, 잔불은 언제든 재심이라는 형태로 되살아날 가능성을 내포하고 있다고 생각된다.

더욱 우려되는 것은 이번 판결이 교단과 교회, 그리고 목회자에 대한 세상의 시선에 악영향을 끼치게 될 것이라는 점이다. 이번 사건과 관련하여 얼마나 많은 비난이 세상으로부터 쏟아졌으며, 교단 내의 증경 총회장들과 각 단체의 성명이 줄을 이었는가? 제109회 총회 개회 당시에도 이 문제로 부정적인 뉴스의 중심이 되었음을 기억한다. 이번 판결이 자칫 교단의 도덕성을 가늠하는 기준으로 작용하게 될까 심히 염려되는 바이다. 아울러 총회장이 약속한 다섯 가지 공약의 실천 의지가 흐려질 가능성에 대해서도 깊은 실망을 금할 수 없다.

일각에서는 '사랑'을 앞세워 모든 것을 덮고 가자고 주장한다. 언뜻 듣기에는 그럴듯한 말이다. 그러나 이 말은 종종 문제를 지적하는 이들을 향한 비난의 언어로 왜곡되기도 한다. 우리는 기억해야 한다. 참된 사랑이란 단지 죄를 눈감아주는 것이 아니라, 십자가 위에서 하나님의 정의가 철저히 이루어진 후에 주어진 은총이라는 사실을 말이다. 하나님께서는 인간의 죄를 무조건적으로 덮으신 것이 아니라, 그 대가로 독생자를 십자가에 못 박으셨고, 그 희생의 공로로 우리에게 용서를 베푸셨다. 그러므로 진정한 사랑은 죄에 대한 인정과 자복, 회개가 전제되어야만 가능하다.

어떤 이는 "이미 판결이 끝났으니 더 이상 문제 삼지 말자"고 말할 수 있다. 그러나 필자는 문제를 삼고자 함이 아니라, 최소한의 상식과 정의라는 기준이 무시되고 있는 현실에 대한 목소리를 내고자 할 뿐이다. 상식적으로 보아 이번 사건의 증거 자료들을 살펴보면, 과연 이것이 정당한 일이었는지를 묻지 않을 수 없다. 단지 내실에서의 정사 장면이 없었다는 이유만으로 '증거 불충분'이라 판단하는 것은, 열여섯 살 아이조차 의아하게 여길 결정일 것이다. 이미 수차례의 물증이 제출되었고, 이를 통해 어떤 일이 벌어졌을지 예측 가능함에도 불구하고 '충분하지 않다'는 판결은, 신뢰를 훼손하는 판단이라 여겨진다.

이 지점에서, 총회 재판국의 존재 이유에 대한 재논의가 필요하다고 생각된다. 재판국원 다수가 법률 전문가가 아니며, 친소 관계와 정치적 이해관계가 판결에 직·간접적으로 영향을 미치는 구조 속에서 공정한 재판은 요원하다. 또한, 판결에 강제력을 부여할 수 없는 현실 속에서, 판결을 무시하고 세상 법정으로 향하는 일이 반복되고 있는 실정이다. 이와 같은 사례를 볼 때, 과연 재판국이 지금 형태로 존재할 명분이 있는지 자문하지 않을 수 없다. 재판국이 신뢰를 회복하려면, 회유와 압력에 흔들리지 않는 공정한 판결로 위엄을 보여야 하며, 총회 역시 재판국의 판결을 무게 있게 수용하여 즉각적인 후속 조치를 취함으로써 그 위상을 견고히 해야 할 것이다.

이번 판결이 발표된 후, 곧바로 사람들 사이에서 조소 섞인 평가가 쏟아졌다. "혹시나 했더니 역시나"라는 말이 회자되며, 교회와 지도자들의 이름이 연일 오르내리는 현실 속에 개신교의 신뢰도는 더욱 하락하고 있다. 그리고 사람들은 지금, 총회장이 공언한 다섯 가지 개혁 공약이 어떻게 실현될 것인지를 주목하고 있다. 이 사안이 다시 제기될지 모르는 긴장의 국면에서, 침묵하는 다수와 오류 없는 하나님의 시선을 동시에 의식하며, 필자는 다시금 까뮈의 말을 떠올린다.

"나는 저항한다. 그러므로 우리는 존재한다."

"악을 행하는 자마다 빛을 미워하여 빛으로 오지 아니하나니 이는 그 행위가 드러날까 함이요 진리를 따르는 자는 빛으로 오나니 이는 그 행위가 하나님 안에서 행한 것임을 나타내려 함이라 하시니라"(요 3:20-21).

생각해 보기

1. 교단 내 중대한 도덕적 의혹 사건에 대해 재판국이 '증거 불충분'이라는 이유로 불기소 처분을 내린 현 상황이 교단과 사회 전반에 미치는 신뢰 훼손 문제는 무엇이며, 이에 대한 교회 공동체와 지도자들의 책임은 어떻게 규명되어야 할까?

2. 알베르 까뮈의 '저항' 개념을 교단의 위기 극복과 정의 실현에 적용할 때, 신앙 공동체가 침묵이나 회피 대신 저항을 통해 어떻게 자기 정체성을 지키고 회복할 수 있을까?

3. 총회 재판국과 교단 지도부의 공정성 문제, 그리고 법적 강제력 부재라는 구조적 한계를 극복하기 위한 제도 개선 방안은 무엇이며, 신앙적 양심과 사회적 정의가 조화를 이루려면 어떤 노력이 필요할까?

08

우리만의 리그로 끝낼 수는 없다

총회가 가까워질수록, 필자의 마음은 점점 무거워졌다. 다른 이들은 어땠을지 모르겠으나, 필자에게는 이번 총회가 유독 부담스럽게 다가왔다. 부총회장에 출마한 세 후보가 발송하는 실시간 지지 호소 문자 메시지, 민감한 헌의안들이 상정된 사실, 불합리한 재판국 판결에 대한 탄원서, 신학교 총장과 관련한 결의 및 부결에 따른 이해관계자들의 호소문 등은 이번 총회가 얼마나 격동 속에 치러질지를 예고하는 단서들이었다.

무엇보다도 108회기 내내 교단 위상을 실추시키고 교계와 세상으로부터 조롱과 상처를 유발했던, 이른바 전 총회장의 불륜 의혹은 단순히 안타까움을 넘어, 깊은 고통으로 다가왔다. 따라서 109회 총회는 아무리 순탄하고 평안하게 마무리된다 하더라도, 상처 입고 피 흘리는 교계와 교회에 등을 돌린 세상 앞에서 침묵으로 일관할 수 없다는 위기감이 있었다. 필자는 교단이 저지른 수치스러운 일에 하나님 앞에서, 교계 앞에서, 그리고 세상 앞에서 진심 어린 참회와 책임 있는 자세로 나아가야 한다고 믿었다. 이에 따라, 선지자적 결기와 각오를 품고 총회에

임하였다.

　이미 익숙해진 이야기이지만, 다시금 상기하자면, 이번 총회는 총회 장소 선정부터 난관에 부딪혔다. 수도권의 대형 교회들이 이른바 '부도덕한 총회장'이 자신들의 강단에 서는 것을 꺼렸기 때문이다. 총회 개최로 인해 교회가 혼란에 휘말리는 것을 우려한 결과였다. 이와 관련하여 교단 내 1,581명의 목회자들이 서명한 입장문을 발표하였고, 각종 단체와 후배 목회자들이 성명을 잇따라 발표했으나, 교단은 묵묵부답으로 일관하였다. 대외적으로는 단 하나의 공식적인 사과나 입장문도 발표되지 않았다. 오히려 법적 대응 운운하며 권력의 오만함을 드러내었고, 당사자는 언론인을 고소하며 겁박하는 한편, 금식기도 40일을 했다는 미담(?)을 유포하며 자숙과 침묵 대신 굳이 총회 개회 선언을 하겠다는 의사를 밝혔다.

　결국 총회가 시작되던 날, 예배 직후 전 총회장이 단상에 등장하자, 회중 곳곳에서 "내려가라!"는 고성이 터졌고, 몇몇 총대들이 강단에 올라가 그를 제지하였다. 그럼에도 불구하고, 그는 짧은 사과와 함께 부총회장에게 모든 권한을 위임하겠다는 발언 후 고퇴를 두드리고 단상을 내려왔다. 이후 권한을 위임받은 부총회장 역시 개회 선언을 하지 않아, 결과적으로는 '개회 선언 없는 총회'라는 난감한 상황이 연출되었다. 다행히 이후의 총회는 격렬한 충돌이나 보이콧 없이 절차에 따라 비교적 차분히 안건이 처리되었으며, 이 과정을 지켜보며 필자는 우리 교단을 향한 하나님의 깊은 긍휼과 간섭을 실감할 수 있었다.

　이번 제109회 총회는 교단 내 깊이 뿌리내린 금권과 불순한 권력의 실체가 드러난 회기이기도 하였다. '세습 금지법 삭제안', '재판국 임기 보장 개정안', '별정직 정년 관련 개정안', '임원 선거 조례 개정안' 등은 모두 부결되었고, 이를 통해 공의로우신 하나님의 뜻이 여전히 교단을 주관하고 계심을 확인할 수 있었다. 무엇보다, 이 같은 결정은 불의한 권력 구조의 기반을 무너뜨리는 시금석이 되었고, 그 자체로 이번 총회의 가장 큰 수확이었다.

필자는 특히 헌법 정치 제28조 제6항(소위 '세습 금지법')의 삭제를 시도하는 헌의안이 헌법위원회를 통해 상정된 것에 대해 깊은 분노와 염려를 느꼈다. 이에 기도하며 총회 현장에서 다음과 같이 공개 발언으로 강력히 호소하였다.

"총대 여러분,
본 회원은 헌법위원회에서 삭제를 시도한 이 헌의안을 접하고 참으로 안타까운 마음을 금할 수 없었습니다.
이 법은 2013년 제98회 총회에서 총대 1,033명 중 870명의 찬성, 즉 84퍼센트의 압도적인 지지를 받아 제정된 법입니다. 현재까지 이 법을 위반한 교회는 단 한 곳, 명성교회뿐입니다.
찢기고 상처 입었으나, 이 법은 지금껏 기능하고 있으며, 교회의 공공성과 도덕성을 수호해 왔습니다.
만약 이 법이 삭제된다면, 교회의 사유화는 걷잡을 수 없이 확산될 것입니다. 그렇게 되면, 교회가 세속 권력을 추구하며 자식에게 물려주는 사업체처럼 전락했다는 실망감에 교회를 떠나는 이들이 속출할 것입니다.
우리 교단은, 교회는, 이런 비판을 감당할 준비가 되어 있습니까?
전 헌법위원장님들은 누구보다 이 법의 입법 취지와 역사적 의의를 잘 알고 계실 것입니다. 지금 이 법을 폐기한다면, 교단의 법치주의는 무너질 것이며, 세상은 교회를 비웃을 것입니다.

따라서 본 회원은, 헌법 정치 제28조 제6항을 보완하여 존속 시행
할 것을 강력히 주장하는 바입니다."

이와 유사한 발언은 107회 총회에서도 필자가 한 바 있다. 당시에도 몇몇 노회가 이 조항 삭제를 헌의하며 교단의 입법 정신을 훼손하려 할 때, 필자는 다음과 같은 발언으로 총대를 압박하였다.

"총대 여러분,
지금 이 자리에 선 본 회원의 마음은 참으로 무겁습니다.
헌법 28조 6항을 폐기하자는 헌의안이 총회에 접수되었다는 소식을 접하고 기도하던 중, 문득 금송아지 사건이 떠올랐습니다. 하나님께서 진노하시며 백성을 진멸하려 하실 때, 모세가 간절히 중보하던 그 장면 말입니다.
'주여, 어찌하여 이렇게 하시나이까? 애굽 사람들이 비웃을까 염려됩니다.'
지금 이 시점에서 우리는 명성교회에 대한 우리식의 '온정주의'를 경계해야 합니다.
분명히 이 법에 대한 피로감이 존재합니다. 그러나 피로하다고 해서, '차라리 없애버리자'는 식의 무책임한 접근은 우리 교단에 치명적 상처를 남기게 될 것입니다.
명성교회는 지금도 피해자 코스프레를 하고 있으나, 실상은 그렇지 않습니다.
이 법은 7개 노회의 헌의로 제정되었으며, 총회와 노회 수의 과정을 거쳐 적법하게 공포된 법입니다.
당시 찬성률은 84퍼센트였습니다.
이 법은 우리 교단이 교계와 사회로부터 '역시 장자교단'이라는 평

가를 받게 한 자랑스러운 입법이었습니다.
그런데, 그 입법 취지가 짓밟히고, 시행되지 못하고, 이제는 삭제를 운운하다니, 이것이야말로 세상의 조롱거리가 아닐 수 없습니다.
법은 지키라고 존재하는 것입니다. 누구도 예외가 되어서는 안 됩니다.
법 위에 존재하는 교회는 없습니다.
지금이라도 총회는 법치를 회복하고, 졸속 처리된 수습안을 철회하며, 헌법 제28조 제6항을 엄중히 시행해야 합니다.
이는 단순한 행정적 절차를 넘어, 신앙고백적 결단이며, 종교개혁 정신을 계승하는 일입니다."

필자가 이처럼 일관되게 세습방지법에 집착하는 데에는 분명한 이유가 있다. 다소 상식적으로 들릴 수 있으나, 교회는 세상을 구원하시려는 주님께서 자신의 핏값으로 세우신 거룩한 공적 기관이며, 주님이 주인 되시는 공적 공동체라는 성경적 확신 때문이다. 그런데 연간 400억 원 이상의 헌금이 걷히는 초대형교회가, 법이 엄존하는 상황임에도 온갖 편법과 불법을 동원하여 자녀에게 담임직을 세습하는 행태를 세상은 어떻게 바라보겠는가? 세상의 기준과 상식으로도 도저히 납득하기 어려운 일을 교회가 자행하였고, 교단은 분명한 법이 있음에도 이를 방기하였으니, 이를 도대체 어떻게 받아들여야 한단 말인가.

무엇보다 공 교단이 명백히 존재하는 법을 유독 명성교회에만 적용하지 못한 채, 끌려 다니다가 제104회 총회에서는 '법을 잠재(潛在)한다'는, 유례가 없는 표현을 동원하여 '교회 세습 수습안'을 마련하고, 명성교회에 대해서만 예외를 인정하는 결의를 하기에 이르렀다. 이 수습안이 통과된 이후, 교단은 돈과 권력 앞에 무기력한 집단으로 각인되고 말

앉다. 급기야 일부 노회에서는 아예 헌법 제28조 6항을 삭제하자는 헌의안이 상정되었고, 이번 총회에서는 전 헌법위원장 출신 9인이 서명한 삭제 당위성 담화문이 총대들에게 배포된 가운데, 헌법위원회를 통해 총회 안건으로 발의되는 황당한 상황이 벌어지고 말았다.

이처럼 한 교회 앞에서조차 교단 헌법이 작동하지 못하고, 우유부단하게 발목이 잡힌 사이, 교회는 허술해진 법망을 교묘히 빠져나갔으며, 각자도생의 형태로 현실과 타협하며 회색지대에서 방황하기에 이르렀다. 그러나 법은 그 입법 취지와 목적에 따라 누구에게나 공평하게 적용되어야 하며, 이것이 곧 공의요 상식이다. 교단은 바로 이 준법정신의 모범을 보여야 할 주체였다.

다행히 금번 총회에서는 370 대 661로 위헌 시도가 부결되어 해당 발언이 불필요해졌으나, 여전히 370명의 찬성표는 향후 또 다른 방식으로 법을 흔들 여지를 남기고 있기에, 긴장을 늦추지 않고 주의 깊게 지켜보아야 할 것이다.

세습 문제와 교단 헌법을 수호하는 일은 법리의 문제가 아니라 교회의 미래가 걸린 중대한 사안이다. 그러므로 누구든지 중립지대에서 눈치만 보며 어정쩡한 태도를 취하는 것은 비겁한 일이며, 누군가 피 흘려 지켜온 밥상에 책임의식 없이 숟가락만 올리는 간신과 같은 이들이 더 이상 있어서는 안 될 것이다.

필자는 제108회기 동안 우리 교단의 발목을 붙잡고 교단과 교계, 그리고 사회에 깊은 상처를 남긴 전 총회장의 도덕성 문제에 대하여, 교단이 마땅히 공적으로 '결자해지' 모습을 보여야 한다는 사명감을 품고 있었다. 제109회 총회만큼은 '어려웠지만 선방했다'는 식의 내부 위로로 마무리될 수는 없다는 절박한 심정이었다. 교단이 저지른 과오에 대한 진심 어린 사과와 재발 방지에 대한 분명한 선언이 반드시 있어야 한다는 마음으로 총회를 주시하고 있었다.

아무도 문제를 언급하지 않는다면, 필자라도 나서야 한다는 비장한 결단으로 발언을 준비하였다. 폐회 시점이 다가오며 총회장에게 발언 기회를 요청했으나, 총회장은 필자를 분명히 응시하고도 허락하지 않았다. 필자는 결국 중앙 발언대로 이동하여 폐회 직전에 가까스로 발언 기회를 얻을 수 있었다.

사실 필자는 총회가 열리기 전부터 이 사안을 깊이 고민해 왔다. 총회장이 회의장에 나오든 그렇지 않든, 이번 총회에서만큼은 반드시 교단의 공적 사과와 재발 방지 대책이 발표되어야 한다는 신념으로 다음과 같은 공개 발언을 하였다.

"존경하는 총회장님, 그리고 총대 여러분!
언제부터 우리 교단이 이처럼 무례하고 무도하며, 무책임한 총회가 되었습니까?
제108회기 내내, 이른바 총회장님의 도덕성 리스크로 인해 교단이 입은 상처는 이루 말할 수 없습니다. 총회는 단지 하나의 행정기관이 아닙니다. 9,500개 교회와 25,000여 명의 교역자, 그리고 230만여 명의 교인으로 구성된 연합체입니다.
지금 교계와 세상은 우리 교단을 매우 저급한 단체로 바라보고 있습니다. 이는 지난해 교단 교인이 9만 4,700명 감소한 것과도 결코 무관하지 않습니다. 이미 1,581명의 목회자가 연대하여 입장을 발표하였고, 각계 각 단체에서 성명서와 입장문이 줄을 잇고 있습니다. 그런데 총회는 사과는커녕, 공식적인 입장이나 해명 한마디조차 내놓지 않았습니다.

이토록 교단 내 교회와 교역자들을 무시하고, 권력을 자의적으로 행사하여도 되는 것입니까?

이에 본 회원은 발의합니다.

총회 사무총장은 지금까지의 경위를 소상히 밝히고, 결자해지의 자세로 교계와 사회 앞에 정중한 사과를 표명해 주시기 바랍니다. 또한, 전 총회장에 대하여 직전·증경 총회장으로서의 권한을 제한해 주실 것을 요청합니다."

만일 총회장이 회의장에 출석할 경우를 대비하여, 아래와 같은 발언도 준비하였다.

"본 회원은 현 총회장께서 회의장에 반드시 출석하셔야 한다고 판단하였습니다. 그 이유는 지금까지 본인의 행위로 인해 어지럽혀진 상황을, 오직 본인만이 수습할 수 있기 때문입니다.

현재 우리 교단은 말할 수 없이 훼손되고, 추락한 위상에 처해 있습니다. 그 중심에 바로 총회장께서 계십니다. 결정적 증거가 반드시 존재해야만 책임이 따르는 것입니까? 이미 드러난 사실만으로도 공인으로서, 성직자로서 책임을 통감하고 결자해지했어야 마땅하지 않습니까?

금식기도로 철저히 회개하셨다는 말씀을 들었습니다. 그러나 그것만으로 모든 것이 끝났다고 생각하신다면, 그것은 공인으로서의 책임을 망각한 것입니다. 교단의 대표는, 개인이 아닌 공적 사명을 지닌 존재입니다.

총회 역시 마찬가지입니다. 과연 우리 교단이 이렇게까지 총대들과 교회를 무시해도 되는 것입니까? 1,581명의 목회자가 입장을 밝혔고, 교단 안팎의 단체들이 성명서를 발표하였습니다. 그럼에도 불구하고 총회는 한 마디 공식 입장조차 발표하지 않았습니다. 세상 법은 두려우나, 하늘의 심판은 두렵지 않단 말입니까?

총회로 모인 이 자리에서, 전·현직 총회장들과 임원들이 모두 나서서 교계와 사회 앞에 정중하게 공적 사과를 표하고, 물의를 일으킨 전 총회장의 모든 권한을 제한해 줄 것을 정중히 요청합니다."

필자의 발언 이후, 여러 총대들이 잇따라 한목소리로 동조의 뜻을 밝히며 발언에 나섰다. 이에 총회장은 비록 짤막한 시간이었지만, 교단의 대표로서 공적인 사과를 밝혔고, 다음과 같은 다섯 가지 대책을 총회석상에서 공식적으로 선포하고, 총대들의 동의를 얻어 결의하는 데까지 이르렀다.

첫째, 교단과 한국교회 앞에 정중히 사과할 것을 약속하였다.

둘째, 전 총회장이 향후 맡게 될 각종 위원장직은 비록 규칙상 가능한 것이나, 자진 사퇴할 수 있도록 강력히 권면하겠다고 밝혔다.

셋째, 증경 총회장 명부 등재는 헌법상의 권리가 아닌 예우의 문제임을 명확히 하였다.

넷째, 향후 유사한 사태에 대응할 수 있도록 (가칭) '윤리위원회'를 조직하여 후속 조치 체계를 마련하겠다고 공언하였다.

다섯째, 전 총회장의 사안은 현재 소속 노회에서 재판이 진행 중인 만큼, 총회가 이를 성급히 판단하거나 개입할 경우 더 큰 후유증이 발생할 수 있음을 인지하고, 사과를 요구함과 동시에 모든 직에서 물러나도록 촉구하겠다고 천명하였다.

이러한 입장은 총회 직후 열린 취임 기자회견을 통해서도 다시 한 번 공식적으로 발표되었다.

총회 현장에서 필자는 하나님의 교회와 교단을 향한 사랑을 온 몸으로 체험할 수 있었다. 또한 인간의 불완전함으로 인해 뒤엉키고 흐트러진 역사를, 하나님께서 그 온전하심으로 질서 있게 회복시키시며 모든 것을 합력하여 선을 이루어 가신다는 진리를 다시금 깊이 깨닫게 되었다.

필자가 직접 경험한 현 총회장은 지혜와 덕을 겸비하신 지도자다. 어지럽고 혼란스러웠던 총회를 법과 규칙에 따라 질서 있게 이끌었으며, 총회의 주제인 '오직 성령의 능력으로 부흥하는 교회'를 이루기 위한 바른 방향을 제시하였다. 이에 필자는 앞으로 총회장의 지도 아래, 교회와 교단이 새롭게 거듭날 수 있음을 소망하며, 역사의 주관자이신 하나님께 간절히 기도드린다.

이 모든 과정을 통해 다시금 분명히 고백하게 된다. 교회의 주인은 사람이 아니라 하나님이시며, 교단의 주권 또한 오직 하나님께 있음을 말이다.

"사람이 마음으로 자기의 길을 계획할지라도 그의 걸음을 인도하시는 이는 여호와시니라 사람의 마음에는 많은 계획이 있어도 오직 여호와의 뜻만이 완전히 서리라"(잠 16:9, 19:21).

생각해 보기

1. 교단 내 세습 금지법을 둘러싼 갈등과 논란 속에서, 교회의 공공성과 도덕성을 지키기 위해 우리는 어떤 원칙과 태도를 견지해야 하는가?

2. 전 총회장의 도덕성 문제와 이에 대한 교단의 대응은 교회와 교단의 신뢰 회복에 어떤 영향을 미쳤으며, 앞으로 어떻게 책임 있는 자세를 구현할 수 있을까?

3. 이번 총회에서 드러난 금권과 권력의 문제를 극복하고, 하나님 앞에서 올바른 교단 운영과 선교 사명을 실천하기 위해 우리가 가져야 할 신앙적·공적 자세는 무엇인가?

09

거꾸로 선 양심

"신앙의 양심에 대한 세상 양심의 조롱 앞에서!!"

'양심'을 의미하는 영어 단어 conscience는 라틴어 conscientia에서 유래한다. 이는 '함께'를 뜻하는 'con'과 '앎' 혹은 '지식'을 뜻하는 scientia가 결합된 말로, 직역하자면 '함께 아는 것', 즉 '자기 자신과 함께 알고 있는 것', 곧 '내면의 자각'이라는 의미이다. 시간이 흐르며 이 단어는 점차 도덕적 자각 혹은 선악을 분별하는 능력이라는 뜻으로 발전하였다.

예컨대 아무도 보지 않는 곳에서 은밀하게 어떤 행위를 하였음에도, 마치 누군가에게 들킨 듯 가슴이 뛰고 잠을 이루지 못하는 일이 있다. 오래전에 저질렀던 일이 잊히지 않고 저울추처럼 마음을 무겁게 짓누르기도 한다. 혹은 타인이 겪고 있는 일을 보며, 이것이 자신에게 일어난 일인 양 감정이 겹쳐지고 두려움이 밀려오기도 한다. 이러한 현상은 모두 양심의 기능에서 비롯된 것이다. 다시 말해, 또 다른 '내 안의 나'가 그 순간을 지켜보고 있었던 까닭이다. 그리하여 우리는 후회하고, 괴로워하며, 그것을 떨쳐버리려고 몸부림치게 된다.

짐승에게는 이러한 양심의 기능이 없다. 동족을 해치거나, 잡아먹거나, 아무런 분별 없이 교미하더라도 전혀 가책을 느끼지 않는다. 인간과 짐승의 차이는 여러 가지가 있지만, 그 중에서도 결정적인 차이는 바로 양심의 유무에 있다. 만일 인간으로서 양심이 마비되어 부정한 일을 거리낌 없이 저지르면서도 전혀 가책을 느끼지 못한다면, 그는 인간의 외양을 지녔을 뿐 본성은 짐승과 다르지 않다.

일반적으로 '양심'은 '내면의 자각'이라 정의되지만, 기독교 신앙 안에서는 이 '내면'의 주체를 하나님으로 본다. 곧 양심이란, 자기 내면에서의 자각이 아니라 '하나님이 나와 함께 아시고, 함께 보시는 것'으로 이해된다. 여기서 '내가 함께 보는 것'과 '하나님이 함께 보시는 것' 사이에는 엄청난 차이가 생긴다. 곧, 그 차이만큼 양심의 기준과 기능 또한 전혀 다른 차원을 갖게 되는 것이다.

그러하기에 진정한 그리스도인은 하나님을 두려워함으로 양심에 어긋나는 일을 의도적으로 행하지 않는다. 왜냐하면 양심이 곧장 반응하고, 보고 듣고 소리치기 때문이다. 또한 양심을 속이면서 동시에 하나님을 진실하게 섬길 수는 없다. 그렇게 되면 예배의 감격은 사라지고, 기도가 막히며, 내면에는 형언할 수 없는 두려움이 엄습하게 된다. 그러므로 우리는 반드시 회개를 통해 양심을 정결케 하고, 그에 합당한 열매를 맺음으로써 하나님과의 관계를 회복하여야 한다.

그러나 불법을 저지르고도 양심의 가책을 느끼지 않는 이들이 있다. 여전히 하나님을 섬기고, 예배하며, 기도하고, 심지어 간증까지 하며 살아간다. 전혀 감각이 없는 모습이다. 성경은 이러한 양심을 가리켜 '화인 맞은 양심'이라 표현한다. 화인이란, 불에 덴 자국이 남아 감각이 무뎌진

피부를 말한다. 감각이 무디어 통증조차 느끼지 못하는 상태가 된 것이다. 바울은 디모데에게 다음과 같이 경계의 말씀을 전하고 있다. "그러나 성령이 밝히 말씀하시기를 후일에 어떤 사람들이 믿음에서 떠나 미혹하는 영과 귀신의 가르침을 따르리라 하셨으니, 자기 양심이 화인을 맞아서 외식함으로 거짓말하는 자들이라"(딤전 4:1-2)

이러한 자들은 마음속에 하나님을 두지 않거나, 혹은 하나님을 의도적으로 무시하는 자들이라 할 수 있다. 하나님이 계시다는 자각이 있다면 결코 회개하지 않고는 견딜 수 없다. 모든 인간은 죄를 지을 수 있으며, 실수나 과오도 있을 수 있다. 이것이 인간의 본질적 한계임을 우리는 인정한다. 그러나 죄에 대한 자각이 생겼을 때는 고통스러워하고, 그 죄를 떨쳐내기 위한 몸부림이 있어야 하며, 다시는 같은 죄를 범하지 않기 위해 자기 자신을 부정하는 치열한 노력이 따르기 마련이다. 그리고 진실한 회개가 있어야 하나님께서 다시금 기회를 허락하신다.

성경에 등장하는 다윗은 왕이었고 절대 권력자였다. 그가 은밀하게 저지른 죄에 대하여 하나님께서는 나단 선지자를 보내어 그의 죄를 고발하셨다. 이때 다윗은 변명하지 않고 즉시 무릎을 꿇고 회개하였다.
"주의 얼굴을 내 죄에서 돌이키시고, 내 모든 죄악을 지워주소서. 하나님이여, 내 속에 정한 마음을 창조하시고, 내 안에 정직한 영을 새롭게 하소서. 나를 주 앞에서 쫓아내지 마시며, 주의 성령을 내게서 거두지 마소서. 주의 구원의 즐거움을 내게 회복시켜 주시고, 자원하는 심령을 주사 나를 붙드소서." 이 고백은 다윗의 위대함을 증명하는 가장 깊은 감동의 장면이다.

필자는 목사이다. 그러나 목사이기 이전에 인간이기에, 양심에 어긋나는 실수를 범할 때가 있다. 그럼에도 성령께서 각성을 주시면 곧바로 회개한다. 나 자신이 먼저 알고 하나님이 함께 아신다는 사실이 내면 깊이 각성될 때, 양심이 비로소 사죄의 확신으로 평안해질 때까지 무릎 꿇고 회개한다. 그렇지 않으면 성도들 앞에서의 사역이 위축되고, 말과 행동이 부자연스러워질 수밖에 없다.

오래전 목회자 세미나에서 들었던 한 목사님의 말씀이 지금도 생생하게 기억된다.

"목사가 범죄하면 죄에 대한 공격력이 약해진다."

참으로 진실된 말이다. 스스로 죄 가운데 있으면서 어떻게 동일한 죄에 대하여 성도들에게 회개를 촉구할 수 있겠는가? 물론 양심이 화인 맞은 자라면 가능할 것이다. 부디 필자의 이 고백이 자신의 의를 드러내려는 것으로 오해되지 않기를 바란다. 주일 아침, 사소한 일로 아내와 감정이 상하게 되면 아내 앞에서조차 설교하기 어려운 것이 필자의 심정이다. 하물며 하나님을 대면하고, 그분의 말씀을 대언하며, 성도를 향해 축복을 선포하는 신령한 사역을 어떻게 감당할 수 있겠는가?

이처럼 양심에 대한 일반적인 성찰을 장황히 풀어놓은 이유는, 독자들에게 다소 불편할 수 있는 문제를 언급하려고 함이다. 우리 교단 '총회재판국'에 관한 이야기다. 필자는 서울서남노회 제104회 회기에 '총회 재판국 폐지에 대한 헌의 안'을 정식으로 접수하였다. 비록 재판국원인 모 노회원의 발의와 회원들의 동의로 본 헌의 안은 부결되었지만, 총회 재판국의 실질적 무용성에 대한 필자의 견해에는 변함이 없다.

그 전문에 이유를 밝혔기에 전문을 실어본다.

총회 재판국 폐지 헌의 안

문서번호 : 빛내리교회 제 2025 - 3호
수   신 : 대한예수교장로회 서울서남노회장
참   조 : 서기
제   목 : 총회 재판국 폐지 헌의에 관한 건

우리 주 예수 그리스도의 은혜와 평강이 충만히 임하시기를 기도드립니다.

아래와 같은 신앙적·신학적·실무적 근거에 의거하여, 총회 재판국의 전면적인 폐지를 청원하오니, 본 안건을 총회에 정식으로 헌의하여 주시기를 간절히 요청드립니다.

1. 신앙의 본질 훼손

기독교 신앙은 본질적으로 하나님과의 인격적 관계 속에서 형성되는 거룩한 가치이며, 그 속성은 시대와 세대를 초월한 절대성과 고유함을 지닌다. 교회는 세상 속에 존재하지만, 세상에 물들지 않고 그 거룩함을 지키는 것을 생명처럼 여기는 공동체이다. 그러나 오늘날 우리 교회와 교단의 모습은 본질을 상실하고, 정체성을 잃은 채 급속도로 변질되어 가고 있음을 부인할 수 없다.

2. 기독교 신앙은 구별되어야 한다

기독교는 세상의 인본주의와 구별된 신본주의적 세계관을 지향한다. 그 중심에는 하나님의 말씀인 성경이 있으며, 신앙 양심에 따라 살아가는 삶이 존재한다. 이러한 관점에서 볼 때, 교회와 교단이 세상의 윤리, 도덕, 더 나아가 법적 기준조차 능가하지 못한다면, 그것은 이미 변질된 신앙이요, 존재 이유를 상실한 공동체라 하지 않을 수 없다.

3. 권징은 교회의 신뢰를 증명하는 외적 기준이다

교회는 인간의 불완전성과 세속 사회와의 접촉 속에서 다양한 법적 문제와 갈등에 직면하게 된다. 이러한 상황에서 당회, 노회, 총회는 헌법에 입각하여 신앙과 양심에 따라 정의롭고 공정한 판결을 내려야 할 책무가 있다. 이는 교회 내부 질서의 회복을 넘어서, 세상에 '교회는 다르다'는 분명한 메시지를 주는 증거가 되어야 한다.

4. 총회 재판국의 심각한 신뢰 상실

현 총회 재판국은 그 기능과 역할에 있어 이미 사회적·영적 신뢰를 상실하였다.

법리에 대한 전문성의 부재, 특정 정치 세력의 개입, 진영 논리의 적용, 밀실에서 이루어지는 비공개 재판, 재판국원에 대한 매수 의혹, 힘 있고 영향력 있는 목회자 및 교회에 대한 편파적 판결 등은 재판국이 법리부서로서 존재해야 할 명분마저 잃게 만들었다.

이로 인해 재판국 판결을 불복하고 세속 법정에 소송을 제기하는 일이 빈번해졌으며, 그 과정에서 교회의 치부가 세상 앞에 여실히 드러나고 말았다.

5. 대표적 사례 – 직전 총회장 관련 판결

2025년 2월 11일, 총회 재판국은 '직전 총회장에 대한 영등포노회 불기소 처분에 대한 재항고' 사건을 다루었다. 당시 재판국원 15명 중 1인이 사임하여 남은 14명이 표결에 참여하였으며, 찬성 7표, 반대 6표, 기권 1표로 결국 불기소 결정이 내려졌다.

주된 사유는 '증거 불충분'이었으나, 이미 10건이 넘는 무인텔 관련

동영상과 복수의 녹취 파일이 제출된 상황에서 '증거 불충분'이라는 판단은 상식적으로 도저히 납득하기 어려운 결정이라 하지 않을 수 없다.

6. 교회에 끼친 해악

이러한 왜곡된 판결은 교단과 교회, 목회자 전체에 대한 세상의 불신과 조롱을 불러왔다. 그간 이 사안으로 교회는 세상의 언론으로부터 수많은 비난을 받아왔고, 교단 내부적으로도 증경 총회장을 비롯한 다수의 인사와 단체들로부터 비판 성명이 잇따랐다.

지난 제109회 총회 개회 당시에도 이 문제는 부정적인 뉴스의 중심이 되었고, 교단의 도덕성과 영적 권위에 깊은 손상을 입혔다. 이러한 재판국의 일탈이 계속된다면, 교단의 내적 혼란과 외적 신뢰 추락은 불가피할 것이다.

이제는 더 이상 이 상황을 방치할 수 없으며, 총회 재판국의 해체는 더 이상 미룰 수 없는 교단적 과제임을 직시해야 한다.

헌의 내용

총회 재판국은 그 본래적 기능을 상실하였고, 오히려 행정과 재정의 낭비, 교회 내 갈등 조장, 공의의 왜곡, 신뢰 상실 등의 문제를 야기하고 있습니다.

이에 총회 재판국의 즉각적인 폐지를 요청하오니, 본 안건이 총회에 정식으로 상정되어 신속하게 논의되고 결정되기를 바랍니다.

대한예수교장로회 빛내리교회(직인)
담임목사 박 상 기 ㉑
대한예수교장로회 서울서남노회장 귀하

진정 총회 재판국은 하늘을 우러러 신앙과 양심, 법과 원칙에 따라 판결했다고 자부할 수 있는가? 하나님께서 그 자리에 함께 계셨더라도, 조금도 거리낌 없이 떳떳하다고 고백할 수 있겠는가? 비단 문제된 판결 하나만이 아니라, 지금껏 재판국에 상정된 수많은 사건들에 대해서도 동일하게 묻고 싶다. 과연 모든 판결에 대하여 진지하게 내용을 검토하고, 신앙인의 양심에 비추어 판단하였다고 단언할 수 있는가? 정치적인 영향력에 조금도 흔들림 없이, 어떠한 부정한 유혹에도 마음을 내어주지 않고, 오직 하나님의 뜻과 공의의 관점에서 판결하였다고 자신 있게 선언할 수 있는가?

이미 앞에서 언급한 바와 같이, 그리스도인, 특히 성직자에게 있어서 '양심'의 기준은 세상의 상식적 기준과는 하늘과 땅만큼이나 달라야 마땅하다. 그러나 이번 판결은 그와 같은 고결한 기준은 고사하고, 일반적인 상식 기준으로도 도저히 납득할 수 없는 결과로 나타났다. 이러한 판결을 바라보며 세상조차 교회를 비웃고 있다. 그도 그럴 것이, '직전 총회장에 대한 영등포노회의 불기소 처분에 대한 재항고' 건에 대해 총회 재판국은 "증거 불충분"을 이유로 '불기소' 판결을 내렸고, 세상의 법정 역시 동일한 이유로 "불송치" 결정을 내렸다.

문제는 그 다음에 드러난 사실이다. 똑같은 사안에 대해 총회 재판국은 '혐의 없음'의 판결을 내렸으나, 세상 재판에서는 사건의 실체가 오히려 고소인의 부정한 행위로 드러나는 결과를 초래하게 되었다. 결국 세상 법정은 해당 사건의 사실 관계를 '있다'고 인정한 반면, 총회 재판국은 '없다'고 판단한 셈이다. 동일한 사건을 두고, 전혀 반대의 판단이 내려진 이 황당한 현실을 우리는 어떻게 이해해야 하는가? 어느 쪽의 양심이 깨어 있고, 어느 쪽의 양심이 이미 잠들어 있는 것인가?

더욱이 총회 재판국의 판결을 둘러싸고 불순한 영향력과 외압, 뇌물 수수 등의 의혹이 무성하게 퍼지고 있는 상황이다. 단순한 루머로 치부하고 넘기에는 그 정황이 심상치 않으며, 이러한 의혹들은 교단 전체의 신뢰를 뿌리째 흔드는 심각한 결과를 초래할 수 있다.

다가오는 제110회 총회에서 이 문제가 다시 수면 위로 떠오를 가능성이 매우 크다. 적어도 재판국장과 재판국원들은 총회 앞에 모든 재판 과정과 결과에 대해 낱낱이 해명하고, 총회의 엄정한 판단을 다시 받아야 마땅하다. 그리고 만일 판결의 정당성을 훼손할 수 있는 어떠한 증거라도 사실로 밝혀진다면, 재판국장을 비롯한 모든 관련자들은 단호하게 징계되어야 하며, 이를 통해 교단 내에 엄중한 경각심을 환기할 필요가 있다. 아울러 왜곡된 판결을 바로잡기 위해 재판국 전원을 교체하고 사건을 재 심의하는 것이 옳다. 더 이상 이 문제를 덮고 갈 수는 없다.

그리스도인이라면, 그리고 목사와 장로라면 누구든 완전할 수는 없다. 그러나 적어도 하나님 앞에 선 자로서, '양심'의 울림만큼은 외면해서는 안 된다. 만일 하나님 앞에서, 그리고 자신 안의 양심 앞에서 잘못되었음을 자각한다면, 지금이라도 돌아서야 한다. 침묵하지 말고, 참회하고 바로잡아야 한다. 왜냐하면 우리를 판결하시는 최종 재판장이 따로 계시기 때문이다. 그분은 사람의 말이나 외양을 보지 않으시고, 중심을 살피시는 분이시다.

"우리를 위하여 기도하라. 우리가 모든 일에 선하게 행하려 하므로 우리에게 선한 양심이 있는 줄을 확신하노니"(히 13:18).

생각해 보기

1. 양심은 단순한 도덕적 자각을 넘어서 하나님과의 관계 속에서 어떻게 기능해야 하는가?

2. 나는 지금 나의 말과 행동, 결정 하나하나를 하나님께서 함께 보고 계시다는 자각 아래 살고 있는가?

3. 양심이 무뎌지고도 목회와 판단을 계속하는 이들은 진정 하나님 앞에 설 준비가 되어 있는가?

나가면서

십자가를 부둥켜안고

예배당 종탑 십자가 LED 램프가 꺼진 곳이 생겨서 교체 공사를 했다. 공사하시는 분은 교회 집사님이며, 오래전부터 우리 교회 종탑을 관리하신 분이다. 영업 수단이겠지만 그분은 정기적으로 꾸준히 안부와 덕담이 담긴 메시지를 보내왔고, 필자의 답신은 오직 "안전하시기를 기도합니다!"였다. 9시경 도착하여 기도해 드리자 곧바로 이내 안전 장비 없이 한 뼘 정도 되는 가느다란 사다리를 타고 성큼성큼 약 14층 높이의 종탑 꼭대기까지 올라갔다.

개척 초창기 크리스마스 오색 전등을 십자가 끝에 고정하여 늘어뜨리기 위해 종탑을 기어오르다 아랫도리에 힘이 빠져서 중간에 도로 내려왔던 기억이 있었던 터라 내심 그분의 담력을 감탄하지 않을 수 없었다. 아래에서 올려다보는 높이와 위에서 내려다보는 높이에는 엄청난 차이가 있음을 알기에 일하는 모습을 바라보는 것만으로도 아찔한 생각이 들면서 나 같으면 돈을 아무리 많이 줘도 못 하겠다는 생각을 하면서 지켜보았다.

무사히 종탑 공사를 마치고 땀에 흥건히 젖은 모습으로 내려왔다. 냉수를 건네드리며 "왜 안전 장비를 안 하고 그 위험한 일을 하냐!"고 물었다. 그분의 대답은 안전 고리를 걸고 일을 하면 더딜 뿐 아니라 오히려 다리가 줄에 감겨 더 위험할 수 있다는 말에 일면 이해가 되면서도 만에 하나 실수라도 하면 돌이킬 수 없는 사고로 이어질 수 있으니 안전에 각별히 신경을 쓰시라는 얘기를 해 주었다.

그분이 종탑에 오르기 전 잠시 나눴던 얘기가 지워지지 않고 여운이 남았다. "목사님, 제가 종탑에 그렇게 담대하게 오를 수 있는 이유는 종탑을 잘 알기 때문입니다." 종탑과 꼭대기까지 연결된 가느다란 사다리가 어떻게 구조되어 있는지와 구조물의 안전성에 대한 믿음이 있기 때문에 두려움 없이 오를 수 있다는 것이다. 아마도 그 믿음이 없었다면 80킬로가 넘는 거구로 그 높은 꼭대기까지 오르지 못했을 것이다.

그분의 또 하나의 믿음은 바로 십자가였다. "목사님, 제가 사다리를 올라가서 십자가를 먼저 흔들어보고 만약 십자가가 흔들리면 작업을 하지 않습니다." 2미터가 넘는 십자가를 고정하고 있는 부분이 오랜 시간이 지나서 부식 되거나 헐거워져서 흔들리면 절대로 작업을 할 수 없다는 얘기였습니다. 그래서 종탑에 올라가면 가장 먼저 십자가를 먼저 흔들어 본다고 했다.

안전이 검증되면 한 손으로는 십자가를 부둥켜안고, 한 쪽 다리를 십자가에 걸고 끝날 때까지 오로지 십자가만을 의지하여 작업을 한다고 했다. "목사님, 십자가에 대한 믿음이 없으면 일 못해요!" "저는 오직 십자가만을 의지합니다!" 환한 미소를 지으며 연거푸 토해내는 말이 진리로 마음속에 꽂혀버렸다.

집사님이라고는 하는데 그분의 십자가에 대한 믿음이 주님을 향한 믿음인지 안전에 대한 믿음인지 알 수는 없지만 적어도 그분의 표정과 겸손한 태도를 통해서 십자가에 대한 믿음으로 그 일을 하시는지, 그 일을 하다가 십자가를 더욱 믿게 되었는지는 알 수 없지만 진정성이 느껴졌다.

작업을 마치고 다른 현장으로 성급히 가야 한다기에 그분을 보내고 가슴 속에는 그분의 말이 계속 맴돌았다. "십자가가 흔들리면 절대 작업을 하지 않습니다!" "저는 오직 십자가만을 붙잡고 의지합니다!" "십자가를 놓치면 죽습니다!" 곱씹어 볼수록 한편의 설교 같은 감동이 일어났다.

요즘 세상에서 교회에 대한 인식은 그야말로 땅에 떨어져 있다. 세상이 교회를 교회로 여겨주질 않는다. 세상이 문제의식을 느끼고 바라보는 교회의 문제는 적어도 교리적인 것은 아닌 듯싶다. 왜냐하면 세상은 기독교의 교리를 전혀 모르기 때문이다. 오로지 교회의 사회적 책임에 대한 문제일 뿐이다. 즉 교회와 교인들, 그리고 목사들이 이렇게 많은데 대체 교회는 세상과 사회를 위해서 무엇을 했느냐는 불만인 것이다.

물론 교회에 대한 무지나 몰이해 때문이라고 덮어 버릴 수도 있지만 목소리에 귀를 기울일 필요가 있다고 본다. 그도 그럴 것이, 목회자인 필자가 보더라도 욕먹어 싸다는 생각이 들 정도이기 때문이다. 교회와 돈, 교회와 권력, 교회와 이념, 사회적 갈등에 대한 교회의 책임, 어둡고 소외된 곳에 대한 교회의 무관심, 교회 세습, 각종 부도덕한 추문들의 진원지처럼 보이고 있는 것이 궁색하게 변명하기가 쉽지는 않다. 드러난 것이 그 정도지 암암리에 벌어지는 온갖 부정과 추태는 얼마나 더 하겠는가?

교회의 신성함은 교회의 생명이며, 교인들의 세상에 대한 영향력이다. 그런데 세상만도 못한 도덕, 윤리적 규범으로 교회가 세상에 읽힌다면 세상을 구원하기 위해 세워진 교회 역할이 더 이상 필요 없게 된 것은 아닌지 성급한 전망을 하는 이들도 적지 않다.

그 같은 전망이 전혀 근거 없는 전망은 아니라는 것이 우리 교단 2024년 교세 통계로도 증명되고 있다. 통계위원회가 발표한 자료에 의하면 지난해 교단 산하 교인 수가 9만 4,700명이 감소했다는 보도를 보았다. 이런 추세라면 2030년 교인 수가 160만 명 이하까지 감소할 것이라고 예측된단다. 타교단과 타종교의 통계는 알 수 없지만 종교에 대한 전반적인 부정적 정서나 저출산에 초고령화라는 사회학적 통계를 생각하면 아마도 모두 줄었지 싶다.

지속적인 교인 감소로 올해 처음으로 교회 수도 감소했을 뿐 아니라 전체 교회 9,473 가운데 200명 이하 교회가 83.5%고. 100명 이하 교회가 72.3%, 50명 이하 교회가 58.05%라는 보고를 보면 참으로 두렵고 놀라운 통계다. 생각해 보시라. 교인이 94,700명 줄었다면 1만 명 교회가 9개가 문을 닫았다는 얘기이고, 1천 명 교회 94개가 문을 닫았다는 얘기가 되며, 1백 명 교회 9백4십 개가 문을 닫았다는 얘기다. 이것은 결코 작은 문제가 아니다. 더욱 큰 문제는 교회를 바라보는 사회적 시각과 교회 안의 영적 침체다. 다시 회복될 가능성이 희박하고, 점점 더 내리막일 수 있다 것이 예측 가능하다.

왜 이렇게 되었을까? 자꾸만 사회적 분위기 탓만 해서는 안 된다. 교회가 자승자박, 자충수를 둔 결과에 무게를 두고 냉철하게 분석해 봐야 한다. 그도 그럴 것이, 교회와 복음은 가장 열악하고 척박한 상황 속에서 더욱 큰 부흥과 성장한 경험이 있기 때문이다. 교회의 본질, 복음의 본질을 잃어버리고 기복신앙, 물량주의, 신비주의, 신사도운동이나 아이합 같은 성경적 정체성이 모호한 운동들로 인한 복음의 왜곡 현상이 주된 원인이라는 생각이다. 여기에 기독교 이단과 사이비, 게다가 역사를 왜곡하고 민심을 갈라치기 하는 기독교적 이념 운동도 교회와 교인 감소에 기폭제를 만들었다고 본다.

AI나 온라인 세상의 도전은 어쩔 셈인가? 교인들은 이미 AI나 유튜브를 통해서 신앙생활에 필요한 모든 정보를 공유하고 심지어 결혼 주례까지 맡기는 세상이 되었다. 뿐만 아니라 굳이 교회에 나가지 않더라도 온라인 예배를 드리는 것으로 예배에 대한 부담을 떨쳐버린 교인들이 상당하다. 앞서 교회가 잃어버렸다고 했던 사람 중에는 온라인 교인이 적지 않을 것이다.

교인 없는 예배당은 의미가 없다. 교회가 건물이 아니기 때문이다. 교인들을 잃어버린다면 극단적으로 교회의 전망을 예견하는 사람들 말대로 세상에서 교회가 사라질 수도 있다는 말이 지나친 비관이 아닐 수 있음을 생각해야 할 것이다. 이 같은 상황에서 목회자들은 커다란 딜레마에 빠질 수밖에 없다. 그래서 목사의 이중직은 현실이 될 수밖에 없다. 지금도 상당한 목사들이 직업 내지는 직장을 갖고 있으며, 소위 카페교회라는 새로운 목회 패러다임은 이미 자리매김을 끝낸 상태다. 나아가서 '목회자 취업 박람회'가 열리고 성황을 이뤘다는 보도를 보면서 교회의 위기가 당연히 목회자의 삶을 위협하고 있는 실정이다.

그럼, 무엇이 문제인가? 다시 종탑 얘기로 돌아가 보자. 그 높은 종탑을 성큼성큼 오를 수 있었던 것은 그분이 종탑의 구조를 잘 알고 있었기 때문이다. 이를 우리 교회에 대입해 보면 우리는 세상을 얼마나 알고 있는가? 그리고 세상을 구원하기 위해 세워진 교회는 또 얼마나 알고 있는가? 세상의 변화와 도전에 응전해야 할 교회 무기가 무엇인지를 점검해 봐야 할 것이다. 우리에게 더욱 큰 위기는 교인들이 빠져나가고, 교회가 감소하는 현상이 아니라 그 원인을 분석하고, 대응하려는 자세가 피상적이고 이론적이라는데 있다.

"저는 십자가를 흔들어보고 흔들리면 작업을 하지 않습니다. 십자가에 대한 믿음이 없으면 일 못해요!" 오늘 교회의 위기가 교회와 신앙생활에 있어 생명이며 목적인 십자가가 흔들리고 있는 것이 아닌지를 살펴봐야 할 필요가 있다. 십자가를 점검해 봐야 한다. 예배, 목회, 신앙생활 전반에 십자가가 흔들리고 있다면 생명 없는 세속 종교일 수밖에 없기 때문이다. 다시 교회에 바울의 고백이 세워져야 한다. "그러나 내게는 우리 주 예수 그리스도의 십자가 외에 결코 자랑할 것이 없으니, 그리스도로 말미암아 세상이 나를 대하여 십자가에 못 박히고 내가 또한 세상을 대하여 그러하니라". "내가 너희 중에서 예수 그리스도와 그가 십자가에 못 박히신 것 외에는 아무것도 알지 아니하기로 작정하였음이라"(갈 6:14, 고전 2:2)

높은 종탑 꼭대기에서 십자가에 온몸을 맡긴 채 작업하는 집사님의 고백, "저는 오직 십자가만을 의지합니다!" "십자가가 흔들리면 작업을 하지 않습니다!" "십자가를 놓치면 죽습니다!" 교회는 다시 십자가를 선포하고, 목사와 교인들은 온전히 십자가를 의지하고 기꺼이 자기 십자가를 질 때, 교회는 높은 종탑 같은 세상을 향하여 성큼성큼 나아갈 수 있을 것이다. 이것이 교회의 본질이며, 신앙의 본질이기 때문이다. 한 낮 땡볕에 한 발로 십자가를 휘감고, 한 팔로 십자가를 부둥켜안은 채 비지 땀을 흘리며 작업을 하는 그분의 모습에서 밝은 교회의 미래를 볼 수 있다고 확신한다.

"믿음의 주요 또 온전케 하시는 이인 예수를 바라보자. 그는 그 앞에 있는 기쁨을 위하여 십자가를 참으사 부끄러움을 개의치 아니하시더니 하나님 보좌 우편에 앉으셨느니라"(히 12:2).

에필로그

나는 목사다.

절대적 기독교 신앙이
하찮은 이념의 옷을 입고 널뛰기를 하며 춤을 춘다.
하나님이 웃으시리로다.

교회가 황금색으로 도색되고
목사는 어의(御衣)를 입고 거드름을 피운다.
입으로는 종(從)이라고 나불대면서 보좌(寶座)에 앉아버렸다.
하나님이 웃으시리로다.

다 까발리면 창피해서 어찌할꼬!
입에 발린 거짓말
"오직 예수!" "예수 천당!"

온갖 화려하게 예수를 수식하며
거룩한 척 지엄한 눈을 지그시 감은 그 속이
회칠한 무덤 같으리,
부드럽게 기름이 발라져

술술 새어 나오는 말 속에 독사의 독이 가득하리.

예수의 이름은 있는데,
죽은 다음 화려한 천당은 있는데
예수가 살았던 갈릴리, 나사렛은 어디 있는가?

누추한 사람은
절대 발붙이기 어렵도록
먼지 하나 없이 반질반질하고
온갖 향기로 치장한 그 교회에
어떻게 누더기에 샌들을 신은 예수가 갈 수 있을까?

최고급 가구에 보지도 않는 책, 둘러 채워 놓고
럭셔리한 소파가 놓인 방에
어떻게 누추한 사람이
찌든 마음 풀어보려 방문하겠는가?

속이 허하니 겉치레가 거창한 거지,
거룩을 빙자한 옷을 입고
고개를 치켜든 높으신 목사를 만나는 길은
하늘 별 따기만큼 어렵다.

말로는 '목자'요,
양을 위해서 죽을 수 있는 '선한 목자'라고 거품 물지만
속에는 노략질하는 이리 아닌가?

세상에 얼굴 내고, 대접받는 일은 그리도 바쁜데
가난하고 병든 교인이 좀 만나려면
스케줄 핑계로 만날 수가 없으니 정말 목사가 맞는가?

별별 중요하지도 않은 행사에
선교를 구실로 해외여행 빈번하고
하는 일도 없으면서
바쁜 척, 피곤한 척 엄살을 떠는 자가 목사인가?

낯선 사람에게 내미는 명함엔 뭐가 그리 많은지
전전전전전전전 … 현, … 교회 담임목사
대체 주업은 무엇인가?

설교할 때 제발 부탁이니 박사 가운 좀 입지 말라.
목사면 족하지 않은가?
주님이 박사로 부르셨는가?
그 박사 보나마나 돈 주고 졸업여행 한 번 갔다 오면 주는
가짜 박사 일 텐데 …
박사로 불리는 게 그리도 좋으면 차라리 목사를 내려놓으라.

예수를 주인으로 모셨다면 어떻게 그리할 수 있겠는가?
열매는 어디 있는가?
선함은 어디 두었는가?
그 믿음이 진짜인가 가짜인가?

밥벌이 호구지책으로

그 자리에 있다면 있는 만큼 손해인 줄 알라.
사람들은 모른다.
교인들은 모른다.
우리 목사님 힘들다고 아픈 얘기도 안 한다.
그 순박한 교인들 속이고 상처주면 천벌 받는다.

인생은 간다.
이만큼 왔고, 산 날보다 살 날이 짧다.
산만큼 평가 받는다.
그래서 두려운 거다.

멍에 자리 군살 배겨서
수레나 짐이 실리지 않으면 오히려 불편한 인생을 살았다.
이미 세상 바보가 되어 있으니 걱정 마시라.
돈 주고, 자유를 주어도
이미 길든 인생 탈선하기 더 어려울 테니 …

앉으나 서나 교회 생각
집에 있으나 나가 있으나 교회 생각
나갔다가도 교회에 들어오면 그렇게 편안하고 좋은 것은
이미 굳은살이 박이고 공이가 생겼기 때문이다.

하나님을 배반할 수 없다.
나를 부르신 주님을 배반할 수 없다.
믿고 따르는 교인들을 배반할 수 없다.
그렇게 일생을 보내고 식은 몸에 둘러선

교인들 눈물 한 방울이면 족하다.

여기까지 왔다.
유혹을 이기고, 시험도 이기고, 온갖 고생도 이기고 왔다.
주님의 은혜로 왔다.

지나온 길 아까워서라도 치우칠 수 없다.
멈출 수 없다.
비록 세상에서는 한순간도 편안할 날 없이 맘 졸이며 살았지만
나, 이대로 주님 앞에 서리라.

나는 목사다.
목사로 살다
나, 이대로 목사로 죽으련다.

                                        장마철을 지나며 목양실에서.